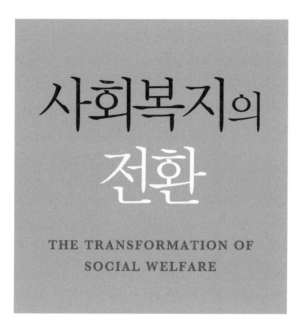

사회복지의 전환

THE TRANSFORMATION OF SOCIAL WELFARE

김윤태 엮음

김윤태 · 김근태 · 김명숙 · 김준환 · 서재욱 · 우명숙 · 은민수 · 이동우 · 이미화 · 이원지 · 장승희 · 전명수 · 정윤태 지음

한울
아카데미

서용석 교수님의 정년퇴임을 기념하며

차례

저자 소개

김윤태는 고려대학교 공공정책대학 교수이다. 영국 런던정경대학(LSE)에서 사회학 박사학위를 취득했다. 주요 연구 분야는 정치사회학, 복지국가, 시민권 등이다. 주요 저서에『복지국가의 변화와 빈곤정책』,『불평등이 문제다』,『정치사회학』등이 있다.
yunkim@korea.ac.kr

김근태는 고려대학교 공공정책대학 교수이다. 미국 위스콘신대학교에서 사회학 박사학위를 받았다. 주요 연구 분야는 사회인구학, 가족사회학, 연구방법론 등이다.
cozy282@korea.ac.kr

김명숙은 고려대학교 공공정책대학 강사이다. 고려대학교 대학원 사회학과에서 박사학위를 받았다. 주요 저서에『막스 베버의 법사회학』,『법사회학, 법과 사회의 대화』(공저) 등이 있다. 주요 연구 분야는 사회학 이론, 법사회학, 인권과 법이다.
wemake@korea.ac.kr

김준환은 충청대학교 사회복지과 교수이자 충청북도노인종합복지관 관장이다. 고려대학교에서 사회복지학 전공으로 박사학위를 받았다. 주요 연구 분야는 노인복지, 지역사회복지, 사회정책 등이다. 주요 저서에『노인케어의 이론과 실제』(공저),『지역사회복지론』(공저) 등이 있다. lovenoin@korea.ac.kr

서재욱은 청주복지재단 연구원이다. 고려대학교 사회복지학 박사학위를 취득했다. 주요 연구 분야는 빈곤, 공공부조, 사회정책 등이다. highhopes@korea.ac.kr

우명숙은 고려대학교 공공정책대학 교수이다. 미국 브라운대학교에서 사회학 박사학위를 취득했다. 주요 연구 분야는 복지국가, 비교사회학, 여성노동 등이다. 주요 저서에『세계화와 생애과정의 구조변동』(공저),『발전국가: 과거, 현재, 미래』(공저) 등이 있다.
wooms@korea.ac.kr

은민수는 고려대학교 공공정책대학 초빙교수이다. 고려대학교에서 사회복지학 박사학위를 받았다. 주요 연구 분야는 복지국가, 사회정책, 정치경제 등이다. 주요 저서에 『한국 복지국가의 정치경제』, 『정치학이란 무엇인가』(공저) 등이 있다. ems1230@korea.ac.kr

이동우는 국가인권위원회 국제인권과 사무관이다. 고려대학교 대학원에서 사회정책으로 박사학위를 받았다. 주요 연구 분야는 사회권, 노인 인권, 국제인권조약 등이다. 주요 저서에 『사회변동과 사회복지정책』(공저) 등이 있다. welfare@humanrights.go.kr

이미화는 고려대학교 공공정책대학 교수이다. 독일 브레멘대학교에서 사회학 박사학위를 취득했다. 주요 연구 분야는 일·가족 양립 정책, 비교사회복지정책, 복지행정 등이다. mihwalee@korea.ac.kr

이원지는 장안대학교 사회복지학과 교수이다. 고려대학교 대학원에서 사회복지학 박사학위를 받았다. 주요 연구 분야는 노인정책, 노인장기요양보험, 사회자본 등이다. wonjie98@jangan.ac.kr

장승희는 장안대학교 사회복지학과 교수이다. 고려대학교 대학원 사회복지학과에서 박사학위를 취득했다. 주요 연구 분야는 청소년복지, 아동복지, 교육복지 등이다. changsh@jangan.ac.kr

정윤태는 세종시사회서비스원 정책연구부 부장, 선임연구위원이다. 고려대학교 사회복지학과에서 사회정책 전공으로 박사학위를 취득했다. 주요 연구 분야는 사회정책, 가족정책, 위험사회학 등이다. thisstudy@sjwf.or.kr

전명수는 고려대학교 공공정책대학 교수이다. 고려대학교에서 사회학 박사학위를 받았다. 주요 연구 분야는 종교사회학, 문화사회학, 공공사회학 등이다. 주요 저서에 『뉴에이지 운동과 한국의 대중문화』, 『좋은 사회로 가는 길: 종교·시민사회·공공성』 등이 있다. mschun54@korea.ac.kr

사회복지의 새로운 방향을 찾아서

김윤태

한국의 복지국가는 고도성장에 비해 너무 늦게 태어났다. 1960년대 박정희 정부가 공무원, 군인, 교수 등을 위한 사회보험을 도입했지만, 대다수 국민은 사회복지에서 배제되었다. 복지제도는 철저하게 경제성장을 위한 수단에 불과했고, 오랜 시간이 흘러도 저발전 상태에 머물렀다. 한국의 국가는 생산주의 관점에서 사회정책을 경제정책을 보조하는 수단으로서 간주했다. 경제발전을 최고의 국가 목표로 선정한 발전국가는 복지제도를 보편적 시민권의 관점이 아니라 극빈층을 돕는 관료적·자의적 규정에 따라 운영했으며, 중산층과 대다수 국민은 복지 혜택을 거의 받을 수 없었다.

그러나 1987년 민주화 이후 건강보험, 국민연금 등 복지제도가 지속적으로 확대되었으며, 1997년 외환위기 이후 김대중 정부가 집권하면서 복지국가의 본격적 발전이 이루어졌다. 국가는 복지를 경제성장의 보조적 수단이 아니라 국민의 기본적 권리로 규정했으며, 제한적 사회보험에서 벗어나 보편주의의 원칙을 적용한 국민보험을 확대했다. 국가가 최소한의 사회 안전망의 제공을 넘어서 모든 국민을 대상으로 복지제도를 제공하려는 정책 변화는 중요한 역사적 전환의 계기를 보여준다. 하지만 이러한 전환은 많은 학문적·정치적 논쟁을 일으켰다. 전통적인 발전주의 복지국가가 역사적 경로 의존성에서 벗어나 서유럽의 복지국가의 발전 경로를 따를 것인지, 아니면 한국의 독특한 역사적 특수성과 사회경제적 조건을 고려한 새로운 복지국가 유형을 만들지를 둘러싸고 논의가 지속되었다.

역사적으로 보면, 한국의 복지국가는 서유럽의 경험과 상당히 다르다. 자본주의가 고도로 성장하면서도 보수적 정부는 복지제도의 도입을 연기하거나 거부했으며, 재벌 대기업도 복지 확대에 부정적이었고, 노동조합도 복지 확대보다 임금 인상과 근로 조건 개선에 더 관심을 가졌다. 특히 1990년대 후반 경제위기와 세계화의 시기에 한국의 복지국가가 등장했다는 사실은 중요한 의미를 가진다. 서유럽의 복지국가는 자본주의의 황금기에 발전했지만, 한국의 복지국가는 경제위기에 직면한 실업자와 취약 계층을 위한 최소한의 복지제도에 그쳤다. 이러한 특수한 역사적 환경은 한국 복지국가의 성격에 커다란 영향을 미쳤다. 전통적 발전주의 복지국가의 역사적 조건과 세계화와 기술의 변화가 이끄는 구조적 변화는 한국 복지국가의 미래에도 중요한 의미를 준다.

신자유주의와 한국 사회의 새로운 위기

복지국가의 전환과 새로운 전망에 대한 학문적 논쟁은 이론적 차원뿐 아니라 실천적으로도 매우 중요하다. 한국의 복지국가가 본격적으로 태동한 지 20년이 지나면서 복지예산은 지속적으로 증가했지만, 한국 사회의 빈곤과 불평등은 여전히 심각한 사회문제로 남아 있다. 1997년 외환위기 이후 국제통화기금의 요구에 따라 신자유주의적 구조조정을 단행한 이후 저성장 체제가 지속되면서 고용률이 정체되고, 특히 청년 실업률이 심각해졌다. 재벌 대기업의 요구에 따른 노동시장의 유연화는 저임금 비정규직 노동자를 급증하게 만들었고, 노동시장에서 배제된 사람들은 영세 자영업자로 내몰리거나 실업자가 되어 지속적으로 생존의 위협을 받았다. 반면에 국민기초생활보장제도의 사각지대가 존재하여 노인 빈곤율은 세계적으로 가장 높은 수준이며, 노인 자살률도 세계 최고 수준이다. 1인당 국민소득 3만 달러라는 경제적 성공의 이면에는 세계 최고 수준의 빈곤, 불평등, 자살율이라는 어두운 그림자가 짙게 드리우고 있다.

외환위기 이후 지난 20년 동안 발생한 가장 심각한 사회적 변화는 불평등의 증가이다. 경제성장은 지속적으로 이루어졌지만, 불평등은 더욱 심각해졌다. 최근 한국의 최상위 1% 부자가 전체 소득의 약 13%, 상위 10%가 전체 소득의 45%의 비중을 차지하여, 부유한 민주주의 국가 가운데 미국 다음으로 부의 집중이 심각하다. 특히 자산의 집중은 더욱 심각하여, 상위 10%가 전체 자산의 약 60%를 차지하고 있다. 프랑스 경제학자 토마 피케티가 지적한 대로 세습된 부에 의해 과두제가 만들어지고, 자유로운 사회이동 대신 세습 자본주의가 출현하고 있다. 특히 재벌 대기업의 3대, 4대 세습은 '금수저, 흙수저'의 논쟁을 야기할 뿐 아니라 한창 꿈과 이상을 키워야 할 청년세대를 좌절과 비관주의로 몰아넣고 있다.

한국뿐 아니라 전 세계적으로 지나친 부의 집중은 억만장자를 만들었는데, 이들은 자식을 위한 부의 상속뿐 아니라, 신문과 방송은 물론이고 대학과 학문을 통제하고, 나아가 정당과 정치인을 지배하고 있다. 부자와 기업이 정부에 요구한 감세와 긴축 프로그램은 대규모 저항에도 불구하고 많은 정부에 의해 채택되었다. 교육, 훈련, 보건, 사회보장 등 공공서비스의 지출 삭감은 빈곤과 불평등을 축소하는 사회보호 장치를 심각하게 약화시켰다. 정부는 부자와 기업의 세금을 낮춰주고, 역진적 조세 제도를 도입하고, 노동조합의 권리를 제한했다. 하지만 신자유주의적 경제구조 조정과 긴축 정책이 기대했던 경제 회복은 이루지 못한 반면, 불평등이 더욱 심화되었다. 불평등이 커지고 사회해체의 징후가 증가할수록, 전 세계적으로 극좌와 극우 극단주의와 포퓰리즘 정치가 기승을 부리고, 사회적 갈등과 정치 불안정이 더욱 심각해지고 있다. 한국에서도 빈부격차가 커지고, 청년 실업이 증가하고, 정경유착과 부정부패의 스캔들이 계속되면서 2016년 촛불시위의 대규모 시민 저항에 의해 정부가 교체되는 헌정사상 초유의 사태가 발생했다.

지난 20년 동안 자유시장의 원리가 사회를 지배하면서 상호 협력과 민주주의의 원리를 추구해야 하는 정부의 역할은 심각하게 약화되었다. 한국의 미성숙한 복지국가는 빈곤과 불평등이 야기한 전통적 사회문제에 제대로 대처하지 못할 뿐 아니라 새로운 사회적 위험에도 무기력하다. 여성의 고등교육 비율이 높아지고 경제활동 참여율의 증가에도 불구하고, 선진 산업국가 가운데 남녀 격차가 가장 심각하고, 여성의 양육과 가사노동의 부담은 줄어들지 않고 있다. 기대수명이 높아지면서 노인인구가 급증하고 있지만, 국민연금을 수급하는 노인의 비율은 절반에 미치지 못하며, 기초연금도 30만 원 이하 수준에 그치고 있으며, 노인 빈곤율은 부유한 국가 가운데 가장 높은 수준이다. 또한 청년 고용률이 50% 이하 수준으로 떨어지고, 청년 실업이 급증해도 청년 구직과 훈련을 지원하는 예산과 프로그램은 매우 부족하다. 이러한 사회 안전망의 부족 상태가 지속된다면 결국 여성의 경제활동을 가로막고, 청년의 취업, 창업, 결혼도 불가능할뿐더러, 노인의 적절한 수준의 노후생활도 불가능하다. 현재와 같은 복지제도 수준이 계속 유지된다면 세계 최고 수준의 저출산율과 자살율은 낮추기 어려울 뿐 아니라 장기적으로 매우 심각한 사회갈등과 사회해체 현상이 발생할 것이다.

그러나 아직도 한국의 지적 담론의 헤게모니는 경제성장과 자유시장의 원리에 치우쳐 있다. 정부는 모든 것을 시장에 맡겨야 한다는 시장 근본주의의 지배를 받고 있으며, 건전재정을 유지해야 하고, 긴축 정책이 필수적이라는 사고에 사로잡혀 있다. 의료도 산업이라는 논리로 재벌 대기업의 의료 영리화를 허용하고, 어린이집과 요양시설의 운영을 자유시장에 맡겨두고, 수많은 대졸 실업자도 부모의 부담으로 떠넘기고 있다. 직장 여성의 이중 부담이 가중되었지만 자녀 양육을 지원하는 정부는 대책은 여전히 충분하지 못하다. 한편 은행 대출을 통해서라도 집을 사야 하고, 노후 연금을 저축하지 못하더라도 자녀의 사교육비를 위해 돈을 써야 한다는 사고가 사회에 만연하다. 게다가 최저임금 인상과 노동 시간 단축의 시도는 경제성장의 논리에 따라 비난을 받고 개인의 행복과 삶의 질의 중요성은 외면당하고 있다.

지난 20년 동안 외환위기와 장기적 경제 침체에 결정적 책임을 가지고 있는 정부, 기업, 학문 엘리트의 지배적 영향력은 거의 변화하지 않았다. 특히 세계 금융위기를 야기한 '워싱턴 합의'를 이끄는 신자유주의 이데올로기의 영향력은 여전히 막강하다. 최근 세계은행과 국제통화기금도 불평등의 위협을 인정하고 '포용 성장'을 새로운 대안으로 제시하고 있지만, 한국 정부의 정책 변화는 매우 더디게 일어나고 있다. 하지만 선진 산업국가의 조세 정책과 사회정책에 따라 빈곤과 불평등의 수준은 상이할 뿐 아니라 개인의 행복감과 사회통합의 수준도 매우 다르다. 영미권 국가들에 비해 북유럽 국가들에서는 사회복지를 통해 빈곤과 불평등이 감소하는 효과가 상대적으로 높게 나타나고, 개인의 행복감과 사회적 결속 수준도 높은 편이다. 자유시장경제를 강조하는 워싱턴 합의와 달리 북유럽 국가들은 높은 조세 부담률과 사회지출 수준에도 불구하고 노동 생산성과 경제 경쟁력이 매우 높다. 오히려 스웨덴, 덴마크 등 북유럽 복지국가들은 기업에 부담을 주지 않는 조세 정책, 우수한 노동력을 양성하는 적극적 노동시장 정책, 노사 상생을 지원하는 보편적 사회보험제도를 통해 지속적인 경제성장을 이룩하고 있다.

지난 20년 동안 한국 경제는 불평등의 심화로 인해 생산성과 효율성이 감소하고, 젊은이의 도전 정신과 기업가 정신이 쇠퇴하고, 경제성장률이 지속적으로 하락하는 후유증에 시달리고 있다. 특히 수출 주도 경제를 주도한 전통적 제조업의 국제 경쟁력이 급속하게 약화되면서 거제, 군산 등에서는 산업 쇠퇴로 대량 해고가 발생하고 있지만, 신산업을 주도하는 혁신적 기업가는 아직 많지 많다. 여성의 경제활동을 지원하는 여성 친화적 사회정책과 보육 지원이 대폭 강화되지 않는다면 세계 최저의 출산율은 전혀 개선되지 않을 것이다. 고용이 불안해지고 사회 안전망이 취약해지면서 젊은이들이 공무원 시험에만 매달리는 사회의 미래는 매우 어둡다. 도전적인 기업가와 창의적 과학자가 더 많아지기 위해서는 정부와 시장의 협력이 필수적이다. 경제성장과 복지국가는 이분법적 양자택일의 문제가 아니다. 스웨덴, 독일 등 성공한 복지국가의 사례에서 볼 수 있듯이 성장과 분배는 상호 보완적 기능을 수행한다. 중산층과 서민층의 가처분소득이 증가하면 부유층과 기업도 혜택을 얻을 수 있다. 민주사회의 국가는 단순히 경제성장을 지원하는 역할에 그쳐서는 안 되고, 사회의 빈곤을 없애고 불평등을 완화하기 위한 노력을 기울여야 한다. 또한 정부는 교육과 직업훈련, 환경 친화적 기술, 연구개발 등에 더 과감한 사회투자와 공공투자를 주도해야 하며, 이를 위해 부유층에 대한 증세는 불가피하다. 이러한 정책 변화를 위해서는 국가의 적극적 역할이 필수이며, 이를 위한 새로운 사회적 합의가 반드시 필요하다.

포용적 복지국가의 새로운 전망

지금 한국의 복지국가는 새로운 기로에 서 있다. 전통적인 발전국가와 신자유주의 이데올로기에 따른 자유시장 만능주의를 넘어서는 새로운 전망을 세워야 한다. 첫째, 경제성장이 모든 계층에게 골고루 혜택을 주고, 모든 시민의 잠재력을 키우고, 정부와 기업이 협력하여 혁신적 사회를 만들 수 있도록 사회제도를 대대적으로 개혁해야 한다. 둘째, 젠더 불평등을 줄이고, 일과 가정의 균형을 보장하는 여성 친화적 사회정책을 시급하게 강화해야 한다. 셋째, 정부가 공교육과 직업훈련제도를 전면적으로 개혁하고, 이에 대한 사회투자 예산을 대폭 확대하는 한편, 미래 지향적 산업혁신을 주도하는 적극적 역할을 수행해야 한다. 사회 안전망과 보편적 사회보장제도가 발전한 나라에서 창의적 기업가 정신이 고양되고 신산업의 미래를 개척할 수 있다. 경제성장을 최우선하는 정부가 모든 것을 결정하는 낡은 발전국가 대신 포용적 제도를 만드는 국가, 개인의 역량을 강화하는 국가, 산업혁신을 주도하는 기업가형 국가가 새로운 국가 모델이 되어야 한다.

이제 사회복지의 개념과 국가의 역할도 근본적으로 새롭게 정의해야 한다. 이 책은 두 가지 방향을 주목해야 한다고 강조한다. 첫째, 복지는 단순히 빈곤층이 추락한 다음에 도움을 주는 사후적 현금 급여가 아니라 모든 사람이 인간의 존엄과 행복을 유지하며 적절한 생활 수준을 누릴 수 있는 사전적 예방 정책이 되어야 한다. 복지는 개인이 빈곤에서 벗어날 수 있는 소극적 자유뿐 아니라 스스로 원하는 삶을 살아갈 수 있는 적극적 자유를 보장하는 방향으로 개혁되어야 한다. 둘째, 정부의 복지예산은 사회지출이 아니라 사회투자로 보아야 하며, 장기적으로 개인의 역량을 강화하고 혁신을 촉진하는 토대가 되어야 한다. 국가는 경제성장을 위해 기업의 혁신을 유도하고, 개인의 능력을 강화하는 정책을 추진해야 한다. 이를 통해 국가는 개인들의 삶의 만족을 높이는 한편 지속 가능한 발전을 위한 토대가 되어야 한다. 궁극적으로 국가는 모든 시민의 존엄을 보호하고, 사회적 위험에 처한 개인들을 도와주는 사회보장제도를 강화하고, 모든 사회 구성원의 상호 협력과 사회통합을 강화해야 한다.

이 책은 한국의 다양한 사회문제를 해결하기 위해서 사회구조적 변화를 이해하고, 좋은 사회를 위한 새로운 가치와 비전을 정립하는 동시에, 개인들의 삶의 질을 높이는 사회정책을 모색하기 위한 지적 노력의 결과이다. 제1부에서는 사회복지의 새로운 패러다임을 모색하기 위해 평등의 새로운 전략을 논의하는 한편, 인구 변화와 사회복지의 새로운 방향을 모색한다. 제2부에서는 사회복지가 중요하게 고려해야 할 사회적 요소로서 삶의 만족, 사회자본, 민주주의와 사회정책의 관계, 종교의 역할 등을 다룬다. 제3부에서는 다양한 사회정책의 의제 가운데 국민연금, 노인의 차별과 인권, 저출산, 자산 소유, 직업훈련 등 등 중요한 현안과 이슈를 다룬다. 이 책의 논의는 과거의 사회복지 패러다임과 정책의 한계를 평가하는 동시에 세계화와 기술의 변화가 만드는 미래의 예측을 통해 정부의 적극적인 정책 변화를 촉구한다. 특히 빈곤을 사전에 예방하고, 개인의 역량을 강화하고, 사회의 혁신을 촉진하는 적극적인 사회정책 패러다임의 전환을 강조한다.

이 책은 오랫동안 사회복지를 연구하는 다양한 학자들의 치밀한 분석과 깊은 고민의 결과를 담았다. 이 책의 글은 출간을 위해 새롭게 쓴 것도 있지만, 최근 학술지와 단행본으로 출간되거나 박사학위 논문의 내용을 대폭 보완한 경우도 있다. 저자들은 주로 대학과 연구기관에서 전문적 지식과 정책 생산에 참여한 교수와 연구원들이지만, 좋은 사회를 만들기 위한 사회적 책임감을 가지고 이 책의 집필을 시작했다.

이 책의 저자들은 오랫동안 대학에서 다양한 지적 자극과 사회적 관심을 일깨워준 서용석 고려대학교 교수님에게 감사의 마음을 가지고, 이 책의 출간에 참여했다. 서용석 교수님은 1990년대 역사사회학 연구를 시작한 사회학자인 동시에, 시민권, 사회적 기업, 사회혁신, 노인복지 등 다양한 사회복지학 분야에 대한 새로운 관심을 가지고, 고려대학교에서 많은 제자들을 키우고, 후배 학자들과 진지한 토론을 즐기는 학자이셨다. 이제 정년퇴임으로 대학을 떠나 명예교수가 되셨지만, 언제나 제자와 후배들의 가슴에는 따뜻한 성품과 너그러운 관용의 마음을 가지신 서용석 교수님에 대한 그리움이 남아 있을 것이다.

이 책의 저자들은 사회복지의 패러다임이 효율성과 형평성을 동시에 고려해야 하며, 경제성장과 국가복지가 조화롭게 발전해야 한다고 제안한다. 또한 한국 복지국가의 성숙이 시급하며, 단순한 사회지출의 증가뿐 아니라 개인의 역량과 사회적 포용 수준을 강화하는 정부 정책의 강화가 중요하다고 강조한다. 부디 이 책이 사회복지를 공부하는 학생들과 사회복지 현장에서 인간의 존엄과 행복을 위해 노력하는 많은 분들에게 도움이 되기 바란다.

제1부
사회복지 패러다임의 재검토

평등의 전략
세 가지 개념의 재검토

김윤태

1. 머리말

　2011년부터 전 세계적으로 불평등에 관한 관심이 커졌다. 중동의 재스민 혁명, 남부 유럽의 시위, 미국의 '월가를 점령하라'시위, 프랑스의 노란 조끼 시위에 이르기까지 불평등에 대한 불만의 목소리가 등장했다. 부와 권력의 불균형이 증가하면서 전 세계가 불평등의 소용돌이에 빠졌다. 특히 미국에서 상위 1%가 전체 소득의 거의 20%, 상위 10%가 전체 소득의 거의 50%를 차지하는 부의 집중으로 민주주의가 위협을 받고 있다는 경고가 증가했다. 한국에서도 1997년 외환위기 이후 경제적 불평등이 급증하고 다양한 사회문제가 발생하면서 불평등의 위험에 대한 우려가 커졌다.[1] 사회에서 불평등이 완전히 사라질 수도 없고, 어느 정도의 불평등은 불가피하지만, 지금처럼 지나치게 커진 불평등은 위

＊ 이 장은 김윤태의 『불평등이 문제다』(휴머니스트, 2017)의 7장과 10장의 일부 내용을 인용하거나 대폭 수정하고 보완한 것이다.
1) 한국에서도 상위 1%가 사회 전체 소득의 13%가량 부를 차지하면서 부의 집중에 대한 우려가 커졌다. 또한 상위 10%가 사회 전체 소득의 42%가량, 사회 전체 자산의 60%가량을 차지하고 있다. 이러한 변화는 1997년 외환위기 이후 심각하게 나타난 비교적 최근의 현상이다.

험한 수준이라고 볼 수 있다.

불평등에 대한 경고는 새로운 것은 아니다. 오랜 세월 동안 역사의 위대한 사상가들은 불평등의 위험을 지적했다. 지난 수십 년 동안 인류는 지나친 불평등이 사회를 파괴할 것이라는 역사적 교훈을 잊었던 것이다. 불평등이 지나치게 큰 사회는 계층의 갈등으로 정치적으로 불안정해질 뿐 아니라, 지나친 경쟁으로 사람들의 상호 신뢰를 약화시키고, 장기적으로 사회의 통합을 위협하기 때문이다.

현대 사회에서 소득, 부, 교육, 권력자원의 불평등뿐 아니라 건강, 사망률, 그리고 자유, 존엄, 존중의 실존적 불평등도 발생한다(테르보른, 2014). 이에 많은 학자들은 불평등이 만든 사회문제의 대가를 지적한다. 영국 사회역학자 윌킨슨과 피켓은 23개 부유한 국가에 관한 연구에서 불평등이 질병, 정신질환, 자살, 살인, 범죄, 사회적 신뢰의 저하 등 사회문제를 야기한다고 주장했다(윌킨슨 외, 2012). 한국에서도 지나친 불평등은 모든 사람을 과잉 경쟁으로 몰아넣으며, 승자와 패자로 구분하고, 경쟁에서 낙오한 사람들은 엄청난 스트레스와 불행감을 느끼게 만든다. 노동시장의 불평등은 입시경쟁에서 살아남기 위한 지나친 사교육비 지출을 강요하고, 부자들을 모방하려는 과소비, 사치품 숭배, 속물주의 문화를 조장하고, 매력자본을 획득하기 위해 화장과 성형수술, 외모 지상주의에 집착하는 사회 현상을 유발한다. 또한 세계 최고 수준의 자살률과 최저 수준의 출산율도 지나친 불평등과 깊은 관련이 있다. 재벌 대기업의 3대, 4대 세습처럼 부의 상속으로 빈부 격차가 고정되고, 그들의 지나친 탐욕과 부정부패를 방치하고, 그들에게 부도덕한 향응과 접대를 받는 학자와 언론인과 종교인의 타락이 계속된다면, 사회는 커다란 대가를 치를 것이다. 부의 경제력에 의해 운명이 결정되는 세습사회가 결코 민주주의와 양립할 수 없다. 지나친 불평등이 줄어들고, 자유로운 사회이동이 가능하고, 사회적 유대와 신뢰를 통해 긴밀한 상호 협력이 이루어져야 좋은 사회가 가능할 것이다.

이 장은 증가하는 불평등에 완화하는 새로운 전략을 수립하기 위하여 과연 평등이란 어떤 의미를 가지는지, 불평등을 줄이려는 전략에 필요한 가치는 무엇인지, 평등을 둘러싼 정치 이데올로기의 효과가 어떠한지 살펴보고자 한다.

특히 평등의 세 가지 차원 —형식적 평등, 기회의 평등, 결과의 평등— 을 평가하면서 이러한 평등의 개념이 현대 사회의 주요 정치 이데올로기와 어떤 관련을 맺는지 분석할 것이다. 또한 정치 이데올로기의 담론이 어떻게 상이한 평등의 관점을 강조하면서 정책 결정 과정에 영향을 미치는지 살펴볼 것이다. 특히 신자유주의자들이 주장하는 극빈층을 위한 최소한의 사회 안전망으로는 점점 증가하는 불평등의 문제를 제대로 해결할 수 없음을 강조할 것이다. 이런 점에서 한국 사회에서도 사회복지의 패러다임이 근본적으로 변화해야 한다. 특히 빈곤층에 대한 사후 현금 지원 대신 빈곤을 사전에 예방하고 사회적 불평등을 줄이려는 정부의 적극적인 노력이 필요하다. 이러한 정책 전환을 위해서는 사고의 전환이 필요하다. 이에 이 장에서는 지난 30년간 전 세계적 차원에서 불평등이 증가하면서 간과된 평등의 개념을 둘러싼 정치철학의 논쟁에 다시 관심을 가져야 한다는 주장을 제시한다.

2. 평등과 불평등

불평등을 자연의 법칙처럼 당연하게 생각하는 사람들은 평등이 획일화를 추구하며 개인의 다양성을 무시한다고 주장한다. 하지만 인류의 역사상 모든 차원에서 절대적 평등을 주장한 사상가는 없다. 그리스의 철학자 플라톤은 『국가』에서 도시국가 아테네를 위해 평등주의적 방안을 제시했다(플라톤, 2005). 그는 개인의 재산을 가난한 사람의 4배 이내로 제한하자고 주장했다. 하지만 사유재산을 완전히 없애고 모두 똑같이 갖자는 것은 아니었다. 플라톤의 제자 아리스토텔레스는 정의가 법을 지키거나 올바른 행동을 의미할 뿐 아니라 평등의 한 형태라고 보았다(아리스토텔레스, 2009). 그에 따르면, 플루트에 재능 있는 사람에게는 플루트를 주어야 한다. 타고난 신분 또는 외모의 기준에 따라 정의가 정해지면 부당한 것이다. 그러나 아테네에서 평등은 자유로운 성인 남성만 누릴 수 있었으며, 여성과 노예에게는 제외되었다.

고대 로마 시대에는 자연법의 영향을 받아 모든 인간이 이성의 소유자로 동등하다는 관념이 확산되었다. 로마 시대의 '아이콰빌리타스'는 동일, 공평, 공정, 정의의 의미를 가진다. 키케로는 재능과 재산의 불평등은 존재해도 모든 시민의 법률적 권리는 평등해야 한다고 주장했다. 그러나 로마도 노예제 사회이기 때문에 로마 시민 사이의 평등일 뿐 만인의 평등은 아니었다. 기독교가 유럽에 전파되면서 모든 인간이 신 앞에 평등하다는 관념은 확산되었지만, 중세 시대를 거치면서 신분의 불평등이 심화되었다. 평등의 관념이 현실적인 힘을 갖기 위해서는 오랜 세월이 흘러야 했다. 동양 사회에서도 신분의 불평등은 오랫동안 보편적 질서로 유지되었다. 고대 중국의 사상가인 공자와 맹자는 모든 인간이 선한 특성을 가진다고 보았지만, 군주, 귀족, 평민이 존재하는 사회를 인정했다. 고대 사회에서도 평등을 주장하는 기독교와 불교 등의 종교가 존재했지만, 현실에서는 불평등한 계급 질서가 그대로 유지되었다(김유태, 2018).

17세기 영국 명예혁명, 18세기 미국 혁명과 프랑스 혁명이 발생하면서 인간이 평등하다는 관념이 본격적으로 등장했다. 1776년 미국 독립선언은 "모든 사람은 평등하게 창조되었다"고 선언했으며, 1789년 프랑스 인권선언은 "사람은 평등한 권리를 가지고 자유롭게 태어났으며, 그러한 상태로 존재한다"고 천명했다. 자유와 함께 평등이 핵심 가치로 등장했다. 그러나 구체적으로 어떤 평등인지 분명하지 않았다. 명예혁명의 이론가였던 존 로크는 "모든 사람은 평등하게 창조되었다"고 말했지만, 부의 불평등과 여성의 배제에는 큰 관심을 가지지 않았다. 로크는 자유와 생명과 함께 재산권을 가장 중요한 권리로 간주했다. 반면에 장 자크 루소는 사유재산이야말로 불평등의 기원이며 불행의 원천이라고 주장했다. 그는 "어린애가 노인에게 명령하고 바보가 현명한 사람을 이끌고 대다수의 사람들이 굶주리고 살아가는 데 꼭 필요한 최소한의 것마저 갖추지 못하는 판국인데 한 줌의 사람들에게서는 사치품이 넘쳐난다는 것은 명백히 자연의 법칙에 위배된다"고 비판했다(루소, 2003).

모든 인간이 평등하다는 생각은 자연법의 영향을 받았으며, 자연권은 평등의 사상에 중요한 영향을 미쳤다. 특히 마틴 루터의 종교개혁 이후 개신교의 확산도 모든 개인이 신 앞에 평등하다는 관념을 확산시켰다. 모든 사람이 자연적 권리를 부여받았으며, 평등한 권리의 소유자라는 점은 법률적·형식적 평등의 토대가 되었다. 프랑스 혁명 이후 군주제가 무너지고 의회 정부가 등장하면서 법률적 평등과 보통선거권이 민주주의의 핵심 요소로 간주되었다. 정치적 평등, 엄격하게 말하면 정치적 대표를 선출할 권리가 모든 시민에게 평등하게 부여된다는 생각은 그리스 아테네의 직접 민주주의보다는 로마의 공화주의적 가치에 더 가까운 것이었다. 그러나 프랑스 혁명은 재산권을 둘러싼 정치투쟁으로 지롱드와 자코뱅으로 분열되었으며 심각한 내전 상태로 치달았다. 루소의 열렬한 지지자였던 로베스피에르는 재산권의 제한을 주장했지만, 그의 계획안은 1793년 헌법에는 반영되지 않았다.

모든 사람의 선거권처럼 형식적 평등의 원칙은 기본적으로 소극적이다. 특권과 차별을 폐지한다는 주장은 사회경제적 불평등을 없애자는 주장과 다르다. 부자의 특권을 철폐한다고 해서 가난한 사람들이 불리함을 극복하는 것은 아니다. 형식적 평등은 법률적 시각에서 세상을 바라보며 인생의 기회에 큰 관심을 가지지 않는다. 그러나 태어날 때부터 부자와 가난한 사람은 인생의 출발점이 다르다. 그래서 19세기에 카를 마르크스는 평등한 시민적 자유와 권리를 부여하여 유대인의 정치적 해방을 실현하자는 주장을 비판하는 대신, 모든 사람들을 계급 억압의 폭정에서 벗어나게 하는 인간 해방을 주장했다. 루소의 숭배자였던 마르크스와 그의 지지자들은 법적 평등이 경제적 착취와 불평등을 교묘하게 은폐한다고 비판했다. 마르크스의 예언대로 19세기 말부터 빈부 격차가 커지면서 사회주의 노동운동이 확산되었다. 계급의 평등에 관한 논쟁도 들판의 불길처럼 번져갔다.

20세기 이후 서양의 평등의 가치는 동양에도 전파되었다. 동양에서 평등은 한자어 평(平), 등(等)으로 이루어졌다. 한자로 '평'은 평평하고 고르다는 뜻이며, '등'은 무리 또는 등급이라는 의미를 가진다. 평등이란 '높고 낮은 등급이 없는 상태'를 가리킨다. 일본 학자들이 서양의 개념을 수용하면서 한자어로 번역한 것이다. 하지만 동양에서도 평등의 가치는 오랜 역사를 가졌다. 고대 인도의 불교사상은 힌두교의 카스트 제도를 거부했다는 점에서 평등주의적이었다. 고대 중국의 공자는 『예기』에서 천하를 공공의 공유물로 삼는 대동(大同)을 이상향으로 말했다. 그는 『논어』에서 "위정자는 백성이 부족한 것을 걱정하지 말고 고르지 않은 것을 걱정하며, 백성이 가난한 것을 걱정하지 말고 불안해하는 것을 걱정하라"고 말했다. 같은 시대에 묵자가 제시한 겸애설은 무차별적 사랑과 평등사회를 지지했다. 20세기에 서양의 사회주의가 중국, 인도, 일본에 전파되면서 널리 받아들여진 것은 평등의 가치와 상당한 유사성이 있기 때문이다. 비록 동양과 서양의 문화적 차이가 있지만 많은 사람들은 평등의 개념에 공감했다.

불교와 유교의 영향을 받은 한국에서도 평등의 사상은 오랜 역사를 가진다. 17세기 조선의 허균은 『홍길동전』을 통해 적서 차별, 관리의 횡포, 승려의 부패, 정부의 무능을 통렬히 비판했다. 홍길동은 관리가 백성에게서 착취한 재물을 빼앗고 가난한 사람을 구제하는 '활빈당'을 만들었다(허균, 2009). 허균은 (비록 홍길동은 다른 나라를 침략하고 스스로 왕이 되었지만) "중국을 섬기지 아니하고" "태평하고 넉넉한" 율도국이라는 유토피아를 꿈꾸었다. 평등은 실학사상에서도 나타났다. 실학자들은 신분과 출생지의 차별에 반대했다. 하지만 다수의 하층민과 여성을 제외한 평등이라는 한계를 가졌다. 실학자들은 재산의 평등한 소유도 주장했다. 이익은 『성호사설』에서 국토를 사실상 국유재산으로 간주하면서 경작자에게 고루 분배하고 10%의 세금을 징수하는 정전제를 제안했다. 평등의 사상은 혁명적 상황에서 다시 힘을 얻었다. 1884년 김옥균이 갑신정변을 주도한 후 갑신정령 2조에 "문벌을 폐지하여 평등의 권리를 세울 것"을 천명했지만, 토지 소유의 개혁에 관한 주장은 없었다. 동학이 평등사상에 더 적극적이었다. 동학교도는 '사람이 곧 하늘'이라는 인내천 사상에 따라 남녀노소, 빈부귀천을 가리지 않고 서로 평등하게 대우하고 하늘처럼 섬겼다. 당연하게도 동학농민군은 12개조 폐정개혁안에서 '노비문서를 불태울 것'과 '토지를 평균으로 분작할 것'을 주장했다.

인류 역사상 평등의 분위기 가장 고조에 달한 시기는 1917년 러시아 혁명 이후 1920~1930년대이다. 1929년 대공황 이후 자본주의의 위기가 전 세계로 확산되고 빈부 격차가 커지자 평등에 대한 기대가 더욱 커졌다. 영국 작가 조지 오웰은 스페인 내전에 참가하여 진정한 동지 관계의 공동체를 보고 큰 감명을 받아 『카탈로니아 찬가』에서 이렇게 적었다. "보통 사람들이 사회주의에 매력을 느끼고 사회주의를 위해 목숨을 거는 이유, 즉 사회주의의 비결은 평등사상에 있다. 대다수 사람들에게 사회주의란 계급 없는 사회일 뿐이다. 그것 말고는 아무런 의미가 없다"(오웰, 2001). 공화파가 장악한 바르셀로나에서 식당의 종업 원은 옷을 잘 차려입은 신사들에게 더 이상 '세뇨르(나리)'라고 부르지 않았다. 계급과 지위와 상관없이 모두 평등한 사람이라는 의식이 그들을 하나로 결속시 켰다.

그러나 유럽의 좌파는 1930년대의 혁명적 분위기와 달리 스칸디나비아 국가 들을 제외하고 대공황에 대해 아무런 해결책을 내놓지 못한 채 혼란 상태에 빠 졌다. 소련 경제는 대공황의 영향을 거의 받지 않았다고 강조하면서 사회주의 국유화를 주장할 뿐이었다. 경제 불황을 극복하기 위한 대안은 자유당과 존 메 이너드 케인스에 의해 제시되었다. 국민의 최저생활을 보장하려는 복지국가도 자유당의 윌리엄 베버리지에 의해 제안되었다. 아돌프 히틀러가 유럽을 휩쓸고 있는 동안에도 좌파는 반파시즘 통일전선 이외에 뚜렷한 대안을 제시하지 못했 다. 1945년 영국 총선에서 노동당이 압승을 거둔 것은 보편주의 원칙에 따른 국 민보험을 강조한 「베버리지 보고서」를 지지한 덕분이었다. 그 후 평등사상은 자유주의와 사회주의의 품을 거쳐 인권이라는 거대한 바다로 흘러들어 갔다. 1948년 유엔이 채택한 '세계인권선언'의 제1조는 "모든 사람은 태어날 때부터 자유롭고, 존엄성과 권리에 있어서 평등하다"고 규정했다.

20세기 이후 전 세계적 차원에서 평등이라는 말이 널리 쓰이고 있지만 이는 간단한 개념이 아니다. 영국 경제사학자 리처드 H. 토니는 "평등의 개념은 하나 의 의미만 가지는 것이 아니라 수많은 의미를 가진다"고 주장한 바 있다 (Tawney, 1952). 아직까지 모든 사람이 합의하는 평등의 정의는 존재하지 않는 다. 시대에 따라 평등은 다양한 개념으로 사용되었다. 법률, 정치, 경제, 사회의 다양한 차원에서 평등의 담론이 등장했다. 상이한 차원의 평등은 서로 보완적 이기도 하지만 때로는 갈등을 만들 수 있다. 법률적 평등이 없다면 정치적 평등 이 보장되기 어렵고, 경제적 평등을 추구하지 않으면서 사회적 평등을 이루기 는 어렵다. 동시에 법률적 평등은 경제적 평등과 충돌할 수 있으며 정치적 평등 과 사회적 평등은 양립하기 어려운 경우가 발생한다. 평등의 차원이 다양하고 인간의 특성이 이질적이기 때문에 하나의 기준으로 평등을 말할 수는 없다. 오랜 시간 동안 수많은 주장이 서로 논쟁을 계속하고 있으며 오늘날도 마찬가지 이다.

영국 사회학자 브라이언 터너는 평등을 "모든 사람을 차별 없이 동등하게 존중하거나 대우하는 상태"로 정의했다(Turner, 1986). 차별이 없는 상태는 법 앞의 평등처럼 특권을 없앤다는 점에서 소극적 의미를 가지고 있다. 하지만 동등하게 존중하고 대우하는 상태는 보건과 교육에 접근할 수 있는 균등한 기회를 제공한다는 점에서 적극적 의미를 가진다. 평등의 두 가지 경향은 한국의 헌법에도 표현되어 있다. 헌법 11조도 "누구든지 성별·종교 또는 사회적 신분에 의하여 정치적·경제적·사회적·문화적 생활의 모든 영역에 있어서 차별을 받지 아니한다"고 명시한다. 또한 11조 2항은 "사회적 특수계급제도는 인정되지 아니하며, 어떠한 형태로도 이를 창설할 수 없다"고 적었다. 하지만 모든 사람을 동등하게 대우하는 '어떤 평등'이 가능한지 설명하는 이론은 단순하지 않다.

오늘날 사회과학의 평등에 관한 이론에는 크게 두 가지 관점이 있다. 어떤 사람들은 모든 인간이 평등하다고 주장하는 절대적 관점을 지지한다. 위에서 논의한 법률적 평등이 대표적이다. 다른 사람들은 개인의 재능과 능력에 따라 다른 보상을 받는 것이 평등하다고 주장하는 상대적 관점을 제시한다. 아리스토텔레스가 말한 정의의 원칙이 이에 해당된다.

절대적 평등이 가장 분명하게 적용되는 사례는 투표권이다. 우리는 정치에 관심이 많은 사람이나 정치에 관심이 없는 사람이나 모두 1인 1표의 원칙(정치적 평등)을 가져야 한다고 가정한다. 투표권을 부여하는 민주주의의 원리는 개인의 절대적 평등을 전제한다. 부자나 가난한 사람이나 모두 투표권은 1표라는 점에서 절대적으로 평등하다. 만약 부자가 2표를 가지고 가난한 사람은 1표만 가진다면 누구도 동의하지 않을 것이다. 실제로 영국에서는 1688년 명예혁명 이후 재산세를 납부하는 신사들만 투표권을 가졌다. 전체 인구의 15% 정도에게만 투표권이 있었고 대다수 노동자와 여자는 투표권이 없었다. 1840년대 노동자들이 보통선거권을 요구하는 정치운동을 벌이면서 점차 투표권이 확대되었다. 여성의 투표권은 훨씬 후인 1928년에야 실현되었다. 오늘날 보통선거권은 상식이 되었다. 그러나 아직도 정치적 평등은 제한적이다. 선출된 엘리트와 대중의 정치적 권리가 동등한 것은 아니다. 형식적 평등 이면에 엘리트의 정치적 지배가 가려질 수 있다. 우리는 법률적 평등의 문구와 달리 '유전무죄, 무전유죄'의 현실이 존재한다는 것을 잘 안다. 정치적 평등도 그렇다.

다른 한편, 시장의 소득 분배는 평등의 원칙을 무시하고 철저하게 개인의 능력에 따라 차등적 급여 체계를 가지고 있으며, 이를 통해 사회의 계층화가 이루어진다. 우리는 시장에서 개인의 자격과 조건에 따라 다른 보수를 받는 것을 당연하게 생각한다. 기업 임원은 신입 직원보다 더 높은 월급을 받는다. 그러나 우리는 사장, 임원, 직원이 동일한 금액의 연봉을 받아야 한다고 주장하지는 않는다. 우리가 살고 있는 세계의 민주주의는 절대적 평등의 원리를 지지하지만, 자본주의는 상대적 불평등을 당연시한다. 개인의 능력에 따라 다른 보상을 받아야 열심히 일하려는 근로 동기가 강화된다는 사고가 널리 퍼져 있다. 자본주의 경제에서 능력에 따른 소득의 불평등을 당연하게 간주하는 생각은 상식이 되고 있다.

그러나 자본주의 경제의 필연적 속성으로 간주되는 경제적 불평등은 많은 문제를 야기한다. 소득 수준에 따라 밥상 음식에 큰 차이가 나는 것은 아니다. 아무리 부자라고 해도 최고급 음식을 먹는 것은 아니다. 그러나 소득이 낮은 사람들이 고급 병원을 이용하기는 어려울 것이다. 또한 가난한 사람들이 자녀들을 고액 학원과 등록금이 비싼 사립대학에 보내기는 어려울 것이다. 부유한 사람의 자녀와 가난한 사람의 자녀가 수준이 다른 병원과 학교에 다니는 것은 당연한 것일까? 또는 돈이 없어 대학에 가지 못하거나 병원에 가지 못해도 어쩔 수 없는 것일까? 왜 어떤 사람은 태어나면서부터 더 좋은 삶의 기회를 누리고 다른 사람은 그렇지 못한 것일까?

사회 속에서 절대적 평등과 상대적 평등이 반드시 서로 배타적인 주장을 하는 것은 아니다. 경우에 따라 절대적 평등과 상대적 평등의 개념은 공존할 수 있다. 예를 들어 건강보험에는 누구나 가입할 수 있는 권리와 의무가 있고, 건강보험의 기여금은 소득 수준에 따라 차이가 있다. 대부분의 사회보험은 개인의 능력에 따라 차등적 기여금 체계를 갖고 있지만, 저소득층과 극빈층을 위한 공공부조와 기초노령연금은 아무런 기여금이 없어도 조세를 통해 재정을 충당하기도 한다. 이처럼 현대 사회의 대부분의 사회보장제도는 절대적 평등과 상대적 평등의 결합을 통해 운영되는 경우가 많다.

3. 어떤 평등인가?: 평등의 세 가지 차원

인간의 삶이 다양한 만큼 평등의 종류도 다양하다. 법률적 평등, 정치적 평등, 사회적 평등, 남녀 평등, 인종적 평등, 지역적 평등이 모두 제기될 수 있다. 아직도 정치철학자의 논쟁이 계속되고 있지만, 오늘날 평등은 대개 형식적 평등, 기회의 평등, 결과의 평등이라고 하는 세 가지 범주로 구분된다. 첫째, 법률적 평등은 특권과 차별을 반대하는데, 언론의 자유, 재판을 받을 권리, 보통선거권이 대표적이다. 둘째, 기회의 평등은 세습적 지위가 아니라 개인 역량을 실현할 기회가 평등해야 한다고 강조한다. 모든 시민이 의무교육을 받을 권리가 대표적이다. 셋째, 결과의 평등은 차등적 보상이 만든 불평등한 상태를 조정하여 더 평등한 결과를 만들어야 한다는 관점이다. 이 가운데 형식적 평등과 기회의 평등은 대부분의 사람들에게 받아들여지고 있지만, 결과의 평등에 관한 논쟁은 현재 진행형이다.

기회의 평등과 결과의 평등은 형식적 평등에서 비롯되었지만 매우 다른 특성을 가진다. 법률적 평등은 특권과 차별을 반대하지만 때로는 기회의 평등과 결과의 평등과 충돌할 수 있다. 미국 독립선언과 프랑스 인권선언은 전통 사회의 특권과 차별에 반대했지만 도덕적 가치의 선언에 가깝다. 현대 사회에서 세 가지 종류의 평등을 어떻게 이해하는지 하나씩 구체적으로 살펴보기로 하자.

첫째, 형식적 평등은 종교적 전통에서 비롯되었으며, 특히 서양의 자연법과 큰 관련이 있다. 모든 인간은 신에 의해 부여된 동등한 가치를 가지기 때문에 누구나 평등하다고 보는 자연권은 서양의 계몽주의와 민주주의의 발전에 큰 영향을 끼쳤다. 형식적 평등은 주로 법률적 평등을 가리키며, 시민적 자유, 재판을 받을 권리, 언론의 자유를 포함한다. 이런 점에서 형식적 평등은 현대 사회의 법의 지배를 가능하게 하는 기본적 원칙이다. 특권과 반칙에 반대하고 모든 사람의 법 앞의 평등을 강조한다.

그러나 형식적 평등은 기본적으로 소극적이다. 형식적 평등은 상당 부분 특권의 근절에서 멈춘다. 전통 사회의 신분적 위계를 해체한다는 점에서 현대 사회의 성원 가운데 반대할 사람은 거의 없다. 그래서 형식적 평등은 자유주의자와 사회주의자뿐 아니라 보수주의자도 모두 동의한다. 그러나 형식적 평등은 사회의 평등을 확대할 수 있는 능력을 거의 갖고 있지 못하다. 만약 부자와 가난한 사람 모두에게 빵을 훔치는 것을 금지했다고 해서 그들이 평등하다고 말할 수 있겠는가?

둘째, 기회의 평등은 모든 사람이 부모의 재산과 지위와 같은 세습적 지위가 아니라 개인의 잠재적 역량을 실현할 기회를 평등하게 가져야 한다고 강조한다. 모든 시민이 동등하게 의무교육을 받을 권리가 대표적이다. 가난한 사람이나 부자나 도서관에서 무료로 책을 빌려보는 것도 어느 정도 기회의 평등에 해당한다. 이는 자유주의자와 사회민주주의자의 지지를 받았으며 평등한 기회야말로 사회정의의 토대라는 평가를 받았다.

부모의 재산에 의해 인생의 기회가 제한되는 조건은 '기울어진 운동장'이라고 볼 수 있다. 인생에서 동등한 출발을 하려면 평평한 운동장을 마련되어야 한다. 물론 인생에서 동등한 출발선에서 시작해도 결승선에 동시에 들어가는 것은 아니다. 이런 점에서 기회의 평등은 사람들의 잠재력을 실현할 수 있는 평등한 기회를 가리킨다. 하지만 개인의 능력, 기술, 노력에 따라 불평등한 결과를 가질 수 있다는 점도 인정한다. 사람들은 '불평등할 권리'를 가진다.

다른 한편, 부모의 배경은 기회의 평등을 방해할 수 있다. 부의 상속과 높은 수준의 자녀 교육, 물질적 부의 제공은 인생의 평등한 출발을 불가능하게 만든다. 플라톤의 수호자 사회처럼 가족이 붕괴되고 부모와 자식의 개인적 관계가 소멸된다면 절대적 평등을 이룰 수 있을 것이다. 오웰의 소설 『1984』에서 남녀의 사랑이 금지된 것은 당에 대한 전적인 충성심을 고취하고 개인적 사랑이나 사적 영역으로서 가족의 출현을 막기 위한 것이다. 제2차 세계대전 이후 대부분의 국가에서 보편적 의무교육을 통해 가족의 세습 효과를 완화시키려고 시도했으나 큰 성과를 거두지는 못했다. 지금도 여전히 중간 계급의 자녀가 노동자 계급의 자녀보다 학업 성적이 우수하고, 대학 진학률이 높으며, 고소득 직업을 획득할 가능성이 훨씬 높다. 그러나 현실적으로 가족의 존재를 완전히 무시하거나 붕괴시키는 것은 불가능한 것처럼 보인다. 하지만 저소득층 자녀에게 긍정적 차별 또는 긍정적 우대를 제공하여 인생의 출발선을 평등하게 만드는 노력은 부의 세습 효과를 감소시킬 수 있다. 대학 입시에서 지역균형할당제와 사회적 배려 입학이 사례가 될 수 있다. 이런 점에서 기회의 평등은 형식적 평등과 충돌할 수 있다. 다른 한편 기회의 평등이 반드시 결과의 평등을 보장하는 것은 아니라는 문제가 있다.

셋째, 결과의 평등은 개인의 재능과 능력의 차이에 따른 차등적 보상이 만든 불평등한 상태를 조정하여 더 평등한 결과를 만들어야 한다는 관점이다. 이런 점에서 결과의 평등은 가장 급진적이고 논쟁적이다. 결과의 평등은 주로 사회주의 국가에서 강조되었으며, 국영기업의 경영인과 노동자의 평균 급여가 일정 수준의 격차를 넘지 못하도록 제한했다. 자본주의 사회에서도 빈곤층에게 최저생활을 보장하기 위해 국가가 공공부조의 급여를 제공하는 것은 어느 정도 결과의 평등에 도움이 된다. 모든 노인에게 기초연금과 지하철 무료 이용권을 제공하는 것도 마찬가지이다. 사회주의 사회에서는 사유재산제도의 철폐를 주장하는 반면, 자본주의 사회에서는 주로 조세를 통해 부유층에게 높은 세율을 부담하도록 강제한다. 누진세는 어느 정도 결과의 평등에 기여한다.

가장 극단적 평등주의는 프랑스 혁명 직후 공산주의가 등장한 이래 19세기 사회주의 운동을 통해 확산되었으나 20세기 초 소련과 공산주의 국가에서 본격적인 실험이 이루어졌다. 그러나 공산주의는 참담하게 실패했다. 소련에서는 국영기업의 경영인과 노동자의 평균 급여가 일정 수준의 격차를 넘지 못하도록 제한했지만, 공산당 간부라는 새로운 정치 엘리트의 특권을 막지는 못했다. 자본주의 사회에서도 결과의 평등은 어느 정도 실현되고 있다고 볼 수 있다. 국가가 극빈층에게 공공부조를 제공하는 것은 인도적 차원 또는 권리의 차원에서 최저생활을 보장하려는 의도하에 비롯되었지만, 어느 정도 결과의 평등에도 도움이 된다. 저임금 근로자를 위한 최저임금제나 모든 노인에게 기초연금과 지하철 무료 이용권을 제공하는 것도 마찬가지이다. 자본주의 사회에서는 사유재산을 보호하지만 조세를 통해 부유층에게 높은 세율을 부담하도록 강제한다. 물론 최고 세율을 둘러싼 논쟁은 여전하지만 누진세는 어느 정도 결과의 평등에 기여한다. 결국 기회의 평등과 결과의 평등은 완전히 분리될 수 없으며, 어느 정도 결과의 평등을 추구해야 기회의 평등도 보장될 수 있다.

결과의 평등을 비판하는 사람들은 지나친 평등주의가 근로 동기를 감소시키고 경제 침체를 유발한다고 주장한다. 또한 부유한 사람이 소유한 것에 대한 사회적 질투와 원한이 도덕적 정당성을 갖기 어려우며, 부의 재분배를 위해 부자의 재산을 강탈하는 것은 부당하다고 강조한다. 이와 같이 평등을 둘러싼 논쟁은 오늘날 보수주의, 자유주의, 사회주의 등 주요 정치 이데올로기에 커다란 영향을 미친다. 빌프레도 파레토의 엘리트 지배를 강조하는 관점은 사회정의라는 추상적 개념보다 자연적 정의라는 생각을 정당화하는 보수주의에 가깝다.[2] 로크는 개인의 재산권을 자유와 함께 인간의 가장 중요한 권리라고 주장하면서 인간이 "불평등한 소유에 동의"했다고 주장했다(로크, 1996). 에드먼드 버크는 시장을 움직이는 논리를 신의 섭리로 간주했으며, 정부가 빈곤층을 구제하는 행위는 자연의 법칙을 간섭하는 것이라고 비판했다. 토머스 맬서스는 인구 증가를 억제하기 위해서는 전쟁, 기아, 질병이 필요한 요소라고 보았으며, 빈곤을 감소하려는 노력이 아무리 좋은 의도라 할지라도 결국 사회적 재앙을 만들 것이라고 주장했다(맬서스, 2011). 이러한 주장에는 평등과 사회정의의 관념이 설 자리가 거의 없다.

---

2) 19세기에 빌프레도 파레토는 '엘리트의 지배'가 불가피하다고 주장한 것으로 유명하다. 파레토는 유럽 도시의 납세 자료를 분석해 통계적 규칙을 발견했는데, 모든 사회에서 상위 20%의 사람이 소득의 80%를 차지하는 '20대 80의 사회'의 출현이 필연적이라고 주장했다(Pareto, 1961). 그러나 파레토는 왜 소득의 불평등이 발생하는지 그 이유를 설명하지는 못했다.

4. 평등과 정치 이데올로기

어떻게 평등이 가능한지 결정하는 것은 매우 복잡한 문제이다. 학자들도 평등에 대해 매우 다른 태도를 보인다. 정치인들도 평등에 관해서 정반대의 주장을 펼치는 경우가 많다. 이와 같은 사회의 불평등의 원인과 해법을 바라보는 시각의 차이는 많은 경우 이데올로기와 깊은 관련이 있다. 이데올로기는 사회 현상을 바라보는 개인의 사고, 논리, 신념의 체계를 가리킨다. 특히 자유와 평등에 대한 관점의 차이는 보수 정당과 진보 정당의 구분을 만들고, 이를 통해 정치인은 체계적으로 대중을 설득하고, 대중에게 지지를 호소하고, 대중을 정치적으로 동원한다. 이 장에서는 자유주의, 사회주의, 마르크스주의, 신자유주의, 사회적 자유주의 등 이데올로기가 어떻게 평등과 불평등에 대한 상이한 관점을 제공하는지 살펴볼 것이다.

먼저, 급진적 자유주의, 사회주의, 마르크스주의자는 경제적 평등을 강조한다. 18세기에 루소는 『인간 불평등 기원론』에서 불평등이 사유재산에서 비롯되었다고 주장했다. 그는 재산이 사회 이전에 형성되었다고 믿는 로크의 생각을 비판했다. 루소는 사유재산을 옹호했지만, "어떤 시민도 다른 사람을 살 수 있을 정도로 부유해서는 안 되며, 어떤 시민도 자기 자신을 팔아야 할 정도로 가난해서는 안 된다"고 강조했다. 루소의 주장은 프랑스 혁명의 지도자들에게 많은 영향을 주었으며, 특히 자코뱅은 부의 재분배와 평등을 추구하는 정치에 큰 관심을 가졌다. 이 외에도 프랑스 혁명기에 평등을 강조하는 급진적 정치 분파와 공산주의 운동이 등장했다.

19세기에 정치적으로 급성장한 사회주의와 마르크스주의도 경제적 불평등에 주목했다. 특히 마르크스는 자본주의 사회에서는 소수의 부자만 자유를 가지는 반면에 다수의 노동자는 자유가 없다고 주장한다. 그는 노동자가 "일할 자유"와 "굶어 죽을 자유"만 가지고 있다고 주장했다(마르크스, 2008). 시민적 자유, 보통 선거권 등 정치적 권리는 형식적 평등에 불과하고 사회경제적 권리야말로 실질적 평등을 보장한다. 그에 따르면, 노동운동은 정치적 해방을 넘어서 사회적 해방을 추구해야 한다. 이를 위해서는 불평등을 만드는 사유재산제도를 철폐하고 무계급 사회를 만들어야 한다. 하지만 마르크스는 미래의 구상을 "능력에 따라 일하고 필요에 따라 분배하는 사회"로 막연하게 표현했을 뿐이다. 훗날 마르크스주의자들은 공산주의를 시장 대신 계획을 통해 자원을 생산하고 분배하는 체제로 고안했다. 마르크스 이후 공산주의는 평등의 유토피아로 큰 영향력을 가졌다.

그러나 20세기에 평등주의를 주장한 공산주의의 실험은 무참하게 실패했다. 특히 러시아 혁명 이후 평등주의에 사로잡힌 소련에서 탐욕스러운 자본가 대신 정치적 특권을 가진 공산당 간부가 등장하면서 새로운 불평등이 발생했다. 오웰이 『동물농장』에서 "모든 동물은 평등하다. 그러나 어떤 동물은 다른 동물보다 더 평등하다"고 묘사한 사회가 출현했다(오웰, 1998). 경제적 불평등은 거의 사라졌지만, 정치적 불평등이 특권층을 만들고 사실상 더 불평등한 사회를 만들었다. 공장 지배인과 노동자의 월급의 차이는 6배 이내로 매우 적었지만, 공산당 관료는 좋은 집, 차, 별장 등 다양한 혜택을 받을 수 있었다. 하지만 공산당 관료의 지위도 영구적인 것은 아니다. 공산당이 정한 직책을 잃으면 모든 것을 잃기 때문에 누구도 공산당을 비판하는 목소리를 낼 수 없다. 사유재산을 없앴기 때문에 공산당을 떠나 독립적으로 사는 것이 불가능해진 것이다. 결국 사유재산이 없어진 사회에서 가장 끔찍한 전체주의 사회가 등장했다. 사회주의의 근본적 가치인 평등을 실현하기 위해 자유를 억누르는 정치 체제가 정당할 수 있을까? 역사의 대답은 부정적이다.

프랑스 작가 앙드레 지드가 『소련 방문기』에 적은 대로 자유가 사라진 땅에 대한 우려가 현실로 나타났다. 모든 사람은 웃고 있지만 작가의 눈에는 진정한 웃음이 아니었다. 소련의 '우월감 콤플렉스'는 외국과의 비교가 불가능한 데에서 오는 무지에 불과했다. 소련 사람들은 주체적 사고를 갖지 못하고 정부의 사고를 따르는 "순응주의"에 빠졌다. 1956년 베를린 봉기와 1968년 '프라하의 봄'을 진압한 소련의 탱크는 국제주의를 얻는 대신 형제애를 짓밟았다. 결국 소련에서 '세계를 뒤흔든 열흘'이 만든 평등주의 유토피아는 군부 쿠데타와 탱크 위에 올라간 보리스 옐친에 의해 허무하게 막을 내렸다. 소련의 역사는 중요한 교훈을 준다. 토마스 만이 말한 대로 논리적으로 자유와 평등은 모순적이다. 하지만 자유와 평등이 양립 불가능한 것은 아니다. 오히려 적절한 수준의 자유가 없다면 평등이 없고, 적절한 수준이 평등이 없다면 자유도 위태롭다. 평등이란 자유와 뗄 수 없는 관계를 갖기 때문이다(드워킨, 2005).

둘째, 19세기 후반 등장한 사회적 자유주의와 사회민주주의는 경제적 불평등을 인정하는 한편, 이를 완화하는 사회적 평등을 강조했다. 영국 사회학자 레너드 T. 홉하우스는 사회를 이익을 추구하는 개인들의 단순한 집합이 아니라 상호 작용하고 상호 의존하는 부분의 '유기체'로 보았다. 그는 "완전한 자유는 완전한 평등을 포함한다"고 주장하며, 불평등에 기초한 자유는 특권과 권위의 불평등한 분배에서 비롯되기 때문에 특권에 상응하는 책임과 의무를 부여하는 강제 조치가 필요하다고 보았다(홉하우스, 2006). 홉하우스는 완전고용, 여성 참정권, 의무교육, 노약자 보호시설 확대 등 사회 개선 프로그램과 자유로운 복지국가를 지지했다.

제2차 세계대전이 발생한 후 전쟁은 강력한 국민적 정체성과 연대감을 키웠다. 물자가 부족한 전시에 부자와 가난한 사람은 국가에 의해 동일한 분량의 식료품을 배급받아야 했고 같은 병실의 침대를 사용했다. 전쟁이 끝나자 영국 정부는 기간산업을 국유화하고 의무교육을 도입하고 공공의료보험을 확대했다. 그 후 유럽 국가들은 사회보장제도를 통해 인간다운 삶을 보장하는 복지국가를 지지했다. 소득 불평등과 같은 경제적 불평등을 강제로 조정하지는 못해도 교육과 의료 등 사회적 불평등을 줄이기 위해 노력한 것이다. 이는 모든 사람들이 시민으로서 동등한 권리를 가졌으며, 국가라는 정치적 공동체가 모든 이들의 동등한 권리를 실현할 의무가 있다는 사고에서 비롯된 것이다.

복지국가는 소득 분배의 평등보다 사회적 평등에 더 관심을 가진다. 사회적 평등에 관한 이론적 작업을 시도한 학자는 런던정경대학(LSE) 사회학 교수였던 T. H. 마셜이다. 1950년 출간한 『시민권과 사회계급』이 대표적이다. 이 장에서는 마셜의 관점에 따라 현대적 의미의 평등을 주로 '사회적 평등'의 관점에서 사용한다. 왜냐하면 평등이란 사회적 구조, 제도와 긴밀한 관련을 가지기 때문이다. 마셜은 민주주의에서는 모든 사람이 평등하다고 전제하지만, 자본주의는 불가피하게 불평등을 만든다고 보았다. '1인 1표'의 민주주의와 '1원 1표'의 자본주의의 원리는 전혀 다르기 때문이다. 마셜에 따르면, 20세기 유럽 사회는 사실상 "계급전쟁의 상태"에 빠졌으며, 민주주의와 자본주의가 공존할 수 없는 것처럼 보였다. 마셜은 이 시기에 등장한 '시민권(citizenship)'의 개념에 주목했다. 시민권은 "모든 사람이 동등하게 가지는 지위"를 의미하며, 공민권, 정치권, 사회권으로 구분할 수 있다. 마셜은 사회권이 "절대적 평등을 추구하는 것이 아니다"라고 말하며, "그 위에 불평등의 구조가 만들어질 수 있는 평등의 토대를 제공했다"고 주장했다. 그는 사회권이 확대되는 추세에도 불구하고 불평등이 지속될 가능성에 대해서도 인정했다. 그러나 사회적 평등을 보장하는 "사회권이야말로 복지국가의 핵심 요소"라고 강조했다.

1940년대 이후 유럽의 복지국가는 모든 사람에게 최저생활을 보장하는 동시에 누진적 조세를 통해 부의 재분배를 추구하는 국가를 만들었다. 그로부터 30년 동안 유럽은 역사적 가장 평등한 사회를 만들었고 삶의 질이 높아지고 번영의 시대를 구가했다. 켄터베리 주교인 윌리엄 템플이 만든 신조어 '복지국가'는 유럽이 만든 인류 최고의 발명품을 표현하는 일반 명사가 되었다. 역사의 격랑 속에서 영국 복지국가의 탄생을 지켜본 마셜은 복지국가를 민주주의와 자본주의의 특수한 결합으로 보았다(마셜 외, 2014). 이런 점에서 그는 베버리지와 케인스와 어깨를 나란히 한다. 마셜에 따르면, 복지국가는 기회의 평등과 결과의 평등을 동시에 추구한다. 보육, 교육, 의료는 기회의 평등을 강조하는 데 비해, 연금, 실업보험, 공공부조는 결과의 평등을 강조하는 경향이 강하다. 복지국가는 자본주의 시장에서 발생한 불평등을 보완하는 동시에 재분배를 통한 사회적 평등을 추구한다. 이러한 복지국가의 기능은 자본주의와 민주주의의 갈등을 줄였고 1930년대 대공황 이후 유럽과 미국을 위협한 계급전쟁의 상태를 종식시켰다. 이런 점에서 마셜은 복지국가를 사회통합의 필수적 요소로 보았다.

그러나 미국 경제학자 존 K. 갤브레이스는 전쟁과 결핍의 시대가 끝나고 1960년대 이후 '풍요로운 사회'가 등장하면서 사람들의 생각이 바뀌었다고 분석했다(갤브레이스, 2006). 새롭게 등장한 '만족하는 다수파'는 보편적 사회권보다 개인적 이익을 추구하고 복지국가를 불필요한 것으로 보았다. 심지어 자신의 무한한 욕망을 실현하는 데 방해물로 간주하기 시작했다. 가난한 사람을 돕는

데 쓰는 돈은 낭비에 불과했다. 갤브레이스 스스로는 원하지 않았지만, 그의 선견지명은 10년 후 신자유주의 철학이 등장하는 서막이 되었다.

셋째, 1970년대 후반 미국과 영국에서 등장하여 전 세계에 확산된 신자유주의(neoliberalism)와 자유 지상주의(libertarianism)는 사유재산권과 자유시장을 강조하고 모든 평등을 적대시한다. 평등은 곧 개인의 자유를 억압하거나 말살하기 때문에 거부되어야 한다. 마거릿 대처와 로널드 레이건이 등장하면서 공기업의 사유화, 부자 감세, 복지의 축소 정책이 적극적으로 추진되었다. 소련의 붕괴 이후 신자유주의를 향한 뚜렷한 전환이 이루어졌다. 국제통화기금, 세계은행, 세계무역기구에서도 매우 큰 영향력을 가지고 있다. 신자유주의는 담론 양식에서 헤게모니를 장악했다(하비, 2007).

오늘날 아무리 보수적인 정치인도 18세기 영국의 중상주의자들처럼 빈곤을 '사회의 필요악'이라고 강변하지는 않지만, 다른 정교한 논리로 불평등을 합리화하고 있다. 대표적으로 신자유주의와 자유 지상주의는 불평등이 사회의 자연적 특징이며, 따라서 불평등은 불가피하고, 심지어 일부 학자는 불평등이 바람직하다고 주장한다. 신자유주의 이데올로기는 주로 개인과 기업의 자유를 강조하고 국가의 간섭을 거부하며 탈규제를 중시하는 것으로 알려져 있다. 하지만 신자유주의는 경제 분야 이외에도 사회, 도덕, 심리적 차원에서 다양한 담론과 논리를 제공한다(김윤태, 2018).

신자유주의라는 이름을 가진 이데올로기의 역사는 뿌리가 깊다. 제2차 세계대전이 벌어지던 1944년 오스트리아 경제학자 프리드리히 하이에크는 영국에서『노예의 길』을 출간하고 소련의 계획경제를 통렬하게 비판했다. 그는 물질적 평등을 주장하는 정부는 전체주의 정부가 될 것이라고 경고했다. 나아가 그는 "어떠한 종류의 분배의 정의란 존재하지 않는다"고 주장했다(하이에크, 2007). 왜냐하면 "특정한 집단에 대한 보장은 다른 집단들에 대한 비(非)보장"이기 때문이다. 달리 말하면 빈곤이 발생할 때 시장 질서를 교란해 지원을 하려 한다면 생산성이 저하되어 모두가 피해를 보게 된다는 주장이었다. 이런 관점에 따르면 당연히 세금을 낮추어야 한다. 누진세도 '동일한 노동에 대한 동일한 대가'라는 경제적 정의를 침해하는 것으로 간주된다(하이에크, 1997).

조세를 통한 재분배에 반대하는 주장은 경제학에서 '로빈 후드 효과(Robin Hood effect)'로 알려진 논리와 비슷하다. 이는 경제적 불평등을 해소하기 위해 부를 재분배할 경우 오히려 전체적인 사회적 부가 축소된다는 주장이다. 영국의 전설적 의적 로빈 후드의 이야기에서 비롯되었는데, 주로 보수적 정치인들이 부유층에 대한 누진세, 복지를 통한 재분배 등을 비판하는 논리로 이용했다. 1970년대 케인스 경제학을 통렬하게 비판한 통화주의 학파의 밀턴 프리드먼 교수는 "공짜 점심은 없다"는 말로 유명했다. 프리드먼은 사유재산이 '자유'의 가장 중요한 수단이라고 믿었다. 프리드먼은 최저임금제와 같은 정부의 인위적 개입은 오히려 더 많은 실업자를 양산할 뿐이라고 주장했다(프리드먼, 2007). 반면에 그는 복지제도를 모두 없애는 대신 놀랍게도 '기본소득'을 제공하자고 제안했다. 프리드먼은 1980년대 이후 미국 레이건 행정부의 정책 자문을 맡았으며, 그 후 프리드먼을 추종하는 통화주의 학파는 국제 기구를 장악하고 세계 경제를 근본적으로 바꾸었다. 프리드먼과 시카고 학파는 케인스 경제학에 반대하여 통화량 억제, 복지 축소, 공기업의 사유화, 자유무역 정책을 주장했다. 그러나 통화주의 경제학이 지배했던 지난 30년간 전 세계적으로 불평등이 크게 증가했고 빈곤은 더욱 심화되었다.

신자유주의자들은 불평등은 시장경제에서 근면과 혁신의 인센티브를 제공한다고 주장하며, 개인의 책임과 자기 계발을 강조한다. 신자유주의는 경제적 자유뿐 아니라 개인의 도덕을 실현하는 담론을 제공하면서 총체적인 기능을 수행한다. 신자유주의의 논리는 학문 세계뿐 아니라 보통 사람들의 사고에 강력한 영향을 미치고 있다. 신자유주의가 제시하는 사고방식과 삶의 조건은 이제 대부분의 사람들에게 상식이 되었고 일상생활에 커다란 영향을 미치고 있다. 앞으로 우리는 어떤 사유와 신념 체계가 사람들의 생각과 행동을 바꿀지 정확하게 알 수 없다. 그러나 신자유주의가 만든 폐해는 우리의 삶에 너무나 큰 악영향을 미치고 있다.

신자유주의자들이 주장하는 것과 달리 사회는 수많은 개인들의 원자처럼 존재하는 것이 아니다. 사회는 단일한 국가에 종속되는 개체도 아니다. 사회는 수많은 사람들이 서로 연결되고 의존하며 협력하는 공동체이다. 사회는 모든 사람이 공동으로 소유하는 사회적 공공재를 가진다. 이는 단순히 국방, 경찰, 소방, 도로, 공원과 같은 순수한 또는 전통적 공공재만 가리키는 것이 아니다. 사회적 공공재는 한 사회에 살고 있는 사람들이 인간다운 생활을 할 수 있고 자신의 능력을 키우고 사회의 지속 가능성을 가능하게 만드는 다양한 사회적 장치를 포함한다. 모든 사람에게 사회적 공공재를 제공하기 위해서는 교육, 보건, 환경 등 다양한 사회적 영역의 공적 제도가 필요하다. 도시의 건축과 농촌의 자연뿐 아니라 사회의 청렴, 정직, 신뢰도도 넓은 의미에서 사회적 공공재이다. 사회적 공공재는 단지 정부의 역할에 의존하는 것이 아니라 다양한 사회집단과 공공기관의 협력을 통해 만들어질 수 있다. 교육과 보건의 공공성을 높이기 위해 정부와 국회뿐 아니라 다양한 사회적 협의 기구가 운영될 수 있다.

20세기를 풍미했던 공산주의와 신자유주의가 수명을 다한 듯하다. 공산주의가 주장한 기계적 평등주의는 자신들의 유토피아적 선전과 달리 불평등을 줄이는 데 실패했다(월저, 1999). 공산주의 사회는 자유를 박탈한 전체주의 사회로 변질되었으며, 사유재산 대신 정치권력에 따른 새로운 불평등을 만들었다. 다른 한편, 지난 30년간 세계를 지배한 신자유주의와 자유 지상주의는 사회의 통합을 크게 저하하고 사람들의 행복감을 약화시켰다. 사유재산권의 극단적 옹호가 평등한 기회뿐 아니라 개인의 자유까지 무너뜨렸기 때문이다.

이 장은 불평등을 줄이기 위해서 취약 계층을 우선적으로 돕는 한편, 개인의 다양성을 고려하며 개인의 역량(capability)을 키우는 정책을 지지한다. 이를 위해서는 최저임금을 통해 노동시장의 소득 불평등을 줄이는 방법과 조세를 통한 재분배, 사회보장, 공교육 확대가 동시에 필요하다. 미국과 스웨덴의 노동시장 임금 격차는 거의 비슷하지만, 스웨덴에서는 보편적 교육, 보건, 사회보험 등과 같은 사회보장체계를 통해 빈부 격차가 크게 감소했다. 결국 불평등을 해소하는 사회제도가 중요한 역할을 수행한다. 빈곤과 불평등은 단순하게 개인의 능력에 따른 소득 수준의 차이에서만 비롯되는 것이 아니라, 불가피하고 다양한 사회적 위험, 즉 질병, 재해, 실업, 은퇴에 의해서 만들어진다. 이러한 사회적 위험에 공동으로 대응하려는 노력이 바로 사회보험, 국민보험, 정부의 사회정책, 나아가 복지국가의 제도이다. 오늘날 복지국가는 사회의 필수품이 되었다.

19세기 영국 산업혁명의 시대에 화재는 개인의 책임이었다. 보험회사에 가입한 사람만 소방서의 도움을 받을 수 있었다. 당연히 소방서는 개인 회사로 운영되었다. 기차역도 개인이 운영했다. 런던에는 아직도 런던역이 없다. 기차역이 8개나 되면서 독자적 노선을 가졌다. 1945년 이후에야 국가가 소방서와 철도를 운영하기 시작했다. 규제라면 몸서리를 치는 사람들은 노예제의 금지, 소년노동의 금지, 8시간 노동제, 노동조합의 단결권, 단체교섭, 파업권, 투표권, 남녀 고용평등법이 왜 필요하냐고 말할지 모른다. 그러나 이런 제도가 없다면 사회는 제대로 작동하지 않을 것이다. 우리는 오늘날 사회에 발생한 문제를 해결하기 위해 새로운 제도를 창조하는 지혜를 가져야 한다.

이 장은 불평등을 완화하는 포용적 사회제도의 실행을 위해서 노동시장의 소득 분배와 조세를 통한 재분배를 강조한다. 무엇보다도 소득 불평등을 줄이기 위해서 저소득층의 임금 인상이 중요하다. 이를 위해 최저임금 인상과 생활임금의 확대가 필요하다. 동시에 노동조합의 단체협상과 노동자의 경영 참가를 확대해야 한다. 이를 통해 노동자가 인간다운 삶을 영위할 수 있는 수준의 임금 인상과 근로 조건의 개선이 이루어져야 한다. 또한 정규직과 비정규직의 차별을 없애기 위해 '동일 노동, 동일 임금'의 원칙을 적용해야 한다. 다른 한편 누진적 조세를 강화하고 조세정의를 실현하여 사회적 약자를 돕는 사회 안전망과 사회통합을 촉진하는 사회보장제도를 강화해야 한다. 공정하고 효과적인 재분배 제도가 없다면 사회통합을 이루기 어렵다.

인간의 역사를 보면 조세를 통한 재분배가 정의로운 사회를 만드는 더 유용한 수단이라는 사실은 분명하다. 하지만 이 글은 무조건적인 분배 정책을 지지하지는 않는다. 이 글은 포용적 제도에서 불평등을 사후에 완화하는 정책보다 사전에 예방하는 정책이 필요하다고 역설한다. 영국 복지국가의 설계에 커다란 영향을 미친 리처드 티트머스는 보편주의의 토대를 전제로 사회적 약자와 취약 계층을 대상으로 지원을 추가하는 '긍정적 차별'을 강조했다(Titmuss, 2002). 국가는 저임금, 실업, 질병 등으로 인해 빈곤하지 않은 사람들이 빈곤으로 추락하는 것을 예방하는 한편, 이미 빈곤에 빠진 사람들이 일을 통해 빈곤에서 탈피할 수 있도록 장려해야 한다. 다만 노동 능력을 갖지 못한 아동, 노인, 장애인 등 취약 계층에게 근로 의무를 요구하는 것이 타당하지 않기 때문에 긍정적 차별로서 다른 사람보다 더 많이 지원해야 한다. 사회적 취약 집단을 위한 지원의 범위와 수준은 사회적 합의를 통해 정해야 한다.

20세기 후반 영미권의 최고 정치철학자로 평가받는 존 롤스는 평등을 절대적·기계적 평등이 아니라 '공정성(fairness)'으로 파악했다. 그는 공정한 절차에 의해 합의된 규범을 '정의'의 기본적 토대라고 보았다(롤스, 2003). 공정한 정의를 보장하기 위해서는 먼저 균등한 시민적 자유권이 필요하다. 또한 모든 사람들이 균등한 직위와 직책을 가질 기회의 평등이 필요한 동시에, 사회의 최대 취약 계층에게 최대의 이익을 제공해야 한다(최소 극대화의 원칙). 최대 취약 계층에 최대한 기회를 제공하는 경우에만 불평등이 정당화될 수 있다. 이러한 주장은 티트머스의 긍정적 차별의 원칙과 유사하다. 모든 사람이 능력대로 보상을 받을 수 있다는 고전적 자유주의의 원칙과 사회의 전체적 효용을 중시한 공리주의 철학의 견해와는 사뭇 다르다. 만약 '최소 극대화'의 원칙이 지켜지지 못한다면 모든 사람에게 평등한 분배를 제공하는 것만 못할 수 있다. 롤스는 공정한 정의를 통해 "자유롭고 평등한 시민들로 이루어진 안정되고 정의로운 사회"를 오랜 기간 유지하는 방도를 찾아야 한다고 주장했다.

인도 경제학자 아마르티아 센도 분배적 정의를 강조했다. 센은 아홉 살이 되었을 때 1943년 인도 벵갈 지역의 대기근으로 약 300만 명의 아사자가 발생한 참상을 목격했다. 훗날 영국 케임브리지대학교에서 경제학을 공부한 센은 농업 수확량의 부족이 아니라 분배의 실패가 벵갈의 기아를 초래했다고 결론을 내렸다(Sen, 1982). 당시 영국이 통치하던 벵갈 지역에는 모든 사람을 먹일 수 있을 만큼 충분한 식량 생산이 이루어졌다. 그러나 많은 농촌 노동자들이 실직하여 식량을 구매할 수 없어 그들의 가족까지 굶주릴 수밖에 없었다. 결국 자원의 풍족은 빈곤을 해소할 수 있는 가능성만 보여줄 뿐이다. 실제 사람들의 빈곤을 결정하는 핵심적인 요소는 권리이다. 센은 이를 '인타이틀먼트(entitlement)'라고 불렀으며, 개인 또는 집단이 가지는 일정한 권리 또는 자격으로 정의했다. 결국 빈곤, 기근, 아사는 자연적 재해가 아니라 공동체의 성원이 민주적 권리를 갖지 못한 결과이다. 일할 수 있는 권리와 노동시장에 참여할 권리를 박탈당한다면 인간다운 삶을 누릴 수 없다.

센은 낮은 소득이 빈곤의 한 원인이고, 사회의 불평등을 만들 수 있다는 점은 인정했다. 그러나 '연령, 성별, 장애, 거주 지역' 등 개인이 통제할 수 없는 조건도 빈곤과 불평등을 만들 수 있다. 이런 점에서 센은 모든 개인이 각자의 조건 속에서 '능력'을 자유롭게 발휘할 수 있도록 하는 '적극적 자유'가 중요하다고 강조했다(센, 2013). 정부의 간섭을 받지 않는 소극적 자유만으로 빈곤과 불평등을 줄이기에는 충분하지 않기 때문이다. 이렇게 적극적 자유를 중시하는 관점은 롤스의 주장과 차이가 있다. 센은 빈곤층을 지원하기 위해 현금 급여만으로 충분하지 않으며 일자리를 포함하여 사회에 참여할 수 있는 '역량(capability)'을 강화하는 것이 중요하다고 강조했다. 센의 주장은 불평등의 경제적 차원뿐 아니라 사회적 차원으로의 인식 지평을 넓혔다. 이는 1990년대 이후 소득뿐 아니라 교육과 기대수명을 조사하는 유엔의 '인간개발지수(Human Development Index)'에 영향을 미쳤다. 소득은 다양한 불평등 가운데 한 가지일 뿐이며, 소득 격차는 특정한 환경과 그에 따른 기회의 차이가 만든 결과로 이해해야 한다.

이 장은 기계적 평등주의와 자유 지상주의 대신 롤스와 센이 주장한 분배의 정의를 지지한다. 롤스의 주장처럼 취약 계층을 우선적으로 지원하는 최소 극대화 원칙과 센이 강조한 대로 교육과 훈련을 통해 개인의 역량을 강화하는 사회정책을 중시해야 한다. 최소 극대화 원칙과 역량 강화 접근법에 기반한 포용적 사회제도를 도입하여 불평등을 줄여야 한다. 스미스가 말한 대로 "자비심이 없어도 사회가 존속할 수 있지만, 정의가 없다면 사회는 붕괴한다"(스미스, 2016). 분배의 정의가 제대로 작동하지 않는 사회에서는 노동시장뿐 아니라 교육, 보건, 사회보장의 영역에서 분열적 제도가 확대되고 사회의 분열이 심화될 것이다. 불평등이 지나치게 커진 사회는 모래 위에 지은 집과 같다. 이런 점에서 불평등은 경제적 문제인 동시에 사회적 문제이다. 불평등은 과잉 경쟁, 상품 물신화, 인간 소외, 정치 갈등을 야기하고, 개인의 삶의 자존감과 잠재력을 파괴할 수 있다. 불평등은 심리적·정치적 문제인 동시에 도덕적 문제이다.

5. 맺음말: 포용의 제도인가, 분열의 제도인가?

이 장은 불평등이 사회에서 만들어졌듯이 불평등의 완화도 사회적 차원에서 이루어져야 한다고 주장한다. 그러나 오늘날 학문과 정치에서 왜 불평등이 커지는지, 어떻게 불평등에 대응해야 하는지를 바라보는 사람들의 생각은 매우 다르다. 불평등을 단순히 지구화와 기술 진보에 따른 불가피한 결과로 보는 주장은 매우 제한적 설명이다. 불평등은 명백하게 부자와 가난한 사람의 권력 불균형에서 비롯되었고, 이에 따른 정부의 정책, 특히 부자에게 유리한 조세와 재분배에 따른 결과이다(김윤태, 2017). 엄청난 부를 장악한 부자들은 럭셔리 브랜드 상품과 고가의 승용차만 소유하는 것이 아니라 대학과 미디어를 지배하고, 궁극적으로 정당과 정치인을 통제한다.

1980년대 이후 영국의 대처와 미국의 레이건이 주도한 신자유주의 쿠데타로 인해 자유시장경제의 논리가 세계 경제를 지배하면서 불평등은 중요한 의제에서 완전히 사라졌다. 부자들은 엄청난 돈을 대학에 기부했고, 언론사를 사들이고, 정당에 천문학적 금액의 선거자금을 기부했다. 부의 집중이 커질수록 사회에서는 불평등은 불가피할 뿐 아니라, 오히려 개인의 근로 동기를 촉진하기 위해서 바람직한 것이라는 주장까지 등장했다. 정부는 빈곤과 불평등을 줄이기보다 세금과 복지를 줄이고 가능한 한 경제와 사회에 간섭하지 않아야 한다는 신자유주의 이데올로기가 강력한 힘을 발휘했다. 결과적으로 지난 30년 동안 극빈층에 최소한의 사회 안전망을 제공하려는 신자유주의적 사고가 정책 결정 과정을 지배하면서 빈곤과 불평등이 급증했다. 그러나 2008년 세계 금융위기 이후 지나친 불평등이 민주주의를 위협하고, 경제성장을 저해할 뿐 아니라 궁극적으로 사회를 해체할 수 있다는 우려가 커지면서, 불평등이 중요한 의제로 다시 부상했다.

이 장은 불평등을 완화하려는 정부의 노력이 중요하며, 특히 빈곤과 불평등을 바라보는 사회복지의 패러다임이 근본적으로 변화해야 한다고 주장한다. 이를 위해 이 장은 사회의 평등의 담론을 형식적 평등, 기회의 평등, 결과의 평등으로 구분하고, 평등의 세 가지 차원에 대한 재검토가 필요하다고 강조한다. 오늘날 정치적 담론의 영역에서 형식적 평등과 기회의 평등은 거의 도전을 받지 않는다. 물론 담론 차원에서 사회적 합의가 이루어졌다고 현실이 그렇다는 것은 아니다. 여전히 한국 사회는 부모의 재산에 의해 자녀의 인생 기회가 제한되는 기울어진 운동장이다. 대다수 사람들은 인생에서 동등한 출발을 위해 평평한 운동장을 만들어야 한다고 하지만, 오늘날 사회의 모습과는 거리가 멀다. 물론 인생에서 동등한 출발선에서 시작해도 결승선에 동시에 들어가는 것은 아니다. 이런 점에서 기회의 평등은 사람들의 잠재력을 실현할 수 있는 평등한 기회를 가리킨다.

이 장은 사회의 평등을 추구하기 위해서는 형식적·법률적 평등으로 충분하지 않으며, 적극적으로 기회의 평등과 결과의 평등을 동시에 추구하는 평등의 정치가 필요하다고 주장한다. 하지만 기계적·절대적 평등주의 대신 개인이 가진 자원, 능력, 기술, 노력에 따라 불평등한 결과를 가질 수 있다는 점을 인정해야 한다. 이런 점에서 사람들은 불평등할 권리를 가진다. 하지만 부의 상속과 높은 수준의 자녀 교육, 물질적 부의 제공은 인생의 평등한 출발을 불가능하게 만든다. 최근 한국 사회에서 전문 학술용어가 아닌 '금수저'와 '흙수저'라는 인터넷 용어가 널리 확산된 이유가 무엇인지 깊이 생각해야 한다. 결국 부모의 배경은 기회의 평등을 방해할 수 있다. 이를 위해 빈곤한 가정의 자녀에게 긍정적 차별 또는 긍정적 우대를 제공하여 인생의 출발선을 평등하게 만들어야 한다는 최소 극대화 원칙을 제시한 롤스의 자유주의 담론은 중요한 의미를 가진다. 한국의 대학 입시에서 지역균형할당제과 사회적 배려 입학이 사례가 될 수 있다.

그러나 롤스의 자유주의 담론에서는 두 가지 문제가 발생한다. 첫째, 기회의 평등은 형식적 평등과 충돌할 수 있다는 점이다. 그러나 이 문제는 일부 극단적인 보수주의자와 자유지상주의자 이외에는 크게 반발하지 않고 있다. 둘째, 기회의 평등이 반드시 결과의 평등을 보장하는 것은 아니라는 점이다. 우리는 두 번째 문제가 제기하는 도전을 심각하게 고려해야 한다. 결과의 평등은 개인의 재능과 능력의 차이에 따른 차등적 보상이 만든 불평등 상태를 조정하여 더 평등한 결과를 만들어야 한다는 관점이다. 이런 점에서 결과의 평등은 논쟁적이다. 결과의 평등을 비판하는 사람들은 지나친 평등주의가 근로 동기를 감소시키고 경제 침체를 유발한다고 주장한다. 대표적으로 불평등을 합리화하는 신자유주의 이데올로기가 이 점을 비판한다. 또한 부유한 사람이 소유한 것에 대한 사회적 질투와 원한이 도덕적 정당성을 갖기 어려우며, 부의 재분배를 위해 부자의 재산을 강탈하는 것은 부당하다고 강조한다. 그러나 부유한 사람도 개인의 힘으로만이 아니라 사회적 도움을 받아 부를 축적할 수 있다는 사실을 간과해서는 안 된다. 또한 지나친 불평등은 명백하게 개인의 자유와 역량을 박탈하고, 개인의 자존감과 행복감을 약화시킨다는 사실을 심각하게 고려해야 한다. 만약 불평등이 지속적으로 증가한다면 사회통합과 정치적 안정이 계속 유지되기는 매우 어려울 것이다.

우리는 롤스의 자유주의적 주장보다 더 담대한 평등주의 전략을 요구해야 한다. 특히 불평등에 영향을 미치는 사회제도의 효과에 주목해야 한다(김윤태, 2017). 미국 사회학자 찰스 W. 밀스가 빈곤이 개인의 문제가 아니라고 말한 것처럼 불평등은 개인의 문제가 아니다. 일부 경제학자들은 교육이나 기술에 더 많이 투자한 사람이 더 많은 임금을 받는다고 주장하지만, 교육과 기술 습득의 기회가 균등하게 제공되지 않는 경우에는 불평등이 합리화될 뿐이다. 모두가 사교육을 받고, 모두가 대학에 진학하고, 모두가 컴퓨터 기술을 배워도 노동시장의 소득 격차는 여전히 존재한다. 교육이 계층 상승의 사다리가 되는 것은 사실이지만, 교육 자체가 불평등을 자동적으로 없앨 수 있다고 보는 생각은 어리석다. 결국 빈곤을 개인의 문제로 보는 교육 체제는 빈곤의 근원을 제대로 해결하지 못한다. 절대적 능력의 개발이 상대적 지위의 개선을 이룩하지 못하기 때문이다. 빈곤층의 교육 수준이 과거보다 개선되어도 사회의 불평등이 커진다면 교육을 통한 계층 상승의 효과는 기대하기 힘들다. 계층 상승보다 더 중요한 문제는 계층과 소득의 차이를 정하는 기준이다.

불평등은 사회가 만든 문제이다. 경쟁에서 실패하거나 낙오하는 것은 개인의 문제가 아니다. 사회의 공정한 경쟁의 규칙이 중요하다. 불공정, 부정의를 고칠 수 있는 사회제도가 필요하다. 최저임금 인상, 근로시간 단축, 유급휴가는 한 기업의 선의로만 해결될 수는 없다. 그렇기 때문에 사회제도가 중요하다. 분열적 사회제도는 경쟁을 찬양하고 능력주의를 강조하지만, 모든 사람을 무한 경쟁으로 내몰고 사회를 해체한다. 신자유주의 이데올로기에 따른 경세 자유화, 공기업의 사유화, 부자 감세, 복지 축소의 정치는 사회를 분열시킨다. 분열적 제도는 원래부터 시장이 형성되지 않은 교육, 의료, 환경, 안전 분야에도 시장 논리를 도입한다. 결국 모든 사회 분야에서 기업의 이익을 가장 중시한다. 한국의 100여 개의 특수 목적고와 200여 개의 자율형 사립고로 대표되는 교육의 사교육화, 실손보험의 도입 등 의료 민영화, 대기업 돈벌이 수단으로 전락한 4대강 개발, 세월호 참사, 구의역 사고, 한국서부발전 사고에서 드러난 안전관리 외주화가 대표적인 분열적 사회제도이다.

반면에 포용적 사회제도는 개인의 협력과 이타주의를 촉진하고 사회를 통합한다. 보편적 사회보험, 국민건강보험, 보편적 교육과 평생교육의 제도화는 사회가 운명 공동체라는 인식을 확산시키고 사회적 결속을 강화한다. 복지국가에서 실행하는 보편적 시민권에 따른 사회보장, 능력에 따른 조세 부담의 원칙은 사회보호 장치를 강화하고 사회정의를 실현한다. 당연하게도 분열적 사회제도는 불평등을 확대하는 반면, 통합적 사회제도는 불평등을 축소한다. 불평등을 줄이는 사회제도가 반드시 경제성장을 저해하는 것은 아니다. 불평등의 완화를 위해서 사후의 현금 지원보다 사전에 예방하는 정책에 주력하고, 공교육과 직업훈련을 통해 개인의 역량을 강화한다면, 장기적으로 노동 생산성이 높아지면서 지속적인 경제성장에 도움이 될 것이다. 스웨덴, 덴마크, 노르웨이, 핀란드에서는 보편적 교육과 보건을 제공하기 위해 높은 조세를 부담하지만, 오히려 북유럽 국가의 경제 경쟁력은 매우 높다.

포용적 사회제도는 자유시장 근본주의와 양립할 수 없다. 인간의 사회생활의 사유화를 무분별하게 허용해서는 안 되며, 경제성장의 혜택을 모든 계층이 공유하는 포용적 사회제도를 강화해야 한다. 특히 교육, 의료, 환경을 상품으로 취급해서는 안 된다. 초등학교 교육뿐 아니라 대다수 학생이 다니는 고등학교도 의무교육이 되어야 한다. 대다수 학생이 지불하는 사교육비도 공동으로 관리해야 한다. 85% 이상의 학생이 대학을 가는 현실에서 대학 교육도 단계적으로 의무교육이 되어야 한다. 국민건강보험도 전면 확대해야 하며 의료 영리화는 중단되어야 한다. 나아가 기후 변화를 해결하기 위한 2016년 파리 기후협약에 참여하고 재생에너지 개발을 위해 노력해야 한다. 이는 최근에 유엔에서 제창한 글로벌 공공재의 문제이기도 하다. 이미 유엔은 환경, 보건, 지식, 평화, 안보 이슈를 포함하고 있다 이처럼 한 사회 또는 세계적 차원에서 사회적 공공재를 유지하고 강화하는 과정은 포용적 제도화의 과정을 거친다.

결론적으로, 어떤 사회제도를 만드는가에 따라 불평등의 수준이 달라진다. 제도를 만드는 것은 자연적 질서나 보이지 않는 손이 아니라 바로 우리 인간이다. 인간의 모든 삶을 시장에 맡기는 결정은 사회의 분열을 촉진한다. 사회의 시장화는 필연적으로 사회를 분열시킨다. 사회를 유지하고 통합시키기 위해서 인간은 개인이 서로 협력하는 통합적 제도를 만들어야 한다. 영국의 경제사학자 리처드 H. 토니는 "사회제도는… 인간을 분열시키는 차이보다 인간을 통합하는 공통의 인간성을 가능한 한 강조하고 강화하도록… 설계되어야 한다"고 주장했다(Tawney, 1952). 이러한 사회제도를 만드는 과정에서 정부뿐 아니라 기업, 노동조합, 시민사회조직 등 사회적 동반자의 적극적인 참여가 중요하다. 한 나라가 어떤 제도를 갖는지 결정하는 것은 바로 정치이기 때문이다. 이런 점에서 제도와 정치의 상호작용이 한 사회의 불평등을 결정한다. 바로 이 이유 때문에 우리가 불평등을 제대로 이해하기 위해서는 불평등을 바라보는 관점과 이를 체계적으로 해석하는 정치 이데올로기에 대한 깊은 관심이 필요하다.

인구 변화와 사회복지
인구 고령화를 중심으로

김근태

1. 머리말

지난 반세기 동안 한국 사회는 격변의 소용돌이 한가운데에 위치해왔다. 한국전쟁의 폐허에서 전 세계 어느 국가에서도 보지 못한 속도로 경제발전과 민주화를 이룩해왔다. 이러한 역동적인 사회 변화는 필연적으로 급격한 인구 구조(population structure) 변화로 이어졌다. 1980년대까지 계속된 산아제한 정책으로 인해 출산율이 급감했으며, 1983년에 대체출산율(replacement-level fertility)인 2.1명 이하로 감소하고, 2002년부터는 초저출산(lowest-low fertility) 수준인 1.3명 이하로 떨어졌다. 같은 기간 동안 사망률도 동시에 빠른 속도로 감소해왔다. 1970년에 62.3세에 불과하던 기대수명(life expectancy)은 2017년에 82.7세까지 증가했다. 또한, 단순히 수명만 연장되어온 것이 아니라, 실질적으로 건강한 삶을 영위하는 건강수명(healthy life expectancy)도 지속적으로 증가해왔다(Kim, 2015). 이러한 현상들은 인구의 저출산·고령화로 요약될 수 있으며, 현재 한국 사회가 직면한 여러 가지 도전들의 기저에 깔려 있는 문제라고 할 수 있다. 따라서 최근 저출산·고령화 관련 담론이 활발하게 진행되고는 있지만, 가시적인 성과는 요원해 보인다. 예를 들어 지난 20여 년간 정부는 세 차례에 걸쳐 '저출산고령사회 기본계획'과 같이 급격한 노동인구 감소를 방지하고 사회경제의 체질 개선을 위한 각종 정책을 수행해오고 있으나, 여전히 실질적인 효과가 나타나고 있는지는 확실하지 않다(우해봉, 2018). 이렇게 정책 수단을 통해 인구 현상에 실질적인 변화를 이끌어내기가 힘든 이유는, 인구 변화는 우리 사회의 근본적인 운영 원리의 변화와 동시에 이루어져야 하기 때문이다.

저출산·고령화로 인해 향후 수십 년간 우리 사회의 전체적인 패러다임이 변화해야만 할 것이다. 문제는 그 과정이 일부 (만일 전체 인구가 아니라면) 인구에게는 큰 고통의 과정이 될 수 있다는 것이다. 아마도 이런 패러다임 변화 과정에서 가장 취약한 인구는 노년층일 것이다. 그 이유는 여전히 한국 사회의 사회 보장 시스템은 다른 서구 선진국들에 비해 잘 갖추어져 있지 못할 뿐만 아니라, 서구에서 100년 넘게 걸쳐 진행된 인구 고령화가 한국 사회에서는 단 30여 년만에 이루어지고 있기 때문이다. 따라서 한국 사회에서 어떻게 인구 구조가 변화해왔는지, 노년층의 복지 상태는 어떤지 파악하는 것은 다가올 초고령 사회를 준비하는 데 기초적인 연구라고 할 수 있다.

이러한 맥락에서 이 글은 우선 지난 반세기 동안 인구 구조가 어떻게 변화해왔는지 알아보고, 특히 저출산·고령화의 현황과 전망을 살피고자 한다. 또한 고령층과 관련된 사회보장 시스템의 현황을 파악하고, 국제 비교를 통해 한국 사회의 현주소를 진단해보고자 한다.

2. 인구 구조 변화와 원인

인류의 역사를 통해 인구는 자연환경 및 사회경제적 조건에 따라 끊임없이 변화해왔으나, 산업혁명 이후 나타난 인구 변동은 아마도 인류 역사상 가장 극적인 변화일 것이다(Cohen, 1995). 인구 현상은 사망, 출생, 이동 세 가지 요인의 조합으로 발생하며, 또한 이러한 현상들이 시간의 경과에 따라 누적되면서 나타나는 결과물이 인구 구조이다. 이러한 인구 구조와 그 변화 양상을 가장 간결하게 보여줄 수 있는 것이 인구 피라미드이다(김이선 외, 2018).

그림 2-1은 2015년 통계청이 실시한 「장래인구추계: 2015~2065년」 결과를

그림 2-1／ 인구 피라미드로 본 한국의 인구 변화 역사와 전망: 1960~2065

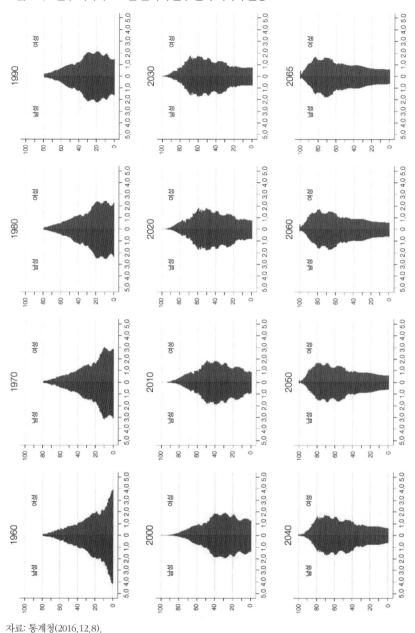

자료: 통계청(2016.12.8).

이용하여 1960년부터 2065년까지 한국의 인구 구조가 어떻게 변화해왔는지를 인구 피라미드를 통해 보여주고 있다.[1] 1960년대 한국은 출생률과 사망률이 높고 인구 성장률이 낮아 전형적인 피라미드 형태(pyramid-shape)를 보여주고 있다(권태환·김두섭, 2002). 1960년 인구 피라미드를 보다 자세히 살펴보면 10대 인구 부분에서 움푹 들어간 것을 확인할 수 있는데, 이는 1950년대 한국전쟁 기간 동안 출생이 현저히 감소했다는 사실을 보여주고 있다. 1970년대에 들어서면서 신생아의 비율이 남녀 모두에서 3%대로 감소하고, 10대와 20대 젊은 인구의 비중이 증가한 것을 알 수 있다. 이는 인구 변천 단계에서 사망률과 출생률이 동시에 급감할 때 나타나는 전형적인 형태이다(권태환·김두섭, 2002). 1980년대에는 출산율이 대체출산율 수준인 2.1명 이하로 감소하고, 사망률 감소는 둔화되는 경향을 보였다. 따라서 공업화된 사회에서 나타나는 포탄형 인구 구조로 변화한 모습을 볼 수 있으며, 이러한 경향은 1990년대까지 지속되었다. 2000년대와 2010년대에 들어서면서, 인구 변천 과정(demographic transition)이 완결되어, 인구 변화가 정체되는 종형(bell-shape)으로 변화한 것을 확인할 수 있다. 2020년 이후에는 급격한 출산율 감소가 인구 감소로 이어질 것으로 예상되며, 이에 따라 인구 구조도 선진국형인 주발형(bowl-shape)으로 변모할 것으로 보인다. 또한 비록 인구 추계가 예상 가능한 몇 가지 시나리오를 기반으로 작성되기는 하지만, 향후 2065년까지 한국의 출산율이 큰 반등을 나타낼 것으로 보이지 않으며, 따라서 인구 피라미드의 형태도 크게 변화하지 않을 것으로 보인다.

우리는 흔히 의료기술의 발달 등으로 인해 평균적인 기대수명이 증가하여 노령인구의 비율이 급속히 증가하고 있다고 생각하기 쉽다. 오랜 시간 동안 축적된 인구학적 연구결과들에 의하면 전체 인구에서 노령인구(65세 이상)가 차지하

---

[1] 보통 인구 피라미드는 5세 단위로 좌측에는 여성의 인구 비율을 나타내고, 우측에는 남성 인구 비율을 나타내는 형태로 제시된다. 여기에서는 보다 정밀한 인구 구조의 변화상을 보여주기 위해 1세 단위로 비율을 계산했다. 또한 1960년부터 2000년까지는 80세 이상 인구는 모두 "80세 이상"으로 합산되어 데이터가 작성되었다. 2000년 이후에는 평균 수명의 연장으로 노년층이 증가함에 따라 가장 높은 연령층이 "100세 이상"으로 연장되었다.

표 2-1 / 합계출산율과 기대수명이 노령인구(65세 이상) 비율에 미치는 영향

(단위: %)

기대수명	합계출산율				
	2	3	4	5	6
30	n/a	n/a	n/a	3.9	2.8
40	n/a	n/a	5.6	3.8	2.7
50	n/a	8.8	5.5	3.7	2.6
60	15.0	8.8	5.4	3.6	2.5
70	16.5	9.2	5.7	3.7	2.6
75	18.0	9.9	6.1	4.0	2.8

주: 이 표는 콜과 데미니의 모델 생명표를 기반으로 작성된 것임. n/a는 인구가 감소하는 경우이므로, 계산하지 않은 것임.

는 비율은 크게 출산율과 사망률의 영향을 받는다(Preston·Heuveline·Guillot, 2001). 그러나 서구 선진국들의 인구 변천 과정을 바탕으로 모델 생명표를 만든 콜과 데미니(Coale and Demeny, 1966)의 연구결과에 따르면, 사망률보다는 출산율의 변화에 따라 노령인구 비중에 훨씬 큰 차이가 나타난다. 즉, 표 2-1에 제시된 것과 같이 합계출산율(Total Fertility Rate: TFR)이[2] 3이라고 가정하면, 기대수명이 50년일 때 65세 이상 인구는 전체 인구 중 8.8%, 기대수명이 60년 일 때 8.8%, 기대수명이 70년일 때 9.2%, 그리고 기대수명이 75년일 때에는 9.9%를 차지하게 된다. 그러나 만일 기대수명이 70세로 고정된 상태에서 합계출산율이 2명일 경우 65세 고령인구는 전체 인구 중 16.5%를 차지하지만, 합계출산율이 3이 되면 9.2%로 감소하게 된다. 그리고 합계출산율이 4로 증가하면, 그 비율은 5.7%로 감소한다. 콜과 데미니의 모델 생명표를 통해 우리는 합계출산율이 기대수명의 증가보다 노년인구 비중에 훨씬 큰 영향을 줄 수 있다는 사실을 알게 된다.

그렇다면 출산율은 그동안 어떤 변화를 보여왔는가? 그림 2-2에서는 1970년부터 2017년까지의 출생아 수와 합계출산율의 변화가 제시되어 있다. 1970년 한 해 동안 총 100만 7천 명의 신생아가 출생했으며, 합계출산율은 4.53에 이르

---

[2] 합계출산율은 여성 1명이 폐경기까지 생존할 경우 낳을 것으로 예상되는 평균 출생아 수를 나타낸 지표로서 연령별 출산율(Age Specific Fertility Rate: ASFR)의 총합이다.

그림 2-2 / 출생아 수와 합계출산율 변화 추이: 1970~2017

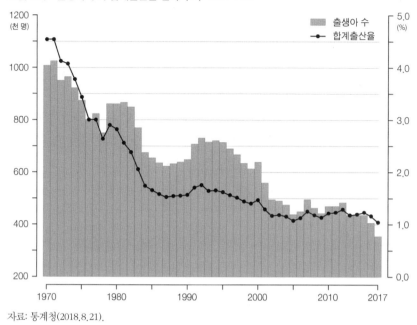

자료: 통계청(2018.8.21).

렸다. 이후 출생아 수와 합계출산율은 지속적으로 감소해왔다. 특히 1983년에 이미 한국은 대체출산율인 2.1명 수준 밑으로 출산율이 감소했으나, 이 시기에 정부는 여전히 출산율 감소를 위해 가족계획사업에 주력했다(배은경, 2012).

그러나 지난 반세기 동안 출생아 수와 출산율이 단선적으로(monotonically) 감소만 해온 것은 아니다. 예를 들어 1978년에는 전년도에 비해 74만 명이나 감소했지만, 1979년에 다시 11만 명 이상 증가하는 현상을 볼 수 있다. 이는 말의 해에 여아를 출산하지 않으려는 경향이 반영된 결과로 보인다(Lee and Paik, 2006). 이후 출생아 수와 합계출산율이 감소하다가 2000년에 밀레니엄 베이비라 하여 일시적으로 출산율이 증가했으나, 그 수준은 크지 않았다. 또한 그 이듬해에는 출생아가 가장 큰 폭으로 감소(약 8만 명 정도)했다. 2017년 총 출생아 수는 35만 7800명 수준이며, 합계출산율은 1.052를 기록하고 있다. 2018년 출생 추이에 비추어 보건데 합계출산율이 역사상 최초로 1.0 이하로 떨어질 것이

거의 확실시되고 있다.

한국 노령인구의 변화 양상과 전망은 그림 2-3에 제시되어 있다. 1960년에 전체 65세 이상 인구는 약 72만 명에 불과했고, 이는 전체 인구의 약 2.9%에 해당하는 수치였다. 전술했듯이 1970년대부터 강력한 인구 증가 억제 정책이 시행되었고, 출산율의 저하와 함께 인구 고령화도 빠르게 진행되었다. 1980년대 이후 그 변화가 더욱 가속화되었고, 2000년에는 65세 이상 인구가 340만 명에 이르고, 전체 인구의 7.2%를 차지하게 되었다. 1960년에 비교하여 40여 년 동안 고령인구 비율이 약 2.5배 증가한 것을 알 수 있다. 2015년 총 65세 이상 인구는 660만 명이며, 전체 인구의 약 13.1%를 차지하고 있다. 향후에도 고령인구는 2050년까지 계속해서 증가하다가 2060년 이후에는 증가세가 약화될 것으로 예상된다. 하지만 고령인구의 비중은 지속적으로 증가하여 2040년경에는 32.3%,

그림 2-3 / 65세 고령인구 수와 비율의 변화 추이: 1960~2060

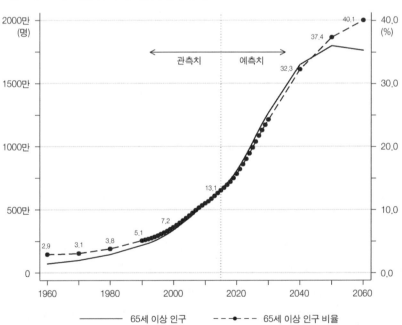

자료: 김근태(2015), 통계청(2016.12.8).

2050년경에는 37.4%, 그리고 2060년경에는 전체 인구의 약 40.1%가 65세 이상일 것으로 예측된다.

유엔은 65세 이상 인구가 전체 인구에서 차지하는 비율이 7~14%이면 고령화 사회(aging society), 15~19%이면 고령사회(aged society), 그리고 20% 이상이면 후기 고령사회 또는 초고령 사회(super-aged society)로 구분하고 있다(이희연, 2005). 이 기준에 따르면 한국 사회는 2000년에 고령화 사회로 진입했고, 2017년에 고령사회, 그리고 2025년경에는 초고령 사회로 진입이 예상되며, 이는 전 세계적으로도 유례없는 빠른 고령화 진행 속도이다.

이런 인구 구조 변화는 인구와 연령을 바라보는 우리의 관점 자체를 변화시킬 것으로 예상된다. 예를 들어 2040년경에는 대한민국 국민 3명 중 1명은 65세 이상의 노인이고, 2060년경에는 약 5명의 국민 중 2명이 65세 이상이 될 것이라는 의미이다. 이렇게 노령인구가 차지하는 비중이 커지면, '노인'에 대한 정의를 다시 할 필요성이 대두될 수 있으며, 이는 은퇴 연령의 조정, 연금 수급 연령 등과 같은 문제와 밀접히 연동될 것으로 예상된다.

한편 우리는 인구 고령화를 단일 현상으로 보려는 경향이 강하지만, 지방자치단체(시군구) 수준에서는 지역 간 편차가 매우 심하게 나타나고 있다는 것을 알 수 있다. 이런 맥락에서 최근 지방소멸 가능성에 대한 논의가 활발하게 이루어지고 있다(이상호, 2018). 지방소멸 위험지수는 마스다 히로야(2015)가 제시한 20~39세 여성인구와 65세 이상 고령인구의 비율로 흔히 계산된다. 이 지수가 1.0 이하이면 젊은 여성에 비해 고령인구가 더 많다는 의미이고, 따라서 소멸위험이 커진다는 의미이다. 반대로 이 지수가 1.0 이상이면 젊은 여성인구가 노년층에 비해 많다는 의미로서 소멸위험이 낮아진다는 의미이다. 그림 2-4에서는 시군구 단위별로 2000년, 2005년, 2010년 그리고 2016년에 지방소멸 위험지수가 어떻게 분포되어 있는지를 나타내고 있다.

결과에 의하면 2000년에 전국 230여 개의 시군구 중 25.7%의 소멸위험지수가 1.0 이하를 나타내고 있다. 그러나 전남·전북 그리고 경북 일부 산간 지역에서 이미 이 수치가 1.0 이하로 감소해 있으나, 서울·경기 및 광역시에서는 1.0을 훨씬 웃돌고 있다. 2005년도에는 소멸위험을 보이는 (1.0 이하) 지역이 충남·

그림 2-4 / 시군구별 20~39세 여성인구 비중 및 65세 이상 고령인구 비중 추이

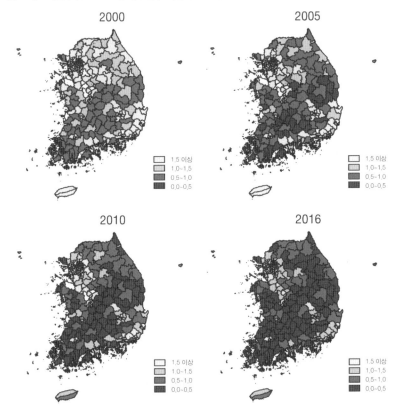

자료: 김근태(2017).

강원으로 확대되고 있었다. 이에 따라 전국적으로 239개 기초지자체 중 37.2%
에서 소멸위험지수가 1.0 미만으로 감소했다. 2010년도에 들어서서 이러한 현
상은 더욱 심화되었으며, 전체 기초지자체의 44.7%가 1.0 미만을 기록하게 되
어, 서울·경기 및 광역시 지역을 제외한 거의 모든 기초지자체의 인구 성장 잠
재력이 급감한 것을 확인할 수 있다. 2016년도 전체 기초지자체 절반이 넘는
59.8%에서 소멸위험지수가 1.0 미만으로 감소했다.

이렇게 지역별로 인구 고령화와 소멸위험지수가 차이가 나는 것은 지난 반세
기 동안 진행되어온 산업화와 그로 인한 인구 이동이 주요 원인으로 작용하고

그림 2-5 / 고령화의 지역적 분포 변화 양상: 1960~2010

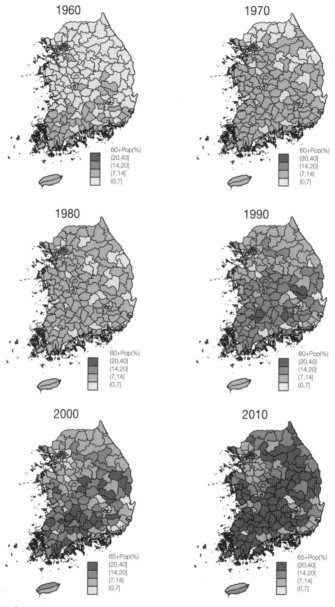

자료: 김근태(2015).

있다(김근태, 2015; Kim, 2015).

그림 2-5는 지난 반세기 동안 한국에서 시군구 단위별로 60세 또는 65세 이상의 고령인구 비율이 어떻게 변화해왔는지를 보여준다. 1960년대만 하더라도 고령인구 비율이 7%를 넘는 시군구는 주로 전남과 경북 산간 지방을 중심으로 발견되었으며, 전국 대부분의 지역이 7% 미만이었다. 심지어 강원 지역도 1960년대에는 탄광 채굴 붐 등으로 젊은 인구가 많이 상주하고 있었다. 그러나 1960년대 시작된 경제개발은 1970년대와 1980년대로 들어서면서 서울과 부산을 잇는 경부축 중심으로 진행되었고, 이에 따라 젊은 인구가 이들 지역으로 직장을 찾아 이주하면서 나머지 지역에서는 노년층의 비중이 급격히 증가하기 시작했다. 이런 현상이 현재까지도 지속적으로 나타나고 있으며(Kim, 2015), 오랜 기간 이루어진 젊은 층의 이주는 남겨진 지역의 사회경제적 및 문화적 자본의 피폐라는 악순환(negative feedback)으로 이어졌다. 결과적으로 이제는 이러한 지역 간 불균형을 자연적으로 발생하는 인구 이동만으로는 역전시킬 수 없으며, 정부의 지역균형발전을 위한 적극적인 개입이 필요하게 되었다.

3. 인구 구조 변화와 복지지출

전술한 인구 구조 변화는 필연적으로 정부의 재정지출에도 영향을 줄 수밖에 없다. 따라서 정부의 지출이 어떻게 변화해왔는지를 살펴보는 것이 필요하다. 지난 반세기 동안의 정부 재정지출을 기능별로 살펴보면 표 2-2와 같다.

우선, 1970년 정부의 총 재정지출은 5578억 원에 불과했지만, 2016년에 5,297,175억 원으로 증가해, 지난 46년간 약 950배 정도 증가했다. 빠른 경제성장을 경험했던 1970년대에는 연 30%씩 증가했으며, 1980년대에도 연평균 약 16%의 증가율을 기록했다(우해봉 외, 2014).

보건과 사회보호를 포함하는 사회보장에 관련된 재정지출은 1970년에는 373억 원에 불과했으나, 2016년 1,785,551억 원으로 이 기간 동안 약 4800배 정도 증가한 것을 알 수 있다. 따라서 사회보장 재정지출의 증가 폭이 총 재정지출의

표 2-2 / 일반 정부 재정지출의 기능별 분류: 1970~2016

(단위: 억 원)

연도	사회보장	교육	국방	경제 업무	일반 공공행정, 공공질서, 안전	기타	합계
1970	373	1,249	1,109	1,302	1,004	541	5,578
1971	402	1,601	1,415	1,758	1,268	695	7,139
1972	608	2,064	1,797	1,815	1,488	703	8,475
1973	659	2,131	1,930	2,952	1,802	779	10,253
1974	996	2,977	3,489	3,721	2,785	1,161	15,129
1975	1,304	4,612	4,877	7,412	4,152	1,776	24,133
1976	1,664	6,398	7,104	8,160	5,620	2,050	30,996
1977	2,422	8,142	9,151	11,737	6,759	2,633	40,844
1978	3,361	9,749	13,665	11,232	8,902	4,457	51,366
1979	5,974	12,973	15,877	14,600	12,585	6,452	68,461
1980	9,974	17,957	22,180	15,157	16,244	9,304	90,816
1981	12,726	24,822	26,308	32,848	20,927	8,756	126,387
1982	17,815	27,950	29,035	26,829	24,311	9,658	135,598
1983	20,654	31,176	30,353	30,632	29,568	12,151	154,534
1984	23,598	34,380	31,429	30,969	31,005	13,391	164,772
1985	25,883	38,015	36,170	35,503	36,909	15,346	187,826
1986	28,572	41,442	40,951	34,769	43,907	18,673	208,314
1987	33,884	45,926	43,325	40,345	50,073	19,889	233,442
1988	44,877	53,025	48,135	52,440	57,178	26,940	282,595
1989	56,415	64,682	57,892	64,979	68,051	28,059	340,078
1990	74,705	78,540	61,200	88,552	84,030	36,133	423,160
1991	95,744	96,548	72,846	110,910	106,732	49,321	532,101
1992	112,594	111,436	80,650	134,040	130,890	62,739	632,349
1993	129,100	124,125	83,151	152,941	146,231	72,155	707,703
1994	147,437	143,452	98,956	163,685	160,660	76,037	790,227
1995	167,186	167,772	104,416	224,830	192,140	86,009	942,353
1996	194,599	195,405	125,014	253,412	206,915	106,997	1,082,342
1997	221,570	219,344	138,270	301,750	227,263	125,529	1,233,726
1998	274,207	235,857	137,276	334,089	260,190	141,204	1,382,823
1999	342,468	250,898	139,550	331,102	278,512	138,634	1,481,164
2000	317,642	255,842	153,346	351,578	340,714	150,566	1,569,688
2001	386,308	310,683	164,102	422,493	390,007	143,791	1,817,384
2002	412,147	331,137	166,820	486,106	425,298	164,960	1,986,468
2003	475,111	378,084	187,013	886,146	502,452	212,359	2,641,165
2004	523,349	425,749	203,384	653,781	557,396	231,848	2,595,507
2005	591,724	440,351	217,344	664,077	570,091	228,332	2,711,919
2006	678,315	438,990	232,339	706,409	601,482	251,383	2,908,918
2007	795,669	480,702	244,198	625,031	672,284	277,952	3,095,836
2008	891,318	553,343	275,155	673,924	840,036	301,162	3,534,938

2009	1,009,560	621,818	302,254	834,066	872,784	377,184	4,017,666
2010	1,109,126	617,895	303,276	741,039	836,613	314,692	3,922,641
2011	1,203,453	665,422	327,611	902,203	892,283	319,783	4,310,755
2012	1,293,568	715,158	336,034	886,360	947,410	329,590	4,508,120
2013	1,388,671	738,402	353,688	760,610	957,349	341,193	4,539,913
2014	1,516,722	775,634	370,816	767,166	977,777	344,385	4,752,500
2015	1,660,304	816,250	386,496	820,144	1,003,674	364,525	5,051,393
2016	1,785,551	851,196	402,808	803,976	1,078,047	375,597	5,297,175

주: 사회보장=보건+사회보호, 교육, 국방, 경제 업무는 각각 단독 기능, 일반 공공행정 등=일반 공공행정+공공질서+안전, 기타=환경보호+주택 및 지역개발+오락 문화 및 종교.
자료: 한국은행 국민계정.

그림 2-6 / 일반 정부 재정지출의 기능별 배분 추이: 1970~2016

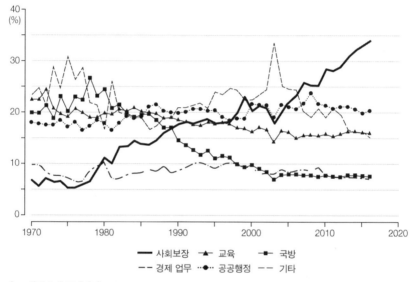

자료: 한국은행 국민계정.

증가 폭보다도 압도적으로 높은 것을 확인할 수 있다.

보다 구제척인 기능별 재정지출의 비율 변화 추이는 그림 2-6에 제시되어 있다. 여기에서 확인할 수 있는 가장 뚜렷한 변화 양상은 지난 46년 동안 사회보장의 비중이 지속적이고 가장 확연히 변화해왔다는 것이다. 즉, 1970년의 경우 사회보장이 전체 재정지출에서 차지하는 비중은 6.69%에 불과했다. 1970년 모든 재정지출 항목 중 가장 낮은 비율을 차지하고 있었으며, 이는 경제개발이 활발히 진행되던 당시에는 사회보장의 우선순위가 뒤로 밀려날 수밖에 없었던 상황을 잘 나타내고 있다. 그러나 1977년에 건강보험제도가 도입되면서 사회보장 비율이 획기적으로 증가하게 된다. 또한 1990년대 후반 IMF 경제위기를 겪으면서 다시 한 번 사회보장의 비중이 증가하게 되며, 비슷한 이유로 2000년대 후반 경제위기 상황에서 사회보장의 비중이 증가하게 된다. 2010년대 들어오면서 사회보장의 비중이 가파르게 상승하는데, 이것은 현재 진행되고 있는 인구 고령화와 관련이 깊을 것으로 보인다. 2016년 전체 재정지출 중 사회보장이 33.71%를 차지하고 있어, 전체 재정지출의 약 1/3이 사회보장 관련 지출이다.

같은 기간 동안 다른 분야의 비중은 감소하거나 큰 변동을 보이지 않았다. 가장 대표적인 예는 국방 분야일 것이다. 1970년에는 국방에 대한 재정지출이 전체 중 약 20%를 차지했으나, 1990년대를 기점으로 급격히 감소하기 시작했다. 2016년 국방 관련 재정지출은 총 지출의 약 7.6%에 머무르고 있다. 한편 교육 관련 지출은 1970년대에는 전체 지출의 약 1/4에 이르렀지만, 2016년의 경우 16%로 감소했다. 그러나 국방 관련 지출에 비해 그 감소 폭이 크지는 않았다.

이렇게 전체 재정지출에서 사회보장 관련 지출의 비중이 빠른 속도로 증가해 왔지만, 다른 서구 선진국들과 비교하여 한국 노년층을 위한 사회 안전망은 매우 열악한 실정이다. 그림 2-7은 OECD 국가들에서 65세 이상 노년층의 가구 가처분소득이 어떻게 구성되어 있는지를 보여준다. 이 결과에 따르면 전체 35개국의 노년층 소득 가운데 공적이전소득의 비율이 가장 높게 나타난 국가는 헝가리(89.0%)로 확인되었다. 그 뒤를 벨기에(84.1%), 룩셈부르크(82.4%), 오스트리아(81.8%) 등이 따르고 있다.

반면에 공적이전소득의 비중이 가장 낮은 국가는 한국으로 나타났으며, 한국 노년층의 가처분소득 중 공적이전소득은 30.2%에 불과했으며, 차상위 국가인 멕시코의 31.4%보다도 낮았다. OECD 국가들의 평균은 66.3%로 나타나 한국보다 2배 정도 더 높게 나타났다. 흥미로운 점은 캐나다의 경우에도 공적이전소득에서 차지하는 비중이 35.1%로 매우 낮게 나타났다. 하지만 캐나다는 다른 국가들과 달리 자본소득이 차지하는 비중이 40.1%로 OECD 국가들 중 가장 높

그림 2-7 / OECD 국가별 노인층의 소득원 분포: 2014(가구 가처분소득 기준)

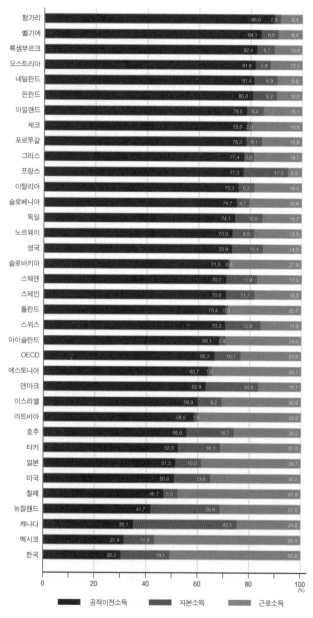

자료: OECD(2017).

게 나타났다.

일반적으로 공적이전소득의 비중이 높은 국가들에서는 근로소득의 비중이 낮게 나타난다. 대부분의 OECD 국가들에서 이런 경향이 발견되는데, 한국의 경우에도 공적이전소득의 비중이 적은 만큼 근로소득의 비중은 50.8%로 높게 나타나고 있다. 그러나 근로소득의 비중이 가장 높은 국가는 멕시코로 밝혀졌으며, 멕시코 노년층의 가구 가처분소득 중 근로소득이 56.8%를 차지하는 것으로 나타났다. 이 결과를 바탕으로 보건데 지난 반세기 동안 사회보장 지출이 꾸준히 그리고 빠른 속도로 증가한 것은 맞지만, 다른 국가들에 비해 여전히 노년층을 위한 사회보장 시스템이 취약하다는 것을 알 수 있다.

이처럼 취약한 사회보장제도의 결과는 노인층의 소득과 전체 인구 평균소득과의 비교를 통해 쉽게 파악할 수 있을 것이다. OECD 국가들에서 65세 이상 노년층의 소득이 전체 인구 평균소득과 비교할 때 몇 퍼센트를 차지하는지가 그림 2-8에 제시되어 있다. 우선 가장 높은 비율을 나타낸 국가는 프랑스로서 103.4%를 보인다. 이는 65세 이상의 노년층 소득이 전체 평균임금보다 약간 높다는 것을 의미한다. 프랑스의 뒤를 이어 룩셈부르크도 100.6%를 나타내고 있다. 이어서 이스라엘, 스페인, 이탈리아가 각각 99.9%, 98.8%, 98.8%를 보이고 있는 것으로 나타났다.

반면에 한국은 전체 35개 OECD 국가 중 34위에 랭크되었고, 65세 이상 노년층의 소득은 전체 평균소득의 68.8%에 그쳤다. 즉, 한국 노년층의 소득은 전체 평균소득의 2/3 수준에 머무르고 있다는 의미이다. 한국보다도 노년층의 상대적 소득이 낮은 국가는 에스토니아 단 한 곳이었고, 66.5%를 나타냈다. OECD 전체 평균은 87.6%로서 한국과 무려 18.8% 격차를 보이고 있어, 한국 노년층의 상대적인 소득 수준이 다른 OECD 국가들에 비해 매우 취약함을 알 수 있다.

이러한 한국 노년층의 취약한 소득 기반은 높은 노년층 빈곤율로 이어지고 있다. 그림 2-9에서는 OECD 국가들에서 2014년 빈곤율을 국가별로 보여주고 있다. 여기에서 빈곤선은 전체 인구의 중위소득으로 규정되며, 노년층 가구 중 이 빈곤선보다 적은 소득을 가진 비율이 국가별로 제시되어 있다.

35개 OECD 국가들의 평균 노년층 빈곤율은 12.5%로 나타났다. 가장 낮은

그림 2-8 / OECD 국가 전체 인구 소득 대비 노인층의 소득 비율: 2014

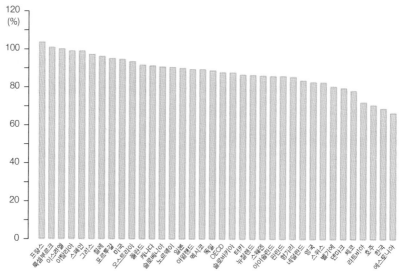

자료: OECD(2017).

그림 2-9 / OECD 국가 노년층의 빈곤율: 2014

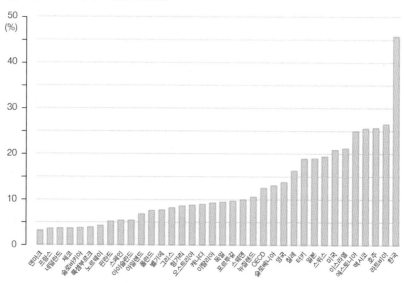

자료: OECD(2017).

수준의 노년층 빈곤율은 덴마크, 프랑스, 네덜란드, 체코, 슬로바키아 등의 유럽 국가들에서 나타났으며, 각각 3.2%, 3.6%, 3.7%, 3.7%, 3.8%를 보였다. 반면 가장 높은 수준의 노인 빈곤율을 보이는 국가는 한국으로 45.7%를 나타내고 있다. 그 뒤를 라트비아와 호주가 잇고 있는데, 이들 국가는 각각 26.5%와 25.7%를 보였다. 심지어 멕시코도 노인 빈곤율은 25.6%에 머무르고 있다. 노인 빈곤율 1위인 한국과 2위인 라트비아의 차이가 무려 19.2%에 이르고 있어, 한국 노인층의 빈곤 문제가 심각한 수준임을 알 수 있다.

표 2-3은 2002년 「일류국가를 향한 국민의식조사연구」와 2013년 통계청 「사회조사」를 이용하여 중·고령자의 경제적 노후 준비 여부 결정요인 분석 결과를 보여주고 있다. 이 분석에서 종속변수는 「일류국가를 향한 국민의식조사연구」의 경우 응답자에게 "나는 노후를 위해 별도의 돈을 저축하고 있다"라는 질문에 5점 척도(1=매우 아니다, 5=매우 그렇다)로 답하도록 요구하고 있으며, 이를 재코딩(1~3=0, 4~5=1)하여 이항변수(binary variable)를 만들었다. 2013년 통계청 「사회조사」는 60세 이상의 응답자를 대항으로 "귀하는 노후를 위하여 어떤 준비를 하고 계십니까?"라고 묻고, 만약 노후를 위해 준비하고 있다면 어떤 방식으로 하고 있는지(국민연금, 기타 공적연금, 사적연금, 퇴직급여 등)를 묻고 있다. 이 항목에 대한 응답을 기반으로 2002년 데이터와의 비교연구를 위해 이항변수(준비하고 있다=1, 준비하고 있지 않다=0)를 만들었다.

로지스틱 회귀분석(logistic regression) 결과에 의하면 2002년 샘플에서는 여성과 남성의 경제적 노후 준비의 승산비(odds ratio)가 유의미한 차이를 보이지 않았다. 그러나 2013년 샘플에서는 여성이 남성에 비해 40% 정도 노후 준비가 덜 되어 있는 것으로 밝혀졌으며, 이 차이는 통계적으로도 유의미했다. 그러나 연령의 효과는 두 샘플에서 모두 유의미한 것으로 나타났으며, 연령이 1세 증가할 때마다 각각 3.6%와 6.4%씩 경제적 노후 준비의 승산비가 감소했다. 일반적으로 응답자의 교육 수준이 증가할수록 경제적 노후 준비의 가능성이 증가했지만, 교육 수준에 따른 격차는 2002년 샘플에 비해 2013년 샘플에서 보다 크게 나타났다. 예를 들어, 2013년 샘플에서 대학 교육 이상을 받은 응답자는 초등학교 이하의 교육을 받은 응답자보다 경제적으로 노후 준비의 승산비가 3.03배

표 2-3 / 노후 준비 결정요인에 대한 로지스틱 회귀분석: 2002년 「일류국가를 향한 국민의식조사」와 2013년 통계청 「사회조사」

	2002 OR	2002 SE	2013 OR	2013 SE
성별(여성)	1.056	(0.215)	0.599***	(0.032)
연령	0.964***	(0.013)	0.936***	(0.003)
배우자 있음	0.801	(0.300)	1.495***	(0.086)
교육 수준(초등교육 이하 생략)				
중졸	1.228	(0.376)	1.340***	(0.088)
고졸	1.348	(0.385)	1.841***	(0.125)
대졸 이상	1.926**	(0.641)	3.031***	(0.320)
총 가계소득(100만 원 이하 생략)				
100만~200만 원	1.456*	(0.325)	1.422***	(0.090)
200만~300만 원	1.312	(0.328)	1.291**	(0.155)
300만 원 이상	3.338***	(1.100)	1.400*	(0.251)
주택 소유	1.399	(0.294)	1.982***	(0.128)
주관적 계층(하층 생략)				
중층	1.032	(0.199)	2.792***	(0.142)
상층	1.052	(0.267)	7.393***	(2.202)
상수	1.434	(1.388)	44.170***	(13.289)
N	732		9,456	
Log-likelihood	-441.7		-5225	
Nagelkerke R^2	0.079		0.326	

주: 괄호 안은 표준오차(standard error)를 나타냄.
자료: 김근태(2015).
*** $p < 0.01$, ** $p < 0.05$, * $p < 0.1$.

높았다. 가계 총 소득도 2002년과 2013년 샘플 모두에서 경제적 노후 준비 여부와 정의 관계를 보이고 있었으나 그러한 경향은 2002년 샘플에서 더 확실히 나타났다. 예를 들어, 월 소득 300만 원 이상의 응답자는 100만 원 이하의 경우보다 약 3.3배 더 노후 준비를 하고 있는 것으로 나타나, 박창제(2008)의 결과와 일치하고 있다. 한 가지 흥미로운 점은 주관적 계층 인식이 경제적 노후 준비 여부에 미치는 영향력이 2002년과 2013년 샘플에서 달리 나타난다는 점이다. 2002년 샘플의 경우 주관적 계층 의식은 통계적으로 유의미한 효과가 없었으나, 2013년 샘플의 경우 자신이 상층이라고 생각하는 사람들은 자신이 하층이라고 생각하는 사람들보다 약 7.4배나 더 경제적으로 노후 준비를 하고 있었다.

요컨대 이 분석 결과에 의하면 한국 노년층의 경제적 노후 준비에 미치는 영향요인이 최근으로 올수록 변화하고 있다. 즉, 2000년대 초반에 비해 2010년대에는 교육 수준에 따른 노후 준비 여부의 격차가 더 크게 나타나고 있으며, 총가계소득의 효과는 감소하고 있지만 주택 소유 여부가 노후 준비 여부에 미치는 영향이 매우 커지고 있다. 또한 주관적 계층 의식이 경제적 노후 준비에 미치는 영향력이 급격히 증가하고 있는데, 이는 지난 20여 년간 진행되어온 '부익부 빈익빈'으로 대표되는 계층의 양극화와 밀접히 연관된 것으로 보인다.

4. 맺음말

한국 사회는 지난 반세기 동안 전 세계적으로도 유례가 없을 만큼 압축적 성장을 이룩해왔으며, 이러한 고도 성장의 필연적 결과로 저출산과 인구 고령화로 대표되는 인구 구조의 변동 역시 매우 빠르게 진행되어왔다. 그러나 이러한 경제성장과 인구 변동은 한국에만 국한된 현상은 아니며, 사회발전 과정에서 필연적으로 일어나는 인구 현상이라고 할 수 있다(National Research Council, 2001). 인구 구조의 변화는 수없이 많은 요인들에 의해 결정되지만, 가장 대표적인 요인은 경제발전으로 인한 식량의 증가와 교육 수준의 향상을 들 수 있다(Coale, 1964).

한국에서 진행되고 있는 인구 구조 변화의 근본적인 문제는 그 변화 속도가 너무 빠를 뿐만 아니라, 충분한 사회 안전망이 갖추어지지 않았다는 데 있다. 가장 대표적으로 한국 사회에서 노인을 위한 공적소득보장제도가 성숙되어 있지 못해 공적으로 노후를 보장하는 것이 매우 힘들다(박창제, 2008). 통계청의 2014년 자료에 의하면 한국의 65세 이상 고령인구 중 공적연금(국민연금, 공무원연금, 사학연금) 수급자는 약 252만 명으로 전체 65세 이상 인구의 약 38.7%가 공적연금을 받고 있다. 그렇지만 급여 수준이 매우 낮은 관계로 노후 빈곤 방지와 같은 연금 제도가 추구하는 기본 목적을 달성하지 못하고 있는 실정이다(우해봉, 2015). 한국 사회에서 노인들의 공적소득보장제도를 보완해온 것은 가족의 지원과 노인들의 높은 경제활동 참여였으나, 개인주의 의식이 확산되고 노동시장 구조가 변화함에 따라 이러한 형태의 비공식적 소득보장 효과는 급격히 감소하고 있다.

이 연구에서 발견한 것과 같이 한국 노년가구의 가처분소득 중 30.2%만이 공적이전소득이 차지하고 있으며, 이는 OECD 회원국 중 최하위를 기록하고 있다 (그림 2-7 참조). 따라서 한국 노년가구의 근로소득 비중이 다른 국가들에 비해 월등히 높지만, 노년가구의 소득은 한국 전체 가구 평균소득의 68.8%에 그치고 있다(그림 2-8 참조). 전체 인구 소득 대비 노년가구 소득 비율 역시 OECD 국가들 중 거의 최하위에 해당하며, OECD 평균과도 큰 격차를 보이고 있다.

정부도 이러한 인구 구조 변화에 발맞추어 사회보장 지출 비중을 꾸준히 증가시켜왔다. 그 결과 1970년의 경우 사회보장 재정지출이 전체 재정지출의 6.69%에 그쳤지만, 2016년에는 33.7%로 비약적인 증가를 보였다(그림 2-6 참조). 사실 현재 재정지출의 약 1/3이 사회보장 관련이며, 모든 재정지출 중 가장 큰 부분을 차지하고 있다. 그럼에도 불구하고 사회보장 관련 지출의 비중을 더욱 늘려갈 필요가 있어 보인다. 양적인 팽창도 중요하지만 실질적으로 노년층의 빈곤을 완화시킬 수 있는 정책적 대응이 요구된다. 이 과정에서 복지의 사각지대를 해소하고, 정책의 일관성과 지속성을 확보할 수 있도록 보다 면밀한 연구와 검토가 필요하다. 그러나 무엇보다도 중요한 점은 급속히 증가하는 노년층의 복지를 위해 세금을 부담해야만 하는 젊은 세대의 이해를 구하고 사회적 합의를 이끌어내는 과정의 필요성이다.

사회복지와 인권
한국 사회복지사의 인권

김명숙

1. 머리말

인간다운 사회는 인간답게 살 권리를 존중받는 사람들로 이루어진다. 사회적 환경과 개인적 자원의 특수성보다 인간의 존엄성이라는 보편적 절대가치에 대한 신뢰를 바탕으로 인권 논의가 출발하듯이, 인간다운 삶의 가치를 실현하려는 노력으로 사회복지가 출현한다. 인권에 대한 구체적 옹호가 침해의 순간에 비로소 구체화되듯이, 인간다운 삶이 무엇인가는 생존이 위태로울 때 가장 절실한 질문이 된다. 어떤 외양을 가졌든 인권은 청구됨으로써 현실에 개입하고, 사회복지 역시 청구권을 실현함으로써 필요로 하는 사람들에게 다가선다. 이처럼 사회복지는 인권 실현의 고민을 담고 있고, 사회적 위기에 대응하려는 체계적·인권적 노력이다.

이런 점에서 2019년도 정부의 예산안 편성에서 보건·복지·노동 분야가 전년 대비 12.1% 증가하여 전체의 34.5%를 차지하고, 특히 노인, 장애인 등 취약 계층 대상 일자리 확충 및 사회복지 종사자 처우 개선 등을 통해 양질의 일자리 창출 및 서비스의 질을 제고하도록 정책 방향을 정한 것은 고무적인 일이다. 보건복지부 소관 '사회서비스 일자리'를 대량 신설하여 서비스 수요자인 국민의 삶의 질을 높이겠다고 밝혔다.[1]

그런데 이렇게 대대적인 예산 확대가 국민에게 약속한 소득 주도 성장, 혁신 성장, 공정경제를 뒷받침하기 위한 정책이라는 점에서는 공감하면서도, 한편으로는 과연 질적으로 좋은 일자리, 경험적으로 체험하는 복지 혜택, 더 나아가 삶의 기본 조건에 만족감을 느낄 수 있는 환경이 막대한 예산 투하만으로 이루어질 수 있을 것인가를 고민한다. 무엇보다도 복지 현장에서 일어나는 구체적인 문제들에 대한 보다 근본적인 진단을 통해 예산 집행의 적절한 방향을 조율하는 것이 필요하다.

이 글은 이런 관점에서 사회복지사가 일하는 현장의 인권 실태를 파악하고자 한다. 세계인권선언과 같은 인권 목록들이 누구에게나 적용된다는 점은 혁명적이지만, 구체적 현장에서 어떻게 지켜지는가 하는 것은 더 중요하다. 다행히 정부는 사회복지 종사자 처우 개선을 특별히 명시함은 물론 사회적 가치에의 투자도 중요하게 여겨, 치매, 자살 예방, 생명 존중 등 인권과 사회적 가치 제고를 위한 투자도 소홀히 하지 않을 것임을 밝히고 있다.[2]

사회복지 현장에서 사회복지사의 역할은 아주 중요하다. 사회복지사의 업무가 대부분 법률에 정해져 있거나 공공정책의 틀 안에서 수행되기 때문에 자율성과 연계성이 부족하다고 볼 수도 있지만, 복지 현장에서 사람들을 만나고 대화하고 순발력 있게 문제에 대응하는 일은 사회복지사의 몫이다. 이런 면에서 사회복지사의 인권이 현장에서 어떻게 지켜지는가, 노동 현실은 얼마나 인권적인가를 검토하는 것은 사회복지 현장을 보다 인권 친화적으로 개선하는 데 도움이 된다.

이 글은 국가인권위원회가 (사)한국 노동사회 연구소에 의뢰하여 2013년 6월 21일부터 7월 19일까지 국내 1057개 기관 및 시설에 종사하는 사회복지사 총 2605명[3]에 대한 실태조사와 사회복지사협회의 사회인적자원연구원에서 발간

---

1) 행정안전부 보도자료, 2018년 8월 28일, ≪한겨레신문≫, 2018년 8월 28일 자.

2) '열린 라디오 YTN', 2018년 9월 1일, 이성규 대담.

3) 응답자의 구성비는 여성: 68.1%, 남성: 31.9%, 평균연령은 33.4세, 세대별 구성은 20대: 37.9%, 30대: 37.5%, 40대: 19.2%, 50대: 5%, 최종 학력은 4년제 대학: 55.3%, 2, 3년제 대학: 22.2%, 대학원

한 2017년 사회복지사통계연감, 사회복지사 업무 관련 법, 그리고 그 밖의 2차 분석 자료들을 텍스트로 삼아 한국 사회복지사들의 인권 현주소를 확인한다. 사회복지사들의 기본 권리에 대한 사회적 감수성은 사회복지 현장이 얼마나 인권적인가를 나타내는 하나의 지표가 된다.

2. 인권이란? 인권 목록과 인권 작동 방식

인권은 혁명적 개념이다. 비록 군주에 대한 귀족의 권리 주장이라는 한계가 있긴 하지만, 1215년 영국의 인권선언에서 1628년 권리청원, 명예혁명의 권리장전에 등장한 천부인권, 그리고 1776년 미국 독립선언과 1789년 프랑스 시민혁명을 통해 근대 시민헌법이 만들어지기까지, 모든 인간은 이성적이고 자유로우며 평등한 존재라는 생각은 새로운 현실을 만들어가는 동력이었다. 이러한 자연법적 보편 이상으로서의 추상적 인권 개념이 구체적이고 현실적인 도덕적 패러다임인 근대적 인권 개념으로 집약·표출된 것이 1948년 세계인권선언 (UDHR)이다. 세계인권선언은 한 국가의 힘만으로는 풀기 어려운, 그리고 두 차례의 세계대전을 거치면서 재편된 세계적 권력을 통제하지 않고는 해결될 수 없는, 전 세계 공통의 인권문제가 있음을 직시한 결과물이다. 여기서 인권의 보편성이란 문화적·지역적 특수성을 배제하지 않는, 즉 문화가 다르고 역사와 환경이 다름을 인정하고도 그것을 넘어서 보호되어야 마땅한 권리의 토대를 말한

석사: 12%, 석사 수료: 2.6%, 박사 이상: 0.8%, 혼인 여부는 미혼: 66.2%, 기혼: 33.8%, 부양가족 수는 평균 2.71명, 부양자녀 수는 평균 1.7명, 고용 형태는 정규직: 81.8% 무기 계약직: 6.6%, 비정규직: 11.7%, 직위는 실무자: 73.2%, 과장·팀장급 중간관리자: 21.2%, 사무국장·부장급 중간관리자: 4%, 기관장: 1.6%, 근무 형태는 통상근무: 85.4%, 2교대: 7.1%, 근속 연수는 3년 미만: 44.5%, 동종 직종 평균 근무 기간은 4.7년, 이직 횟수는 평균 1.4회, 근무지는 특별시·광역시: 46%, 시: 44.7%, 군: 9.3%, 직무 만족도는 평균 2.72점(5점 척도)이다. 사회복지사 자격증 급수별 취득 비중을 보면 2급이 50.4%로 가장 높았으며, 1급은 48.7%, 3급은 0.9%이다(국가인권위원회, 2013: 149~192).

다(Donnelly, 2003: 108~109).

이렇게 국제적 관습법으로서 보편성을 인정받고 출발한 세계인권선언은, 1966년 결의되고 1976년 발효된 '경제적·사회적·문화적 권리에 관한 국제규약'(ICESCR, A규약)과 '시민적·정치적 권리에 관한 국제규약'(ICCPR, B규약), 그에 덧붙여 '모든 형태의 인종차별 철폐에 관한 국제협약'(ICERD, 1966), '여성에 대한 모든 형태의 차별 철폐에 관한 협약'(ICEDAW, 1979), '고문방지협약'(CAT, 1984), '아동의 권리에 관한 협약'(CRC, 1989), '모든 이주노동자 권리보호에 관한 협약'(ICRMW, 1990), '장애인의 권리에 관한 협약'(CRPD, 2006), '집단살해죄의 방지 및 처벌에 관한 조약'(CPPCG, 1948), '강제실종협약'(CPED, 2006)으로 개별화된다(McPherson, 2015:12).

세계인권선언과 A규약, B규약을 1990년 비준한 한국은 2018년 8월 '모든 이주노동자 권리보호에 관한 협약'과 '집단살해죄의 방지 및 처벌에 관한 조약', 그리고 '강제실종협약'[4]을 제외한 모든 다른 협약들을 비준·가입하고 있다.[5]

그런데 세계인권선언과 국제적 규약들이 전 세계에 보편적으로 적용되는 규범이라면, 한 나라의 인권지표로 중요한 것은 헌법이다. 헌법은 국내적으로는 최상위 규범이며, 실정법 제·개정의 방향을 제시하고, 무엇보다도 국가권력으로부터 국민의 기본적 권리를 수호한다. 헌법에 명시된 기본권은 인권들 중에서 특히 어떤 경우에도 국가권력에 의해 침해되어서는 안 되는, 보다 적극적으로는 국가권력에 보호받아야 하는 매우 중요한 권리이며 그런 의미에서 보편적이면서 불가침의 권리이다.

1948년 제정된 이후 아홉 차례의 개헌 과정을 거친 대한민국 헌법에서 포괄적 기본권으로 가장 중요한 것은 인간의 존엄성과 가치, 행복추구권이다. 평등

---

4) 최근 형제복지원 피해 사건의 진상 규명을 위한 법률안을 만들려는 노력에 따라 국제인권단체와 인권위가 강제실종협약에 가입할 것을 법무부와 외교부에 권고했고, 법무부는 이를 수용해 가입 절차를 밟겠다고 밝혔다. http://www.newshankuk.com/news/content.asp?fs=1&ss=3&news_idx=201805231714511338

5) https://tbinternet.ohchr.org/_layouts/TreatyBodyExternal/Countries.aspx?CountryCode=KOR&Lang=EN

권으로는 법 앞에서의 평등이 가장 중요하게 선언되며, 자유권적 기본권으로는 생명권과 신체의 자유로 표현되는 인신의 자유, 사생활의 비밀과 자유, 거주 이전의 자유, 통신의 자유로 구체화되는 사생활 자유권, 양심의 자유, 종교의 자유, 언론·출판·집회·결사의 자유, 학문과 예술의 자유로 표현되는 정신적 자유권이 있다. 경제적 기본권으로는 재산권, 직업 선택의 자유, 소비자의 권리가 있고, 정치적 기본권으로는 정치적 자유, 참정권이 제시된다. 청구권적 기본권으로는 청원권, 재판청구권, 국가배상청구권, 국가보상청구권이 있고, 사회권적 기본권으로는 인간다운 생활권, 근로권, 근로3권, 교육받을 권리, 환경권, 건강권이 강조된다.[6]

이런 헌법의 기본권은 세계인권선언을 보편적으로 수용한 것으로, 포괄적 기본권은 전체 영역에 적용되는 인권이며, 평등권부터 청구권적 기본권까지는 시민적·정치적 영역에 관련되는 목록이다. 그리고 사회권적 기본권은 경제적·사회적·문화적 영역과 연대적·집단적 인권 영역과 긴밀한 관계를 가지는 영역이다(배화옥 외, 2015: 50~51).

그런데 「인권위원회법」 제2조 (정의)에 "'인권'이란 「대한민국 헌법」 및 법률에서 보장하거나 대한민국이 가입·비준한 국제인권조약 및 국제관습법에서 인정하는 인간으로서의 존엄과 가치 및 자유와 권리를 말한다"[7]라고 규정되어 있다. 따라서 대한민국 국민의 인권지킴이의 보루로서 적극 옹호되고 또 현실의 인권지표를 파악하는 데 가장 대표적인 지침으로 헌법과 세계인권선언, 그리고 A규약과 B규약을 공통으로 고려하게 되고, 집단과 상황에 따라 개별적인 인권규약들을 적용하게 된다.

A규약, B규약은 구속력이 없다고 비판받는 세계인권선언을 어떻게 구체적으로 실현할 것인가를 국제적으로 고민하여 만든 규약이다. A규약(ICESCR)은 경제적·사회적·문화적 권리에 관한 국제규약(사회권 규약)이고, B규약(ICCPR)은 시민적·정치적 권리에 관한 국제규약(자유권 규약)이다. 1966년 채택되어 1976

---

6) 「헌법」, 법제처 사이트(http://www.law.go.kr), 2018년 8월 31일 검색.
7) 「국가인권위원회법」, 법제처 사이트, 2018년 8월 31일 검색.

년 발효된 두 규약은 인권 침해를 판단할 수 있는 구체적 기준을 담고 있다. 이 규약에 공식적으로 서명하고 비준한 국가들은 국내에 추가적인 입법을 통해 규약 내용을 준수할 의무가 있으며, 규약을 비준한 국가의 국민이나 거주민은 비준된 규약에 포함된 권리를 갖는다. 그리고 규약 내용이 허용될 수 있도록 법정을 포함한 공개적인 논의의 장이 마련되어야 한다(Reichert et al., 2015: 116~121).

그런데 인권 현실을 이렇게 인권 목록을 통해 볼 수도 있지만 보다 구체적으로 인권이 작동하는 방식을 통해 볼 수도 있다. 인권 요소들의 작동 방식에 초점을 두게 되면 인권 목록이 현실에서 어떻게 실현되는지 볼 수 있다. 조효제는 인권의 작동 방식의 중요한 요소들로 평등과 차별 금지, 법과 규정에 근거한 접근 방식, 자율성과 자기 결정, 인도주의와 평화적 방식, 민주적 원칙: 참여와 책임성(정치적 책임성과 법적 책임성), 공동체 배려와 사회 전체의 복리 고려를 들고 있다(조효제, 2012: 100). 선언적이고 형식적인 인권 목록이 실제 상황에서 어떻게 작동하는가를 보는 것은 인권 침해를 예방하고 삶의 질을 높이는 데 중요하다(국가인권위원회, 2013: 12).

3. 사회복지와 인권의 관계: 사회복지사와 관련된 인권 목록 재구성

사회복지 이념은 개인과 사회의 문제를 파악하는 철학이다. 긴급한 문제를 진단하고 사회적 위험을 식별하며 적절한 해결책을 고민하고 방향을 제시하는 역할을 한다. 이런 점에서 복지 이념은 복지 입법의 출발점이며 사회복지정책의 기본 방향을 제시한다. 이러한 복지 이념이 인권에 기반을 둔다는 것이 무엇을 의미하는가는 인권의 속성으로부터 유추할 수 있다.

인권은 기본적으로 보편성과 양도불가능성, 상호의존성과 불가분성, 평등과 비차별성의 속성을 가지며, 인간의 존엄성, 자유, 평등, 박애 등이 기본 가치이다(배화옥 외, 2013: 62). 인권은 일반적으로 "모든 인간이 본질적으로 그리고 선천적으로 가지고 있는 권리로서 그것이 보장되지 않으면 인간답게 살아갈 수 없는 모든 권리'를 의미한다. 인권과 기본적 자유는 개인이 완전하게 발전할 수 있는 기회를 제공하며 인간으로서의 자질, 지적능력, 재능, 의식 등을 활용할 수 있게 하고 우리의 영적 혹은 기타 욕구들을 충족시켜준다"(UN, 1987). 따라서 사회복지가 인권에 기반을 둔다는 것은 사회적 정의 실현을 넘어(Reichert et al., 2015: 19), 인간으로서 가장 기본적인 필수조건이 결핍되어 일어나는 문제들을 해결하기 위해 나선다는 것을 의미하며, 인권 침해가 빈번하게 일어나는 사회복지 실천 현장을 개인적 결함이 아니라 구조적 위기로 보고 대응한다는 것을 의미한다(조효제, 2007: 122~123).

구체적으로 사회복지 실천 현장에서 보호되어야 할 인권 영역은 복지 이용자 [클라이언트(client)][8]의 인권과 사회복지사의 인권으로 크게 나누어진다. 두 영역은 불가분의 관계에 있을 뿐만 아니라, 어느 한쪽의 인권이 빈번하게 침해되는 상황에서는 다른 쪽의 인권도 옹호되기 어렵다(김종해, 2014: 4). 더 나아가서는 사회복지사의 인권 수준이 이용자의 인권 수준을 결정짓는 주요 요인들 중 하나(배화옥 외, 2015: 114)이기도 한다.

그런데 "최근 클라이언트의 인권에 대한 민감성이 강화되면서 사회복지사와 클라이언트의 갈등 상황에서 사회복지사에게 더 많은 책임을 묻는 구조가 자리잡았다. 이로 인해 사회복지사를 정서적으로 소진시키는 요인이 되고"(국가인권위원회, 2013: 200), 결과적으로 사회복지사의 인권이 침해되어도 큰 문젯거리로 삼지 않는 분위기가 지배적이다. 사회복지사의 인권이 보호되지 않는 상황에서 이용자(클라이언트)의 권리가 적절하게 지켜지고, 인권을 존중하는 질 높은 복지 서비스가 행해질 수 있을까(이명현, 2014: 3)라는 문제의식에 공감하며, 사회복

---

8) 인권 기반 사회복지 실천 현장에서는 사회복지 대상자의 자기결정권, 통제권 그리고 참여가 중요하다는 점에서 일반적으로 쓰는 '클라이언트(client)'를 '이용자(user)'라는 용어로 바꾸어 쓸 필요가 있다. 클라이언트는 본래 전문가의 서비스에 '자발적'으로 참여하는 사람을 의미하지만, 사회복지 현장에서 클라이언트는 담당 사회복지사, 서비스의 종류, 급여한도 등에서 선택권의 제한을 받는 의존적인 위치, 권력이 없는 위치를 표현한다. 또 전문가의 전문적 기술, 지식의 상대적 우월성을 드러내는 표현으로 작용하여 대상자의 지혜, 가치 등에 대해 소홀하게 볼 우려가 있다. 이런 점에서 '이용자' 또는 사회복지 실천의 목표가 궁극적으로는 시민권의 보장이라는 점에서 '이용 시민'이라는 용어가 적합하다. 이에 대해서는 배화옥 외(2015: 127~178) 참조.

표 3-1 / 세계인권선언과 경제적·사회적·문화적 권리규약(A규약) 중
사회복지사와 직결된 인권 목록

조항	세계인권선언	조항	경제적·사회적·문화적 권리규약(A규약)
1	• 인간의 존엄성과 평등, 자유권, 연대권	1	• 자기결정권
2	• 평등주의	2, 3	• 평등주의
3	• 신체보전권, 안전권	6	• 노동생계보장권
5	• 굴욕적 처우를 받지 않을 권리	7	• 동일노동 동일임금권
12	• 명예, 명성에 비난받지 않을 권리		• 안전근로권
18	• 사상, 양심, 종교의 자유권		• 승진기회권
19	• 표현의 자유권		• 휴식과 여가의 권리
20	• 집회, 결사의 자유권	8	• 노동조합권
23	• 동일노동 동일임금권, 노동조합권		
24	• 휴식과 여가의 권리		
25	• 노동생계보장권		

자료: UDHR(http://www.un.org/en/universal-declaration-human-rights/index.html), 이명묵(2010: 19),
McPherson(2015: 9), 김종해(2018: 13~15) 참조. ICCPR(https://treaties.un.org/doc/Treaties/1976/
01/19760103%2009-57%20PM/Ch_IV_03.pdf).

표 3-2 / 헌법과 A규약, B규약의 연결 항목 중 사회복지사와 직결된 인권 목록

기본권의 유형	구체적 내용	인권 목록 영역
포괄적 기본권	• 인간의 존엄성과 가치 • 행복추구권	• 전체 영역
평등권	• 법 앞에서의 평등	• 시민적·정치적 영역
자유권적 기본권	• 인신의 자유(생명권, 신체의 자유) • 사생활 자유권(사생활의 비밀과 자유, 거주 이전의 자유, 통신의 자유) • 정신적 자유권(양심의 자유, 종교의 자유, 언론·출판·집회·결사의 자유, 학문과 예술 의 자유)	• 시민적·정치적 영역
정치적 기본권	• 정치적 자유, 참정권	• 시민적·정치적 영역
경제적 기본권	• 재산권, 직업 선택의 자유, 소비자의 권리	• 시민적·정치적 영역
청구권적 기본권	• 청원권, 재판청구권, 국가배상청구권, 국가보상청구권	• 시민적·정치적 영역
사회권적 기본권	• 인간다운 생활권, 근로권, 근로3권, 교육받을 권리, 환경권, 건강권	• 경제적·사회적·문화적 영역 • 연대적·집단적 영역

자료: ICESCR(https://treaties.un.org/doc/Treaties/1976/03/19760323%2006-17%20AM/Ch_IV_04.pdf),
배화옥 외(2015: 51)의 〈표 1-8〉을 사회복지사의 직업 현장과 직접 관련된 사항 중심으로 재구성함.

지사의 인권 상황을 중점적으로 보기 위해 사회복지사의 노동 현실과 직접 관
련되는 인권 목록을 세계인권선언과, A규약, B규약 그리고 헌법 조항들 중 선
별하여 재구성했다(표 3-1, 표 3-2 참조).

앞으로 논의에서는 이상의 목록에 나타난 인권지표가 사회복지사들의 실천 현장에서 얼마나 보호되고 있는가를 구체적으로 살펴보기 위해 사회복지사들에게 적용되는 법률 조항이나 윤리강령들에 이 목록과 관련된 보호 조항들이 있는지 검토한다. 그리고 위의 목록들을 다시 '자유권, 평등권, 노동권, 안전권'으로 크게 대별하여 사회복지사의 인권 현장을 검토하는 데 적용하고자 한다.

4. 한국 사회복지사의 인권 상황

1) 사회복지사의 업무와 구성 현황

사회복지사는 한국표준직업분류(KSCO)에 의하면 "다양한 사회적·개인적 문제를 겪는 사람들과 아동, 청소년, 노인, 장애인 등 보호가 필요한 사람을 대상으로 사회복지학 및 전문지식을 이용하여 문제를 진단하고 해결해주며, 사회에 잘 적응할 수 있도록 돕는 자를 말하며, 주 업무는 사회복지 기획, 상담, 사례관리, 자원연결" 등이다(통계분류포털, 2018).

또한 「사회복지사업법」 제11조 제1항의 규정에 의하면 "사회복지에 관한 전문지식과 기술을 가진 자"를 말한다.[9] 이렇게 '전문가'로서 사회복지사가 공식적으로 맡게 되는 업무로는 「사회복지사업법 시행령」 제6조 제1항의 규정에 근거하여 "사회복지 프로그램의 개발 및 운영, 시설 거주자의 생활지도 업무, 사회복지를 필요로 하는 자에 대한 상담 업무"이다. 그러나 「사회복지사업법」 제14조에 의하면 시도, 시군구 및 읍면동 또는 복지사무 전담기구와 같은 공적사회복지영역뿐만 아니라 사회복지 기관 및 시설 영역, 의료보건 영역과 같은 일반 영역에서도 활동한다. 또 확장된 영역으로는 학교, 교정시설, 군대, 산업시설과 같은 곳에서 전문적으로 복지 영역을 담당하기도 하고 자원봉사활동관리

---

9) 「사회복지사업법」, 법제처 사이트, 2018년 8월 25일 검색.

전문가로 활동하기도 한다.[10]

2013년 현재 민간과 공무원을 합친 전체 사회복지사의 총수는 6만 7096명으로 여성이 72.3%(4만 8518명)를 차지하고 남성이 27.7%(1만 8577명)이다. 사회복지사 평균연령은 만 33.6세로 전체 근로자에 비해 7.1세 낮은 편이며, 20대 이하가 42.6%로 가장 많고, 30대(32.2%), 40대(19.6%), 50대(5.5%) 순으로, 20대가 가장 많고 50대가 상대적으로 적다. 또한 전체 임금 근로자의 근속 연수와 경력이 6.1년과 8.1년인 것에 비교해보면 사회복지사의 근속 연수는 평균 4.3년에 경력은 5.5년으로 사회복지사의 근속과 경력이 상대적으로 짧다.

그런데 민간시설에 근무하는 사회복지사와 공무원 사회복지사를 비교해보면 근속 연수과 경력에서 공무원이 민간시설 종사자보다 2배 이상 길다. 민간 사회복지사 근속 개월 수가 41.83개월인 것에 비해 공무원 사회복지사 근속 개월 수는 94.79개월, 경력은 공무원 사회복지사의 경우 104.50개월인 데 비해 민간 사회복지사는 56.87개월로 상대적으로 짧다. 전체 임금 근로자 근속 기간을 100으로 놓고 사회복지사를 비교해보면 민간시설 사회복지사는 근속 기간 57.5개월로, 간호사 96.6개월, 유치원 교사 65.3개월보다 짧다. 고용 형태는 민간의 경우에는 정규직이 95.9%이고 비정규직이 4.1%, 공무원은 각각 96.5%, 3.5%로 전체 사회복지사의 상용 근로자 비율은 93.4%, 비정규직 비율은 6.6%로 구성되고 있다. 2013년 전체 노동자의 정규직 비율이 71.9%인 것에 비하면 사회복지사의 정규직 비율이 상당히 높다(국가인권위원회, 2013: 46~47).

한편 전체 임금 노동자의 월평균 임금을 100으로 하면 민간 사회복지사는 78.7, 공무원 복지사는 111.1로 민간과 공무원 사이에 큰 차이를 보이고, 사회복지사의 평균 근로 시간은 민간 49.0시간, 공무원 사회복지사 43.93시간, 사회복지사 평균 근로 시간은 47.98시간으로, 전체 임금 노동자 주당 근로 시간인 48.39시간과 비교할 때, 사회복지사 전체의 주당 근로 시간은 전체 노동자의 근로 시간과 큰 차이를 보이고 있지 않지만, 민간시설에 고용되어 있는가와 공무

---

10) 한국사회복지사협회▷사회복지사▷사회복지사란▷활동분야(http://www.welfare.net/site/View-ActivityField.action).

원인가에 따라서는 주당 근로 시간에 차이를 보이고 있다.

또한 이직 비율과 사유에 대한 조사에서 사회복지사 중 1년 이내 이직 경험이 있는 비율은 전체가 5.1%이고 민간 5.9%, 공무원 1.8%로 민간과 공무원 사이에 차이가 크고, 전체 임금 노동자의 1년 이내 이직 비율인 2.6%보다 훨씬 커서, 민간 사회복지사들의 이직률이 높은 것을 알 수 있다. 1년 이내 이직 경험이 있는 사회복지사의 이직 사유는 개인, 가족 관련 48.8%, 임시 및 계절적 일의 완료 9.3%, 일거리가 없어서 또는 사업 경영 악화 8.1% 순서로 전체 임금 근로자의 '개인, 가족 관련 이직 사유'가 전체 이직률의 31.0%인 것과 비교하면 동일한 이유로 이직하는 비율이 상대적으로 높게 나타난다. 이직 후 직전 대비 소득수준이 향상되었다는 비율은 22.3%인 반면, 직전 직장보다 소득이 낮아졌다는 비율은 37.9%에 이르고 있다(국가인권위원회, 2013: 49~50).

이상을 통해 볼 때 사회복지사의 노동 조건은 일반 근로자에 비해 20대 이하의 여성 노동력이 많고, 근속 연수가 짧고 이직률도 높으며, 임금 수준도 상대적으로 낮음을 알 수 있다. 또한 공공 영역에 종사하는가, 민간 영역에 종사하는가에 따라서도 임금 및 처우에서 상당히 차이가 난다. 이러한 사회복지 종사자의 노동 조건의 열악함과 불평등은 이용자에 대한 원조에도 악영향을 미치고, 종사자의 전문성 추구에도 불리한 여건(국가인권위원회, 2013: 95)이 될 뿐만 아니라 사회복지사의 기본적 인권 실현에도 부족한 자원으로 작용할 우려가 크다.

2) 사회복지사의 역할 갈등과 인권 보호의 어려움

오늘날 사회의 복잡성은 심층적 사회문제를 유발하고 따라서 사회복지에 대한 욕구도 복잡해지고 사회보장정책도 그만큼 다양해지고 있다. 바우처 제도와 같은 사회서비스 분야가 팽창하고 있고, 주거·금융 부분에서의 새로운 사회적 욕구가 확대되고 공공복지 전달체계가 개편되면서, 공공 부문과 민간 부문 양측에서 모두 사회복지사의 역할이 강조 및 증대되고 있다(최승원 외, 2018: 56~57).

공공 조직이나 지방자치단체가 위탁한 조직에서 활동하는 사회복지 전문직의 자율성과 재량의 관점에서 복지서비스가 일반 행정과 구분되는 요건은, 욕구가 각각 다른 사람에 대한 서비스를 전제로 한다는 점과 이용자나 시설 입소자에 대한 전문적인 서비스 관리 체계라는 점이다(황미경, 2018: 131). 이런 상황에서 사회복지사는 직업 특성상 충돌하는 요구와 요건들 사이에서 갈등을 경험한다.

사회복지사의 일은 대부분 사회라는 전체 맥락에서 요구되는 것과 복지를 원하는 특정 개인이 현실적으로 욕구하는 것 사이의 불일치, 사회보장기본법 등 복지 관련 법률에 따라 요구되는 의무자로서의 역할과 다양하고 복잡한 현실을 실천적으로 조율해야 하는 융통성 있는 문제 해결자로서의 역할, 표준화된 정책 프레임과 복잡한 정보를 이해하고 활용할 수 있는 능력과 시시각각 변하는 상황에 따라 비표준화된 상황적 매뉴얼을 적합하게 창조해야 하는 능력 사이에 놓여 있다. 더욱이 사회복지 전담 공무원의 경우에는 '사회복지사'로서의 케어 역할과 '공무원'으로서의 통제 역할 사이에서 오는 정체성 혼란을 호소하기도 한다(《고대신문》, 2017.4.3).

여기에 개별적인 사회복지 관련 법들에 이용자들의 인권 보호 조항이 새롭게 첨가되면서 복지 현장의 인권지킴이로서의 역할도 크게 기대되고 있다.[11] 그럼에도 불구하고 사회복지사가 되기 위해 받는 전문교육이나 자격시험에는 인권 관련 교과목이 거의 없고,[12] 직업 현장에서 사회복지사의 인권을 실질적으로 보호하는 제도도 부실하다.

사회복지사는 이용자(클라이언트)와의 관계에서 자기 인권을 일정 부분 유보하고 이용자의 인권을 최대한으로 실현하고자 노력한다는 점에서 인권적으로 취약한 위치에서 출발한다. 피보호자의 복지 증진에 대한 책임을 인수받은 결

---

11) 이용자의 인권을 강화하는 규정들이 이용자들에 의해 역이용되면서 사회복지사들은 물론 다수 이용자들의 인권 보호 장치가 허술해지고 무력감에 시달리는 구체적인 상황과 사례에 대해서는 이재용·이수천(2018: 75~79) 참조.

12) 총 461개에 달하는 사회복지기관에 개설된 교과목 중 인권 교과목은 채 1%도 되지 않는다. 2013년 교과목 실러버스 96개에 대한 학문 영역별 인권 교과목 개설 분포 현황 조사에 따르면 사회복지학 전공 영역의 인권 관련 교과목 수는 7개로, 7.3%를 차지하는 것으로 나타난다(심창학·강욱모·배화옥, 2013: 53, 146).

과, 제3자에 대해 이용자의 인권을 요구하고 대변할 책임도 떠맡게 되어, 결과적으로 자신의 인권 보호를 요구할 능력은 제한받게 된다. 더 나아가서는 이용자가 사회복지사를 지배하는 경우도 빈번하다. 왜냐하면 자타의 구별을 없애는 것, 자신을 위해 일해주고 있는 그(녀)가 개인으로서 존재하고 있다는 것을 인식하는 것조차 불가능해지는 경우도 있기 때문이다(Kittay·이명현, 2014: 11 재인용). 따라서 이용자의 인권에 대한 강조는 물론이고 사회복지사의 인권에 대해서도 제도적으로 보호하는 다양한 시스템이 더욱 요구된다.

한국 사회에서 사회복지사는 사회적으로 인정받는 제도적 자격을 갖추고 사회복지 전달체계에서 핵심이 되는 인적 자원임(황미경, 2018: 120)에도 불구하고 소진이나 이직 문제, 경력 관리, 지위 향상, 인권 보호를 위한 법률 규정과 실질적 지원 면에서는 미약한 위치에 놓여 있다.

3) 「사회복지사업법」과 「사회복지사 윤리강령」에 나타난 사회복지사 인권 규정의 공백

「사회복지사업법」과 「사회복지사 윤리강령」은 사회복지사 업무가 인권과 직결되는 일이고 모든 인간의 존엄과 가치를 최우선으로 해야 한다고 규정하고 있다. 사회복지사가 일하는 현장은 인권 침해 현장이 대부분이고, 사회복지사들이 하는 일은 인권을 실현하는 일이다. 그렇지만 「사회복지사업법」과 「사회복지사 윤리강령」에 사회복지사의 인권에 대해 '직접적으로' 밝히고 있는 부분은 없다. 「사회복지사업법」 제5조 (인권 존중 및 최대 봉사의 원칙) 제1항은 "이 법에 따라 복지 업무에 종사하는 사람은 그 업무를 수행할 때에 사회복지를 필요로 하는 사람을 위하여 인권을 존중하고 차별 없이 최대로 봉사하여야 한다"고 규정하고 있다. 이 조항이 이용자의 권리를 강조한다는 면에서는 의미가 있지만, 한편으로는 사회복지를 담당하는 사람을 근로기준법상 계약 관계의 권리를 가진 근로자이자 노동자로 보기보다는, 종사자 또는 봉사자로만 강조하는 문제점이 있다(김광병, 2016: 37; 사회복지인적자원연구원, 2017: 228).

이처럼 「사회복지사업법」은 '사회복지를 필요로 하는 사람들의 인권'에 대해 반복해서 강조(제1조 목적; 제2조 기본 이념 제3항; 제4조 복지와 인권 증진의 책임 제1항)하고 있지만, 사회복지 업무에 종사하는 사람들의 인권 보호에 대한 명시적 언급은 없다.

「사회복지사업법」 제10조 (지도 훈련) 제1항에서 "보건복지부 장관은 이 법이나 그 밖의 사회복지 관련 법률의 시행에 관한 사무에 종사하는 공무원과 사회복지사업에 종사하는 사람의 자질 향상을 위하여 인권 교육 등 필요한 지도와 훈련을 할 수 있다"고 규정[13]하고 있고, 제13조 (사회복지사의 채용 및 교육 등) 제2항 "보건복지부 장관은 사회복지사의 자질 향상을 위하여 필요하다고 인정하면 사회복지사에게 교육을 받도록 명할 수 있다. 다만, 사회복지법인 또는 사회복지시설에 종사하는 사회복지사는 정기적으로 인권에 관한 내용이 포함된 보수교육(補修教育)을 받아야 한다"는 조항에서 볼 수 있듯이, 사회복지를 필요로 하는 사람들을 직접 대면하는 활동가들은 인권 보호의 대상이라기보다는 인권 지도와 인권 훈련의 대상이 되고 있다.

물론 서비스를 이용하는 사람들의 인권 보호를 위해서는 인권 교육이 절실하다. 그러나 사회복지사나 사회복지 전담 공무원들의 인권이 적절하게 보호되고 침해되지 않는 환경과 정책 역시 인권에 대한 실질적 지침으로 필요하다. 「사회복지사업법」 제4조 (복지와 인권 증진의 책임) 제1항에서는 "국가와 지방자치단체는 사회복지 서비스를 증진하고, 서비스를 이용하는 사람에 대해 인권 침해를 예방하고 차별을 금지하며 인권을 옹호할 책임을 진다"고 국가의 인권 보호 책임을 명확히 규정하고 있다. 그러나 여기에 서비스를 제공하는 사람들의 인권 옹호를 위한 국가 책임은 생략되어 있다.

「사회복지사업법」 제46조 (사회복지사협회) 규정에서도 "사회복지사는 사회복지에 관한 전문지식과 기술을 개발·보급하고, 사회복지사의 자질 향상을 위한 교육훈련을 실시하며, 사회복지사의 복지 증진을 도모하기 위하여 한국사회복지사협회를 설립한다"고 명시하고 있는데 사회복지사의 복지 증진의 구체적

---

13) 「사회복지사업법」, 법제처 사이트, 2018년 8월 25일 검색.

내용이 무엇인지는 명확하지 않다. 이처럼 사회복지 영역에서 복지 수혜자의 인권에 대한 관심에 비해 사회복지사의 인권에 대한 관심은 불균형적으로 적고, 사회복지 분야의 양적 성장이나 역할 기대에 비해 사회복지사의 처우나 노동환경, 인권 상황에 대한 관심은 미미하다(국가인권위원회, 2013: 1).

한국사회복지사협회의 「사회복지사 윤리강령」 전문에 "사회복지사는 모든 인간의 존엄성과 가치를 존중하고 천부의 자유권과 생존권의 보장활동에 헌신한다"고 규정하고 있으며, II. 사회복지사의 클라이언트에 대한 윤리기준 1. 클라이언트와의 관계에 "1) 사회복지사는 클라이언트의 권익옹호를 최우선의 가치로 삼고 행동한다. 2) 사회복지사는 클라이언트에 대하여 인간으로서의 존엄성을 존중해야 한다"고 규정하고 있다. 또한 "3) 클라이언트가 자기결정권을 최대한 행사할 수 있도록 도와야 하며, 저들의 이익을 최대한 대변해야 한다"[14]고 명시하고 있는데, 사회복지사들의 인권에 대한 규정은 없다.[15]

사회에 대한 윤리기준 조항 "1) 사회복지사는 인권존중과 인간평등을 위해 헌신해야 하며, 사회적 약자를 옹호하고 대변하는 일을 주도해야 한다. 2) 필요한 사회서비스를 개발하기 위한 사회정책의 수립·발전·입법·집행에 적극적으로 참여하고 지원해야 한다. 3) 사회환경을 개선하고 사회정의를 증진시키기 위한 사회정책의 수립·발전·입법·집행을 요구하고 옹호해야 한다. 4) 자신이 일하는 지역사회의 문제를 이해하고, 그것을 해결하는 일에 적극적으로 참여해야 한다"는 규정을 볼 때, 사회복지사들의 역할이 소극적 사회복지의 영역에서 복지환경 조성을 위한 정책적 활동을 포함한 적극적이고 거시적인 활동 영역에까지도 미친다는 것을 알 수 있다. 사회복지사가 전문가로서 취해야 할 자세를 규정한 1장 1절, "사회복지사는 한국사회복지사협회 등 전문가 단체 활동에 적극 참여하여, 사회정의 실현과 사회복지사의 권익옹호를 위해 노력해야 한다", 동료를 대할 때의 윤리기준에 대한 규정인 3장 1절, "사회복지사는 사회복지 전

---

14) 「사회복지사 윤리강령」, 2001년 12월 15일 개정, 한국사회복지사협회 사이트(http://www.welfare.net).

15) 이명현(2014: 9) 참조. 이명현은 이런 맥락에서 사회복지사의 모습을 '모습 없는 주체'라고 규정한다.

문직의 이익과 권익을 증진시키기 위해 동료와 협력해야 한다"[16]라는 규정들에서 간접적으로 사회복지사들의 권리를 다루고 있지만 선언적 성격이 강하고, 실질적 개선에 큰 영향력을 행사하지는 못한다는 한계가 있으며(배화옥 외, 2015: 105~106), 사회복지사들의 인권의 중요성과 존중에 대한 명시적 언급은 없다. 또한 개인의 윤리적 책무는 다루고 있지만 사회적 다수에게 어떤 책임과 의무가 있는지에 대한 규정은 없다. 지나치게 개인의 의무와 도덕성만을 요구하는 윤리강령의 기초적 제한은 사회복지사 개인에게 많은 심적 부담과 압박의 요인으로 작용할 우려가 있다(국가인권위원회, 2013: 33).

또한 「사회복지사업법」 제33조 7의 2항에 근거를 두고 있는 바우처 제도가 복지서비스 전달의 방식으로 도입·시행되면서 사회복지사들의 역할을 중개적 관리자로, 클라이언트와의 관계를 시장적 관계로 변화시켰으며, 관료적 통제의 증가와 영리화 기제를 통해 자율권을 축소시킴으로써 사회복지 전문직 정체성에 혼란을 가져왔고 복지 실천에서 관리주의의 압력이 강화되었다(김인숙, 2010: 55). 이런 사회복지 실천의 관리주의화와 시장화, 통제의 증가는 사회복지사들의 자율성과 자기결정권, 그리고 인권 기반을 허약하게 만든다.

4) 「사회복지사 등의 처우 및 지위 향상을 위한 법률」과 사회복지사 인권 규정의 공백

사회복지사 등에 대한 처우를 개선하고 신분 보장을 강화하여 사회복지사 등의 지위를 향상하도록 함으로써 사회복지시설 종사자의 처우를 개선하고자 「사회복지사 등의 처우 및 지위 향상을 위한 법률」(약칭 「사회복지사법」)이 2011년 3월 30일 제정되어 2012년 1월 1일부터 시행되고 있다. 국가와 지방자치단체는 사회복지사 등의 처우 개선, 복지 증진, 지위 향상을 위해 적극적으로 노력할 것을 주문하고 있고, 사회복지사의 보수가 사회복지 전담 공무원의 보수 수준에

---

16) 「사회복지사 윤리강령」, 한국사회복지사협회 사이트.

도달하도록 노력해야 하고, 보수 수준 및 지급 실태를 3년마다 조사해야 한다고 규정하고 있다. 이 법의 핵심은 사회복지사 등의 생활 안정과 복지 증진을 도모하기 위해 보건복지부 장관의 인가를 받아 한국사회복지공제회를 설립하여 회원에 대한 공제급여의 지급이나 사회복지시설의 안전. 화재 등에 대한 공제 사업, 자금 조성을 위한 사업, 회원의 복지 후생을 위한 사업 등에 필요한 재원 마련과 조직 구성에 있다.[17]

그러나 사회복지사 처우 개선을 위한 별도의 법이 마련되어 주의를 환기시킨다는 면에서는 의미가 있지만 실질적·강제적인 법률 규정으로 보기에는 한계가 있고(김영미, 2014: 88), 사회복지공제회 설치 운영에 관한 내용이 주축을 이루는 미니 법률(이명현, 2014: 5)일 뿐만 아니라, 지방자치단체에 자율권이 주어지면서 실효성이 떨어지고 있다. "법 제정 이후에 한국사회복지사협회 등에서는 관련 조례 제정 운동을 벌이면서 광역 및 기초 지방자치단체를 포함하여 2018년 4월 현재 180개 지방자치단체에서 「사회복지사 등의 처우 및 지위 향상에 관한 조례」를 제정하여 시행하고 있다. 그러나 전국적으로 광역 및 기초 지방자치단체 구분할 것 없이 조례 제정이 확산되고 있음에도 불구하고 여전히 사회복지시설 종사자의 처우 수준은 낮으며, 광역지방자치단체 간 처우 수준은 어느 정도 차이가 나타나고 있지만 기초지방자치단체 간 처우 수준의 차이는 잘 부각되어 있지 못한 상황이다"(김광병, 2018: 204).

또한 '재원 마련'과 같은 강제 조항을 추가하여 사회복지사에게 수당을 지급할 수 있는 조례 근거를 제정한 지자체도 소수에 지나지 않는다. 이처럼 사회복지사 처우 개선을 위한 노력이 강제 조항이 아니라는 한계, 그리고 보건복지부가 매년 발표하는 '시설 종사자 인건비 지급 기준'도 개별 시설이나 지방자치단체의 예산 사정에 따라 개별적으로 편성될 수 있도록 하고 있어 실효성이 떨어진다.[18]

인권은 인간의 삶에 필요한 기본적 권리이다. 그러나 누구에게든 자동으로

---

17) 「사회복지사 등의 처우 및 지위 향상을 위한 법률」, 법제처 사이트, 2018년 9월 6일 검색.
18) "통계로 보는 사회복지사 보수"(https://blog.naver.com/tmdgkr75/220808516856).

주어지는 권리는 아니다. 기본 욕구와 권리가 침해되었다고 문제를 제기하는 실천적 노력 중에 비로소 명료화되는, 개인과 사회의 실천 영역에서 속하는 개념이다(국가인권위원회, 2013: 21). 사회복지사의 의무와 권리의 균형을 맞추는 일, 더 나아가서 보다 인권적인 노동환경에서 인권적 복지 노동을 수행할 수 있는 여건을 만드는 일은 적절한 법률적 규정을 통해 실천적으로 수행되어야 할 필요가 있고, 이것은 사회복지 여건을 인권적으로 만드는 데 기초가 된다.

5) 사회복지사 노동 현장의 인권 취약성

사회복지사의 노동 현실에 대한 경험적 연구들에서 드러나는 공통점은 사회복지사의 인권 상황이 긍정적이지 못하다는 점이다. 서울시 사회복지사 755명을 대상으로 자신들이 느끼는 인권 보장 정도를 0~10점까지 측정한 결과 평균 3.92점으로 나타났다(서동명 외, 2015: 340). 또한 사회복지사들 총 2605명에 대한 설문조사 결과(국가인권위원회, 2013: 169~517)에 따르면 사회복지사들의 인권 보장 수준에 대한 인식은 5.6점(10점 기준)으로 나타났다. 학교 사회복지사의 경우는 이보다 낮아서 4.7점, 고용 형태의 별로는 무기 계약직과 비정규직의 인권 보장 수준 인식은 각각 5.0, 5.4로 정규직 5.7에 비해 낮은 점수를 보였다(국가인권위원회, 2013: 195~196).

이처럼 사회복지사들이 느끼는 주관적 인권 침해 의식을 고려해볼 때, 임금 수준을 올리는 것만으로는 해결될 수 없는 열악한 근로환경에 대해 보다 깊은 이해가 필요하다. 「사회복지사 등의 처우 및 지위 향상을 위한 법률」을 근거로 중앙정부와 지자체에서 중점을 두는 처우 개선 정책은 대부분 임금 상승에 초점이 맞추어져 있다. 대표적 예로 인천광역시가 2018년부터 사회복지사의 처우 개선에 보건복지부가 제시하는 「사회복지시설 종사자 인건비 가이드라인」을 100% 적용하기로 한 것을 들 수 있다(권현진·이용갑, 2017: 59). 물론 복지 전문 노동자로서 사회복지사들이 인정받는 가장 첫 단계는 임금 수준의 현실화이다. 그러나 그것만으로는 해결될 수 없는 보다 다양한 인권 침해 사례들이 드러나고 있음에도 이에 대해서는 공론화가 이루어지지 않고 있다. 사회복지사들이

처한 인권 침해 정도를 파악해본다는 것은 이런 점에서 의미가 있다.

사회복지사들의 노동 현장에서 일어나는 인권 침해를 국가인권위원회(2013: 169~517) 조사 자료를 중심으로 앞서 제시한 인권 목록과 관련하여 유형별로 살펴보면 다음과 같다.

(1) 평등권의 침해

평등권과 차별 금지는 법 앞의 평등과 함께 인권 중에서도 가장 기본적인 인권에 속한다(오승진, 2017: 87). 앞서 제시한 인권 목록 가운데서 세계인권선언의 2조항 평등주의, 23조항 동일노동 동일임금권, 노동조합권, 경제적·사회적·문화적 권리규약(A규약)의 2, 3조항 평등주의, 7조항 동일노동 동일임금권이 직접 관련된다.

이와 관련해서 사회복지사의 인권 현실을 살펴보면 가장 심각한 것은 차별 경험에서 오는 평등권의 침해이다. 고용 형태가 차별·침해 경험 중에 가장 높은 9.8%의 비중을 나타냈으며, 두 번째는 연령(9%)이었다. 학력(6.3%), 성(6%)과 종교(5.7%), 출신 학교(5.7%)도 주목할 만한 수준으로 나타났다. 그 외 혼인 여부(4.8%), 지역(2.6%), 성적 지향(1.9%), 인종 또는 피부색(0.2%) 순으로 나타났다(국가인권위원회, 2013: 192~193).

고용 형태의 차별로 두드러진 것은 비정규직과 정규직의 차별로 임금 차별 60.5%, 제 수당의 차별 52.9%, 복지제도 차별 28.1%로 나타났다. 비정규직의 업무가 사실상 항상 지속적인 업무인 비율이 89.6%, 앞으로도 지속되는 업무가 86.2%, 바로 이전에 정규직이 수행하고 있던 업무라고 응답한 비율이 56.8%로 나타나, 비정규직과 정규직의 업무 속성이 그렇게 다른 것은 아님에도 임금 등에서 큰 차이를 보이고 있다. 취업 규칙을 알고 있다고 응답한 무기 계약직은 46.4%, 비정규직은 44.9%, 정규직은 74.3%로 취업 조건에 대한 정보에서도 차별이 있는 것을 알 수 있으며, 특히 학교에 근무하는 비정규직 사회복지사의 노동환경이 열악한 상황이었다(국가인권위원회, 2013: 159~161).[19]

평등권 침해에 해당하는 것으로 노동 현장에서의 부당 처우와 관련해서는 업무 강제 변경 49%, 부당한 인사 배치 경험 13.1%, 기관의 지난 3년간 업무량 증가 여부에 대해 75.5%가 긍정했고, 개인의 업무량과 노동 강화에 대한 평가에서는 72.3%가 그렇다고 답해 최근 업무 강도가 강화된 것을 확인할 수 있다(국가인권위원회, 2013: 166~167).

부당 처우 및 강요 여부에서는 동료에 대한 부당한 처우가 19.3%로 가장 높고, 직장 내 종교활동 참여 강요(14.7%), 실적의 부정직한 보고(10.8%), 금전의 부적절한 사용(10.1%), 클라이언트에 대한 부당한 처우(7.7%), 종교 때문에 승진에서 누락(2.8%), 따돌림(1.2%)과 같은 부당 처우 사례도 있다(국가인권위원회, 2013: 168~169).

이런 통계자료를 통해 볼 때 한국 노동계의 심각한 문제 중 하나인 비정규직과 정규직 사이의 차별이 사회복지사 내부에서도 임금, 수당, 복지, 고용 정보 제공 등에서 심각하게 나타난다는 것을 알 수 있고, 기관이나 시설로부터 받는 부당한 처우에서 동료의 부당한 처우를 알게 되는 경우와 종교활동에 원치 않는 참여 강요 등이 높게 나타났다. 후자의 경우는 특히 종교적 성격이 강한 사회복지시설에서 많이 나타나고 있고, 이것은 헌법의 자유권적 기본권 침해이기

---

19) 2018년 6월 8일에서 6월 9일까지 1057개의 사회복지 기관과 시설에 근무하는 사회복지사 2808명에 대한 임금실태조사 결과는 다음과 같다(김종해, 2018: 23).

		월평균 임금 총액(만 원)	연장 근무 수당(만 원)
사회복지사	이용시설	190.7	9.1
	생활시설	216.1	27.7
	협회/재단/단체	166.5	7.2
	학교	171.2	10.4
	평균	196.4	14.79
사회복지 공무원		237.0	29.4
간호사		324.0	-
의료기술직		359.5	-

같은 조사에서 (시설, 학교) 사회복지사의 일주일 평균 노동은 42.9시간으로 조사되었고, 사회복지 공무원은 그보다 긴 49.5시간이었으며, 특히 시·도·군청 근무 사회복지 공무원의 노동 시간이 51.5시간으로 가장 긴 것으로 나타났다(김종해, 2018: 23~24). 같은 조사에서 학교 사회복지사는 임금, 수당, 복지 등 모든 항목에서 차별을 받는 것으로 나타났다. 이러한 불평등한 노동 현실은 이들 대부분이 무기 계약직이나 비정규직이고 1인 근무 형태가 많아 신분 보장이 불안정하다는 데서 비롯되는 것이다(김종해, 2018: 22).

도 하다. 그리고 최근 3년간 업무 강도와 업무량의 증가를 경험한 비율이 높고, 이것이 노동 강도의 강화로 연결되고 있다.

(2) 노동권의 침해

노동권은 경제적·사회적·문화적 권리규약(A규약)의 핵심 조항이고, 헌법 제32조 (근로의 권리)에 해당한다. 앞서 제시한 인권 목록과 관련해서 본다면, 세계인권선언 25조항 노동생계보장권과 직접적으로 관련되고, 24조항 휴식과 여가의 권리, 20조항 집회, 결사의 자유권과도 관련된다. 경제적·사회적·문화적 권리규약(A규약)에서는 6조항 노동생계보장권, 7조항 동일노동 동일임금권, 안전근로권, 승진기회권, 휴식과 여가의 권리, 8조항 노동조합권과 직결된다. 헌법에서는 사회권적 기본권에 해당하는 인간다운 생활권, 근로권, 근로3권과 합치되며, 인간다운 노동환경 보장은 인권의 기본 조항이다.

국가인권위원회(2013) 조사에 의하면 근무 기간 동안 노동 조건과 관련하여 침해받거나 제약받은 경험은 모두 15% 내외였는데, 정기적 유급휴가를 포함하여 휴식 및 여가를 누릴 권리(20.7%), 노동 시간의 합리적 제한(18.3%), 동등한 노동에 대하여 동등한 보수를 받을 권리(15.5%), 공정하고 유리한 노동 조건을 확보받을 권리(15.1%), 생활을 할 수 있는 공정하고 유리한 보수를 받을 권리(13%)와 같은 순서로 노동 권리의 제약이 일어났다(국가인권위원회, 2013: 193~194).

그리고 법정휴일휴가제도 사용이 잘 이루어지는지에 대한 평가에서, 연(월)차의 경우 사용이 낮은 편이라는 평가가 31%, 생리휴가의 경우 사용이 낮은 편이라는 응답이 87.6%, 육아휴직 사용이 낮은 편이라는 응답이 58.3%로 나타나 정해진 노동 휴식이 지켜지지 않음을 알 수 있다. 특히 생리휴가와 육아휴직 사용 정도에 대한 평가가 성별에 따라 차이가 크다. 연(월)차 사용이 낮다는 평가에 대한 여성과 남성의 차이가 6%인 반면, 생리휴가는 16.3%, 육아휴직의 경우는 13%이다. 육아휴직을 사용하더라도 법적으로 보장되는 12개월에 못 미치는 6.3개월을 사용하고 있다. 이는 육아휴직 사용에 대한 부담감과 불편함을 여성이 더 크게 체감한다는 것을 드러내며(국가인권위원회, 2013: 204~205), 사회복지 현장에 사회복지사의 비율이 여성 68.1%, 남성 31.9%인 점(국가인권위원회,

2013: 151)을 고려해본다면 사회복지사의 노동 조건이 전반적으로 열악하다고도 볼 수 있다.

종합해보면 사회복지사의 노동 조건에 대한 연구들(배화옥 외, 2015: 108; 국가인권위원회, 2013: 198)이 공통적으로 지적하는 인권 침해 사항은 저임금, 초과근무, 과도한 업무량, 인력 부족 등이다. "야근을 해야만 생활비가 충당되는 낮은 기본급의 문제, 지역별·기관별로 임금 차이가 심하고 예산이 부족하다는 이유로 전년도 「사회복지시설 종사자 인건비 가이드라인」에 의해 급여 기준이 제공된다"(국가인권위원회, 2013: 199)는 문제점도 제기된다.

(3) 자유권의 침해

자유는 개인들이 복지적 삶을 이루는 데 본질적으로 아주 중요하다. 자유롭게 행동하고 선택권이 있다는 것은 복지 수행(well-being achievement)을 넘어서 복지 자유(well-being freedom)를 누린다는 것이고, 무엇을 기능적으로 잘 수행한다는 것을 넘어서서 무엇을 할 것인가를 선택하고 실행한다는 의미이며 따라서 개인의 역량(capability) 강화의 토대를 이룬다(Sen, 1995: 39).

앞서 제시한 인권 목록에서 자유권을 강조하는 항목을 살펴보면 세계인권선언에서는 18조항 사상, 양심, 종교의 자유권, 19조항 표현의 자유권이 직결되며, 경제적·사회적·문화적 권리규약(A규약)에서는 1조항 자기결정권이, 헌법에서는 자유권적 기본권에 해당하는 인신의 자유, 사생활 자유권, 정신적 자유권이 직결되고, 정치적 기본권에 해당하는 정치적 자유와 참정권도 중요하게 관련된다.

사회복지사들은 일과 관련하여 의견과 표현의 자유를 누릴 권리(16.3%), 사상, 양심, 종교의 자유를 누릴 권리(9.9%), 일, 가족, 주거에 대해 함부로 간섭받거나 명예 및 신용에 대하여 공격받지 않아야 할 권리(8%), 자유 및 신체의 안전에 대한 권리(7.9%), 지역 경계 내에서 자유롭게 이전하고 거주할 권리(4%) 순서로 침해를 경험하는 것으로 나타난다(국가인권위원회, 2013: 194).

특히 앞서 노동권 침해에서도 밝혀졌지만, 위탁 기관이 종교법인일 경우에 사회복지사들에게 특정 종교를 강요하거나 종교 행사에 참여할 것을 강요하는 사례가 빈번하고, 사회복지사들도 이것을 자유권 침해로 인지하는 것으로 나타난다(국가인권위원회, 2013: 197).

(4) 안전권의 침해

안전권 침해는 업무를 수행하는 과정에서 신체적·정신적 안전이 확보되지 못해 일어난다. "'복지' 업무의 특성상 사회복지사는 권리를 보장받아야 하는 노동자로 이해되기보다는 희생과 헌신의 상징과 같이 여겨진다"(국가인권위원회, 2013: 281). 이런 특성 때문에 안전에 대한 요구가 하나의 권리일 수 있다고 인정받지 못하는 측면이 있다. 그러나 안전권은 세계인권선언의 1조항 인간의 존엄성, 3조항 신체보전권, 5조항 굴욕적 처우를 받지 않을 권리, 12조항 명예, 명성에 비난받지 않을 권리와 직결된다. 경제적·사회적·문화적 권리규약(A규약)에서는 1조항 자기결정권, 7조항 안전근로권과 직결되며, 헌법에서는 포괄적 기본권인 인간의 존엄성과 가치, 행복추구권과 합치되고, 자유권적 기본권에 해당하는 인신의 자유(생명권, 신체의 자유)와도 직결된다.

사회복지사의 신체적·정신적 안전에 대한 위협은 대부분 이용자(클라이언트)와의 관계에서 오는 것으로 나타났다. 2013년 국가인권위원회 조사 결과에 의하면 전체 응답자 2605명의 48.6%인 1211명의 사회복지사가 폭언을 경험했고, 9.4%가 신체적 폭행을, 10.8%가 성희롱을, 8.2%가 따돌림을 경험했다. 폭언을 경험한 사람들 중에는 28.9%, 폭행을 경험한 사람들 중에는 8.7%, 그리고 성희롱을 경험한 사람들 중에는 6.4%가 이용자(클라이언트)로부터 피해를 본 것으로 나타나, 따돌림을 제외하고 안전권에 대한 침해가 대부분 이용자로부터 오는 것임을 확인할 수 있다.[20] 이렇게 폭언, 폭행, 성희롱 등을 경험한 사람들 중 탈

---

[20] 2013년 8월 20일부터 10월 10일까지, 서울 지역에 근무하는 사회복지사 중 편의 표집 방법으로 8명을 설정한 후 실시한 면접조사(국가인권위원회, 2013: 281~282)에서 한 사회복지사는 클라이언트의 폭언, 폭행이 복지 혜택의 중단에서 오는 경우가 많다고 지적한다. 지침에 따른 결정이지만 클라이언트가 수긍하지 않는 경우 클라이언트의 '화'를 참아내는 것은 일선 사회복지사들의 몫이고, 이에 대응할 만한 공식적이고 적절한 방안이 없다고 토로한다(국가인권위원회, 2013: 303). 사회복지사들이 현장에서 경험하는 폭력의 구체적인 양상과 그에 대한 사회복지사들의 인터뷰

진을 경험한 사람은 300명인 32.6%에 해당한다(국가인권위원회, 2013: 284~286, 표 7-2, 표 7-4).

그런데 폭언, 폭행, 성희롱 등의 피해에 대한 보상 프로그램을 경험한 사람은 6%로 피해 해소를 위한 방안이 마련되어 있지 않다(국가인권위원회, 2013: 286). 피해를 경험한 약 81.4%의 사람들이 어떤 공식적인 대응도 하지 못하고 개인적으로 대응하고 넘어가는 것으로 나타났고, 공식적인 대응으로는 고충처리위원회, 외부 단체에 의한 도움, 법적 대응 등이 있는데, 이들은 각각 약 1.4%, 0.6%, 0.6%에 그쳐 공식적인 대응이 거의 없다는 것을 알 수 있다(국가인권위원회, 2013: 287).

인천시 사회복지사 274명을 대상으로 한 조사에서도 결과는 같았다. 최근 1년 동안 인권 침해를 경험한 사회복지사들은 127명인데 클라이언트로부터 인권 피해 경험 사례는 55.9%인 71명, 상사로부터는 32.3%인 41건, 동료로부터는 11.8%인 15명이었다. 클라이언트의 폭언이 53명으로 가장 많고, 상사의 폭언이 25.2%이며, 클라이언트의 폭행도 11.4%인 4명이었다. 인권 침해 및 불이익에 대해 사회복지사들은 직장 내 동료들과 의견을 나누면서 해소한다는 비중이 가장 높아 56.7%였고 혼자 삭히는 경우는 32.5%로, 개인적으로 해결하는 비율이 공적인 해결책을 모색하는 비율인 0.5%보다 월등하게 높았다(권현진·이용갑, 2017: 70).

이런 안전권에 대한 침해는 장기적으로는 사회복지사들의 신체적·정신적 건강을 악화시킨다. 2014년 4월 8일부터 22일까지 수행된 사회복지 공무원의 건강 실태 보고서에 의하면 사회복지 공무원의 37.9%가 심리 상담이 필요한 중등도 우울, 고도 우울로 조사되어 다른 직렬의 공무원들보다 높게 나타났으며, 최근 1년 사이 자살 충동 경험이 있는지를 묻는 질문에는 사회복지 공무원 27.5%가 '있다'고 응답했다. 자살 충동의 이유를 묻는 설문에서는 사회복지 공무원의 62%가 '직장 내 문제'라고 응답하여, '가족 또는 개인 문제'로 인한 자살 충동

결과에 대해서는 이재용·이수천(2018) 참조.

38%보다 2배가량 높았다. 노동 시간이 길수록 높았고, 직무 스트레스가 높고 소진(burn out)이 심한 경우에도 우울 수준이 높았다. 그리고 우울 수준이 높은 군이 결근율과 결근 기간이 높았으며, 자살 충동도 높았다(임상혁, 2013:14).

사회복지사들의 노동환경은 "클라이언트의 민원이 사회복지사에 대한 제도적·조직 내(문화적) 평판의 근거가 되고, 징계 사유나 해고의 사유가 되므로, 이것이 감정에 대한 암묵적인 통제 기제가 된다는 점에서 감정노동21)의 수행이라고 볼 수 있다"(국가인권위원회, 2013: 290). 감정노동의 특성은 "고객으로부터의 자극이나 위협 속에서도 감정을 억누르며 흐트러지지 않는 상태를 유지해야 하므로 낮은 직무 만족과 높은 직무 스트레스, 정신적 소진 등을 유발하며, 적응 장애, 우울증, 외상 후 스트레스 장애, 공황 장애, 자살, 스트레스 해소를 위한 음주, 흡연, 약물, 도박 중독이 증가한다고 알려져 있다"(임상혁, 2014: 12). 실제로 국가인권위원회 자료에서 "나는 클라이언트를 대할 때 클라이언트의 기분이나 요구 사항에 맞추기 위해 나 자신의 감정을 조절한다"라는 질문지에 응답자의 61.2%가 "그렇다", 21.5%의 사회복지사들이 "매우 그렇다"고 응답했다(국가인권위원회, 2013: 291).

임상혁의 연구에서도 사회복지직의 직무 스트레스는 남성 사회복지 공무원의 경우 한국 남성 노동자 평균인 50.0%보다 높은 67.0%, 여성 사회복지직 공무원의 경우는 한국 여성 노동자 평균인 54.1%보다 높은 70.7%로 조사되었다(임상혁, 2014: 13). 자신의 감정을 실제 감정과는 무관하게 끊임없이 조절해야 하는 압박이 노동자들에게 스트레스를 유발하는데, 이러한 감정 조절이 여성들에게 더 많이 요구됨으로써 여성 사회복지사들의 감정노동 내면 행위의 수행 정도가 더 높은 것으로 보인다(국가인권위원회, 2013: 294).

그리고 정규직 사회복지사와 비정규직 사회복지사를 비교해보면 부정적 감

---

21) 감정노동이란 업무를 하는 과정에서 노동자가 자신의 감정 상태를 통제하고 고객에게 맞추도록 요구되는 형태의 노동으로, 감정을 억압하거나 실제 느끼는 감정과 다른 감정을 표현하는 노동을 의미한다(두산백과: https://terms.naver.com/entry.nhn?docId=5662658&cid=40942&categoryId=31531).

정을 숨기고, 긍정적 감정을 표출하기 위해 또는 실제의 감정과 관계없이 클라이언트에게 웃는 모습을 보여야 한다는 압박감을 비정규직 종사자가 더 많이 받는 것으로 나타났다. 이에 따라 정규직에 비해 비정규직 사회복지사가 통계적으로 유의미하게 더 많이 우울 증세[22]를 보이는 것으로 나타나, 정규직 평균 30.7%가 상담을 요하는 우울 증세인 4점을 넘은 반면 비정규직은 41.4%로 나타났다. 비정규직 비율이 98%에 이르는 학교 사회복지사의 경우에는 약 53.5%가 상담을 요하는 단계인 4점 이상으로 나타났다(국가인권위원회, 2013: 289).

이렇게 감정노동의 수행 정도가 남성보다는 여성에게서, 정규직보다는 비정규직에게서 더 높게 나타난다면 여성 비정규직 사회복지사에게 가중되는 스트레스 지수는 상대적으로 상당히 높다는 것을 추론할 수 있다. 국가인권위원회 조사에 따르면 총 응답자 2605명 중에서 비정규직의 비율은 18.3%(2576명 중 470명)인데, 그중 여성의 비율이 약 81.5%(470명 중 383명)를 차지하고 남성의 비율은 약 18%인 87명이었다(국가인권위원회, 2013: 295).

이상의 조사를 통해 볼 때 안전권에 대한 위협은 건강권의 침해와 직결될 뿐만 아니라, 허약한 노동권의 징후이며, 자유권과 평등권의 위기로 연결된다. 그만큼 사회복지사의 안전권 침해는 개인적인 원인에서 기인한다기보다는 직업 현장의 특수성에서 비롯되며, 따라서 개인적인 해결책으로는 적절하게 대응하기 어려움에도 불구하고, 공적·제도적 지원책과 해결 방안이 거의 없다. 한상미·양성욱의 연구에 의하면 안전권, 기본권이 위협당하는 근로환경에서 사회복지사로서의 정체성이나 의미, 역할, 가치 등을 강조하는 상사의 슈퍼 비전 제시는 감정노동으로 인한 소진 극복에 충분한 효과를 발휘하기 어려운 것으로 나타났다(한상미·양성욱, 2018: 173).

---

22) 여기서 측정된 우울감은 CES-D라는 우울감 측정 도구의 축약판으로 핵심적인 우울증 측정 문항 4개에 응답하도록 하여 '극히 드묾'에 0점, '가끔 있음'에 1점, '종종 있음'에 2점, '매우 많음'에 3점을 부여하여 4개 문항의 값을 합산한 결과 총 0점에서 12점의 분포를 나타내게 되며, 4점 이상일 경우 임상적으로 의미 있는 정신적 스트레스 상태, 즉 상담을 요하는 우울증으로 판단한다(국가인권위원회, 2013: 288).

5. 맺음말: 사회복지사의 인권 보호를 위한 제언

이렇게 허약한 사회복지사의 인권을 보호하여 복지 현장의 권리적 측면을 강화하고자 한다면 어떤 대안들을 고려해볼 수 있을까?

우선 서울시 사회복지사가 지각한 인권 보장 수준에 영향을 미치는 요인에 대한 분석에서 노동 조건 중 근무 시간을 줄이거나 근무 강도를 높이는 것보다는 급여나 복리후생의 만족도를 높이는 것이 인권 개선에 가장 중요한 것으로 나타났다(서동명 외, 2015: 340)는 점을 고려할 필요가 있다. 특히 민간이든 공공 영역이든 사회복지시설에 종사하는 사람들은 정부 및 지방자치단체에 의해 창출된 노동시장에서 업무를 하고, 임금 역시 국가 및 지자체의 보조금에서 지급받는 등, 실질적으로 국가 및 지자체와 사용 종속 관계가 성립된다(김광병, 2016: 42). 이런 점에서 사회복지사가 '임금 노동자로서 가지는 권리성'이 존중될 필요가 있고, 이를 바탕으로 민간 영역과 공공 영역의 임금 차이를 줄이려는 노력이 필요하다. 2012년 1월 1일부터 시행되고 있는 「사회복지사 등의 처우 및 지위 향상을 위한 법률」(약칭 「사회복지사법」) 제3조 제1항에서 사회복지사 등의 처우를 개선하고 복지를 증진함과 아울러 그 지위 향상을 위한 국가 및 지방자치단체의 책임과 노력이 필요함을 인정하고 있고, 제2항에서 사회복지사 등의 보수가 사회복지 전담 공무원의 보수 수준에 도달하도록 국가 및 지방자치단체가 노력하도록 규정하고는 있는데, 이것이 노력 규정에 그칠 것이 아니라 강행 규정으로 개정될 필요가 있다(김광병, 2016: 46).

더불어 「사회복지사법」과 「사회사업법」에서 전문가로서 사회복지사의 권리와 지식에 대한 존중과 인정을 케어 의무와 균형감 있게 강조하는 개정도 필요하다. 「사회복지사법」 중 '사회복지사 등의 처우 개선과 신분 보장' 범위를 단순히 보수 수준 개선에 그칠 것이 아니라 사회적 인정과 공헌에 대한 지원, 사회복지사 본인 및 이용자에 대한 인권 교육 지원도 포함하여 동등한 처우와 기회 제공, 정보에 대한 접근 지원 조치 등 포괄적인 접근이 필요하다(이명현, 2014: 17).

또한 사회복지사의 임금과 노동 조건을 결정하는 데 현장의 사회복지사들의 의견이 반영될 수 있는 교섭 구조를 마련하는 것이 무엇보다도 시급하다(서동명 외, 2015: 34). 사회복지사의 근로환경 개선은 복지사 개인의 노력도 중요하지만 사회복지사협회를 비롯한 관련 협회, 지방자치단체, 보건복지부 등 모든 조직과 사람들의 노력이 이루어져야 가능하다(서동명·최혜지·이은정, 2015: 340). 2015년 인천광역시 사회복지사 274명을 대상으로 한 연구에서는 "직장 내 노동조합이 있다"고 응답한 경우는 7명(2.6%)에 불과하며, 전체 분석 대상자 중 노동조합에 가입되어 있는 조합원은 6명(권현진·이용갑, 2017: 67)에 그쳤다.

사회복지사들도 '사회복지협회'나 '노동조합'과 같은 이해 대변 조직이 필요하다는 데 84.5%가 공감하고 있으나, 기관이나 시설에서 받을 수 있을 불이익 때문에 가입이 꺼려진다는 의견이 57.9%를 차지하고 있다(국가인권위원회, 2013: 399, 표 9-11). 이와 같은 현실적인 장애 요인을 극복하기 위해 2014년 1월 12일 '전국사회복지유니온'이 산업별 노동조합으로 설립되었지만 사회복지사들의 관심과 참여가 미비한 상태이다(신동윤, 2015: 17). 따라서 사회복지사의 이해 대변 기구인 노사협의회나 노동조합, 협회 조직과 같은 법제도적 의사소통 기구(김종진, 2013: 52)를 활성화할 수 있는 방안을 고민해야 한다.

덧붙여 일, 가정 양립을 위한 지원책을 마련하기 위해 출산휴가, 육아휴직 등 법정 휴가 보장에 대한 실질적인 대책을 마련하고 대체 인력 확보를 위한 예산 지원이 필요하다. 특히 여성들이 상대적으로 많은 사회복지 노동 현장의 특성을 고려할 때 더욱 중요한 문제이다(서동명·최혜지·이은정, 2015: 342). 여성 노동력을 중요한 자원으로 활용하는 복지 분야에서 자녀를 가진 여성이 일과 가정, 케어와 육아의 양립을 원만하게 해결할 수 있도록 지원하는 것은 복지를 지향하는 사회가 해결해야 할 가장 중요한 일이다. 일, 가족의 선택 문제는 개인이나 그 가정의 역할 갈등이라는 차원을 넘어 한 사회가 임금 노동과 돌봄 노동을 구성하는 방식(서용석 외, 2008: 111)을 통해 접근해야 할 사회적 위험에 속하기 때문이다.

또한 자유권을 침해하는 대표적 사례로 지목된 종교 편향적·비윤리적 기관 운영에 대해서는 적극적인 제재가 필요하고, 기관 평가나 재위탁 심사 시에 특정 종교적 압력이 사회복지사에게 주어지거나 비윤리적인 기관 운영에서 오는 인권 침해를 평가 항목을 통해 검증하는 노력이 필요하다(서동명·최혜지·이은정,

2015: 342)는 지적도 적절하다.

그리고 무엇보다도 이용자(클라이언트)로부터의 폭력과 직장 내 폭력으로부터 사회복지사를 보호하기 위한 구체적인 지원책이 필요하다. 정신적 괴롭힘, 신체적 폭력, 성적 괴롭힘은 사회복지사의 인권 수준을 결정하고 안정된 정체성을 형성하는 데 아주 중요한 요소로서 기관의 적극적 대응이 필요하다. 따라서 이용자로부터 받는 폭력을 일종의 산업재해로 인식하고 적절한 공적 치료와 보상책들이 사전·사후에 마련되어야 한다(서동명·최혜지·이은정, 2015: 342~343).

사회복지사들은 이용자에게 정보와 케어를 제공하는 복지 전문가로서 이용자보다 월등한 위치인 듯 보이지만, 이용자의 생존권과 인권을 보호하고 실현해야 한다는 의무감과 도덕적 책임감이 불균형적으로 강하게 작용할 경우, 이용자로부터 전문가로서 존중받기보다는 과도한 개인적 감정 표출이나 분노의 대리 만족 대상이 될 우려가 있다.

또한 정부와 지자체에서 창출된 노동 영역에 종사하기는 하지만 실제 근로 감독은 기관이나 시설의 고용주로부터 받게 된다는 노동 구조의 이중성, 그리고 고용주-이용자-사회복지사로 이어지는 삼자 관계에서 사회복지사들이 고객이라는 이용자로부터도 노동 통제를 받는 상황에 놓이게 된다는 감정노동 구조 안에서 사회복지사의 건강권과 안전권이 위태로워진다. 사회복지 공무원보다 시설에 근무하는 사회복지사가, 정규직보다는 비정규직이, 특히 비정규직 사회복지사 비율이 높고 업무 특성상 1인으로 근무하는 경우가 빈번한 학교 비정규직 사회복지사의 경우에 인권 침해 비율도 높고 우울감, 감정적 소진 비율이 높다는 결과(국가인권위원회, 2013: 285, 323)는 노동 구조의 불안정이 인권 침해로 직결된다는 것을 보여준다. 사회복지 인력에 대한 복지의 확대는 사회복지 전문직의 지위와 직업 정체성을 강화하고 능력을 높이는 기반이라는 공통된 인식을 토대로, 「사회복지사법」 제3조 제2항에 의해 추진되는 형식적인 사회복지공제회보다는 국민 복지서비스의 질을 향상시키는 실질적인 사회복지 전문직 지원 제도[23]를 고민할 필요가 있다(황미경, 2018: 133).

복지노동자의 안전한 노동 조건을 보호하기 위해 필요에 따라서는 산업안전의 책임을 명확히 하고 재해 예방과 근로자 안전 유지·증진을 목적으로 하는 「산업안전보건법」에 감정노동도 포함하는 개정 작업을 통해 인권 침해에 대한 대비와 안전 조치, 그리고 복지 사업자의 적극적 보호 책무를 명확하게 할 필요가 있다(이명현, 2014: 17~18). 사회복지사의 안전한 노동환경은 이용자(클라이언트)의 적절한 보호와도 직결되기 때문이다.

또한 2013년 발의되어 제정이 논의되고 있는 '감정노동자보호법안'이 사회복지사에게도 적용되도록 노력할 필요가 있다. 법이 인권의 모든 것을 보장해주지는 못하지만,[24] 사적인 노력만으로는 해결이 어려운 인권 침해를 사회적 이슈로 만들고 공적인 해결책을 위해 노력하게 하는 실마리가 될 수 있다. 감정노동자로서 사회복지사 겪는 안전권에 대한 위협은 사적인 노력만으로는 해결되기 어렵다.

마지막으로 사회복지 교육 프로그램[25]을 개선할 필요가 있다. 국가인권위원회가 실시한 면접조사에 참여한 7명은 학부에서부터 보수 교육에 이르기까지 직무 교육을 제외하고는 사회복지사의 윤리와 철학을 강조하는 대부분의 교육에서 이용자의 인권과 자기결정권을 존중하는 내용을 핵심으로 할 뿐, 사회복지사의 인권을 보장하기 위한 방법을 교육받은 경험이 거의 없다고 말한다(국가인권위원회, 2013: 314~323). 전반적인 교육 프로그램이 사회복지사의 특정한 자질과 의무만을 강조할 경우, 사회복지사는 자신이 경험하는 부당함을 인권문제와 연결시키기 어렵다. 그리고 인간의 보편적 권리에 대한 감각을 통해 이용자가 처한 삶의 위기를 좀 더 넓은 구조적 맥락에서 접근할 수 있는 능력을 키우는데 어려움이 있다. 따라서 사회복지사의 인권에 대한 사회적·교육적 관심[26]은

---

23) 이에 대해서는 돌봄자 지원을 종합적으로 지원하는 호주의 '돌봄자 인정법(Carer Recognition Act)'이 시사하는 바가 크다. 물론 비공식적인 돌봄자들을 사회적으로 인정하고 지원하기 위한 법이지만, 사회복지사들의 인권과 지위와 관련해서도 참고할 만한 조항들이 있다. 이에 대해서는 이명현(2014: 14~15) 참조.

24) 인권 실현을 법의 일로만 한정한다면 인권과 관련된 다른 많은 중요한 영역의 가치를 낮게 평가하고 무시할 우려가 있다(Ife, 2001: 58). 그렇지만 법이 인권을 보장하고 인권 침해를 예방하는 중요한 장치(Beetham, 1999)임을 부정할 수는 없다(McCirmick, 2015: 387~414).

25) 국가인권위원회(2006) 참조.

사회복지정책을 원활하게 수행하여 사람들의 삶의 질을 높이고 이용자의 권익
도 보호할 수 있는 복지의 출발점이다.

---

26) 사회복지 실천 현장에 적용되는 정확하고 구체적인 인권 매뉴얼이 필요하다. 매뉴얼의 부재나 불
명확성은 사회복지사 등 실천 현장에서 일하는 인력들의 인권 보호 행동에 적지 않은 제약과 소
극성을 갖게 할 우려가 있다. 순수 이론적·원리적 인권 강조보다는 실제 현장에 활용할 수 있는 구
체적 인권 지침에 대한 사회적·교육적 관심이 요구된다(정현태·염동문·오윤수·이성대, 2015: 423).

제2부
삶의 질, 사회자본, 민주주의

제4장

삶의 만족과 사회자본
한국과 아시아 국가의 사회적 조건 비교

우명숙

1. 머리말

우리는 언제 자신의 삶에 만족할까? 개인적으로 정답을 내기 어려운 질문이다. 너무나 많은, 다양한 조건들을 우리는 생각한다. 주관적 삶의 만족을 높이는 데 소득과 같은 물질적 요인들이 중요하다는 사실은 변함이 없다고 할지라도 우리는 그것만이 삶의 만족을 가져오는 것은 아니라는 것을 알고 있기에 다른 중요한 요인들이 무엇일지 탐구한다. 이 같은 삶의 만족에 대한 다양한 탐구는 사회적 관계와 사회자본에 대한 관심으로 이어진다. 사회자본은 사회적 관계 속에서 형성된다는 특징을 가진다. 사회적 관계 속에서 형성되는 '자본'이기 때문에 우리는 경제자본보다는 적어도 덜 불평등하게 또한 상대적으로 더 제한 없이 이것을 얻을 수 있고, 이것이 삶의 만족을 높인다면 이보다 더 좋을 수는 없을 것이라고 생각한다. 사회자본과 삶의 만족 연구들이 이런 생각을 함축하고 있다고 우리는 추측한다.

이 글은 주로 양적 연구의 전통에서 이루어져 온 삶의 만족에 대한 연구들의 연장선에서 사회자본이라는 요인이 과연 삶의 만족에 어떤 영향을 미치는가에 주목하고자 한다. 다만 이 글의 목적은 기존의 수많은 삶의 만족 연구들, 그리고 사회자본 연구들을 총정리해서 종합하거나 특별히 새로운 관점을 제시하는 것이 아니다. 여기서는 사회자본과 삶의 만족 관계에 초점을 맞추고, 이를 또한 몇 아시아 국가들을 비교하여 논의하는 데 집중하며, 이를 통해 사회자본이 '만병통치약'이 아니라 '맥락 의존적'이라는 점을 강조하는 데 연구의 목적을 두고자 한다. 사회자본은 개인들의 주관적 만족감을 높이는 중요한 요인들 중 하나일 수 있지만, 이는 무조건적이기보다는 조건적일 수 있다. 결국 이 글은 한국 사회의 특징을 비교사회학적으로 이해하기 위한 것이다. 그동안 몇 아시아 국가 비교연구들을 진행하면서 얻은 결과들을 근거로 제시하면서 사회자본과 삶의 만족 관계에 대한 비교연구를 통해 얻을 수 있는 함의들이 무엇일지 제시해 보고자 한다.[1)]

2. 삶의 만족 제고에서 사회자본 연구의 필요성과 선행연구

1) 삶의 만족과 사회자본에 대한 관심

주관적 웰빙의 인지적 차원인 삶의 만족과 정서적 차원인 행복이 개인 성격과 같은 심리적 요인들의 영향을 받는다는 사실, 그리고 동시에 소득 수준과 같은 물질적 요인들의 영향을 많이 받는다는 사실은 많이 알려져 왔다. 그런데 주관적 웰빙에 대한 심리학적 설명은 사회적 관계 속에 존재하는 개인들의 상황을 드러내지 못한다는 한계가 있고, 소득의 증가는 어느 수준 이상에서는 계속해서 개인들의 주관적 웰빙을 증가시키지는 않는다는 '이스털린의 역설(Easterline's paradox)'이 지지를 받으면서 사회적 관계를 그 중심에 두는 사회자본 이론이 그동안 관심을 받아왔다. 동아시아 국가 비교연구에서도 한국이나 일본 등에서 소득 그 자체보다는 오히려 주관적 계층 의식, 주관적 건강 평가, 가족생활 만족도와 같은 주관적으로 인지하는 요인들이 개인 삶의 만족을 높이

---

1) 이 글은 그동안 필자가 진행해왔던 아시아 국가 비교연구들(우명숙·김성훈, 2017; 우명숙·남은영, 2018; Woo·Kim, 2018)을 종합·정리하고 보완한 것이다.

는 것으로 나타났다(신승배·박병준, 2016; 신승배·이정환, 2015). 객관적인 물질적 수준뿐만 아니라 주관적이고 사적인 영역들이 중요하다는 점을 말해준다.

한국의 경우 경제성장과 민주화를 이루어내고 난 후 소득 불평등이 증가하고 불신이 팽배해지고 있는 상황이다. 발전의 양적 수치에 매달려온 물질주의가 사회의 모든 것들을 경제로 환원한다는 '환원 근대'가 한국이 직면한 상황이라는 지적(김덕영, 2014)은 물질주의의 폐해를 절실히 보여주고 있다. 삶의 질, 사회의 질, 그리고 개인의 삶의 만족에 대한 관심은 이러한 시대적 문제 상황에 닿아 있다고 볼 수 있을 것이다. 유엔의 세계행복보고서(World Happiness Report 2016)는 소득, 건강과 함께 사회적 지원(social support)이 개인의 행복에 영향을 미치는 주요한 요인들 중 하나라고 지적했다(Helliwell et al., 2016). 그런데 경제협력개발기구(OECD)의 2017년 '더 나은 삶의 지수(Better Life Index)'에 따르면, 한국은 개인들의 자기 삶에 대한 전반적인 평가를 보여주는 삶의 만족도에서 5.9점(10점 만점)을 보여, OECD 평균 6.5점에 못 미쳤고, 하위권이었다(35개국 중 29위). 한국의 경우 특히 염려스러운 것은 "어려울 때 도움을 요청할 수 있는 사람이 있는가"를 묻는 '사회적 네트워크의 질(quality of social network)' 항목에서 최하위 점수를 받았다는 것이다. 한국인 응답자 수치는 76%로 OECD 평균인 89%에 훨씬 못 미쳤으며, 이 수치는 2016년의 75.6%와 거의 달라지지 않았다.[2] OECD의 2017년 더 나은 삶의 지수에서 간단히 국가별 사회적 네트워크의 질과 삶의 만족도의 계산해보아도 상관관계가 높은 것으로 나타났다.[3] 한국이 물질주의와 불평등의 폐해를 적극적으로 고민해야 하는 시기에 사회적 관계의 질이 좋지 않다는 현실에 비추어 보면, 한국에서는 더욱이 삶의 질, 주관적 웰빙, 사회적 관계의 문제를 적극적으로 제기할 필요성이 커졌다.

---

2) OECD 데이터베이스 OECD.Stat의 2017년 '더 나은 삶의 지수(Better Life Index)'를 참조(https://stats.oecd.org/Index.aspx?DataSetCode=BLI 검색일: 2018.10.19).

3) OECD.Stat의 2017년 더 나은 삶의 지수에 제시된 두 변수의 상관관계를 계산해보면 0.6153이며, 0.0001의 유의도에서 통계적으로 유의미한 것으로 나타났다.

2) 사회자본과 삶의 만족 연구들: 서구 사회와 아시아 사회 연구

서구 국가들을 주된 대상으로 한 기존 연구들은 사회자본의 여러 구성 요소들이 삶의 만족이나 행복 등의 주관적 웰빙에 긍정적인 영향을 미친다는 결론을 제시하고 있다(Helliwell and Putnam, 2004; Leung et al., 2011; Portela et al., 2013; Sarracino, 2010). 선행연구들에서 사회자본은 사회자본 이론가인 퍼트넘(Robert Putnam)이 규정한 정의에서 크게 벗어나지는 않는다고 할 수 있다. 퍼트넘은 사회자본을 "협력적 행동을 촉진시켜 사회의 효율성을 증진시킬 수 있는, 사회조직의 속성들, 예를 들어, 신뢰, 규범, 네트워크"(Putnam, 1993: 172)로 규정하면서, 사회자본은 그 속성상 보편적으로 긍정적인 효과를 낳는 것으로 보고 있다.

선행연구들에서 사회자본은 크게 네트워크, 신뢰, 규범의 세 가지 차원을 가지고 있다. 다만 사회자본이 사회 현상에 미치는 영향을 분석하는 연구들에서 사회자본은 대체로 세 축을 중심으로 하지만, 보다 분화된 구성 요소들로 측정되고 그 영향력이 검증되는 게 사실이다. 사회자본의 정의 자체가 논쟁적이기 때문이기도 하지만, 사회자본의 측정이 용이하지 않기 때문에 구성 요소들이 무한히 확장되는 것도 무시할 수 없을 것이다. 그러나 사회자본 이론에서 핵심적인 것은 '사회적 관계'를 보여주는 다양한 요소들이 사회 현상에 긍정적 영향을 미친다는 것이고, 삶의 만족에도 그런 긍정적 영향이 나타난다는 것이다.

서구 국가 연구들 중에서 유럽 국가들을 대상으로 하여 유럽 국가 서베이 자료(European Social Survey: ESS)를 분석한 포르텔라 등(Portela et al., 2013)의 연구가 인상적이다. 포르텔라 등(2013)은 사회자본의 다차원성을 잘 정리해주고 있는데, 사회자본은 크게 사회네트워크(비공식적 관계, 자원봉사, 단체 참여, 지원 그룹 등), 사회규범(공유된 규범, 호혜성, 시민사회 참여 등), 사회신뢰(일반신뢰, 기관신뢰, 대인신뢰 등)의 차원으로 구분된다. 포르텔라 등(2013)은 이 모든 구성 요소들을 동시에 고려하여 이 구성 요소들이 주관적 웰빙(행복과 삶의 만족, 그리고 행복과 삶의 만족을 합친 주관적 웰빙)에 미친 영향을 다각도로 검토하고 있다. ESS를 분석하여 특히 비공식적 사회 연결망과 신뢰(일반신뢰와 기관신뢰)가 주관적 웰빙과 높은 상관관계가 있음을 보여주었다. 정당이나 조직 참여는 유의미한 영향을 미치지 않는 것으로 나타났다.

한편 아시아 국가들에 초점을 맞춘 해외 연구들을 보면 대체로 사회자본의 여러 구성 요소들은 주관적 웰빙에 긍정적 영향을 미치는 것으로 나타났다(Han et al., 2013a, 2013b; Tokuda and Inoguchi, 2008; Yamaoka, 2008; Yip et al., 2007). 야마오카(Yamaoka, 2008)는 동아시아 국가들, 즉 일본, 한국, 대만, 그리고 중국 자료를 통합하여 분석한 연구에서 낮은 대인신뢰, 약한 호혜성의 규범, 조직신뢰의 부족은 낮은 삶의 만족과 관계가 있음을 보여주었다. 얘기를 나눌 상대의 존재 여부로 측정된 사회자본은 주관적 건강에는 긍정적 영향을 미쳤지만, 삶의 만족에는 영향을 미치지 않았다. 반면 다른 아시아 연구들은 한국, 중국, 일본 등의 개별 국가 자료를 분석한 연구들이다. 한 중국 농촌 지역 연구(Yip et al., 2007)를 보면, 신뢰는 삶의 만족에 긍정적 영향을 미쳤으나, 기관 참여(정당과 자발적 결사체의 회원)는 의미 있는 영향을 미치지 않았다. 다른 일본 연구는 대인 불신이 불행과 유의미한 관계가 있음을 밝혀냈다(Tokuda and Inoguchi, 2008). 마지막으로 한국 연구에서는 정치적 참여, 신뢰, 구직망, 단체 참여 등의 사회자본의 구성 요소들은 행복에, 도움을 받을 가능성, 기관신뢰, 단체 참여 등의 사회자본의 구성 요소들은 삶의 만족에 긍정적 영향을 미치는 것으로 나타났다(Han et al., 2013a, 2013b).

한국의 사회자본과 삶의 만족의 관계에 대한 국내 연구들도 상당수가 존재한다. 국내 연구들의 결과를 보면 대체적으로 사회자본의 여러 구성 요소들이 삶의 만족에 긍정적 영향을 미치는 것으로 나타났다. 여러 국내 연구들은 특정하지 않은 일반인들, 또는 서울 시민, 노인, 자활사업 참여자 등의 특정된 개인들을 대상으로 분석하여 개인들의 삶의 만족에 개인의 경제적 요인과 사회적 배경이 영향을 미치지만, 신뢰(가족, 이웃, 동료 등에 대한 신뢰), 참여(단체 가입, 정치참여 등), 네트워크(사적 네트워크, 지역사회네트워크 등 지인들이나 이웃들과의 교류 정도 등), 어려운 상황에서 도와줄 사람의 규모와 같은 사회자본의 구성 요소들이 삶의 만족을 높인다는 결과를 얻어냈다(김혜연, 2011; 박길성, 2002; 박희봉·이희창, 2005; 신상식·최수일, 2010; 이미라, 2011; 한세희·김연희·이희선, 2010). 한준 외(2014)는 정확하게 사회자본에 대한 연구는 아니지만, 사회적 관계의 긍정성과 부정성, 즉 양면성이 삶의 만족에 미치는 영향을 살펴보고 있는데, 소통과 심리적 지지, 그리고 도움 가능한 이웃 수는 긍정적 영향을, 1인 가구, 자기 소득에 대한 하향 평가, 무시와 불인정의 경험은 삶의 만족에 부정적 영향을 미친다는 점을 밝혀냈다. 즉, 한준 외(2014) 연구에서는 한국인들이 중요하게 생각하는 사회적 관계라는 것이 사회적 자원과 지지를 제공하기도 하지만, 동시에 모욕과 무시를 경험하게 하고 관계 속에서 자신의 생활 수준을 남들과 비교해서 판단함으로써 상대적 열등감을 경험하게 하는 양면성을 가진다는 점을 보여주었다.

일부 국내 연구들에서는 '세대' 간 차이, 즉 청년층, 중년층, 노년층 등의 세대 간 차이를 보거나(김재우, 2017), 특정 연령층, 예를 들어 청년층의 주관적 웰빙에 미치는, 사회자본을 포함한 영향 요인들의 특징을 밝히고자 했다(한승헌·임다혜·강민아, 2017). 김재우(2017)와 한승헌 외(2017)의 연구는 사회자본의 여러 하위 변수들과 함께, 특히 '사회적 지지(social support)'에 주목하고 있다. 한국과 일본의 연령 집단별 결과를 비교한 김재우(2017)의 연구에서는 한국의 청년층에서 사회적 지지 효과가 제일 강하게 나타났다. 한국의 중년층에서도 다소 약하지만 사회적 지지의 효과가 나타났다. 그러나 한국의 노년층, 그리고 일본에서는 모든 연령층에서 사회적 지지의 효과가 나타나지 않았다. 한승헌 외(2017)의 연구는 한국의 청년층만을 분석하고 있는데, 사회적 지지는 청년층에서는 행복에 긍정적 영향을 미치는 것으로 나타났다. 두 연구의 결과를 보면, 사회적 지지는 한국 청년층의 삶의 만족을 높이는 데 있어서는 분명 중요하지만, 대체로 다른 연령대 사람들의 삶의 만족을 크게 높이지는 않는 것으로 나타났다.

3. 사회자본에 대한 이론적 논의

1) 사회자본이란?

퍼트넘은 신뢰, 규범, 네트워크를 포함하는 사회자본이 그 속성상 보편적으로 긍정적인 효과를 낳을 것으로 보고 있지만(Putnam, 1993: 172), 포르테스(Alejandro Portes)와 같은 학자는 사회자본을 "사회 연결망이나 여타 사회조직에 속한다는 이유로 혜택을 획득할 수 있는 행위자들의 능력"(Portes, 1998: 6)으로 규정했고, 사회자본 그 자체와 사회자본의 원천 또는 효과는 구분되어야 하며, 사회자본의 효과도 미리 가정할 수 없음을 지적했다. 예를 들어 포르테스는 신뢰(trust) 자체는 사회자본이 아니고, 사회자본을 작동하게 만드는 여러 원천들 —규범, 연대, 교환, 신뢰— 중의 하나로 보고 있다. 포르테스는 사회자본 그 자체, 사회자본의 원천(sources), 사회자본의 효과(effects)를 엄밀하게 구분해야 사회과학적인 경험연구가 가능하다는 점을 강조하면서 규범이나 신뢰를 사회자본으로 규정하지는 않았다. 포르테스는 사회자본의 구성 요소들 중 네트워크에 초점을 맞추고 있다고 할 수 있다. 부르디외(Bourdieu, 1986) 또한 사회자본을 상층 계급의 계급지위를 누리는 데 유용한 자원을 획득할 수 있는 연결망으로 정의하고 있어 사회자본의 네트워크 차원을 강조하고 있다. 부르디외(Pierre Bourdieu)는 사회자본을 "제도화되었건 혹은 제도화되지 않았건 상호 면식이 있어 알고 지내는 사이에 지속적으로 존재하는 관계의 연결망을 통해 얻을 수 있는 실제적이고 잠재적인 자원들의 총합"(유석춘·장미혜, 2007: 19; Bourdieu, 1986: 248)으로 정의하고 있다.

사회자본의 차원에 대해 아직까지 완벽하게 합의는 이루어지지 않았으며, 경험적 연구들에서는 더욱이 사회자본의 차원들이 덧붙여지고 서로 조금씩 다른 의미들로 사용되고 있어 혼란스러운 면도 분명 있다. 로드스타인(Bo Rothstein)의 사회자본에 대한 논의는 사회자본 개념의 지나친 남용을 막고 개념의 혼란을 줄여주는 데 도움을 주는 것으로 보인다(Rothstein, 2005). 로드스타인은 포르테스와 마찬가지로 사회자본의 효과 또는 기능, 그리고 상호 호혜성(reciprocity)

과 같은 규범(norm) 등을 사회자본 그 자체와 혼동하지 말 것을 주장하며, 사회 자본을 '행위(behavior)'와 '믿음(belief)'이라는 두 차원으로 본다. 로드스타인은 포르테스와 달리 신뢰는 사회자본으로 규정한다. 네트워크가 행위의 차원이라면 신뢰는 믿음의 차원이다. 다시 말하면 행위에 해당하는 네트워크는 사회자본의 양적 차원 또는 구조적 차원으로 볼 수 있고, 믿음에 해당하는 신뢰는 사회자본 의 질적 차원 또는 인지적 차원으로 볼 수 있다는 것이다(Rothstein, 2005: 65).

사회자본을 크게 두 차원으로 보고자 하는 로드스타인은 무엇보다 사회자본 이 지나치게 확장되는 것에 대해 우려를 표명한다. 규범 그 자체를 사회자본으로 보면 사회자본에 주관적인 수많은 가치들을 포함시키게 되고, 그러면 사회 자본의 개념이 너무나 무한히 확장됨으로써 개념적 유용성을 잃을 수 있기 때문이다. 예를 들어 상호 호혜성과 같은 규범은 그 정의 자체로 설명하고자 하는 현상을 말하고 있다는 것이다. 상호 호혜성의 규범이 상호 호혜적 행동을 낳는 다고 보는 것은 동어 반복적인 것으로 볼 수 있다. 오히려 로드스타인은 상호 호 혜성을 신뢰와 유사한 것으로 보는 것이 더 타당하다고 말한다(Rothstein, 2005: 55). 로드스타인은 신뢰는 다른 사람들을 믿을 수 있느냐 하는 '믿음'에 대한 것 으로서, 협력적 행위를 유발시키거나 시키지 않을 수 있는, 타인에 대한 믿음을 말하며, 이는 연대 또는 상호 호혜성과 같은 규범에 비해서 동어 반복적이지 않 다. 예를 들어 신뢰는 거래 비용을 감소시키는 효과가 있다고 알려져 있다. 신 뢰는 서면 계약으로 포괄하기 어려운 미래의 불확실성을 줄여줌으로써 거래 비 용을 줄여 개인이나 집단 간의 심리적 안정감을 증진시킬 뿐만 아니라 사회적 지출 비용을 절약할 수 있다고 보는 '합리적 선택 이론'의 관점으로 해석할 수 있다(이재열, 1998: 65).

신뢰에 대해서는 조금 더 논의할 필요가 있다. 신뢰를 도덕적 규범으로 볼 것 인가 아니면 합리적 선택 이론에서 말하듯이 "신뢰를 부여하는 것이 다른 것들 보다 더 이익이기 때문"(이재혁, 1998: 313)이라고 할 것인가의 대립적인 관점들 이 존재하지만, 반드시 양분적인 것으로 볼 필요는 없다. 우선 신뢰를 개인의 자질이나 도덕성으로만 본다면, 신뢰 형성에 미치는 학습과 경험의 효과를 간 과하게 된다. 다른 한편 "신뢰하는 것이 자신에게 더 이익이 되기 때문"이라거나, "상대가 기대되는 행동을 하는 이유가 그렇게 하는 것이 그에게 이익이 되기 때문"(Rothstein, 2005: 59)이라는 합리적 선택 이론의 가정은 신뢰를 '무조건적인 믿음(blind faith)'과는 명확하게 구분해준다. 그럼에도 불구하고, 이러한 합리적인 계산에 따른 신뢰 개념은 합리적 계산을 넘어선 개인 간 신뢰의 도덕적 측면, 그리고 신뢰를 높여주는 제도와 문화의 영향을 협소화할 수 있다. 신뢰가 단순히 도덕적 규범은 아니지만, 동시에 신뢰의 실질적 의미는 특정 사회제도와 문화에 영향을 받는 사회적·도덕적 의미를 가지고 있다는 점을 염두에 둘 필요가 있다. 신뢰 형성에 중요한 것은 '무임승차자들(free riders)'를 엄격하게 제재할 수 있는 사회제도와 문화일 수 있다(Rothstein, 2005: 112, 2011: 151~156). 이렇게 신뢰(관계)를 사회문화적으로 형성되는 것으로 보면, 합리적 선택 이론이 말하는 지나치게 '계산적'인 것으로만 신뢰의 의미를 제한하지 않고서도 신뢰를 분석적 개념으로 활용할 수 있으며, 신뢰의 효과에 대한 해석도 조금 더 풍부하게 할 수 있다.

네트워크와 신뢰는 상호 영향을 미칠 수 있지만, 상호 독립적이라는 측면도 사회자본 이해에 있어서 중요하다(Rothstein, 2005: 55~56). 다른 사람들에 대한 신뢰가 자발적 결사체를 촉진시킬 수 있지만, 역으로 자발적 결사체에 대한 참여를 통해 신뢰가 형성될 수 있다. 또한 자발적 결사체에 대한 참여가 신뢰를 촉진시킬 수 있지만, 모든 자발적 결사체가 신뢰적 관계를 촉진시키지는 않는다. 오히려 신뢰 관계가 형성되어야 자발적 결사체가 더 활성화될 수 있다. 따라서 신뢰와 네트워크는 상호 연관되면서도 상호 독립적인 효과가 있다고 봐야하며, 어떤 효과가 있는지에 대해서는 경험적인 연구가 필요하다. 결국 사회자본의 긍정적 효과는 경험적 탐구의 문제인 것이다.

2) 사회자본은 언제나 어느 곳에서나 모두에게 긍정적인가?

사회자본이 삶의 만족에 영향을 미치는 방식은 크게 두 가지 기제를 가진 것으로 보인다. 첫째, 사회자본과 삶의 만족에 대한 상당수의 논의들은 개인들의 삶의 만족에 미치는 사회자본의 심리적 기제에 주목한다고 할 수 있는데

(Helliwell and Putnam, 2004; Uslaner and Dekker, 2003), 개인들 사이의 친밀한 교류와 신뢰는 심리적으로 개인들을 즐겁게 해주고 삶의 활력소가 된다고 말할 수 있다. 둘째, 사회자본은 삶의 만족에 단순히 심리적 기제로만 작동하지는 않는 것으로 볼 수 있다. 사회자본은 개인들이 가진 목표를 이루는 데 도움이 되는 '자산(asset)' 또는 '자원(resource)'으로 활용될 수 있다(Bourdieu, 1986; Halpern, 2005; Lin, 2001; Portes, 1998; Rothstein, 2005).

   그렇다면 사회자본은 모두에게 긍정적인 효과를 낳을 것인가? 퍼트넘은 그렇다고 답할 것이다. 사회적 관계 속에 존재하는 사회자본은 '관계재'로서, '지위재'가 다른 사람과의 상대적 비교를 통해 성취되는 물질적인 것인 데 비해 관계재는 다른 사람과의 관계 지향적 활동을 통해 얻어지는 비물질적인 것이기 때문에 그것의 획득은 다른 누군가의 배제를 전제하지 않는다(류재린, 2017). 사회자본이 관계재라면 일반적으로 소득 수준에 상관없이 누구든 획득하기 용이한 비물질적 재화라고 할 수 있다. 물론 사회자본을 자원을 얻는 '기회'로 보고 이러한 기회에 대한 접근이 계급/계층 차이를 나타내는 것으로 본 부르디외는 적극적으로 사회자본의 불평등한 효과에 주목했다(Bourdieu, 1986). 교제하는 사람들이 소유한 자원에 접근할 수 있는 기회가 부여되는 사회 연결망은 그 자체가 사회자본이며, 특정 연결망은 양과 질에서 서로 다른 기회와 자원을 제공한다는 것이다(남은영, 2011: 79). 빈곤연구에서도 저소득층은 인맥 관리에서 훨씬 불리하고 이것이 고용 기회 등에 부정적 영향을 미칠 수 있음을 언급한다(로이스, 2015). 즉, 사회자본은 그 자체가 물질적인 것은 아니지만, 궁극적으로 개인들의 사회적 지위를 결정하는 물질적 성취를 돕는 역할을 한다는 것이다. 예컨대 특정 사회 연결망에 대한 접근이 배타적일 뿐만 아니라 개인이 속한 사회 연결망이 제공하는 기회에 차이가 있을 수 있다. 쉽게 말하자면 개인의 사회적 관계가 개인에게 충분히 도움이 될 수도 있고 안 될 수도 있는 것이다. 그러나 저소득층도 현재의 여러 어려움을 극복하는 데 사회자본을 활용할 수 있다는 연구들이 있기 때문에 사회자본의 관계재로서의 일반적인 속성은 인정할 수 있다(김혜연, 2011). 그래서 사회자본이 부족한 저소득층 지역에서 사회자본 형성을 돕는 프로그램들을 의도적으로 시도할 필요성이 제기되어왔다(김혜연, 2011; 홍경준, 2001; Light, 2004; Rubin and Rubin, 2008).

　관계재로서의 사회자본의 일반적인 속성은 인정할 수 있지만, 사회자본은 사회관계 속에 구체적으로 존재하기 때문에 다른 사회적 맥락에서 사회자본은 다른 기회와 도움을 줄 수 있다. 따라서 관계재로서의 사회자본의 효과는 경험적으로 구체화하여 파악할 필요가 있다. 그렇다면 사회자본의 효과에 차이를 낳게 하는 사회적 조건에 대한 관심이 필요하다. 예컨대 물질주의와 성공주의가 지배적인 사회일수록, 물질적 성공을 위해 사회자본이 주는 기회와 자원은 제한적일 수밖에 없고, 따라서 사회자본이 삶의 만족을 높이는 데에는 한계가 클 수 있다. 이것이 삶의 만족에 미치는 사회자본의 효과 분석에서 사회적 맥락이 중요해지는 이유이이며, 비교연구가 필요한 이유이다.

4. 아시아 국가들의 사회적 관계와 사회자본, 가치

1) 아시아 국가들의 사회적 관계와 사회자본

　서구 사회의 개인들은 보다 개인주의적 관점에서 사회적 관계를 바라본다면, 아시아 사회, 특히 유교 문화의 영향을 받은 아시아 사회에서는 사회적 관계를 집합주의적 관점에서 바라보는 특징이 있다고 할 수 있을 것이다(Diener et al., 2010). 여러 연구들이 이런 아시아 국가들의 사회적 관계의 독특한 특징들을 구체적으로 탐구했다(이재열, 1998, 2001; 이재혁, 1998; Horak, 2014; Lee, 2000; Marsh, 2003; Warren et al., 2004; Yee, 2000). 사회적 관계를 집합주의적 관점으로 바라보는 특징을 가진 아시아 사회에서는 개인보다는 개인이 속한 집단의 정체성이 더 중요하다고 볼 수 있다. 한국의 '연고(緣故)', 대만과 중국의 '꽌시(關係)', 베트남의 '띤깜(tinh cảm, 精感)' 등의 지배적인 사회적 관계는 모두 강한 내집단 신뢰와 이를 토대로 작동하는 연결망을 특징으로 한다. 그런데 이 비공식적 연결망들은 보편적인 연대로 연결되지 못하고 폐쇄적 성격을 가지는 것으로 이해된다. 그래서 강한 집단 소속감과 다소 폐쇄적인 연결망 속에서 살아가는 아시아 사회의 개인들은 사회적 관계에 대한 태도에서 분명 서구 사회의 개인들과는 차이가 있다는 지적이 많았다.

한국, 일본, 중국, 대만, 베트남 등의 아시아 국가들이 서구 사회와는 다르게 집단주의적 가치를 여전히 중요시한다는 공통점이 있다고 볼 수 있겠지만, 이 국가들 사이에서도 서로 다른 사회관계의 독특한 특징들이 발견된다. 중국과 한국은 혈연, 지연, 학연 등 특수주의적 성격의 비공식적 연결망이 대부분의 사회적 관계에서 중요하다면, 일본은 특히 가계 계승과 일의 관계에서 귀속성이 아니라 능력을 중시하는 관계가 형성되는 특징을 보여, 연결망이 상대적으로 더 개방적인 측면을 보인다는 지적이 있다(신승배·이정환, 2015: 286; 정하영, 2006; 한승완, 2004). 그런데 한국의 비공식적 연결망이 가장 폐쇄적이고 좁은 범위의 연결망인 것으로 보인다. 비공식적 연결망으로서 한국의 '연고'와 대만과 중국의 '꽌시'는 내부 집단의 강한 결속과 외부 집단에 대한 배제의 속성을 공통적으로 가지지만, 한국의 '연고'는 중국에 비해서도 더 폐쇄적이고 좁은 범위의 비공식적 연결망, 그래서 제일 '연줄망'에 가까운 특징을 보인다고 할 수 있다(Lee, 2000; Lin, 2001; Marsh, 2003; Horak, 2014). 중국의 꽌시는 지인(知人) 관계주의가 지배적이며, 한국의 지연이나 학연에 비해, '인정'에 기초한 지속적인 상호 호혜성을 필요로 한다는 점에서 유연하고 개방적인 성격을 갖는다(후빈·조주은, 2017; Lin, 2001; Marsh, 2003). 베트남의 사회자본에 대한 여러 편의 국내 연구들(백용훈, 2015, 2016a, 2016b; 왕혜숙 외, 2011)도 베트남에서는 내집단 연결망과 신뢰가 훨씬 더 개방적일 수 있음을 보여주었다. 이 연구들은 내집단 연결망과 신뢰의 문제를 개인들의 삶의 질과 연관시켜 논의하는데, 현재 베트남에서 내집단의 강한 결속은 그 집단 구성원들에게는 물론이거니와 사회적으로도 삶의 질의 향상에 부정적이지 않음을 보여주었다. 하나의 사례로서 베트남 북부 지역의 내집단의 강한 연결망은 베트남 남부 지역의 약한(또는 느슨한) 연결망보다 내부 구성원들에게는 복지 증진의 면에서 더 긍정적이고 지속적이며, 또한 타인에 대한 일반화된 신뢰와 동반되는 특징을 보여 주었다(왕혜숙 외, 2011). 결국 내집단 성원들 사이의 정과 의리를 강조하는 유교 문화권 국가들의 사회적 관계가 국가별로 개방성과 그 작동 원칙에서 조금씩 다른 양상을 보이기 때문에 그 차이를 간과할 수는 없다. 이 아시아 국가별 사회적 관계의 특징을 비교하는 데에서 눈에 띄는 부분은 한국의 사회적 관계가 훨씬 더 폐쇄적인 성격을 갖는, 강한 내집단적 결속의 연고 집단에 토대를 두고 있다는 점이다.

2) 아시아 국가들의 가치

집합주의적 가치가 유사하게 사회적 관계에서 강하게 작동하고 있다 하더라도 한국의 사회적 관계가 더 폐쇄적인 성격을 갖는다는 것은 사회자본이 삶의 만족에 미치는 영향에서 어떤 독특한 특징을 드러낼 것으로 보인다. 게다가 성공주의가 매우 강하게 지배적인 가치가 되고 있는 한국의 사회적 맥락도 눈여겨볼 필요가 있겠다. 집합주의적 가치는 성공주의적 가치가 팽배한 사회에서는 남들과의 비교와 비교우위를 위한 물질적 성공을 더욱 부추길 수 있다. 개인들은 물질적 성공을 인생의 최대 목표로 삼아 물질적 성공을 기준으로 타인과 끊임없이 비교하고 다른 방식으로서의 삶을 부정적으로 평가하는 경향을 보일 것이다.

2010~2014 세계가치관조사 대상인 몇 아시아 국가들을 비교해보면, 한국인은 "성공주의적" 태도가 강하다.4) 성공을 중시하는 태도에 대해서 한국인의 81%가 긍정하는 반면, 대만인의 48.7%, 일본인의 48.6%가 긍정하고 있었다. 다만 베트남인의 경우는 85.5%의 응답자가 성공을 중시한다고 답했지만, 물질주의적 태도까지 고려해서 성공주의적 태도를 이해할 필요가 있다. 왜냐하면 한국인들의 물질주의적 태도 또한 동시에 강하게 나타났기 때문이다. 한국인 응답자들의 44.2%가 물질주의적 태도를 보인 반면, 일본인 응답자들은 19.3%만이 물질주의적 태도를 보였다. 대만인 응답자들은 44.5% 정도로 한국의 결과

---

4) 이하 한국, 대만, 베트남, 일본의 가치관 통계치는 세계가치관조사 온라인 데이터를 활용하여 제시했다. World Values Survey, Time Series Online Analysis(http://www.worldvaluessurvey.org/WVS Online.jsp). 한국, 일본, 대만, 데이터 출처는 World Values Survey Wave 6(2010-2014)이고, 베트남 데이터 출처는 World Values Survey Wave 5(2005-2009)이다.

와 비슷했다. 반면 베트남 응답자들은 25.8%만이 물질주의자인 것으로 나타났다. 물론 네 나라 모두에서 탈물질주의적 태도의 비중은, 예컨대 스웨덴의 30%와 비교해보면, 높지 않았다(대만 6.9%, 일본 6.6%, 베트남 6.6%, 한국 5.1%). 더 큰 소득 불평등을 용인하는 정도에 있어서 한국이 대만, 일본, 베트남에 비해 제일 높은 점수를 나타냈는데, 이는 한국에서 성공의 의미가 다른 아시아 국가들에 비해 더 확실히 남들보다 높은 사회경제적 지위를 얻는 것으로 해석할 수 있다. 한편 한국, 대만, 베트남, 일본, 이 네 나라 모두 집합주의적 가치가 강한 만큼 전통(가족이나 종교적 전통)을 중요시 여기는 정도를 비교해볼 수 있는데, 베트남인이 전통을 중시한다는 데 가장 많이 긍정적으로 응답(94.4%)했고, 대만인은 82.7%, 한국인은 71.5%, 일본인은 54.9%로 나타났다. 전통을 중시한다는 데 '강하게' 긍정하는 응답자들의 비중을 보면, 전통을 중시하는 태도의 차이가 더 두드러져 보인다. 베트남은 64.5%, 대만은 43.9%, 한국은 23.4%, 일본은 10.2%로 나타났다. 이는 한국인이 물질적 성공 외의 다른 가치를 상대적으로 덜 추구하고 있을 가능성을 보여준다. 일본인의 경우 전통을 중시하는 정도가 가장 낮은데, 이 태도뿐만 아니라 일본인은 한국인과는 여러 태도에서 상당한 차이가 있는 것으로 나타났다.

전통을 매우 존중하는 편인 베트남과 대만에서는 집합주의적 가치가 공동체적인 지향을 더 보일 가능성이 있고, 전통에 대한 강한 긍정 정도가 상대적으로 낮은 한국에서는 집합주의적 가치가 넓은 범위의 공동체적인 지향을 보이기 어려울 것이다. 그런데 한국인은 개인을 중심에 두는 서구식 개인주의적 가치가 별반 강한 것도 아니다. 국내 한 연구(석승혜·장안식, 2016)는 한국에서 가족이나 시민사회 소속 등 개인들이 속한 집단이 서구식(특히 유럽식) 개인주의 가치와 그에 따른 도덕성을 성장시키지 못하거나 오히려 약화시키는 경향이 있음을 보여주고 있다. 따라서 한국인은 여전히 개인주의 가치를 발달시키지 못하고 있다. 그렇다면 한국에서 집합주의적 사회적 관계의 속성은 좁은 범위의 가족의 물질적 성공을 부추기는 경향을 보일 것으로 짐작해볼 수 있다. 한국에 비해서 일본의 경우는 물질주의자들이 훨씬 적고, 성공 지향적인 태도를 보이는 사람들이 상대적으로 훨씬 적다. 따라서 일본에서는 사회적 관계의 집합주의적 성격이 훨씬 약해졌으며, 사회적 관계에서의 집합주의적 가치도 물질적 성공을 강하게 부추기기 어려울 것으로 보인다.

5. 아시아 국가의 비교와 한국의 특징: 한국에서 나타나는 일관된 특징은 무엇인가?

비교할 사회들인 한국, 대만, 베트남, 일본은 모두 유교 문화권의 사회들이다. 문화론적 관점에서 보면 서구 사회에 비교해서 상당히 유사한 사회들이라고 말할 수 있다. 그러나 우리는 이 국가들이 유사한 문화적 유산을 공유하기는 하지만, 그렇다고 해서 그 이질성을 간과할 수 없음을 앞에서 살펴보았다. 사회적 관계의 속성이, 언급한 아시아 국가들에서 서로 질적으로 상당히 다르다고 볼 수 있는데, 그렇다면 사회적 관계를 말해주는 사회자본이 삶의 만족에 미치는 영향은 국가별로 다르게 나타날 것인가? 우리는 이를 어떻게 해석할 것인가?5)

1) 한국과 대만, 베트남 비교

우선 한국과 대만, 베트남을 비교해본다. 삶의 만족에 미치는 사회자본의 효과를 중심으로 비교해보기 위해 사회자본의 층위에 대해서 간단히 살펴보자. 사회자본은 여러 층위를 가진다. 앞서 이론적 논의에서 언급한 대로, 사회자본을 네트워크와 신뢰의 큰 두 층위로 구분하는 것이 유용한 측면이 있다 (Rothstein, 2005: 65; Sarracino, 2012: 140; Woolcock and Narayan, 2000: 226). 아시

---

5) 한국을 대만, 베트남과 비교할 때는, 서울대학교 사회발전연구소가 한국갤럽을 통해 조사한 「삶과 사회에 관한 조사」자료(면대면 조사 자료: 한국 2012년 1000명, 대만 2014년 1200명, 베트남 2013년, 1000명)를 활용했다. 한국과 일본을 비교할 때는 다른 비교 가능한 자료로서, 2015년에 수집된 「아시아의 삶의 태도와 가치 국제비교 조사」자료(온라인 조사 자료: 한국 2000명, 일본 1만 1804명)를 활용했다. 비교하는 아시아 국가별 삶의 만족도에 미치는 요인들에 대한 다중회귀분석의 결과들을 제시하고 그 차이점들을 설명해보고자 한다.

아 국가 비교에서도 이 두 차원을 중심으로 살펴볼 것이다. 즉, 사회자본의 인지적 차원으로서 신뢰의 효과를 살펴보고, 사회자본의 구조적 차원으로서는 사회적 연계(사람들과의 접촉 빈도)와 지원네트워크(어려울 시 도움을 청하는 경우의 수)의 두 하위 범주가 삶의 만족에 미치는 효과를 살펴본다.

자료의 성격에 따라 사회자본의 층위별 구성 요소들이 차이가 날 수 있다. 여기서는 우선 네트워크를 사회적 연계(사람들과의 접촉 빈도)와 지원네트워크(어려울시 도움을 청하는 경우의 수)의 두 범주로 나눠보고자 한다. 사회적 연계는 같이 사는 가족을 제외한 가족, 친구, 이웃 각각과의 접촉 빈도를 말하며, 지원네트워크는 몇 가지 유형별 어려움(가사나 돌봄 문제, 금전적 문제, 정신적 문제)이 있을 때 맨 처음 도움을 요청하는 경우의 수의 총합(요청하는 대상이 가족인지, 가족 외인지를 우선 구분하고, 이후 가족에서 도움을 요청한 경우의 수, 가족 외 사람에게 도움을 요청한 경우의 수를 각각 합산하여 산출함)이다.

신뢰는 여러 하위 유형을 가진다. 이 연구에서는 대인신뢰(가족에 대한 신뢰, 지인에 대한 신뢰, 낯선 이에 대한 신뢰의 세 유형으로 구분), 사회신뢰, 제도신뢰로 나누어 살펴본다. 신뢰는 가까운 사람들에 대한 신뢰부터 추상적인 제도에 대한 신뢰까지 유형별로 개인의 삶에서 중요성이 달라질 것으로 예상할 수 있다. 어떠한 신뢰 유형이 삶의 만족에 더 중요한지, 아닌지에 대해서 미리 가정하기는 어렵고, 신뢰가 작동하는 맥락에 따라 특정 신뢰의 유형이 더 중요한 영향을 미치거나 그 영향의 크기가 결정될 것으로 기대하고 신뢰의 여러 유형이 주관적 삶의 만족도에 미치는 영향을 분석해보고자 한다.

신뢰에 대해서 간단히 더 논의할 필요가 있다. '사회신뢰(social trust)'는 '일반신뢰(general trust)'로 이해되는 신뢰로서, 추상화된 타인에 대한 신뢰를 말하며, 자신이 살고 있는 사회에 대한 신뢰로까지 여겨질 수 있다. 반면에 대인신뢰는 소속감과 친밀도에 따라서 나뉘는 사람들을 염두에 둔 신뢰라고 할 수 있다. '내집단'과 '외집단'으로 구분될 수 있는 구체적인 사람들에 대한 신뢰를 말한다. 신뢰의 대상은 가족으로부터 지인, 낯선 이로까지 확장되며, 소속감과 아는 정도가 약해진다. 한편 제도신뢰는 여러 정부기관과 시민사회단체에 대한 신뢰를 아우르는 것이다. 제도신뢰가 함의하는 바를 정확하게 이해하는 것이 쉽지 않지만, 제도신뢰는 신뢰 유형들 중에서 '가장 확장된 신뢰' 유형으로도 볼 수 있다. 제도신뢰는 특정 기관에서 만날 수 있는 구체적인 사람들이 아니라 "제도에 놓여 있는 낯선 이들(strangers embedded in institutions)"에 대한 신뢰를 말하는 것일 수 있기 때문이다(Warren, 1999: 4). 제도에 대한 비판적 태도는 민주주의 사회에서 바람직할 수 있지만, 동시에 제도신뢰는 복잡한 사회문제들을 해결하기 위한 협력적 행위들을 조정하는 데 있어서 중요하게 요구되는 신뢰 유형이다.

한국과 대만을 비교해보면(표 4-1), 가장 눈에 띄는 것은, 첫째, 한국에서는 삶의 만족을 높이는 데 사회자본의 효과가 대체로 나타나지 않았다는 것이다. 둘째, 대만에서는 사회자본의 효과에서 독특한 특징이 나타났다는 점이다. 대만의 특징을 보면, 우선 지인 연결망(친구 접촉)의 효과가 컸다. 또한 지원네트워크, 특히 가족으로부터의 도움을 받는 지원네트워크가 삶의 만족을 제고했다. 대만에서는 제도에 대한 신뢰도 삶의 만족을 높이는 것으로 나타났다. 대만과 비교해볼 때, 한국에서는 대부분의 사회자본 층위에서 유의미한 효과가 강하게 나타나지 않았다는 점이 특징적이다.

표 4-1 / 한국과 대만 비교: 삶의 만족에 미치는 사회자본 효과 비교

변수	한국		대만	
	계수	표준오차	계수	표준오차
※ 사회적 연계				
가족 접촉				
접촉 없음†				
일 년에 1~2번 또는 6~7번	0.192	0.571	-0.235	0.637
한 달에 한두 번	0.375	0.560	-0.466	0.623
일주일에 한두 번	0.565	0.558	-0.398	0.619
거의 매일	0.492	0.560	-0.536	0.620
친구 접촉				
접촉 없음†				
일 년에 1~2번 또는 6~7번	-0.110	0.365	1.510*	0.691
한 달에 한두 번	-0.142	0.319	1.640*	0.673
일주일에 한두 번	-0.227	0.316	1.521*	0.667
거의 매일	-0.177	0.328	1.737**	0.670
이웃 접촉				
접촉 없음†				
일 년에 1~2번 또는 6~7번	0.102	0.207	-0.084	0.235

한 달에 한두 번	0.229	0.188	-0.143	0.208
일주일에 한두 번	0.238	0.182	-0.101	0.210
거의 매일	0.248	0.205	-0.135	0.217
※ 지원네트워크				
가족 도움 경우의 수				
0+				
1	-0.296	0.363	0.924***	0.275
2	-0.204	0.360	0.921**	0.298
3	0.139	0.409	0.913**	0.328
기타 도움 경우의 수				
0+				
1	0.149	0.267	-0.005	0.219
2	0.408	0.325	-0.077	0.263
3	-0.545	0.470	1.002**	0.385
※ 신뢰				
사회신뢰				
약함+				
강함	0.166	0.136	0.051	0.131
가족신뢰	0.235	0.147	0.172	0.120
아는 사람 신뢰	0.042	0.106	0.030	0.127
낯선 사람 신뢰	0.143	0.094	0.101	0.097
제도신뢰	0.146	0.104	0.428***	0.117
※ 통제변수				
소득 분위				
제1오분위+				
제2오분위	0.091	0.193	0.202	0.184
제3오분위	-0.012	0.207	0.080	0.205
제4오분위	0.022	0.222	0.322	0.197
제5오분위	0.246	0.233	0.673**	0.211
주관적 계층 의식	0.290***	0.041	0.238***	0.038
종사상 지위				
상용직+				
임시직/일용직	-0.134	0.193	0.435	0.242
자영업/가족 노동	-0.206	0.149	-0.060	0.202
소득 없음	0.037	0.148	0.474**	0.162
주관적 건강 상태	0.334***	0.057	0.289***	0.074
나이	-0.039	0.030	-0.034	0.025
나이 제곱	0.001	0.000	0.001*	0.000
성				
여성+				
남성	-0.322**	0.121	-0.399**	0.124
교육 수준				
중학교 졸업 이하+				

고등학교 졸업	0.348	0.189	-0.226	0.190
대학교 졸업 이상	0.321	0.211	0.052	0.200
종교				
없음†				
있음	0.104	0.108	-0.293*	0.137
혼인 상태				
기혼 외†				
기혼	0.058	0.179	0.200	0.173
자녀				
없음†				
있음	0.132	0.204	-0.349	0.207
개인주의				
약함†				
강함	0.259*	0.118	0.134	0.127
평등주의	0.026	0.028	0.008	0.025
능력주의	0.127*	0.052	0.185**	0.059
상수	1.144	1.121	-0.448	1.119
사례수	870		1,050	
결정계수(R^2)	0.257		0.207	

* $p < 0.05$, ** $p < 0.01$, *** $p < 0.001$.
† 기준 범주.

유사한 분석 틀로 한국과 베트남에서의 사회자본 효과를 비교해보면(표 4-2), 대만과의 비교분석과 마찬가지로 한국에서는 거의 대부분에서 사회자본 효과가 강하게 나타나지 않았다. 이에 비해 베트남에서는 이웃 연결망(이웃 접촉)의 효과가 강하게 나타났다. 그리고 베트남에서는 사회신뢰와 제도신뢰가 삶의 만족을 높이는 것으로 나타났다. 대만에서와 마찬가지로 베트남에서도 한국과는 달리 사회자본의 여러 층위에서 삶의 만족을 높이는 효과가 강하게 나타났다.

한국, 대만, 베트남 비교연구에서 나타난 한국의 특징은 삶의 만족을 제고하는 데 있어 사회자본의 효과가 미미하다는 것이다. 대만에서는 지인 연결망과 가족 간 지원네트워크가 삶의 만족 제고에서 큰 역할을 하고 있었고, 베트남의 경우는 이웃 연결망이 중요한 것으로 나타났다. 또한 대만에서는 제도신뢰가, 베트남에서는 제도신뢰와 사회신뢰가 삶의 만족을 높이고 있어 한국과 대비된다. 이러한 차이들을 어떻게 이해할 수 있을까?

대만 사회에서 지인 연계의 중요성은 대만 사회의 사회적 관계의 특징인 '꽌

표 4-2 / 한국과 베트남 비교: 삶의 만족에 미치는 사회자본 효과 비교

변수	한국		베트남	
	계수	표준오차	계수	표준오차
사회적 연계				
가족 접촉	0.074	0.049	-0.073*	0.040
친구 접촉	-0.021	0.051	-0.025	0.039
이웃 접촉	0.038	0.037	0.143***	0.036
지원네트워크				
한 경우 가족 도움[1]	-0.152	0.365	0.722	1.337
두 경우 가족 도움[1]	-0.045	0.364	1.435	1.418
세 경우 가족 도움[1]	0.298	0.408	1.762	1.454
한 경우 기타 도움[2]	0.145	0.266	0.170	0.338
두 경우 기타 도움[2]	0.460	0.324	0.794	0.563
세 경우 기타 도움[2]	-0.379	0.470	1.103	1.457
신뢰				
가족신뢰	0.263*	0.147	0.088	0.128
아는 사람 신뢰	0.045	0.107	-0.056	0.077
낯선 사람 신뢰	0.162*	0.094	0.084	0.072
강한 사회신뢰[3]	0.181	0.134	0.264**	0.129
제도신뢰	0.134	0.105	0.404***	0.078
통제변수				
제2오분위 소득[4]	0.121	0.196	0.032	0.151
제3오분위 소득[4]	-0.031	0.213	0.037	0.136
제4오분위 소득[4]	0.025	0.225	0.030	0.137
제5오분위 소득[4]	0.208	0.235	0.184	0.162
주관적 계층 의식	0.295***	0.041	0.348***	0.041
임시직/일용직5	-0.141	0.191	0.028	0.153
자영업/가족 노동5	-0.232	0.149	-0.056	0.123
소득 없음5	0.015	0.147	-0.174	0.142
주관적 건강 상태	0.322***	0.058	0.107**	0.053
나이	-0.045	0.029	-0.003	0.032
나이 제곱	0.001*	0.000	0.000	0.000
남성[6]	-0.318***	0.120	-0.005	0.091
고등학교 졸업[7]	0.327*	0.190	-0.148	0.106
대학교 졸업 이상[7]	0.317	0.212	-0.086	0.154
종교 있음[8]	0.076	0.109	-0.104	0.099
기혼 외[9]	0.025	0.182	-0.148	0.150
자녀 있음[10]	0.225	0.208	0.020	0.170
강한 개인주의[11]	0.244**	0.117	-0.155	0.110
평등주의	0.030	0.028	0.071***	0.024
능력주의	0.141***	0.052	0.062	0.046
형평성 인식	-0.007	0.012	0.035**	0.015

상수	1.200	1.016	0.137	1.688
사례수	859		928	
결정계수(R^2)	0.254		0.263	

* $p < 0.1$, ** $p < 0.05$, *** $p < 0.01$.
기준 범주: [1] 가족 도움 없음, [2] 기타 도움 없음, [3] 약한 사회신뢰, [4] 제1오분위 소득, [5] 상용직, [6] 여성, [7] 중학교 졸업 이하, [8] 종교 없음, [9] 기혼, [10] 자녀 없음, [11] 약한 개인주의.

시'가 지인 중심주의(후빈·조주은, 2017)라는 논의에서도 어느 정도 기대된 바였다. 또 한 가지 한국과 대만의 비교에서 흥미로운 부분은 가족의 지원네트워크가 대만에서는 특히 잘 작동하고 있다는 점이다. 한국은 가족주의가 강하다고 할 수 있는데, 가족이 지원네트워크로서 삶의 만족을 높여주는 데에서는 큰 역할을 하지 못한다고 할 수 있다. 한국에 비해 대만에서는 세대 간 지원네트워크가 훨씬 더 잘 작동하고 있다는 기존 연구에 비추어 볼 때 이 점이 이해될 수 있다(정이환·김영미·권현지, 2012). 대만에서는 조부모들이 손주들의 양육에 더 많이 참여하고, 부모와 자식의 공동 거주도 더 많으며, 부모에 대한 자식들의 재정적 도움도 더 큰 것으로 나타났다(왕혜숙, 2013; 정이환·김영미·권현지, 2012). 이러한 일상의 생활이 주관적인 삶의 만족 인식에 영향을 미치지 않을 수 없을 것이다. 대만인의 가족 관계가 규범적으로 더 바람직한가 아닌가는 가족 관계의 기능으로서 바로 평가하기는 어려운 문제다. 다만 한국에서는 가족주의가 강조됨에도 불구하고 가족 지원네트워크의 효과가 강하게 나타나지 못한다는 것은 규범과 현실의 불일치를 보여주고 있고, 그만큼 가족 관계가 불안정하고 가족 관계 내에서 개인의 긴장이 더 크다고 볼 수 있다.

베트남에서는 이웃 접촉이 매우 중요한 것으로 나타났다. 또한 제도신뢰와 함께 사회신뢰가 중요한 것으로 나타난 것도 한국과 큰 차이점이다. 베트남에서는 분명 공동체적 삶이 지속되고 있는 편이다. 베트남에 대한 역사적·인류학적 연구(송정남, 2016; 유인선, 2016)에 따르면, 현재 베트남의 공동체적 성격을 충분히 엿볼 수 있다. 농촌의 마을 단위의 삶은 말할 것도 없고, 도시에서조차도 집단 거주로 선호되는 아파트 주거 방식이나 옛 농촌 마을의 흔적이 남아 있는 도시 주거 형태 등의 예를 보면 여전히 공동체적 삶이 베트남인들에게 큰 영향을 미치고 있음을 알 수 있다(송정남, 2016: 138~139). 대인신뢰보다는 사회와 제도에 대한 신뢰가 베트남에서는 중요했는데, 이는 공동체에 대한 '믿음'이 개인의 삶에 중요한 영향을 미친다고 볼 수 있다. 한국에서는 그 정도로 공동체에 대한 믿음이 개인 생활에 강한 영향을 미치고 있는 것으로 보이지는 않는다. 전반적으로 베트남에서는 개인 삶에서 공동체의 중요성이 많이 엿보였다. 이 부분은 베트남의 특징이라고 할 수 있겠다.

한국과 대만, 베트남 비교에서 개인주의 가치관의 영향은 흥미로운 부분이며 한국과 다른 두 사회 간의 맥락 차이를 말해준다(표 4-1, 표 4-2). '강한 개인주의'가 한국에서만 삶의 만족에 영향을 미치는 것으로 나타난 반면, 대만과 베트남에서는 그렇지 않았다. '능력주의'는 한국과 대만에서 중요한 것으로 나타났지만, '평등주의'는 베트남에서만 중요한 것으로 나타났다. 베트남에서 가치관의 영향은 공동체적인 삶의 맥락을 보여주는 것이라 할 수 있다. 한국과 대만에서는 능력주의가 영향을 미치지만, 한국에서만 개인주의가 중요한 영향을 미친다는 점은 한국에서는 개인적 성공이 그만큼 개인 삶에서 중요하다는 점을 말하는 것이기도 하다.

2) 한국과 일본의 비교

한국과 일본에서는 사회자본의 영향이 유사할까 다를까. 대만, 베트남과의 비교와는 다른 자료와 방식으로 분석한 한국과 일본의 결과를 보자(표 4-3). 네트워크와 신뢰로 구성되는 사회자본과 함께 여기서는 개인들의 사회통합 인식을 살펴보았다. 사회자본이 미시적 사회적 관계에 대한 인식과 활동이라고 한다면, 사회통합 인식은 개인들이 사회로부터 차별받고 불공정하게 대우를 받으며 살고 있는지에 대한 인식이라고 할 수 있다. 사회통합 인식은 '좋은 사회'에 살고 있다는 심리적 안정감과 남들과 동등한 정도의 삶의 기회를 누릴 수 있다는 기대감으로 삶의 만족을 높여주는 기제가 있을 것으로 생각해볼 수 있다. 사회통합 인식은 사회자본이 보여주는 것과 동일하지는 않지만, 사회제도의 포용 정도에 대한 인식을 보여주고 있어, 사회적 관계가 작동하는 맥락 또는 사회적 관계의 속성을 다른 방식으로, 즉 간접적으로 보여준다.

표 4-3 / 한국과 일본의 비교: 삶의 만족에 미치는 사회자본 효과 비교

변수		한국		일본	
		계수	표준오차	계수	표준오차
성별(남성)		-.486***	.080	-.537***	.043
연령		-.033	.022	-.061***	.012
연령제곱		.000	.000	.001***	.000
학력		.020	.019	.013	.016
가구소득		.001***	.000	.058***	.004
사회자본	내집단 신뢰	.245***	.034	.340***	.016
	외집단 신뢰	.057	.039	.001	.019
	정부신뢰	.061	.056	.157***	.031
	친척·지인 연결망	.035	.034	.020	.016
	이웃 연결망	.063**	.023	.054***	.014
	사적 지역사회활동	.080***	.018	.036*	.014
	공적 지역사회활동	-.014	.011	-.011	.009
사회통합 인식	차별 경험	-.049***	.003	-.055***	.002
	불공정성 인식	-.044***	.010	-.050***	.005
	구조적 차별 인식	.001	.002	-.004***	.001
상수		.498	.624	6.974***	.328
결정계수(R^2)		.358		.289	
사례수		1,893		9,148	

* $p < 0.05$, ** $p < 0.01$, *** $p < 0.001$.

한국과 일본 비교에서 한국의 특징은 대만, 베트남과의 비교와 일관된 결과
를 보여준다. 한국은 일본과의 비교에서도 사회자본의 효과가 더 제한적으로
나타나고 있다는 점을 짚을 수 있다. 한국과 일본 양국에서 내집단 신뢰(가족,
친척, 친구, 지인에 대한 신뢰), 이웃 연결망, 사적 지역사회활동과 같은 사회자본
구성 요소들은 공통으로 삶의 만족에 긍정적 영향을 미쳤다. 그러나 제도신뢰
인 정부신뢰(공무원 신뢰로 측정)가 일본에서는 효과가 나타났지만 한국에서는
그렇지 않았다. 대만과 베트남에서 제도신뢰가 중요했다는 결과를 고려해볼
때, 분명 미미한 제도신뢰 효과는 한국의 특징이라고 할 수 있다.

이웃 연결망이 한국과 일본에서 모두 유의미한 효과가 있는 것으로 나타났지
만(표 4-3), 소득 집단별로 봤을 때는(같은 자료로 분석한 결과이지만 여기서 제시하
지 않음), 한국에서는 이웃 연결망 효과가 저소득 집단에서 강하게 나타났고, 고
소득 집단에서는 그 효과가 나타나지 않았으나, 일본에서는 소득과는 상관없이

이웃 연결망의 효과가 모두 나타났다. 또한 같은 분석에서 한국의 경우 가까운 사람들(가족, 친지, 친구 등)의 지원망이 저소득 집단에서는 중요하지 않고 고소득 집단에서만 유의미하게 나타났다. 그러나 일본에서는 모든 소득 집단에서 유의미한 것으로 나타났다. 여러 가지 해석과 함의를 끌어낼 수 있겠지만, 일본에 비해서 한국에서는 사회자본이 그만큼 소득 계층별로 차별적인 효과를 내고 있으며 이는 삶의 만족을 제고하는 사회자본의 효과가 한국에서는 덜 골고루 나타나고 있음을 말한다.

한국과 일본의 사회적 맥락의 차이를 보여주는 데 있어 사회통합 인식의 효과 차이가 가진 함의를 생각해보자. 한국과 일본에서 모두 차별이 삶에 미친 불리함의 경험과 불공정성에 대한 인식은 개인들의 삶의 만족에 중요한 영향을 미쳤다(표 4-3). 그런데 개인의 삶에 유불리함을 가져온 차별 경험, 그리고 기회의 불평등을 조장하는 불공정성은 개인들의 삶의 만족에서 중요한 요인들이지만, 사회 전반에 존재하는 차별에 대한 인식(구조적 차별 인식), 즉 개인의 삶에 유불리함을 가져왔던 차별이 아니라 차별에 대한 전반적인 인식은 일본에서와는 달리 한국에서는 삶의 만족에 유의미한 영향을 미치지 않았다. 이것이 함의하는 바는 한국인이 개인들에게 보다 직접적으로 유불리를 가져오는 불평등에 대해서는 더 민감하지만, 개인들의 삶에 직접적으로 연결되지 않는 사회 전반의 불평등에 대해서는 덜 민감하다는 점을 말한다. 그만큼 한국인은 사회적 불평등을 개인의 삶과 연결하는 데 있어 일본인에 비해 보다 협소한 인식을 보인다고 할 수 있다. 최근 복지의식 여론조사 결과에 따르면(≪한겨레≫, 2018.10.19), 한국에서는 '한국의 불평등도가 높다'고 생각하는 사람과 '불평등한 구조 때문에 힘들다고 느낀다'는 사람이 불일치하는 경향이 발견되었다. 학력이 낮고 보수적일수록 실제 생활에서 불평등을 더 경험하지만, 불평등이 심하지 않다고 인식한다는 지적이다. 이러한 인식의 불일치 상황에서 '불평등 때문에 힘들다'고 응답한 사람이나 '불평등 때문에 힘들지 않다'고 답한 사람들 사이에서 '한국의 복지 수준이 높다' 또는 '복지 확대로 삶이 좋아질 것이냐', '불평등에 국가 책임이 있다'는 답변에 큰 차이가 없는 것으로 나타났다. 이는 한국에서는 불평등으로 실제 생활에서 어려움을 경험하는 사람들이 불평등의 원인을 제대로 인식하지 못한다는 것을 말해준다. 사회 전반에 대한 구조적 차별 인식이 일본과는 달리 한국에서는 삶의 만족에 별반 영향을 미치지 못한 것도 한국인이 불평등을 자신의 실제 생활과 제대로 연결시키고 있지 못하기 때문이라고 추측해볼 수 있다.

한국과 일본의 비교연구가 보여주는 것은 한국과 다른 아시아 국가들, 즉 대만과 베트남의 비교연구에서 나타나는 것과 일맥상통한 면이 있다. 그것은 한국인이 매우 강하게 성공주의적 지향을 보이고 있다는 것, 한국 사회에 그러한 가치관이 상당히 지배적이라는 점으로 연결된다. 개인의 물질적 성공을 중시하는 가치가 지배적인 사회에서 한국인은 불평등을 자신의 삶에 유불리를 가져오는 요인들로만 국한시켜 인식하고, 불평등의 원인을 국가 정책이나 분배의 문제점과 제대로 연결시키지 못하고 있다. 그런 면에서 한국인은 불평등을 완화함으로써 사회통합을 가져오는 방식을 고민하는 데 있어서 연대의 기반이 그만큼 좁을 수 있다는 것을 말하기도 한다. 이러한 한국의 맥락에서 삶의 만족을 제고시키는 사회자본 요인들이 일본에 비해 더 제한적임을 이해할 수 있다.

6. 삶의 만족 제고에서 사회자본의 역할, 그 사회적 조건: 한국의 특징을 중심으로

여러 국내외 선행연구들은 사회자본이 삶의 만족에 긍정적 영향을 미치고 있음을 보여주었다. 이 글에서는 다른 아시아 국가들에 비해서 한국에서는 사회자본의 영향이 적어도 뚜렷하지 않거나 제한적이라는 결론을 보여주었는데, 이는 무엇을 의미하는 것일까? 비교의 관점에서 한국의 사회적 관계와 삶의 만족에 대한 고민이 필요해 보인다. 왜 유독 한국에서는 사회적 관계의 속성을 보여주는 사회자본이 삶의 만족에 긍정적 효과를 별로 내지 못하는 것일까? 이것이 한국 사회에서 대해서 무엇을 말하는 것일까?

무엇보다 한국의 사회적 관계와 삶의 불안정성을 고민해볼 필요가 있겠다. 특히 연고 중심의 한국의 사회적 관계는 빠르게 개인화되어가는 한국인의 삶과 잘 맞지 않을뿐더러 그 불일치가 점차 커지고 있다고 할 수 있다. 빠르게 개인화되어가고 있는 한국인의 삶이 서구식 개인주의에 토대를 둔 새로운 사회적 연대를 찾지 못하고 개별화된 경쟁에 내몰리고 있다(김덕영, 2014)는 사실을 부정하기 어렵다. 그래서 한국의 개인화를 "시장화된 개인화" 또는 "위험의 사사화" 현상으로 보는 연구자들은 한국에서의 경제적 불평등이 1997년 외환위기 이후 커지는 맥락에서, 혼인율과 이혼율 증가, 출산율 하락, 1인 가구 증가 등으로 드러나는 개인화가 매우 불안정한 개인들의 삶 속에서 진행되고 있음을 지적하고 있다(신경아, 2013; 정수남, 2011). 특히 외환위기 이후 시장 논리와 경쟁이 극적으로 강화되면서 개인들은 다양한 삶의 방식을 추구하지 못하고 시장 체제에 전적으로 의존하도록 내몰렸다고 말할 수 있다. 서구 사회에서의 개인화는 개인의 독립성과 자유를 증진시켜나가는 개인주의적 과정이라는 특징을 가졌다면, 한국에서의 개인화는 기존의 규범과 제도를 벗어나는 것이기도 하지만 튼튼한 사회 안전망의 결핍이 여전한 상황에서 개별적으로 경쟁 체제에서 내몰리는 원자화된 개인들의 삶을 말해준다.

다른 아시아인과 비교해서 한국인은 물질주의적 태도를 더 강하게 보이며(Diener et al., 2010), 특히 성공을 인생에서 매우 중요한 것으로 여기며 살아가고 있다. 개인의 삶에 대한 사회제도적 지원 체계가 아직은 매우 부족한 상황에서 한국인은 상대적으로 협소하고 폐쇄적인 연결망과 신뢰 관계 속에서 생활하며 무엇보다도 사실상 위험에 점차 더 취약해지고 있는 가족에 여전히 많이 의존하고 있다. 그렇기 때문에 물질주의적 성공을 삶의 중요한 목표로 삼는 한국인에게 사회자본은 자원 획득의 기회로서나 심리적 만족감의 원천으로서 충분한 역할을 하지 못하는 것으로 보인다. 그러나 분명 사회적 관계는 그 자체가 중요한 삶의 기반이다. 따라서 그 관계가 개인들에게 심리적 안정감과 함께 지원망으로서 잘 작동하기 위해서는 그런 관계를 형성하는 개인들에게 책임이 있다고 볼 것이 아니라, 그런 관계가 긍정적 기능을 충분히 할 수 있도록 물질주의적 성공을 목표로 하는 삶 그 자체, 그리고 그런 삶에서의 사회적 관계에 대한 성찰을 반영한 사회적·정책적 대안들이 필요한 것으로 보인다. 로드스타인(2005)이 지적한 대로, 사회자본에 대한 '사회 중심적' 접근은 제한적이며 그래서 사회문제

해결에서 일면적일 수 있다. 개인들의 네트워크 참여가 신뢰를 증진시키고 이런 기제로 증가한 사회자본이 공공재로서, 민주주의를 포함한 사회 여러 영역에, 그리고 개인의 삶에 긍정적 영향을 미칠 것으로 보는, 사회자본에 관한 '사회 중심적' 접근은 사회자본을 출발점으로 삼고, 그래서 개인들에게 책임을 묻는 경향이 있다. 그러나 역으로 보편적 사회정책을 통해서 사회 불평등을 완화하는 데 효과적으로 대응하는 정부와 사회제도가 사회신뢰를 제고하고 이와 함께 네트워크 참여도 함께 증진된다고 보는 '제도 중심적' 접근으로의 사회자본에 주목할 필요가 있을 것이다. 사회자본의 중요성을 강조하는 데 그칠 것이 아니라 사회자본의 긍정적 역할이 강화될 수 있는 사회 제도와 환경을 마련하는 것이 분명 중요하기 때문이다. 한국과 다른 유교 문화권 국가들과의 비교에서 사회자본의 역할을 강화할 수 있는 사회적 조건에 대한 고민이 우리에게는 무엇보다 절실하다는 점이 보다 분명해졌다고 할 수 있다.

제5장

사회자본과 사회복지정책*

1. 머리말

사회복지는 사회 구성원의 인간다운 삶을 보장하기 위한 국가의 정책과 제도, 지역사회의 역할과 기능 및 개인의 노력을 모두 포함한다. 사회자본(social capital)이 사회복지의 발전에 영향을 미치기도 하고, 사회복지가 사회자본의 형성에 영향을 준다는 사회자본과 사회복지에 관한 다양한 의견이 존재한다. 한국 사회는 그동안 고도의 과학 기술과 경제성장을 이루면서 경제적 자본과 인적 자본의 수준은 세계적으로 선진국 반열에 올랐지만, 사회자본의 수준은 여전히 미비하다. 따라서 이 글에서는 사회자본과 사회복지의 유의미한 상관관계를 전제로, 사회자본을 확대하기 위한 다양한 방안을 모색해보고자 한다.

---

* 이 연구는 이원지의 박사논문(「베이비부머 세대의 사회적 자본이 건강상태에 미치는 영향」, 2016)의 내용을 수정하고 보완한 것이다.

2. 사회자본이란 무엇인가?

1) 사회자본의 개념과 이론

(1) 사회자본의 태동과 정의

지난 20여 년 동안 사회자본 이론(Social Capital Theory)은 다양한 이론의 자본들 가운데 가장 두드러지고 주목받는 자본으로 자리매김했다. 사회자본의 기반을 형성한 여러 이론들 가운데 가장 일찍 시작된 뒤르켐(Emile Durkheim)의 연구(1897)는 개인의 병리적 문제를 사회적으로 설명했는데, 자살에 영향을 주는 사회적 통합, 소외 및 아노미 현상 등 사회적 관계와 응집이 개인에게 미치는 영향력을 밝혀냈다. 사회자본이라는 용어는 미국의 사회 개혁가 하니판(Lyda. J. Hanifan)이 1916년에 처음 사용했고, 하니판에 이어 부르디외(Pierre Bourdieu), 콜먼(James Coleman), 퍼트넘(Robert Putnam), 후쿠야마(Francis Fukuyama), 린(Nan Lin)에 이르기까지 1980년대 이후 사회학자, 정치학자, 경제학자들에 의해 활발하게 연구되고 있다.

사회자본은 기존의 자본과는 다른 특성을 갖고 있다. 프랑스의 사회학자 부르디외는 '자본(capital)'을 경제적 차원에 국한하지 않고 경제적 자본(economic capital), 문화적 자본(cultural capital), 그리고 사회자본으로 구분했다. 우선 마르크스에 의한 경제적 자본은 생산과 소비의 과정에서 상품과 화폐의 교환 관계를 통제할 수 있는 자본가 혹은 부르주아지에 의해 획득된 잉여 가치의 일부로, 상품이 물질적 자원으로 부가 가치나 잉여 가치 혹은 이윤을 만들어내는 것이다. 문화적 자본은 개인이 향유하는 문화, 교양, 취향 등으로 가족 구성원에 의해 공유되고 부모세대의 문화적 자본은 자녀세대에게 이전됨으로써 계급 재생산에 기여한다고 보았다. 사회자본은 제도화되고 지속적 관계망이 존재하는 사회에서 획득할 수 있는 자원의 총합으로 보았다(Bourdieu, 1986). 또한 린은 마르크스의 경제적 자본에 대한 대안적 자본으로 인적 자본(human capital), 문화자본(cultural capital) 및 사회자본을 신자본 이론으로 보고, 사회적 관계에 존재하는 신뢰와 결속으로 사회적 네트워크에 배태(胚胎)된(embedded) 자원을 사회

표 5-1 / 사회자본과 여타 자본의 차이

	경제적 자본	인적 자본	문화자본	사회자본
개념	물질적 자원, 생산 수단의 형태	개인에 체화된 능력	가족 구성원에 의해 공유되는 취향	사회적 관계에서 존재하는 신뢰와 결속
자본 소유자	개인(자본가)	개인	가족	개인 또는 집단
자본의 존재 형태	물질적 대상 (생산 수단)	교육, 훈련을 통해 개별 노동자에게 체화된 기술, 지식	가족 구성원들이 공유하는 문화적 취향	사회적 관계 속에 존재하는 신뢰와 결속 관계
정책적 이슈	경제성장	교육, 학습, 숙련	지위 재생산, 격차, 문화 향유	신뢰, 민주주의

자료: 유석춘 외(2003), 조권중(2010) 재구성.

자본으로 보았다(린, 2008).

이상의 정의에서 사회자본은 경제적 및 문화적 자본에 대응하는 개념으로, 사회적 관계에서 존재하는 신뢰와 결속으로 사회집단에서 소유도 ┄┄┄┄┄┄┄, 여러 학자들은 사회자본을 "시장에서 기대한 보상이 있는 사회ㅈ ┄관계에 대한 투자"라고 주장한다(Bourdieu and Nice, 1980, Lin, 1981; Coleman, ┄┄; Putnam, 1995; Portes, 2000).

(2) 사회자본 이론

사회자본은 국가, 사회, 가족, 개인 간에 형성된 보이지 않는 네트워크를 통해 교환되는 자본으로 단순히 인간을 자본으로 보는 인적 자본이나 경제적 재화와 교환 수단의 경제적 자본을 넘어서 공동체에 내재된 일종의 '공공재' 기능을 하는 개념이다. 여러 학자들에 의해서 설명되는 사회자본은 다음과 같다.

부르디외는 네트워크의 규모와 네트워크에 속한 구성원들의 자본의 양에 따라 사회자본은 달라진다고 주장한다. 사회자본은 개인이나 집단이 소유한 사회적 자원(social resources)의 총합으로, 어느 정도 제도화된 친분 관계의 네트워크를 통해 형성된다. 또한 자원은 다른 유형의 자원으로 대체될 수 있고, 궁극적으로 경제적 자본으로 전환될 수 있다. 그러나 부르주아 계급은 구체적인 모습을 드러내지 않는 문화적 자본이나 사회자본과 같은 유형의 자본을 축적하여 불평등을 재생산하고 있다고 보았다(Bourdieu, 1986 재인용). 즉, 부르디외에게 사회자본은 경제적 자본을 위한 단순한 위장으로, 사회자본을 포함한 모든 유형의 자본은 최종적으로 경제적 자본으로 환원된다는 것이다(Bourdieu, 1983, 1986).

미국 사회학자인 콜먼은 부르디외와 달리 사회에 대한 계급적 시각을 가정하지 않고, 사회자본의 기능을 더욱 강조하여 사회자본은 경제적 자본이나 인적 자본과는 달리 개인들 간의 관계에 내재한다는 점을 강조했고 사회환경 속의 신뢰성, 규범 등으로 개념화했다. 더 구체적으로 의무, 기대, 신뢰, 규범, 제재, 사회적 네트워크 등이 이에 속한다. 콜먼이 개념화한 사회자본은 사회관계의 내재성, 사회적 생산성, 그리고 사회구조적 기능성의 속성을 지닌다(Coleman, 1990). 이 세 가지 사회자본의 속성은 사회자본을 규명하는 본질적 요소로 간주되고 있지만, 지극히 기능주의적이고 사회체계 이론에 기반했다는 지적도 있다(Fram, 2003). 콜먼과 부르디외에게 밀집된 혹은 친근한 네트워크는 집단적 자본이 유지될 수 있고, 집단의 재생산을 달성할 수 있는 수단으로 간주된다는 공통된 점도 있다(Lin, 2008). 그러나 사회자본을 단순히 사회적 참여나 사회적 관계가 아닌 자본으로 보는 것은 사회자본이 결국에는 자본의 소유자에게 경제적 이득을 제공하기 때문이다. 사회자본이 인적 자본을 확장하거나 강화할 수도 있고, 사회자본 자체가 경제적으로 이득을 가져온다는 것이다(김희자, 2009).

사회과학 분야에서 사회자본의 개념을 대중화한 학자는 퍼트넘이다. 퍼트넘은 『나홀로 볼링: 미국의 쇠퇴하는 사회자본(Bowling alone: The Collapse and Revival of American Community)』(2000)에서 1970년 이후 사회자본이 급격하게 쇠퇴하는 '공동체 붕괴'를 지적하면서 사회자본의 공공재적 성격을 강조했다. 퍼트넘은 참여, 신뢰, 규범, 네트워크와 같은 사회조직의 특징을 정의했고 신용 수준, 호혜성의 규범(norm of reciprocity), 시민단체 가입 정도 등과 같은 사회지표로 사회자본을 설명했다(Putnam, 1995). 퍼트넘은 사회자본을 시민사회를 이루기 위한 구성원들 간의 미시적 협력을 기초로 형성되는 것으로 간주했다.

후쿠야마는 사회자본과 국가와의 관계에서 신뢰를 사회자본과 동일하게 볼 정도로 중요한 요소로 다루었다(Fukuyama, 1995). 여기서 신뢰란 사회 구성원 간의 상호작용에서 위험부담이 따를지라도, 보편적 규범을 따라 협동적으로 행동할 수 있는 것으로, 시민 참여와 네트워크 내에서 상호 호혜적 규범 및 협력

표 5-2 / 사회자본의 개념

	정의
네트워크	사회자본은 친근감이나 상호 인지적 관계가 제도화된 혹은 지속적인 연결망 속에서 확보하는 자원으로 다른 행위자의 자원에 접근하기 위하여 연결망을 창조하고 동원함으로 획득된다(Bourdieu, 1986; Portes, 1998; Knoke, 1999).
자원	사회자본은 사회에서 개인, 집단, 공동체 간의 상호작용으로 형성된 자원으로 목적 지향적 행위를 보다 효과적으로 촉진시킬 수 있는 개념이다(Granovetter, 1985; Coleman, 1990; Sandefur and Laumann, 1988; Lin, 2008).
참여	사회자본은 사회의 효율성을 증가시킬 수 있는 사회조직 및 시민사회에서 참여하고 상호 협력하도록 돕는 하나의 속성이다(Putnam, 1995; Leana and Buren, 1999).
신뢰	사회자본은 집단이나 조직 내에서 공동의 목적을 달성하기 위하여 함께 일하는 사람들의 능력으로 협력을 추구하는 집단의 구성원들이 공유하는 비공식적인 가치나 규범의 집합이다(Fukuyama, 1995; Inglehart, 1997; Woolcock, 1998).
사회구조	사회자본은 개인 간의 관계에 영향을 주고 사회적 생산 및 효용함수에 대한 무임 요소에 영향을 주는 사회적 구조의 요인들로, 거시·중시·미시 수준으로 구분된다. 거시 수준에서는 공공 제도를 포함하고, 중시·미시 수준은 네트워크와 규범을 의미한다(Schiff, 1992; Grootaert, 2001).

관계를 통해 축적되어짐을 강조했다(Fukuyama, 1995).

린은 사회적 관계에서 배태된 사회자본이 사회 구성원들의 행위를 향상시키는 이유에 대해 정보의 흐름이 촉진되기 때문이라고 설명한다. 사회적 유대는 개인에게 기회와 선택에 관한 유용한 정보를 제공해주고, 이러한 사회적 유대는 고용, 진급과 같은 결정에 매우 중요한 영향력을 발휘할 수 있다. 이 외에 주요 학자들의 정의를 네트워크, 자원, 참여 및 신뢰를 주요한 관점으로 하여 사회자본을 분류하면 표 5-2와 같다.

경제협력개발기구는 사회자본을 "집단 간의 협력을 촉진하는 공통의 규범, 가치, 이해와 함께 하는 네트워크"라고 정의한다(OECD, 2001). 세계은행(World Bank)은 "한 사회에서 사회적 상호작용의 양과 질을 형성하는 제도, 관계, 규범"이 사회자본이라고 정의했다.

(3) 사회자본의 구성 요소와 측정지표

세계은행은 사회자본지수[1]를 개발하여 발표했고, 국내에서도 사회자본 측정지표 개발에 대한 연구들이 진행되었다(조권중, 2010; 고경훈 외, 2012; 김은미·배상수, 2012). 그러나 여전히 사회자본을 측정하기 위해 지표를 선정하는 데는 상이한 점들이 발견된다. 국내 문헌상에서 사회자본을 구성하는 요소는 표 5-3에서처럼, 신뢰, 규범, 네트워크, 참여 및 사회구조 등으로 사회자본을 측정했다.

표 5-3 / 사회자본 측정 요소

영역	구성 요소	주요 지표(핵심 지표)	보조 지표(참고 지표)
신뢰	일반적 신뢰	• 타인에 대한 신뢰 정도	• 가족/친구/이웃/처음 만나는 사람에 대한 신뢰 정도
	공적 신뢰	• 주요 기관에 대한 신뢰 정도	• 공공정책의 결정 과정에 대한 신뢰 정도 • 직장 내 공정성에 대한 신뢰 정도 • 국가 정책에 대한 수용 정도
규범	호혜성	• 자원봉사율 • 후원 및 기부율	• 헌혈 여부
	규범적 행동	• 준법 수준 • 공공질서 수준 • 부패인식지수(청렴지수)	• 법에 대한 인식 • 준법에 대한 의지 • 법적 효능감
	연대감	• 시민으로서의 자부심 • 서울의 고향 인식도	• 지역사회 소속감 • 지역주민 간 협력 정도
네트워크	사적 연결망	• 가족과의 교류 정도 • 주위 사람과의 교류 정도 • 도움의 기대 여부	• 친구/친지/이웃 및 다른 사람들과의 접촉 방법 및 빈도 • 동문회, 종친회, 향우회 활동
	공적 연결망	• 민간단체 등록 수 • 참여 단체 유형	• 단체 참여 빈도 • 참여 단체의 규모 및 구성원 수 • 구성원의 결속력/동질성/다양성 • 단체 활동에 대한 만족도
참여	지역 사회 참여	• 지역 커뮤니티 참여율 • 지역사회 주민 행사 참여율	• 지역사회활동 자발성 여부 • 지역사회활동 참여 시간 • 지역의 의사결정 참여 • 지역 참여를 통한 효능감/만족도
	시민 참여	• 투표 참여율 • 전자정부 참여율 • 단체 참여율 • 사이버 공동체 참여율	• 정치에 대한 관심 및 의견 제시 • 사회정치적 참여 활동 내역
사회구조	지역사회 구조	• 생활 여건 변화에 대한 인식 • 도시 위험도 • 향후 거주 희망 정도	• 공공서비스의 접근성
	계층 구조	• 소득 불균형 • 주관적 계층 의식	• 소득 분배에 대한 견해 • 계층 갈등 발생 빈도 • 사회적 이동률 • 성차별 정도

1) http://go.worldbank.org/A77F30UIX0는 사회자본의 측정 지수를 제공한[Social Capital Assessment Tool(SOCAT), the Social Capital Integrated Questionnaire(SC-IQ)].

| 관용성과
포용 문화 | • 다문화주의
• 사회적 약자에 대한 태도 | • 장애인 복지 필요성에 대한 의견
• 노부모 부양에 대한 견해 |
| 사회
의사소통 | • 인터넷 이용 정도
• 정부의 정보 개방 정도 | • 미디어(신문, TV 등)를 접하는 빈도
• 정보 접근성 |

자료: 조권중(2010) 재구성.

3. 한국의 사회자본 현황

사회자본을 측정하는 다양한 지표는 여전히 통일되지 않은 한계가 있지만, 정기적으로 세계 각국의 사회자본 수준을 발표하는 경제협력개발기구와 레가 툼 세계번영지수(Legatum Prosperity Index)를 통해 한국의 사회자본 수준을 확 인해보고자 한다.

경제협력개발기구는 사회자본을 "공동 규범, 집단 내 또는 집단 간 협력을 촉 진하는 가치 및 이해"로 정의했고(OECD, 2001), 2년마다 작성하는 보고서에서 각국의 사회자본 실태를 발표하고 있다(OECD, 2011). 가장 최근에 발표된 연구 보고서(2017)에 따르면, 투표율(voter turnout)로 사회자본을 측정했고, 각기 다 른 연도에 조사한 투표율 외에 타인에 대한 신뢰도, 경찰에 대한 신뢰도, 국가와 정부에 대한 신뢰도, 법 제정 시 정부 관계자의 참여도 및 자원봉사활동의 변화 추이를 지난 10년간 자료를 통해 제시했다. 한국의 사회자본은 2007년에서 2017년까지 지난 10년 동안 약 14% 상승했는데, 이는 투표율로만 사회자본을 측정했기 때문이다. 지난 10년 동안 각기 다른 시기에 측정한 사회자본 하위 영 역의 변화 추이는 표 5-4와 같다.

표 5-4 / 한국의 사회자본의 변화추이

사회자본 지표	경제협력개발기구 국가 분류	추이	
국가와 정부에 대한 신뢰	하위권	2006~2016	↔ 변화 없음
투표율(시민 참여)	상위권	2007~2017	↗ 증가
정부 이해관계자의 참여도 (법 혹은 규정 제정 시)	중위권	2014	-
자원봉사활동	하위권	2011/2012	-

자료: OECD(2017: 262).

투표율을 통한 시민 참여로 살펴본 한국의 사회자본 수준은 낮지 않은 편이다. 그림 5-1과 같이 사회자본을 인적 자본, 경제자본, 천연자원과 함께 합산된 자본량으로 비교했을 때는 33개국 가운데 낮지 않은 수준이지만, 비슷한 자본량을 보유한 네덜란드나 이탈리아와 비교하면 상대적으로 낮은 수준임을 알 수 있다.

영국의 레가툼 세계번영지수(2018)에 따르면, 한국의 번영지수는 조사 대상 149개국 가운데 35위로 평가되었으나, 사회자본지수는 78위로 중하위 수준으로 나타났다. 지난 10년 동안의 사회자본지수 추이와 그 하위 영역을 살펴보면

그림 5-1／총 자본량의 국가 간 비교

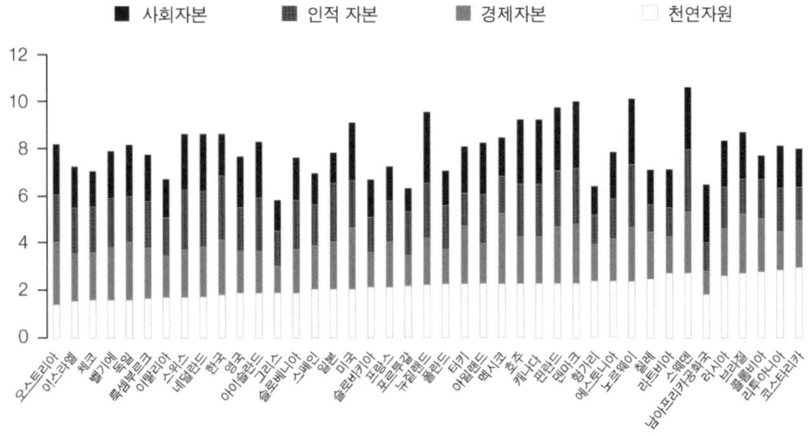

자료: OECD(2017: 47).

그림 5-2／한국 사회자본의 하위 영역별 10년간 추이 변화

	번영지수 2008	10년 추이	번영지수 2018	세계적 번영국가 순위(1~149위)	아시아 번영국가 순위(1~24위)
사회자본	46.5		49.2	78	14
시민 참여	9.3		9.9	54	12
사회적 관계	27.6		27.1	86	14
사회규범	9.6		12.2	123	22

자료: The Legatum Prosperity Index(2018: 191).

그림 5-2와 같다. 레가툼 세계번영지수의 사회자본지수는 시민 참여, 사회적 관계, 사회규범으로 구성되는데, 하위 영역의 점수를 살펴보면, 지난 10년 동안 가장 증가한 부분은 사회규범(9.6 → 12.2)이다. 시민 참여는 증가(9.3 → 9.9)했고 사회적 관계망은 소폭 감소(27.6 → 27.1)했다. 그러나 이러한 변화와는 별개로 다른 나라와의 순위를 비교해보면 사회규범이 가장 낮은 123위로 나타났고, 사회적 관계도는 86위, 시민 참여가 54위로 나타났다. 이러한 결과는 한국의 법질서 준수, 부패, 시민의식 등의 사회규범이 과거에 비해 개선되고 있지만 여전히 국제적인 수준에는 미치지 못한다는 것을 시사한다(이동원 외, 2009). 또한 한국의 네트워크는 지역사회 행사, 주민 모임 및 사회단체나 취미와 같은 조직적 상호작용 수준의 네트워크보다 가족, 친척, 친구, 직장 동료 등의 비공식적 상호작용이 높은 특징이 있다(박세경 외, 2008).

그림 5-3 / 세계의 사회자본 수준

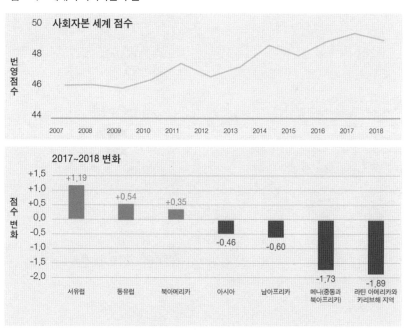

자료: The Legatum Prosperity Index(2018: 62).

조사 대상국을 대륙별로 구분했을 때, 아시아의 사회자본은 북미, 유럽, 남미보다 낮은 수준으로 나타났다. 최상위 국가들은 영국권과 북유럽 국가들이 지배하고 있고, 뉴질랜드, 호주, 노르웨이가 상위 3위 안에 들었다.

경제개발협력기구와 레가툼 세계번영지수의 두 조사 결과를 종합해보면, 한국의 사회자본은 경제적 수준에 비해 매우 낮은 수준으로 지난 10년 동안 경제자본, 인적 자본은 꾸준히 발전한 데 비해, 사회자본은 더딘 발전을 하고 있으며 일부 후퇴하는 부분도 있다는 점에 주목해야 한다.

그림 5-4 / 한국의 사회자본 수준

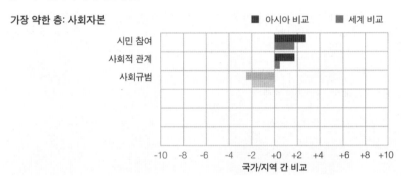

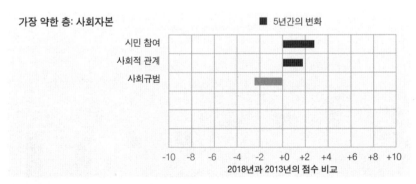

자료: The Legatum Prosperity Index(2018: 190).

4. 사회자본과 사회복지의 관계

사회자본은 경제적 효과와 안정적인 민주주의를 확립하는 데 중요한 역할을 할 뿐만 아니라(Fukuyama, 2002), 지역사회의 공동체성 및 발전에 기여하는 점이 크다(Lyons, 2000). 또한 사회자본은 미래에 대한 투자자원의 성격이 강하고, 빈곤율, 형평성 등의 개인의 복지에 영향을 미친다(OECD, 2011). 한국의 사회자본은 국제적인 수준에는 미치지 못하지만 과거에 비해 개발되어가고 있다. 사회복지 분야에서는 사회자본의 영향력을 살펴본 연구가 다양하게 진행되고 있다. 우선 사회자본의 차원을 살펴보고, 사회자본이 사회복지에 어떤 차원의 영향을 미치는지 살펴보고자 한다.

1) 사회자본의 차원

사회자본은 다양한 차원으로 분류하여 분석될 수 있다. 그루태어트(Grootaert, 2001)는 사회자본을 거시적 차원과 미시적 차원으로 구분했다. 거시적 수준의 사회자본은 그 사회나 국가의 전통이나 신뢰 및 호혜성과 같은 공유된 규범을 확보한 정도로, 사회나 국가의 문화적 특성이 민주주의나 경제발전과 같은 거시적 목적을 달성하는 데 구성원을 어느 정도 참여시키고 영향을 주는지를 의미한다(고경훈·안영훈·김건위, 2012). 즉, 거시적 차원은 사회의 문화 및 조직 자원 등의 사회적 네트워크에서 파생된 자본이라고 할 수 있다. 따라서 사회의 경제성장이나 정치적 민주주의 정도는 사회자본의 수준과 밀접한 관련이 있다고 할 수 있다.

반면, 미시적 차원의 사회자본은 인적 자본의 연장선으로 사회에서 개인이 사용할 수 있는 자원을 의미하며(Lin, 2001), 개인 및 집단 간에 연결된 사회적 네트워크가 개인에게 얼마나 영향력 있는지로 설명될 수 있다(고경훈 외, 2012).

즉, 그림 5-5와 같이, 미시적 차원의 사회자본은 거시적 차원으로 확장되어가기 위한 전제 조건이라고 할 수 있다. 미시적 차원의 사회자본은 네트워크, 사회적 관계, 사회적 신뢰 및 호혜성으로 형성되고 이는 참여를 통해 규범과 신뢰

표 5-5 / 거시적 수준의 사회자본

		조직의 완전성(집단의 일관성과 역량)	
		낮다	높다
상호작용(국가/사회관계)	높다	무정부 상태(붕괴된 국가)	비효율성(약한 국가)
	낮다	약탈, 부패(약탈 국가)	협력, 책임성, 유연성(발전국가)

자료: 고경훈 외(2012: 12).

표 5-6 / 미시적 수준의 사회자본

		통합성(공동체 내부의 연대)	
		낮다	높다
연계성(외부와 연결망)	높다	아노미	사회적 기회
	낮다	비도덕적 개인주의	비도덕적 가족주의

자료: 고경훈 외(2012: 12).

그림 5-5 / 사회자본의 차원

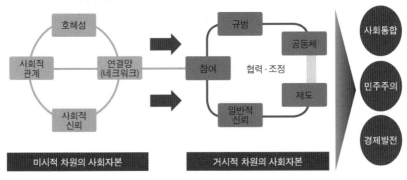

자료: 조권중(2010).

로 강화되어 공동체와 제도를 강하게 만드는 거시적 사회자본의 기능을 한다. 더 나아가, 미시적에서 거시적으로 형성된 사회자본은 궁극적으로 사회통합과 민주주의 및 경제발전을 이루는 자본으로 기능하게 된다.

이와 같은 미시적 및 거시적 차원의 사회자본 연구는 최근에 더욱 확장되어 미시적 수준은 관심, 관계, 신뢰 등으로, 거시적 수준은 연대감, 협력 시스템, 제도 등으로 세분화되고 있다.[2] 이 밖에도 사회자본을 내부적(internal) 사회자본과 외부적(external) 사회자본으로 구분하기도 하며(Adler and Kwon, 2002), 집단의 결속을 강화시키는 결속형 자본(bonding capital)과 집단 간 관계에 긍정적 영향을 주는 가교형 자본(bridging capital) 및 연계형 자본(linking capital)의 세 가지 유형으로 구분하기도 한다(Woolcock, 2001; Szreter and Woolcok, 2004; Adler and Kwon, 2002 재인용).

2) 사회자본과 사회복지의 영향

사회자본이 사회복지에 미치는 영향은 주로 청소년이나 노인의 삶에 영향을 미치는 영향 요인으로서의 검증과 사회자본이 거버넌스(governance)의 형성, 시민사회를 통한 지역사회의 통합화에 미치고, 더 나아가 정책 네트워크와 정부 성과에 미치는 영향 등의 연구가 주를 이룬다. 사회자본이 청소년 복지 분야에 미친 영향을 살펴보면, 사회자본이 학업 성취도, 자아 존중감, 학교 적응, 공감 능력을 높이는 데 영향을 주고(김은정, 2006; 윤현선, 2006; 신원영·강현아, 2008; 서정아, 2013; 나은영·김은미·박소라, 2013), 비행과 같은 문제 행동이나 우울 등을 예방하는 데 영향을 미치는 것으로 나타났다(김연희·김선숙, 2008; 이경은·주소희, 2008; 김현숙, 2011). 이때의 사회자본은 주로 가족 내의 네트워크 혹은 청소년을 둘러싼 친구 혹은 교사와의 관계를 의미한다. 이는 사회자본이 아동 및 청소년의 지적 발달 및 문제 행동, 비행이나 범죄를 억제하는 효과가 있다는 콜먼(1994)의 주장과 일치한다.

노인복지 분야에서는 노인의 사회자본이 우울을 예방하고, 자존감 및 심리적 복지 등의 정신 건강에 긍정적 영향을 미치고(이홍직, 2009; 정원철·박선희, 2013), 건강을 유지하기 위한 실천 행위에 긍정적으로 작용함으로써 궁극적으로 건강 상태에 긍정적인 영향을 미친다(이원지, 2014). 또한 노인의 사회자본은 노년기의 생활 만족도를 높인다(임우석, 2009; 신상식·최수일; 2010). 노인의 사회자본은 사회경제적 지위에 따라 다를 수 있고(이현주·정순둘·김고은, 2013), 도시와 농촌

---

2) http://www.socialcapitalgateway.org/

의 지역차와 같이 거주 지역에 따라 자본량이 상이하지만(손용진, 2010), 공통적 함의는 여가활동, 자원봉사활동 및 노인 일자리 사업 참여와 같은 다양한 사회 참여를 통해 사회자본을 증가시켜 일종의 자본의 기능을 할 수 있다는 점이다 (이현기, 2009; 장유미, 2011). 이는 다양한 사회 참여를 통한 비공식적 네트워크 가 사회자본을 형성하는 데 긍정적인 영향을 미친다는 퍼트넘(2000)의 주장과 일치한다.

이상에서 살펴본, 사회자본이 청소년과 노인에게 미치는 긍정적 영향은 사회 자본의 미시적 차원에 해당하는 개인 수준의 영향력이지만, 사회복지는 거시적 차원의 제도와 정책을 통해 궁극적으로 개인 차원의 복지에 도달할 수 있기 때 문에 사회자본이 개인 차원의 영향력을 검증했다는 것은 사회자본을 확대하는 사회복지정책 수립의 필요성을 뒷받침한다고 할 수 있다.

이 외에도 사회자본은 중범위적 차원으로 지역사회에 영향을 미친다는 것이 여러 연구를 통해 입증되었다(박희봉·김명환, 2001; 이숙종·김희경·최준규, 2008; 이종원, 2002; 임경수, 2012; 진관훈, 2011). 기본적으로 지역사회 복지 거버넌스가 형 성되기 위해 사회자본은 선행되어야 할 전제 조건이다(진관훈, 2012). 사회자본 의 하위 요소인 규범과 신뢰는 지역사회의 협력과 참여를 돕고, 궁극적으로 지 역사회의 거버넌스 형성에 영향을 미치고, 지역사회의 복지 문제를 해결할 수 있는 거버넌스의 능력이 형성된다(박희봉·김명환, 2001). 또한 사회자본은 정부 와 시민단체 간의 상호 협력을 돕고 정책 과정상의 상호작용에 긍정적 영향을 미친다(이숙종·김희경·최준규, 2008). 사회복지 체계는 정책과 제도가 지역사회 의 공동체를 통해서 개인에게 전달되기 때문에 전달 체계의 협력, 의사소통 능 력, 신뢰도가 매우 중요하다. 사회자본은 집단 내 개인 간의 상호 관계를 촉진 함으로써 정보 공유와 정보 소통을 용이하게 하고 정보 왜곡을 최소화하며, 집 단 구성원 간 신뢰를 바탕으로 개인의 행위를 조정함으로써 개인의 이익과 집 단의 이익을 보장하여 구성원의 협력을 자극함으로써 공동체를 확립할 수 있도 록 한다.

사회자본의 확대는 사회복지의 성장에 영향을 준다. 사회복지는 경제적 양극 화와 밀접하게 연결되어 있다. 첫째, 사회자본과 사회의 양극화는 서로 순환적 관계이다. 사회적 양극화는 사회자본을 불균등하게 배분시키고, 이러한 사회자본의 불평등은 다시 경제적 불평등과 사회적 양극화로 이어진다. 따라서, 사회자본의 확대는 사회적 양극화의 해결로 연결될 수 있다. 둘째, 사회자본은 정부·지역사회·인간에 대한 신뢰를 바탕으로 형성되기 때문에 신뢰를 기반으로 호혜적 교환이 일어날 때 사회자본은 더욱 정합(positive-sum)의 관계로 확장될 수 있다(Adler and Kwon, 2002).

사회자본이 사회복지에 미친 영향을 살펴본 결과, 개인 차원은 대부분 사회적 관계망과 사회적 참여를 통한 사회자본의 영향력이 컸다. 청소년은 가족, 학교, 친구 등의 관계망을 통한 사회자본으로 기능했고, 노인은 여가활동, 노인 일자리 사업의 참여, 신체활동 등을 통한 사회 참여와 비공식적 관계망이 사회자본으로서 영향력을 갖는 것으로 나타났다. 중범위적 및 거시적 차원은 사회자본이 지역사회의 거버넌스 형성과 지역사회의 문제를 해결하는 데 유의미한 영향을 미치고, 시민 참여를 통한 지역사회의 소통이 정책 형성과 사회통합에 기여한다는 것이다.

5. 사회자본의 확대를 위한 방안

앞 절에서 살펴본 내용을 정리하면, 첫째, 한국 사회자본의 실태는 낮은 수준으로 더디게 발전하고 있다. 특히, 사회적 규범과 신뢰 수준은 세계적으로 하위권을 밑도는 수준이다. 둘째, 사회자본은 차원 및 내용의 차이는 있지만 사회복지에 거시적 및 개인적 차원에서 유의미한 영향을 주고 있다.

세계적으로 사회자본의 필요성을 인식한 여러 나라들은 교육을 통해 사회자본을 구축해나갔다. 캐나다는 청년들의 투표 참여율을 높이기 위한 시민 참여 촉진 프로그램을 실시했고, 영국에서는 청년들의 사회자본 측정 및 지표를 개발함으로써 향후 청년들을 대상으로 하는 사회자본 형성을 지원했다(홍경란, 2007). 미국은 청년층 사회자본 형성을 위한 정책을 통해 학생들의 커뮤니티 서비스 참여를 강화했다(홍경란, 2007). 한국도 2010년경부터 대한민국청소년의회를 도입함으로써 청소년들의 목소리를 공식적으로 표출하여 건강한 민주 시민으로의 성장을 돕고 있다. 또한 봉사활동 및 지역사회에 참여하는 커뮤니티 활동을 정규 교육 과정에 포함시키는 등의 움직임이 있지만, 일부는 대학 진학을 목적으로 하는 학교생활기록부 활동으로 인식되기도 한다. 한국은 촛불시위로 대통령 탄핵을 경험했다. 청소년들은 시민 참여와 정치 참여 등의 활동을 통해 자신들의 권리를 인식했고, 사회적 시스템 안에서 신뢰와 사회적 규범을 형성해나갈 수 있다는 것을 학습했다. 이러한 경험은 협동과 신뢰, 그리고 사회적 규범이 사회를 통합시키고 견고하게 만들 수 있다는 인식을 제공했을 것이다.

사회자본은 다양한 정책을 통해 구축되고 확대될 수 있다. 홍영란(2007)은 인적 자원 정책의 맥락으로 사회자본을 정책 의제화하기 위한 노력을 강조한다. 한국은 최근 일과 가정의 양립을 위한 다양한 제도를 도입하고 있다. 가족의 기능 강화, 유급휴가, 재택근무, 봉사활동 지원, 평생교육 및 시민교육 강화 등을 통해 청소년에서 노인에 이르기까지 삶의 다양한 영역에서 사회자본을 형성하기 위한 정책을 개발할 수 있을 것이다.

한편에서는 사회자본의 확대를 우려하는 의견도 있다. 지나친 사회자본은 관계에 기반하여 공정성을 저해하고 지역 편협주의에 빠질 수 있으며, 차별적 사회자본의 보유는 또 다른 경제적 불평등을 낳는다는 것이다. 하지만 이 글에서 주장하고자 하는 바는 한국의 사회자본이 비슷한 국가 위상을 지닌 주변국들의 평균치에 도달하지 않았다는 점이다. 또한 오히려 신뢰가 아닌 불신, 통합과 화합이 아닌 차별과 분리로 인해 한국 사회가 병들어가고 있다는 점에서 신뢰, 사회 참여, 네트워크를 통한 사회자본의 확대는 미래의 한국 사회가 해결해야 할 사회문제의 잠재력이 될 수 있다고 사료된다. 사회자본의 핵심은 사회문제를 방지하는 능력이다(정순관, 2017). 즉, 사회자본을 미래 자본으로서 투자의 개념으로 인식해야 할 것이다. 사회자본의 증가가 이루고자 하는 미래의 개인의 삶의 만족과 행복은 사회복지가 이루고자 하는 궁극적 목적이기도 하다.

위임 민주주의와 사회정책 통제*

이미화

1. 머리말

슈미트(Schmidt, 1998)는 민주주의와 사회정책발전 간에는 긴밀한 관련성이 있다고 주장한다. 다수의 학자들은 민주화된 한국의 민주주의를 결함 있는 신생 민주주의의 한 유형, 즉 위임 민주주의로 분류한다(이신용, 2007; 최장집, 2005; Croissant, 2000; Merkel, 1999; O'Donnell, 1994). 크루아상(Croissant, 2000)은 위임 민주주의 체제의 중요한 특징으로 행정부가 입법부를 우회하며 초헌법적으로 사법부에 영향력을 미쳐서 자신이 선호하는 정책을 관철시킬 수 있는 결정 권한을 강화시키는 것이라 했다. 이신용은 위임 민주주의 체제가 한국에서는 입법부가 자신의 고유 권한인 입법권을 스스로 포기하고 행정부에 과도한 위임입법 권한을 위임하는 형태로 나타나며, 이 권한을 바탕으로 행정부는 사회복지정책을 포함해서 국가 정책을 통제할 수 있는 합법적 수단을 소유하는 경향을 보여주고 있다고 주장한다. 동시에 그는 행정부의 과도한 위임입법 권한이 한국의 낮은 사회복지 수준과 긴밀한 관련성이 있음을 밝혔다(이신용, 2007, 2008a,

---

* 이 글은 ≪한국지방자치학회보≫, 제30권 제1호(2018)에 게재된 논문을 수정·보완한 것이다.

2008b, 2017).

그러면 과연 이러한 한국 위임 민주주의 체제의 특성이 사회복지정책의 수준에만 영향을 미치는가? 이것을 넘어 광범위한 위임입법 권한을 가진 행정부가 지방자치단체의 사회복지정책의 신설 혹은 시행을 통제하며 영향을 미치는 것은 아닌가? 하는 문제 제기를 성남시 공공산후조리지원 정책의 도입 과정을 보면서 하고자 한다.

성남시의 가임기 여성 비율은 지방자치단체 중 높았지만 실제 출산율은 낮아 저출산 문제가 심각해서 출산부담을 줄이기 위한 대책이 시급한 상황이었다. 이에 대해 성남시는 출산 및 양육을 개인의 문제가 아니라 복지국가가 책임져야 하는 공공의 영역으로 인식하고 공공성 강화를 바탕으로 공공산후조리원 설치 및 운영과 인증 민간산후조리원 이용료 지원 정책에 대한 조례안을 추진한다고 밝혔다. 그러나 박근혜 정부는 이를 반대하는 입장이었다. 따라서 성남시는 새로운 제도를 신설하는 데 있어 위임입법 권한을 통해 사회복지정책에 영향을 미칠 수 있는 중앙정부의 방해라는 암초에 부딪히게 되었다.

따라서 이 글에서는 입법부가 행정부에 과도한 위임입법 권한을 주고 있는 한국의 위임 민주주의 체제에서 중앙정부가 어떻게 사회정책을 통제하는지 분석할 것이다. 특히, 중앙정부와 지방자치단체의 장이 속한 정당 혹은 정책 노선 등 정치적 기반이 다른 경우에 중앙정부는 위임입법 권한을 이용하여 어떻게 지방자치단체의 정책이 시행되지 못하도록 통제하는가를 성남시의 공공산후조리원 정책 사례를 통하여 분석하고자 한다.

2. 이론적 배경: 위임 민주주의와 사회정책의 관련성

1) 위임 민주주의의 정의

이신용은 위임 민주주의와 사회정책 발전 간의 관련성을 기반으로 한국 사회복지의 낮은 수준을 분석했다. 이를 위해 슈미트의 민주주의와 사회정책 간의 밀접한 상호 관련성과 오도널, 크루아상, 메르켈의 위임 민주주의에 대한 개념들을 바탕으로 이론적 분석 틀을 제시했다(이신용, 2007, 2008a, 2008b, 2017).

슈미트(1998)는 민주주의 형태와 사회복지정책 간에는 밀접한 관련성이 있다고 한다. 그러나 민주주의 형태가 사회복지 수준에 미치는 영향은 다르다고 하면서 그가 비교분석 대상으로서 제시한 민주주의 유형은 뿌리내린 민주주의와 결함 있는 민주주의, 신생 민주주의와 오래된 민주주의, 대의 민주주의와 직접 민주주의, 합의 민주주의와 다수결주의적 민주주의들이다. 즉, 그는 뿌리내린 민주주의 국가들의 사회복지 수준이 허약한 혹은 결함 있는 민주주의 국가들보다 높다고 주장한다.

위에 제시된 학자들은 다양한 민주주의 형태 중에서 한국을 1987년 6·29 선언을 계기로 민주화된 신생 민주주의 국가이며 동시에 결함 있는 민주주의 국가로 분류한다(이신용, 2007; 최장집, 2005; Croissant, 2002; Merkel, 1999). 민주주의는 다차원적인 영역을 포함하고 있는 정치 체제인데, 민주주의를 구성하는 영역과 범주 중에서 하나 이상의 구성 요소가 훼손되고 그것으로 인해 법치국가적 민주주의의 구현이 방해받는다면 이 체제는 더 이상 자유 민주주의 체제가 아니라 결함 있는 민주주의 체제가 된다(Croissant, 2002; Merkel et al., 2003). 즉, 자유롭고 공정한 선거를 통하여 선출된 행정부나 국가원수가 법치국가 원칙을 존중하지 않는 한국의 민주주의는 결함 있는 신생 민주주의의 한 유형으로 분류된다는 것이다(Croissant, 2000; Merkel, 1999; O'Donnell, 1994). 크루아상(2000)은 이 체제에서 행정부가 입법부를 우회하며 초헌법적으로 사법부에 영향력을 미쳐서 자신이 선호하는 정책을 관철시킬 수 있는 결정 권한을 강화시킨다는 것이다.

크루아상(2002)은 훼손된 자유 민주주의 영역과 범주에 따라 결함 있는 민주주의를 여러 유형으로 구분하는데, 그중 하나인 위임 민주주의는 헌법적으로 뿌리내린 국가권력의 분립과 제한이 훼손되었을 때 나타나는 결함 있는 민주주의 한 하부 유형이라는 것이다.[1] 위임 민주주의의 개념에 대해 오도널(O'Donnell, 1994)은 선거를 통하여 선출된 대통령이 자신의 의지에 따라서 국정을 운영하는 것이라고 정의한다. 메르켈(Merkel, 1999)은 위임 민주주의를 자유롭고, 공정한 보통선거를 통하여 선출된 행정부가 기본권, 인권, 자유권, 시민권을 훼손하고 권력분립을 무시하는 비자유적인 민주주의라고 주장한다. 크루아상(2000, 2002)은 위임 민주주의 핵심적인 문제로 약한 수평적 권력분립 구조를 지적하고 있다.

위임 민주주의 개념에 대해 학자들 간에 공통점이 있는데, 위임 민주주의 체제는 수평적인 법치국가적 통제와 견제와 균형의 원칙이 훼손된 상태라는 것이다(Merkel et al., 2003). 즉, 이상적인(ideal) 위임 민주주의 체제는 대통령이나 행정부가 입법부를 우회하고, 초헌법적으로 사법부에 영향력을 행사하여 법치국가 원칙을 존중하지 않는다는 점이다.

이신용은 이러한 이상적인 위임 민주주의 유형이 해당 국가에 적용될 때 나타나는 양태는 조금씩 다르다고 하면서 아르헨티나에서는 위임 민주주의 체제가 수직적 책임성을 무시하는 형태, 즉 선거를 통하여 선출된 대통령이 자신의 의지에 따라 국정을 운영하는 형태로 나타났지만, 한국에서는 입법부가 자신의 고유 권한인 입법권을 스스로 포기하고 행정부에 자신의 입법권을 과도하게 위임하는 형태로 나타난다고 주장한다. 따라서 한국에서 나타나는 위임 민주주의는 입법부의 과도한 위임 행태 때문에 행정부가 사회복지정책을 포함해서 국가 정책을 통제할 수 있는 합법적인 수단을 소유하는 경향을 보여준다는 것이다.

2) 과도한 위임 현상이 있는 사회보장법 구조에서 사회복지의 발전과 한계

이신용(2007)은 과도한 위임입법 권한이 있는 행정부가 사회복지정책을 통제할 수 있는 법적 수단을 소유한 구조에서는 사회복지정책 발전에 한계가 있다고 다음과 같이 주장한다.

첫째, 한국의 위임 민주주의 체제에서 선거권의 확대나 시민단체의 발달과 같은 민주적인 요소가 사회복지 발전에 긍정적인 영향을 미쳤으나 그 영향은

---

1) 결함 있는 민주주의와 위임 민주주의에 대한 더 자세한 사항은 이신용(2007)을 참조.

제한적이라고 한다.[2] 민주주의와 법치국가 원리에 따르면 국민의 권리와 의무는 국민의 대표 기관인 입법부에 의하여 규정되어야 하고 이러한 경우에만 정당성을 얻게 되는데, 저발전된 한국의 정당 체제에서 비롯된 과도한 행정부의 위임입법 구조는 법치국가적 민주주의 원칙을 훼손하여 정당성을 얻을 수 없다는 데 문제가 있다는 것이다. 한국의 위임 민주주의 체제에서는 과도한 위임입법 권한을 가진 행정부가 사회복지정책(사회권)을 실질적으로 통제할 법적 수단을 소유하게 되는데, 즉 입법부가 제정한 사회복지법에는 추상적·형식적 수준에서 국민의 사회권이 규정되어 있고, 반면 이것에 대한 구체적이고 실질적인 내용들은 행정부에 위임된 위임입법들에 의해 규정되면서 행정부는 사회권의 실질적인 범위를 통제할 수 있는 권한을 소유하게 된다고 한다.

둘째, 사회복지정책의 핵심적인 사항들이 의회에서 결정되는 구조를 갖고 있는 뿌리내린 민주주의에서는 정당들이 의회에서 사회복지정책의 핵심적인 사항들을 정치적인 도구로 삼아서 유권자를 확보하기 위해 경쟁해야 하고 이것이 사회복지를 발전시키는 동력이 된다는 것이다. 그러나 현재 한국의 위임 민주주의 체제에서는 과도한 위임입법 권한을 가진 행정부가 사회복지정책의 핵심적인 사항들을 결정하기 때문에 의회에서 정책의 중요한 사항들이 쟁점화될 수 있는 기회가 없다. 이런 구조에서 정당들이 사회복지정책을 수단으로 유권자를 확보하기 위한 경쟁을 통하여 사회복지가 공격적으로 발전될 수 있는 기반이 없기 때문에 정치 과정에 의한 사회복지의 성장은 제한된다. 이러한 현상들은 정당들이나 입법부가 자신에게 주어진 입법권의 권리와 의무를 스스로 포기하면서 나타나는 결과라는 것이다.

셋째, 행정부의 광범위한 권한 때문에 행정부가 선호하는 사회복지정책을 관철시킬 수 있는 능력이 뿌리내린 민주주의의 행정부의 능력보다 크고 사회복지

---

2) 시민단체는 법을 제정하는 입법권한이 없는 한계 외에 입법부로 광범위한 위임입법 권한을 넘겨받은 행정부가 위임입법들에 의해 법의 실질적인 내용을 결정하기 때문에 시민단체가 입법부의 법 제정에 영향을 미치는 것만으로는 사회복지정책에 미칠 수 있는 영향력의 범위가 제한적이다(이신용, 2007).

정책에 대한 행정부의 정책 방향이 사회복지의 수준을 결정하는 중요한 요소 중 하나가 된다. 그러나 행정부의 정책 입장이 어떤 것이든 상관없이 위임 민주주의 체제에서는 사회복지 발전이 제한되는 구조를 갖는다는 것이다. 행정부가 시장 친화적인 사회복지정책을 선호한다면 합법적인 권한을 이용해서 사회복지의 발달을 가능한 한 억제할 것이고, 반면 반시장적인 사회복지정책을 선호하는 행정부는 법적 수단은 소유하지만 자신의 진보적인 사회복지정책을 실현시킬 수 있는 재정적 수단을 소유하고 있지 않기 때문에 선호하는 정책을 실현시킬 수 없는 제도적 한계에 부딪힐 것이다. 한국의 낮은 복지 수준을 향상시키기 위해서는 훨씬 더 많은 복지재정이 확보되어야 하고 조세 형태이든 보험료 형태이든 국민이 이를 부담해야 하고 따라서 국민의 동의 확보가 필수적이다. 그러나 행정부 주도의 사회복지정책 결정 구조에서 행정부 스스로 국민의 동의를 얻을 수 있는 제도적 장치가 없다. 즉, 행정부에 의해 중요한 사항이 단독으로 결정되는 구조에서는 사회복지의 발전을 극대화할 수 있는 사회적 합의를 통해 예산을 더 확보할 수 있는 길을 차단한다는 것이 문제다. 이런 구조에서 국민의 이해가 최대한 반영될 수 없고, 국민의 이해는 복지 비용을 국민에게 무리하게 요구하지 않으면서 예산 범위 내에서 재정 파탄 없이 기존 복지제도를 무난하게 운영하는 한에서 선택적으로 수용될 수밖에 없다는 것이다.

결론적으로 이신용은 행정부의 과도한 위임입법 권한과 한국의 사회복지 수준의 저발전이 밀접한 관계가 있다고 주장한다. 이신용(2008a)에 따르면 한국의 위임 민주주의 체제에서 사회복지법의 많은 사항이 위임입법을 통해 행정부가 정하도록 위임되는데, 사법부는 이런 위임 행태를 법률 유보 원칙에 위배되지 않거나 불가피한 현상으로 보고 있다는 것이다. 그러나 최근 헌법재판소의 판례들은 국민의 기본권 실현과 관련된 사회보장제도의 핵심적인 사항은 국회에서 법률로 구체적으로 정해야 한다고 판시했으나 여전히 부분적이고 더 구조적으로 변화될 필요가 있다고 한다.[3]

---

3) 이를테면 보험료 산정 방식을 시행령에 위임하고 있는 국민건강보험법 제64조 제1항이 법률 유보 원칙에 어긋나고 포괄 위임입법 금지 원칙에도 위배된다고 보고 헌법 소원한 것에 대해 헌법재판

뿌리내린 민주주의 체제인 독일에서는 헌법소원 판례들을 통해서 1970년대 이후 독일연방헌법재판소가 의회 유보 원칙을 정립했다. 19세기 독일 입헌군주 시대에 생겨난 전통적인 법률 유보 원칙에서는 행정부의 행정 행위가 법률에 근거하는가라는 것만 중요시하고 규율 형식은 문제의 대상이 되지 않는데(김향기, 1993), 의회 유보 원칙은 기본권과 관련된 중요한 사항에 대한 결정 권한을 의회가 행정부에 위임하는 것을 금지한다. 즉, 어느 사항이 기본권과 관련되어 있다고 해서 행정부로의 위임이 무조건 배제되지는 않고 관련 정도가 약하면 의회는 행정부에 입법권한을 위임할 수 있고 그 권한은 법규 유보의 통제하에 놓이게 되지만, 해당 사항이 관련 정도가 깊을 때는 의회가 이 사항을 스스로 규율해야 한다는 것이다. 관련성이 약해 행정부에 위임이 가능하다면 법률에 요구되는 구체성은 약화되지만 기본권 실현과 관련이 깊으면 깊을수록 의회가 법률로 상세하고 구체적으로 해당 사항을 통제해야 한다는 것이다.

따라서 그는 한국 민주주의와 사회복지의 발전을 위해서는 행정부가 주도적으로 사회복지정책의 중요하고 핵심적인 사항을 결정하는 사회보장법 구조가 바뀌어 국민의 대표인 국회에서 사회복지정책의 중요하고 본질적인 사항이 법률로 제정되어야 한다는 것이고, 사회복지정책을 수단으로 국회에서 유권자를 확보하려는 경쟁이 일어날 수 있는 구조를 만들어야 한다고 주장한다.

이 글은 이신용이 제시한 이론적 논의에서 도출된 한국의 위임 민주주의 체제에서 중앙정부의 과도한 위임입법 권한 구조가 지방정부의 사회복지정책 신설 및 시행을 통제할 수 있다는 새로운 이론적 테제하에서 이루어진다. 한국과 같이 입법부가 행정부에 과도한 위임입법 권한을 넘겨주는 위임 민주주의 체제에서 중앙정부가 어떻게 사회정책을 통제하는지 분석할 것이다. 특히, 중앙정

소는 국회가 제정한 법률의 위임에 근거하는 것이기 때문에 법률 유보 원칙을 위배한 것이 아니라고 판결했다. 그러나 최근 사회복지법의 위임 현상은 더 이상 당연한 것이 아니라는 헌법재판소의 판례들이 있는데, 그중 헌법재판소는 앞을 보지 못하는 사람만 안마사로 자격 인정을 받을 수 있게 규정한 안마사에 관한 규칙 제3조 제1항이 헌법에서 보장한 국민의 직업 선택의 자유를 제한하고 있어 국민의 기본권 보호 및 실현과 관련된 중요하고도 본질적인 사항은 의회에서 제정하는 법률에 의하여 규정되어야 한다고 판결했다는 것이다(이신용, 2008a).

부와 지방자치단체의 장이 속한 정당 기반이 다른 경우에 중앙정부는 위임입법 권한을 이용하여 어떻게 지방자치단체의 정책이 도입 혹은 시행되지 못하도록 방해하는지 성남시의 공공산후조리원지원 정책 사례를 통해 분석하고자 한다. 이를 위해 보건복지부 및 헌법재판소의 보도자료, 신문 기사, 성남시의 보도자료, 사회보장기본법을 포함한 법률 등의 1차 문헌과 이론과 실제에 관한 2차 문헌을 살펴본다.

3. 성남시 공공산후조리원 정책 추진 배경 및 정책 기조

성남시는 임신부의 출산 전 건강검진비와 산후조리비 등을 지원하기 위해 공공산후조리원의 설치·운영 및 산모지원에 관한 조례안을 2015년 1월 30일부터 2월 23일까지 입법 예고한다고 2015년 2월 16일 무상 공공산후조리 계획을 밝혔다.

이 계획에 따르면 산모와 신생아의 산후조리와 요양, 건강 관리 서비스, 산모에 대한 교육 프로그램 운영 등의 업무를 위해 공공산후조리원을 설치하거나 위탁 운영하도록 했고 전액 무료로 이용할 수 있도록 했다. 이를 위해 성남시는 2015년 하반기를 시작으로 2018년까지 성남시 3개구(분당, 중원, 수정)에 공공산후조리원을 설치할 계획이었다. 공공산후조리원은 성남 시민이라면 누구나 이용할 수 있으며 국민기초생활자나 차상위 계층, 장애인, 다문화 가족 등 취약 계층이 우선 이용할 수 있도록 했다. 이와 더불어 공공산후조리원을 이용하지 못하는 산모에게는 민간산후조리원 이용료 일부를 지원할 수 있는 방안도 포함되었는데, 2015년 하반기부터 1인당 50만 원을 지원하되 연차적으로 지원액을 늘려 공공산후조리원과의 격차를 좁혀 나가겠다고 밝혔다. 또한 체계적이고 안전한 산후조리원 운영을 위해 민간산후조리원 안심인증제를 도입하고 산후조리원 이용료 지원은 인증된 산후조리원에 한정한다고 밝혔다.

이처럼 성남시가 무상 공공산후조리원을 시작한 배경에는 우선적으로 저출산에 대한 대응책으로서 출산부담을 줄여 출산을 장려하려는 데에 있었다.

2014년 한국의 합계출산율은 1.2명 수준으로 낮은 수준을 유지하고 있었다. 반면 2000년부터 고령화 사회에 진입했고 고령화 사회를 앞두고 있어 이에 대한 대응으로서 정부는 다양한 방식의 출산장려 정책을 시행하고 있으나, 그 성과는 미약했다. 2014년 한국보건사회연구원의 연구는 저출산의 가장 중요한 이유 중 하나가 출산과 육아에 대한 경제적 부담인데, 산후조리원 비용도 경제적 부담 중 하나라고 보고했다. 보건복지부 조사에 의하면 평균 2주 입원의 산후조리 비용은 평균 250만 원이었고, 수도권에서는 350만 원이 넘는 상황에서 출산의 기쁨은 곧 산후조리원 이용부담으로 이어져 출산 기피의 사유가 되었다.[4] 한편 성남시의 가임기 여성 비율은 229개 자치단체 중 24번째로 많지만 실제 출산율은 171번째로 저출산 문제가 심각했기 때문에 출산부담을 줄이기 위한 대책이 시급한 상황이었다.[5] 성남시 관계자도 경제적 부담으로 말미암은 출산 기피 현상을 극복하고 출산을 장려하기 위해 조례안을 추진했다고 밝혔다.[6]

또한 성남시의 무상 공공산후조리원 계획은 출산장려뿐만 아니라 출산 및 양육 문제에 있어 지방자치단체의 공공성을 강화하고자 하는 데에 있다. 즉, 출산 및 양육을 개인의 문제가 아닌 사회가 공동으로 책임져야 하는 공공의 영역으로 인식하고 이와 관련된 비용은 국가나 지자체의 지원을 통해 해결되어야 한다고 보고 있다. 무상 공공산후조리원 계획에 관한 기자회견을 통해 성남시 이재명 시장은 "국민의 삶의 질을 향상시키고 희망과 활력이 넘치는 사회를 만드는 것은 국가와 지방정부의 최소한의 의무"라며 "성남시는 의료 공공성 강화를 위해 시립의료원을 설립, 시민주치의제에 이어 출산 지원사업의 대폭 확대를 결정했다"면서 "전국 최초로 무상 공공산후조리원을 설치하고 민간산후조리원 이용료 지원 등 산후조리비 지원을 시작하겠다"고 밝혔다.[7] 이 시장은 지자체

---

4) "성남시 공공산후조리원, 낭비적 복지인가?", 프레시안, 2015.3.31(http://m.pressian.com/news/ article.html?no=125143).

5) 「성남시, 공공산후조리원 최종 협의안 제출」, 성남시 보도자료, 2015.12.24.

6) "성남시, 공공산후조리원 설립 추진", 한겨레, 2015.2.16(http://www.hani.co.kr/arti/society/area/ 678631.html).

7) "성남시 공공산후조리원, 낭비적 복지인가?", 프레시안, 2015.3.31(http://m.pressian.com/news/

의 역할은 지방 단위에서 복지국가를 만드는 것이라고 확신하면서 기존의 민간 중심의 산후조리원 문제를 공공성 강화를 통해 풀어보고자 했다고 볼 수 있다.

산후조리는 가임기뿐만 아니라 노년기까지 여성 건강에 중요한 영향을 미친 다는 인식하에 우리나라는 오래전부터 산모 및 신생아를 가족 내에서 돌보는 전통을 가지고 있었으나 핵가족화 내지 단독 가구의 증가 등 가족 구조의 변화 로 더 이상 가정 내에서의 전통적 산후조리가 어려워짐에 따라 산욕기에 있는 여성과 신생아를 위해 산후조리원이라는 기관이 생겨나기 시작했다(김민아·최 소영, 2013: 유은광·안영미, 2001). 산후조리원의 설립 및 운영은 한국의 전통적인 문화적 특수성의 차원뿐만 아니라 경제적 이윤 창출 측면에서도 볼 수 있다. 즉, 1980년대 이래로 병원 출산이 일반화되었으나 중반 이후 지속된 저출산 현상은 분만을 중심으로 한 산부인과 병원의 이윤 창출에 타격을 주었고 이러한 해결 책으로 산후조리원은 산부인과 병원의 새로운 이윤 창출 영역으로 대두되면서 1997년부터 민간산후조리원이 개설 및 운영되었다(황나미, 2004). 그 결과 2015 년에는 민간산후조리원이 600여 개소에 달했고 이들은 대부분 산부인과 병원 에서 운영되었다. 산후조리원의 평균 이용 비용이 적게는 80만 원에서 많게는 1200만 원에 이르기까지 차이가 클 뿐만 아니라 지역 간에도 서울은 평균 266 만 원이라면 전남은 142만 원으로 큰 차이를 보였다. 산후조리원의 고비용은 산모와 신생아의 건강 관리 비용이라기보다는 차별화된 서비스 프로그램 제공 과 고급화 전략에 기인한 것으로, 이는 서비스 공급자인 민간산후조리원에게는 이윤 창출 확대에 기여하고 서비스 소비자에게는 고비용의 원인이 된다(김경례, 2016). 민간산후조리원이 제공하는 프로그램을 통해 산모나 신생아에 대한 의 사의 진찰이나 상담 같은 건강 관리도 이루어지지만 집중적인 서비스 프로그램 은 산모 체형 관리 프로그램, 마사지 프로그램, 피부 관리 프로그램 등이라는 것 을 알 수 있다. 그러나 더 문제는 민간산후조리원의 이윤 창출 전략이 지속적으 로 증가하고 있는 산후조리원 감염 사고 문제와 관련이 있다는 것이다.[8]

---

article,html?no=125143).

8) "산후조리원에서 집단 발병…구멍 숭숭 '모자보건법'(종합)", 머니투데이, 2014.9.3(http://the300.

민간산후조리원의 고비용 및 비용 격차와 위생 및 안전 문제에 대해 민간산후조리원에 대한 관리·감독의 강화 및 질 좋은 서비스 체계를 갖춘 공공산후조리원의 설립 요구가 대두되었다. 이러한 상황에서 공공산후조리원은 산모 및 신생아에게 저렴하고 안전한 산후조리와 건강 관리 서비스를 제공할 목적으로 설립되었다. 2013년 제주 서귀포시를 시작으로 2016년 서울 송파구, 충남 홍성군, 전남 해남군, 강원 삼척시 등 총 5개 지자체에서 공공산후조리원을 운영하고 있다. 공공산후조리원의 이용 비용은 2016년 3월 둘째 주 기준으로 154만~190만 원의 금액이 책정되어 있는데 이는 민간산후조리원 평균 이용 금액인 250만 원보다는 상대적으로 저렴하지만 여전히 출산 가정의 경제적 부담을 해소할 수 있을 만큼 저렴하지는 않다(김경례, 2016). 또한 이용료 감면 대상에 속하는 저소득층 여성들의 경제적 부담을 줄이는 효과가 있겠지만 거주 지역, 다태아 여부, 본원 출산 여부 등에 따른 이용료 증가는 출산 가정의 비용 부담 경감에 제한적이라 볼 수 있다.

성남시는 기존의 민간산후조리원 고비용, 위생 및 안전 문제와 공공산후조리원의 제한적인 비용 부담 경감 등의 문제에 대응하기 위해 한편으로는 무상 공공산후조리원을 설립·운영하고, 다른 한편으로는 인증된 산후조리원 이용료를 지원하는 차원으로 공공성을 강화하고자 한 것이라 볼 수 있다. 실제로 핵가족화와 맞벌이 가구의 증가, 산후조리원의 경쟁적 고객 유치 마케팅으로 산후조리원과 이를 이용하고자 하는 여성들이 점차적으로 증가하고 있고, 기존 민간산후조리원의 관리·감독 강화 및 저비용의 질 좋은 서비스 체계를 갖춘 공공산후조리원의 설립 요구에 대응하여 추진하는 성남시의 무상 공공산후조리 계획은 출산 및 양육을 공공의 영역으로 인식한 정책적 시도로 판단된다.

그러나 박근혜 정부와 여당은 무상 공공산후조리지원 정책을 포퓰리즘 정책이라고 비판하며 공공산후조리원을 설립하기보다는 민간 중심의 산후조리원과 산모 신생아 건강관리 지원사업을 확대하는 방향으로 추진했다(김경례, 2016).

---

mt.co.kr/newsView.html?no=2014090309017695153&ref=http%3A%2F%2Fsearch.daum.net).

야당(더불어민주당)이 소속 정당인 지방자치단체장을 둔 성남시의 공공산후조리 정책에 대해 중앙정부는 사회보장기본법과 지방교부세법 및 모자보건법의 시행령 개정을 통해 성남시의 공공산후조리지원 계획에 제동을 걸었다.

4. 행정부의 과도한 위임입법 권한과 성남시 공공산후조리지원 정책 통제

1) 사회보장기본법과 사회정책 통제

성남시는 공공산후조리원의 설치·운영 및 산모지원에 관한 조례를 제정하여 2015년 3월 12일 보건복지부에 협의 요청서를 제출했다. 사회보장기본법 제26조 제2항에 의하면9) "중앙행정기관의 장과 지방자치단체의 장은 사회보장제도를 신설하거나 변경할 경우 신설 또는 변경의 타당성, 기존 제도와의 관계, 사회보장 전달체계에 미치는 영향 및 운영 방안 등에 대하여 대통령령으로 정하는 바에 따라 보건복지부 장관과 협의하여야 한다. 제3항은 제2항에 따른 협의가 이루어지지 아니할 경우 사회보장위원회가 이를 조정한다"라고 규정하고 있다. 이러한 법 규정에 따라 성남시는 두 차례 협의조정위원회 참석과 세 차례의 추가 보완자료 제출 등 보건복지부와 성실하게 협의 절차를 이행했다.

그러나 보건복지부는 2015년 6월 19일 성남시에 정책 수용을 거부하고 국무총리실 사회보장위원회에 상정한다고 통보했다. 그러면서 보건복지부는 6월 22일 보도자료를 통해 성남시가 공공산후조리원 설치·운영 및 인증 민간산후조리원 이용료 지원에 대한 협의를 요청한 것에 대해 사회보장 신설·변경협의회의

---

9) 사회보장기본법은 이명박 정부 시기인 2012년 1월 26일에 전부 개정(2013년 1월 27일 시행)되어 이전에는 협의 및 조정에 대한 내용이 법률에 없었으나 이때부터 사회보장기본법 제26조로 개편되었다. 사회보장기본법 제26조에 따라 시행령도 2012년 1월 27일에 개정되었다(2013년 1월 27일 시행).

조언을 받아 수용 여부를 검토한 끝에 불수용 결정을 내렸다는 것을 확인시켰다. 보건복지부의 보도 참고자료에 의하면 불수용 결정의 이유는 다음과 같다(보건복지부, 2015: 1~3). 첫째, 보건복지부는 2013년 기준 성남시의 출생아 수는 9192명인 데 비해 국가와 지자체가 공동으로 이미 시행 중인 성남시 산모 신생아 건강관리 지원사업의 수혜자는 1600명(17.4%)에 불과하다면서 제공기관 확충과 대상자 확대를 통해 상당 부분 해결이 가능하다고 보았기 때문이다. 둘째, 성남시 관내 민간산후조리원이 이미 25개소가 운영되고 있고 2014년 12월 입소율이 61.2%에 그치고 있는 상황에서 공공산후조리원 설치를 위해 민간산후조리원과 구분되는 역할이 제시되지 않는 상태에서 민간산후조리원과 동일한 서비스를 제공하는 공공산후조리원 설치의 타당성을 인정하기는 어렵다는 것이다. 셋째, 성남시는 공공산후조리원 이용자 및 산모 신생아 건강관리 지원사업의 대상자를 제외한 산모에게 인증 민간산후조리원 이용료 지원을 하겠다는 방침이지만 산모가 상대적으로 고비용을 지원받는 공공산후조리원 입소를 희망할 경우, 선착순으로 운영할 수밖에 없어 각 지원 희망자 간 형평성 문제를 일으킬 우려가 있다는 데에 있었다. 넷째, 성남시는 민간산후조리원 이용료 지원을 50만 원에서 연차적으로 200만 원까지 인상한다는 방침이지만, 이는 제공 서비스의 내용과 품질에 대한 개선이 선행되지 않는다면 오히려 산후조리원 이용료의 상승만 부추기는 결과를 가져올 우려가 있다는 것이다.

따라서 보건복지부는 보도자료에서 이미 시행하고 있는 산모 신생아 건강관리 지원사업의 확대와 함께 성남시의 출산장려금 지원제도를[10] 보다 개선하는 등 합리적 대안의 수립을 권고하면서 이는 성남시 관내 산모가 본인의 산후조리 방법 및 지원받은 출산장려금의 사용에 대해 선택을 할 수 있도록 보장하기 위함이라고 밝혔다.

그러나 보건복지부의 불수용 결정을 담은 보도자료와 개선을 위한 대안 권고를 보면 중앙정부는 공공성을 기반으로 한 산후조리 인프라 구축을 통한 개선

---

10) 2015년 성남시 출산장려금 지원: 둘째 자녀 30만 원, 셋째 자녀 100만 원, 넷째 자녀 200만 원, 다섯째 자녀 300만 원(보건복지부, 2015: 1~3).

은 가능한 한 제한하고 산모 신생아 건강관리 지원사업을 비롯한 민간기관 중심의 산후조리 서비스 제공 및 수당 지원 중심의 정책을 확대하는 방향으로 나아가고자 하는 것을 알 수 있다. 반면에 자치단체장이 야당 소속인 성남시는 공공성 강화를 기반으로 한 무상 공공산후조리원 설치 및 운영과 관리와 감독의 강화를 통한 인증 민간산후조리원 이용료 지원 정책을 통한 보다 질 높고 안전한 산후조리환경 구축을 추구한다고 할 수 있다. 이와 같이 중앙정부와 성남시는 정당 기반도 다르고 산후조리지원에 대한 다른 정책 노선을 지향한다.

중앙정부(보건복지부)는 민간산후조리원의 제공 서비스의 내용과 질에 문제가 많아 우선적으로 그 문제점이 개선되어야 한다고 하면서 성남시의 민간산후조리원 이용료 지원계획에 우려를 표명하며 반대 의견을 제시했다. 그러나 성남시의 인증 민간산후조리원 이용료 지원은 시행되어야 알겠지만, 인증된 민간산후조리원에 한정되기 때문에 서비스에 대한 감독과 관리가 보다 강화된다는 것이다. 결국은 보건복지부가 지향하는 점도 이처럼 감독·관리를 통한 민간산후조리원 서비스의 개선일 것이다. 그럼에도 불구하고 이를 수용하지 않는 것은 이 점에 있어서 정책 노선이 다르기보다는 소속 정당이 달라 비합리적 반대를 하는 것으로 보인다.

실제로 여성들 중에는 자신의 삶의 상황에 따라 가정에서 산후조리를 하거나 혹은 산후조리원을 이용하고자 하지만, 그럼에도 불구하고 핵가족화와 산후조리원의 경쟁적 고객 유치 마케팅 때문에 어쩔 수 없이 산후조리원을 이용하게 되는 여성들이 지속적으로 증가하고 있다(김경례, 2016). 이에 따라 고비용과 안전 및 위생 등의 문제를 드러내고 있는 민간산후조리원은 관리·감독의 강화가 요구되고 있고 더불어 질 좋은 서비스 체계를 갖춘 공공산후조리원의 설립이 요구되는 상황이다. 또한 국가와 지자체가 운영하는 산모 신생아 건강관리 사업에 대한 지원이 충분하지 않다고 볼 수 있다.[11] 이러한 측면에서 공공성 강화

_____

11) 가정 내 구성원이 산모와 신생아를 돌봐주지 않는다면 건강관리사의 근무 시간(평일 오전 9시~오후 5시, 토요일 오전 9시~오후 1시) 이외에 산모들은 가사와 양육노동을 병행해야 하는 어려움이 있다. 그리고 주거환경이 열악하거나 안정적인 산후조리를 할 수 없는 상황에 놓인 경우 많은

를 기반으로 한 성남시의 공공산후조리지원 정책은 시민의 요구에 대응한 복지 정책이라 할 수 있다. 그럼에도 불구하고 보건복지부는 민간산후조리원과 구분되는 역할이 제시되지 않는 상태에서 공공산후조리원이 민간산후조리원과 동일한 서비스를 제공한다고 하면서 공공산후조리원 설치의 타당성에 대해 의문을 제시했다. 그러나 성남시의 보수단체인 재향군인회와 대한노인회도 야당 소속인 성남시장이 추진 중인 공공산후조리원 정책을 지지하며 보건복지부에 성남시의 공공산후조리원 수용을 요구할 정도로 성남 시민 대다수가 이 정책을 찬성했다.12) 이는 동일한 서비스를 제공하지만 서비스 제공 주체(국가)가 달라 공공산후조리원의 서비스 질과 비용이 다르다는 것을 시민들이 인식하기 때문이다. 게다가 보건복지부는 고비용을 지원하는 무상 공공산후조리원에 대한 지원 희망자 간의 정책 수혜 형평성 문제를 우려했는데, 이를 통해 보건복지부가 이미 성남 시민들의 공공산후조리원에 대한 선호를 파악했음을 엿볼 수 있다.

그럼에도 불구하고 인증 민간산후조리원 이용료 지원과 공공산후조리원의 설치 및 운영에 대한 보건복지부의 불수용 입장은 국민 혹은 시민 대다수의 요구에 적절하게 대응하지 않는 것으로 여겨진다. 이렇게 함으로써 산후조리 방법 및 출산장려금 사용에 대한 성남시 산모의 선택 보장을 목적으로 하는 보건복지부의 권고 사항들은 적절한 대응책이 될 수 없다. 오히려 성남시의 무상 공공산후조리원 설립과 관리·감독의 강화를 통한 인증 민간산후조리원 이용비 지원 정책이 시민의 선택권을 보장할 가능성이 더 높다고 여겨진다. 선택은 선택할 수 있는 다양성의 존재, 선호되는 기관의 충분함과 선택자의 지불 능력 속에서 가능해지기 때문이다. 그러나 문제가 많아 개선이 필요한 민간산후조리원의 난립과 서비스의 질이 보장되는 공공산후조리원의 부재 및 출산장려금의 부족한 지원 등의 상황에서 시민이 선호하는 산후조리 방법을 선택할 수 있는 가능성은 적다고 할 수 있다.

저소득층 산모나 미혼모는 가정보다는 산후조리시설을 이용하고자 한다(김경례, 2016).

12) "보수단체도 '성남시 공공산후조리원 수용하라'", 파이낸셜뉴스, 2015.6.27(http://www.fnnews.com/news/201506271450278816).

중앙정부의 불수용 입장에 대해 성남시장은 무상 공공산후조리지원 정책을 추진하는 사람이 야당 소속이라 무조건 반대하는 것이라고 주장하면서 보건복지부가 해야 할 일은 승인이 아니라 협의 조정이라며 강한 불만을 드러냈다.13)

이처럼 성남시 사례는 소속 정당 및 정책 노선 등 다른 정치적 기반을 가진 중앙정부와 지방자치단체의 장이 충돌할 때 중앙정부가 사회보장기본법 제26조 제2항의 위임입법 권한을 지방정부의 제도 신설에 제동을 거는 데 이용할 수 있음을 보여준다. 이신용은 한국의 위임 민주주의 체제에서 행정부의 과도한 위임입법 권한은 한국 사회복지의 저발전과 밀접한 관련이 있다고 주장하며 사회보장제도가 국민의 기본권 실현과 깊은 관련이 있을 때는 법률에서 제도의 중요하고 본질적인 사항을 분명하고도 구체적으로 밝혀야 하고, 그뿐만 아니라 행정부가 아닌 국회에서 결정되어야 한다고 지적한다.

사회보장기본법 제26조 제2항은 중앙행정기관의 장과 지방자치단체의 장이 사회보장제도를 신설하거나 변경할 경우 신설 또는 변경의 타당성, 기존 제도와의 관계, 사회보장 전달체계에 미치는 영향 및 운영 방안에 관한 사항을 대통령령으로, 즉 시행령으로 정해 이를 보건복지부 장관과 협의해야 한다고 위임 규정을 명시하고 있다. 그러나 의회 유보 원칙에서 이 법 조항을 보면 신설 혹은 변경되는 제도가 국민의 기본권 실현과 밀접한 관련이 있는지에 대해 전혀 고려하지 않고 제도의 신설·변경과 관련된 모든 사항을 위임해서 대통령을 포함한 행정부가 정하도록 하는 것이 문제다. 사회보장기본법 시행령 제15조 제1항도 사회보장제도를 신설할 경우 지방자치단체의 장이 사업 대상, 지원 내용, 전달 체계 등 사회보장제도 신설과 관련된 세부 사업 계획 등 제도의 핵심적인 사항과, 제도 신설의 근거, 예상되는 사업 성과, 예산 규모에 관한 사항들을 포함한 협의 요청서를 보건복지부 장관에게 제출해야 한다고 규정하고 있다.

지방자치단체는 협의 요청서를 보건복지부 장관에게 제출하기 전 조례안을 제정해 입법 예고하면서 주민의 의견도 듣고 지방의회의 의결을 거쳐 그 지방

---

13) "성남시 '공공산후조리원 반대 이유 기막혀'", 파이낸셜뉴스, 2015.6.23(http://www.fnnews.com/news/201506231403047534).

의 사무에 관해 제정을 한다. 지방정부의 자치복지사무도 이러한 과정을 거치는데 더욱이 공공산후조리지원 정책은 국민의 기본권과 상당히 밀접한 관련이 있어 국민의 대표인 국회에서 신설·변경되는 사회보장제도의 핵심적인 사항들이 결정되는 것이 법치국가적 민주주의 원칙을 지키는 것인데, 행정부에 광범위하게 위임된 것이 문제다. 중앙정부의 정당 기반과 다르고 정책 입장이 맞지 않는다면 이러한 막강한 행정의 위임입법 권한을 이용하여 얼마든지 제도 도입에 반대를 할 수 있기 때문이다. 이로 인해 지방자치권한이 침해될 수 있다. 따라서 이 법 조항 자체는 논란의 여지가 있기 때문에 최소한 국민의 기본권 실현과 밀접한 관련성이 있을 때에는 의회에서 새로운 법을 제정하거나 혹은 관련된 법률(모자보건법)에서 핵심적인 사항을 구체적으로 정하도록 하는 것이 필요하다. 신설되는 제도와 국민의 기본권 실현 관련 정도가 높지 않거나 국가적 차원이 아니라 지방자치단체 차원에서 운영되어도 별 문제가 없는 제도는 지방자치단체의 조례에 따라 제도가 도입·시행될 수 있도록 보장하는 것이 지방자치시대에 적절한 방법이라 여겨진다.

그런데 여기서 또한 문제가 되는 것은 제도 신설과 관련된 사항을 보건복지부 장관과 협의하라고 하지만 이 '협의' 조항이 동의 혹은 합의를 의미하는 것인지[14] 아니면 의사소통을 뜻하는 절차적 의지인지가 명확하지 않다는 것이다(김태환, 2016). 기동민 의원에 따르면 중앙정부가 해당 규정을 악용하여 지방자치단체의 신규 복지사업의 시행을 방해하는 사례가 대폭 늘어나고 있는데, 중앙정부가 2016년까지 지방자치단체의 복지사업 중 1496개 사업을 통·폐합하도록 하는 등 지방자치단체를 압박하는 실정이라고 밝혔다(김태환, 2016: 22). 그는 해당 법 규정은 지방자치의 원칙 아래 중앙정부와 지방자치단체가 상호 협력하도록 한 것이며, 이를 마치 지방자치단체가 사회보장제도를 신설 또는 변경하려면 중앙정부의 허락을 받아야 하는 것처럼 해석하는 것은 문제가 있다고 주장한다.

---

14) 보건복지부는 법률의 '협의'를 '합의' 또는 '동의'를 의미하는 것으로 해석한다(김태환, 2016: 21).

이처럼 성남시의 무상 공공산후조리지원 사업의 협의 과정을 보면 명확하지 않은 법 조항을 자의적으로 해석하며, 영리 민간산후조리 서비스 제공 및 낮은 수당 지원 등을 중심으로 한 정책 기조를 지향하는 중앙정부는 이에 맞는 정책을 요구하면서 성남시의 계획에 제동을 거는 것을 확인할 수 있다. 사회보장기본법 제1조와 더불어 사회보장기본법 제26조 제1항은 "국가와 지방자치단체가 사회보장제도를 신설하거나 변경할 경우 기존 제도와의 관계, 사회보장 전달체계와 재정 등에 미치는 영향을 사전에 충분히 검토하고 상호 협력하여 사회보장급여가 중복 또는 누락되지 아니하도록 하여야 한다"라고 하면서 중앙정부는 지방정부와 어떻게 협의를 해야 하는지 규정하고 있다고 할 수 있다. 즉, 이는 보건복지부가 주장하는 것처럼 합의의 의미는 중앙정부의 승인이 아니라 상호 협력하여 국민이 요구하거나 충족되어야 할 복지를 제대로 공급하라는 의미로 유추할 수 있다. 성남시의 공공산후조리지원 정책은 기존 정책의 부족한 점을 개선하고 시민 대다수가 요구하는 정책을 시 행정을 잘 운영하여 자체적으로 마련한 재정으로 계획한 것이다. 따라서 사회보장기본법 제26조 제2항 '협의' 규정이 중앙정부의 자의적인 해석으로 지방자치단체의 자치복지사업이 방해받지 않도록 법률에 명백하고 구체적으로 규정될 필요가 있다.

한편 복지부와의 협의가 이뤄지지 않는 지자체의 사회보장제도는 국무총리실 산하 사회보장위원회 제도조정전문위원회에 협의 요청안을 상정하여 조정 절차를 밟는다. 조정에도 실패하면 사회보장위원회 전체 회의 안건에 상정한다. 이에 성남시는 협의 절차를 거쳤으나 사회보장위원회 제도조정전문위원회는 2015년 12월 11일에 성남시 공공산후조리원 사업에 대해 부적절 결론을 내렸다. 정부 관계자는 "성남시의 지역 특성을 봤을 때 민간산후조리원이 넘치기 때문에 부적절하다는 판단을 내렸다"며 "출산장려금 명목으로 지원하는 방안을 검토해보라고 권고할 것"이라고 말했다.15) 이는 사회보장기본법 제26조 제1항과 제2항에서 규정하는 것처럼 성남시의 무상 공공산후조리원의 설치 및 운영

---

15) "사회보장위원회 제도조정전문위원회 '성남시 공공산후조리원 부적절' 결론", 머니투데이, 2015. 12.11(http://news.mt.co.kr/mtview.php?no=2015121113485389441).

과 관리·감독의 강화를 통한 인증 민간산후조리원 이용료 지원 정책이 기존 제도나 전달 체계 및 재정, 시민의 삶에 미치는 긍정적인 영향을 충분히 검토한 후 불수용 결정을 하는 것인지 의문이 될 정도로 중앙정부의 상호 협력하려는 태도가 부족함을 드러낸다. 이로써 사회보장위원회 제도조정전문위원회 조정 절차에서도 정부는 자신이 선호하는 기존의 민간 중심 산후조리 서비스 제공 및 저수준 수당 중심의 정책 기조를 유지하고 있음을 알 수 있다.

이에 성남시는 공공산후조리원 설립 및 운영과 산후조리사업에 관한 최종 입장을 국무총리 산하 사회보장위원회에 12월 24일 제출했다. 성남시는 협의안에서 공공산후조리원 1곳을 시범 설립해 운영하고 산모 신생아 건강관리사 파견 제도를 확대하는 등 보건복지부 및 제도조정위원회 위원들의 의견을 반영할 수 있다는 입장을 밝혔다. 최종 조정 사항을 결정하기 위해 성남시 공공산후조리원 사업은 2016년 1월 이후 사회보장위원회 전체 회의에 회부되었다.[16]

---

16) 성남시는 교부세 감액이라는 벌칙을 무릅쓰고 공공산후조리지원 정책으로 산후조리지원금 33억 원을 신생아 출생 가정에 2016년 1월부터 지급해왔고 2017년에는 32억 원, 2018년에는 37억 원의 예산을 확보해둔 상태였다. 마침내 2018년 2월 8일 지난 3년간 일곱 차례 협의 끝에 '공공산후조리사업'은 '산모건강지원사업'으로 변경되어 중앙정부의 최종 동의를 얻었다. 그러나 2015년 12월 말 모자보건법 및 시행령 개정과 보건복지부 고시 제정으로 무상 공공산후조리원 설치 계획은 추진되지 못했는데, 문재인 정부가 집권하면서 2017년 12월 지자체장의 공공산후조리원 설치 권한을 확대하는 방향으로 다시 모자보건법이 개정되고 보건복지부의 기존 고시가 폐지되기로 했다. 성남시는 상황을 지켜보면서 현재 사업 내용과 다른 무상 공공산후조리원에 대한 조례안 개정을 추진할 계획이라고 밝혔다. "[기획]성남시 민선 6기 최대 이슈 3대 무상복지의 현재 (2) '무상 공공산후조리'", 굿타임즈, 2018. 2. 22(http://blog.daum.net/kjps2278/4878). 2017년 12월 12일 모자보건법 제15조의17 제1항이 지방자치단체가 "관할 구역 내 산후조리원의 수요와 공급 실태 등을 고려하여 임산부의 산후조리를 위한 산후조리원을 설치·운영할 수 있다"로 개정되었다 (2018년 3월 13일 시행). 기존의 공공산후조리원의 설치를 엄격하게 제한했던 시행령과 보건복지부 고시는 2018년 9월 11일 시행령 개정(2018년 9월 14일 시행)으로 폐지되어 지방자치단체가 자율적으로 설치할 수 있게 되었다. 그러나 복지제도의 도입 및 시행은 우선적으로 재정 마련이 되어야 하는데 재정 자립도가 높은 지역이나 성남시처럼 스스로 재정을 마련할 수 있는 지자체만이 최소한 공공산후조리원을 설치하는 것이 가능할 것이다. 따라서 각각의 지자체에 설치를 맡기는 정도의 개혁 수준으로는 출산으로 인한 국민의 건강권을 보장하는 데 어려움이 있어 제한적이다. 따라서 출산·양육을 개인의 문제가 아니라 공공의 영역으로 인식하는 독일처럼 의료보험체계에 산후조리지원이 보장되어야 한다.

결론적으로 성남시의 공공산후조리지원 정책, 특히 공공산후조리원의 설치 및 운영 제도는 국민의 기본권 실현과 관련 정도가 높아 국회에서 중요하고 본질적인 사항을 결정하도록 해야 하는데, 이를 고려하지 않고 제도의 신설에 관련된 모든 사항을 결정하도록 행정부에 과도한 위임입법 권한을 규정하는 것과 '협의'에 대해 분명하게 명시하지 않은 사회보장기본법을 이용하여 중앙정부(보건복지부)는 자신이 선호하는 정책을 관철하면서 공공산후조리원 설립에 대한 시민들의 요구 및 필요성에 대해 공공산후조리지원 사업으로 대응한 (정당 기반과 정책 노선이 다른) 성남시의 계획에 제동을 걸었다고 볼 수 있다. 이에 대해 성남시장은 헌법 제34조 제2항과 사회보장기본법 제1조를 언급하면서 "복지 제한이 아닌 복지 확대가 헌법과 법령이 정한 국가의 의무인데 정부는 오히려 이를 복지 축소의 근거로 악용하고 있다. 복지 방해는 명백히 위헌적이며, 위법적인 결정"이라고 주장하며 지방교부세법 시행령에 대한 권한쟁의심판청구 시 사회보장기본법 제26조 제2항 및 제4항의 위헌 심판을 청구했다.[17]

시행령 제17조의6(지방자치단체의 산후조리원 설치기준 등)은 모자보건법 제15조의17 제1항에 따라 개정된 것으로 산후조리원의 설치 기준과 운영에 필요한 사항은 별표 2의2에서 확인할 수 있다.

2) 지방교부세법과 사회정책 통제

한편 지방교부세법 시행령 제12조 제1항 제9호는 지방교부세법 제11조 제2항에 근거하여 대통령령으로 2014년 12월 30일 개정되어 2016년 1월 1일부터 시행되었다.[18]

---

17) "박근혜 대통령께 드리는 공개서한 全文", 비전성남, 2015.12.12(http://snvision.seongnam.go.kr/sub_read.html?uid=4872).

18) 지방교부세법 제11조(부당교부세의 시정 등)는 1988년 4월 6일 전문 개정(1988년 5월 1일 시행)된 이후 거듭 개정되었다.
지방교부세법(법률 제12844호로 2014년 11월 19일 개정, 2014년 11월 19일 시행)
제11조(부당 교부세의 시정 등) ② 행정자치부 장관은 지방자치단체가 법령을 위반하여 지나치

헌법 제75조는 "대통령은 법률에서 구체적으로 범위를 정하여 위임받은 사항과 법률을 집행하기 위하여 필요한 사항에 관하여 대통령령을 발할 수 있다"고 규정하고 있다. 이 조항에 근거해서 지방교부세법 제11조 제2항을 살펴보면, "지방자치단체가 법령을 위반하여 지나치게 많은 경비를 지출했거나 수입 확보를 위한 징수를 게을리한 경우에는 그 지방자치단체에 교부할 교부세를 감액하거나 이미 교부한 교부세의 일부를 반환하도록 명할 수 있다"고 규정하면서 행정부에게 관련된 모든 사항을 위임을 하고 있다. 그러나 헌법 제75조에 의하면 법률에서 구체적으로 범위를 정하여 위임을 해야 하는데, 지방교부세법 제11조 제2항은 헌법에서 요구하는 위임 한계를 벗어난 추상적이고 포괄적인 위임 형태여서 마치 위임 사항이 없는 것처럼 보여 논란의 소지가 충분하다. 즉, 법 제11조 제2항의 '법령을 위반'한다고 할 때 그 법의 종류 및 위반의 내용 및 범위와 관련된 사항을 법률에서 구체적으로 제시하지 않고, 위임입법을 통해 이 같은 사항을 결정할 수 있는 모든 재량권을 행정부에게 주는 것은 위임의 한계를 벗어난 지나치게 포괄적인 위임 형태인 것이 문제다. 더욱이 의회 유보 원칙에 따르면 국민의 기본권 실현과 밀접한 관련을 맺고 있는 근본적이고 중요한 사항은 의회에서 결정해야 하는데, 지방교부세법 제11조 제2항은 이 점을 고려하지 않은 채 중앙정부에게 과도한 재량권을 부여하는 형태를 취하고 있다. 성남시의 공공산후조리지원 정책은 시민의 건강권과 산후조리를 선택할 자유권 등 기본

게 많은 경비를 지출했거나 수입 확보를 위한 징수를 게을리한 경우에는 그 지방자치단체에 교부할 교부세를 감액하거나 이미 교부한 교부세의 일부를 반환하도록 명할 수 있다. 이 경우 감액하거나 반환을 명하는 교부세의 금액은 법령을 위반하여 지출했거나 징수를 게을리하여 확보하지 못한 금액을 초과할 수 없다.

한편, 시행령 제12조 제1항 제9호는 2014년 12월 30일(2016년 1월 1일 시행)에 개정되었다.

지방교부세법 시행령(대통령령 제25909호로 2014년 12월 30일 개정, 2016년 1월 1일 시행) 제12조(교부세의 반환 또는 감액) ① 법 제11조 제2항에 따른 지방자치단체가 법령을 위반하여 지나치게 많은 경비를 지출했거나 수입 확보를 위한 징수를 게을리한 경우와 그에 따른 교부세의 감액 또는 반환 금액의 범위는 다음 각 호에 따른다.

9. 「사회보장기본법」 제26조 제2항 및 제3항에 따른 협의·조정을 거치지 아니하고 사회보장제도를 신설 또는 변경하여 경비를 지출하거나 협의·조정 결과를 따르지 아니하고 경비를 지출한 경우: 협의·조정을 거치지 아니하거나 협의·조정 결과를 따르지 아니하고 지출한 금액 이내

권과 직결된다. 그런데 행정부에게 과도한 재량권을 주는 위임 형태 구조인 지방교부세법에 근거해서 개정된 시행령 제12조 제1항 제9호는 지방정부의 사회정책 도입을 통제하는 수단으로 이용되어 성남시의 자치행정을 침해할 수 있는 바 최종적으로는 시민의 기본권 실현을 저해할 수 있다는 데에 문제가 있다.[19]

지방교부세법 시행령 제12조 제1항 제9호는 박근혜 정부 집권 기간인 2014년 12월 31일에 개정되어 2016년 1월 1일부터 시행했는데, 이 시기는 서울시를 비롯한 성남시의 신설 사회보장제도를 놓고 중앙정부와의 첨예한 대립이 있었고, 특히 사회보장기본법 절차상 성남시의 공공산후조리원 설치·운영 및 산모 지원 정책에 대한 중앙정부(보건복지부)의 불수용 입장 속에서 사회보장위원회의 평가를 기다리던 상황이었다. 게다가 국회에서는 공공산후조리원의 설치 근거를 제공하는 모자보건법이 통과되면서 이를 엄격하게 제한하는 내용의 시행령 개정을 보건복지부가 예고했다. 이런 맥락에서 중앙정부는 사회보장제도의 신설·변경과 관련된 사항 —재정과 연결된 시행령 제12조 제1항 제9호— 를 정당 소속과 정책 노선이 다른 성남시의 무상 공공산후조리원 설립과 산후조리원 이용료 지원 정책에 이중 삼중으로 제동을 거는 수단으로서 이용했다고 할 수 있다.

성남시는 지방교부세법 시행령 제12조 제1항 제9호는 지방자치권을 침해하는 것이기에 무효라고 주장하며 12월 17일 헌법재판소에 대통령을 피청구인으로 하는 권한쟁의심판을 청구했다. 헌법재판소의 성남시와 대통령 간의 권한쟁의 사건 관련 보도자료에 의하면 심판 대상은 피청구인 대통령이 지방교부세법 시행령 제12조 제1항 제9호를 개정한 행위가 청구인(성남시)들의 자치권한을 침해하는지와 사회보장기본법 제20조 제4항, 제26조 제2항 내지 제4항이 위헌인지 여부이다(헌법재판소, 2016). 주요 쟁점 사항으로는 ① 권한쟁의심판청구의

---

19) 2014년 12월에 개정되어 2016년 1월 1일부터 시행된 지방교부세법 시행령(제12조 제1항 제9호)은 이전 정부 시기에는 없었던 조항으로 재정을 통해 지방정부의 복지사업을 더욱 통제하겠다는 박근혜 정부의 의지를 보여준다. 이 조항을 기반으로 중앙정부가 지자체의 복지 업무에 과도하게 간섭하는 것으로 지방 분권화 시대에 적절하지 않은 조항으로 폐지되는 것이 지방자치권한을 보장하는 것으로 판단된다.

적법 여부: 권한 침해의 현저한 위험 여부, ② 피청구인 대통령의 이 사건 개정 행위가 집행명령의 한계를 넘는 사항을 정한 것으로서 법률상 권한 없이 이루어진 것인지 여부, ③ 사회보장기본법 제26조 제2항, 제3항에서 정한 협의·조정 제도의 의미와 법적 구속력 여부, ④ 피청구인 대통령의 이 사건 개정 행위가 사회보장기본법상 협의·조정 제도와 교부금 감액·반환 명령을 결부시킴으로써 청구인들의 자치재정권 및 주민복지사무에 관한 자치행정권한 등 자치권한을 침해하는지 여부, ⑤ 보통 교부세 외에 다른 종류의 교부세도 감액·반환 명령의 대상에 해당하는지 여부, ⑥ (예비적 청구 관련) 사회보장기본법 제20조 제4항 및 제26조 제2항 내지 제4항이 헌법에 위반하는지 여부이다.

이에 대해 피청구인 박근혜 대통령은 시행령 제12조 제1항 제9호는 집행명령을 정한 것으로 지방교부세법 제11조 제2항의 "지나치게 많은 경비를 지출"한 경우의 규정을 근거로 하기 때문에 법률상 권한이 있는 것이고 헌법 및 지방자치법은 지방자치단체가 신설·변경하려는 사회보장제도에 대한 국가의 감독 및 제재 권한을 인정함으로써 이와 같이 사회보장기본법상 협의·조정 절차 및 결과에 대해서도 그 권한이 인정된다고 주장한다. 그러면서 시행령 조항이 성남시 지방자치권의 본질적인 내용을 침해하지 않는다고 주장한다.[20]

반면 성남시는 시행령 조항이 문제가 되고 위법인 것은 모법인 지방교부세법

---

20) 이에 대해 피청구인 대통령은 첫째, 이 시행령 조항 자체만으로 교부세 감액 내지 반환의 효력이 발생하지 아니하고 나아가 이런 명령이 있을 현저한 상황에 처한 것도 아니므로 청구인들에 대한 권한 침해 가능성조차 없어 부적합하다. 둘째, 이 개정 행위는 집행명령을 정한 것에 불과하고 지나치게 많은 경비를 지출한 것을 당연한 요건으로 하고 있으므로 법률의 우위에 반하지 않는다. 셋째, 헌법 및 지방자치법은 지방자치단체의 행정과 재정 제도가 법령의 범위 내에서 합법적으로 이루어질 것을 예정하고 있으므로 지방자치단체가 신설·변경하려는 사회보장제도에 대한 국가의 감독·제재 권한이 인정되며 따라서 사회보장기본법상 협의·조정 절차 및 결과에 대해서 법적 구속력이 인정된다고 보아야 한다. 한편, 감액 내지 반환 명령으로 다소 재정상 불이익이 발생할 여지가 있더라도 그것만으로 지방자치단체의 정책 수립 및 운영이 불가능해지거나 금지되는 것도 아니라는 점에서 지방자치권의 본질적 내용을 침해한다고 보기도 어렵다. 넷째, 지방교부세법 제11조 제2항은 감액하는 교부세의 종류를 특정하지 않고 있으므로 원칙적으로 모든 교부세에 대해 감액이 가능함으로 시행령 조항에 따라 위법한 지출 행위에 대해 감액하더라도 청구인들의 자치행정권을 침해하지 아니한다고 주장했다(헌법재판소, 2016).

의 위임 없이 법률에 규정되지 않은 새로운 내용이, 즉 지방자치단체가 사회보
장제도를 신설·변경하는 경우 사회보장기본법상 협의·조정 절차를 거치지 않
거나 그 결과에 따르지 않으면 행정자치부 장관이 교부세를 감액하거나 반환을
명할 수 있도록 한 것은 법률적 권한 없이 이루어졌다는 것이다. 마지막으로 성
남시는 이 조항이 지방자치단체의 자치행정권한을 침해하는 것이라고 본다.[21]

　　현재 성남시와 정부 간의 여러 논쟁점에 대한 의견이 첨예하게 대립되는 상
황이고 권한쟁의심판은 여전히 심리 중이다. 헌법재판소의 최종 결정이 나와야
겠지만 지방정부가 새로운 복지제도를 실시하는 경우 중앙정부와의 동의에 가
까운 협의를 거쳐야만 추진할 수 있도록 한 지방교부세법 시행령 개정이 주민
복지사무에 관한 지방자치권을 침해할 것이라는 성남시의 주장은 타당성이 있
다. 지방자치단체의 재정 자립도가 낮고 중앙정부로부터 받는 이전 재원에 상
당 부분 의존하는 상황에서 지방교부세의 감면 혹은 반환의 위험을 상관하지
않으면서 새로운 정책을 추진하려는 지방자치단체의 수는 많지 않을 것이고 대
다수는 중앙정부와의 협의 및 조정 결과를 따르거나 정책을 포기할 가능성이
높다고 여겨진다. 따라서 지역의 상황에 맞는 정책의 특수성 및 다양성을 해치
는 결과를 초래할 수 있다. 즉, 행정부의 과도한 위임입법 권한은 지방자치단체
의 정책 도입을 통제하는 수단이 될 가능성이 높은데, 이를 성남시 정책 사례가

---

21) 반면 이에 대해 성남시의 주장은 첫째, 이 시행령 개정 행위로 인해 지방자치단체가 사회보장제
　　도를 신설·변경하는 경우 사회보장기본법상 협의·조정 절차를 거치지 않거나 그 결과에 따르지
　　않으면 교부세를 감액·반환받을 수 있으므로 자치사무인 주민복지사무 처리에 관한 자치권한 침
　　해의 현저한 위험이 있고, 따라서 이 사건의 심판청구는 권한쟁의심판청구의 적법 요건을 충족한
　　다. 둘째, 시행령 조항은 집행에 필요한 사항을 넘어 모법인 지방교부세법의 위임 없이 지방교부
　　세법 제11조 제2항에서 요구하는 지나치게 많은 경비를 지출했는지 여부도 불문하고 사회보장기
　　본법 제26조 제2항 및 제3항을 위반하기만 하면 행정자치부 장관이 교부세를 감액하거나 반환을
　　명할 수 있도록 하고 있다. 이는 집행에 필요한 사항을 넘어 법률의 위임 없이 법률에 규정되지
　　아니한 새로운 내용을 규정한 것으로서, 법률상 권한 없이 이루어진 것으로 청구인의 자치재정권
　　을 침해한다. 셋째, 사회보장기본법상 협의·조정 제도는 중앙과 지방이 상호 협력 및 보완하라는
　　선언적 의미를 지니고 있음에도 불구하고 시행령 조항으로 인해 지방자치단체로서는 교부세를
　　감액당하지 않기 위해 보건복지부와의 협의나 사회보장위원회의 조정 결과에 따라야 하므로 결
　　과적으로 청구인의 주민복지사무에 관한 자치권한을 침해한다는 것이다(헌법재판소, 2016).

잘 보여주고 있다.

성남시장은 "지방정부 복지정책을 막기 위해 재정 페널티를 부과하는 이번 지방교부세법 시행령은 모법에 위임 규정이 없어 위법"이라고 지적하며 "시행 령으로 법질서를 무너뜨리는 것은 헌법상 삼권 분립의 원칙과 국회 입법권을 침범하는 반민주적 처사"라며 성토했다.[22] 그러면서 그는 신년 초(2016년 1월 4 일) 기자회견을 통해 보건복지부의 부당한 불수용 처분과 대통령의 위법한 지방 교부세법 시행령에 대해 헌법재판소에 권한쟁의심판(2015년 12월 17일)을 청구 했지만 그 결과를 기다리기에는 시간이 없고 정부의 부당한 강압이나 교부금 감액이라는 재정 페널티 위협이 100만 성남시 시민과의 계약인 공약을 파기하 는 이유가 될 수 없다며 성남시 3대 복지정책(무상산후조리, 무상교복, 청년배당) 을 2016년부터 전면 시행한다고 세부 계획을 밝혔다. 그러나 이 시행 발표 내용 은 성남의 자치단체장으로서 교부금 삭감으로 초래될 수 있는 성남시의 재정 손실을 막는 차원에서 성남 시민에게 약속했던 원래 계획보다 축소된 것이었다.

성남시[23]는 우선 재정 패널티에 대비하여 재정 패널티가 있는 2019년까지는 절반을 시행하고 절반은 재판 결과에 따라 패널티에 충당하거나 수혜자에게 지 급하며, 재정 패널티가 없어지는 2020년부터는 100% 온전히 시행한다고 밝혔 다. 따라서 산전 건강검진비 6억 원을 포함하여 56억 원의 예산이 편성된 산후 조리지원은 성남시 신생아 약 9000명에게 예정 지원금 50만 원의 절반인 25만 원을 성남 지역 화폐로 축소 지급함으로써 정부 상대 헌법재판 패소 시 집행 유 보금을 재정 패널티에 충당하여 복지사업 시행에 따른 성남시의 재정 손실을 막을 계획이라는 것이다. 이는 지방교부세법 시행령 개정이 지방자치단체의 복 지정책 운영에 미치는 부정적인 결과에 관한 우려가 현실화된 것이라고 볼 수

---

22) 「이재명 성남시장 '성남시 3대 복지차단, 대통령 뜻인가?'」, 성남시 보도자료, 2015.12.22.

23) 성남시는 3대 복지정책을 위해 증세도, 정부 지원 요구도, 다른 복지예산의 축소도 하지 않고 부 정부패를 없애고, 낭비되는 예산을 아끼고, 탈루세금 징수를 강화해 마련한 자체 재원으로 시행 한다고 밝혔다. 그리고 무상산후조리지원 56억 원, 무상교복 지원 25억 원, 청년배당 113억 원 등 필요한 예산을 모두 확보했다. 이재명 성남시장, 2016 신년 긴급기자회견 전문, 피플투데이, 2016. 1.4(http://www.epeopletoday.com/news/articleView.html?idxno=11073).

있다.

한편, 복지사업 강행 시 교부금을 깎는 지방교부세 시행령이 모법에 위임 규정이 없어 위법이라고 지적한 성남시장은 정부를 상대로 한 법적 투쟁에도 최선을 다해 승소함으로써 수혜자들이 나머지를 지급받을 수 있도록 하겠다고 밝히면서 공공산후조리원은 법적 근거인 모자보건법 시행에 맞추어 준비해나가도록 하겠다고 했다.[24] 즉, 성남시는 보건복지부의 사업 불수용과 지방교부세법 시행령 개정에 대해 위헌이자 위법이라고 인식하며 복지 포기가 아닌 복지축소의 형태로 우선 민간 산후조리원 이용비용 지원사업을 강행하며 법적 투쟁을 하겠다고 선언했다. 그러나 성남시가 계획한 공공산후조리지원 정책 중 공공산후조리원 설치 및 운영은 모자보건법 시행에 맞추겠다고 밝혔다. 이는 2015년 12월 22일(6월 23일 시행)에 개정된 모자보건법(제15조의17)이 지자체의 공공산후조리원 설치·운영의 법률적 근거를 마련하고 설치 기준과 운영에 필요한 사항을 법률에 위임하고 있기 때문이다. 입법부로부터 공공산후조리원 설치 기준과 같은 핵심적인 사항을 결정하도록 과도한 위임입법 권한을 넘겨받은 행정부가 위임입법(모자보건법 시행령)을 통해 성남시의 자치권한을 침해하고 국민의 기본권 실현을 방해하는 결과를 이끌어 온다는 것을 확인할 수 있다.

3) 모자보건법과 사회정책 통제

야당은 정부가 성남시의 공공산후조리원 설치 계획에 제동을 걸자 지자체의 공공산후조리원 설치·운영 권한을 법률로 보장할 목적으로 모자보건법 개정안을 발의해 2015년 12월 3일에 통과시켰다. 개정된 모자보건법이 12월 22일에 공표(2016년 6월 23일 시행)되었다. 개정된 모자보건법은 다음과 같다. "모자보건법 제15조의17 (지방자치단체의 산후조리원 설치) ① 특별자치시장·특별자치도지사 또는 시장·군수·구청장은 임산부의 산후조리를 위하여 설치·운영할 수

---

[24] 이재명 성남시장, 2016 신년 긴급기자회견 전문, 피플투데이, 2016.1.4(http://www.epeopleto-day.com/news/articleView.html?idxno=11073).

있다. ② 제1항에 따른 산후조리원 설치·운영 시 해당 지방자치단체 내 산후조리원 이용 현황, 감염 및 안전관리 대책 마련, 모자동실 설치·운영, 이용자 부담 및 저소득 취약 계층 우선 이용 여부 등 설치 기준과 운영에 필요한 사항은 대통령령으로 정한다."

그러나 보건복지부는 2015년 법 개정안이 국무회의를 통과한 후 12월 11일에도 "무분별한 무상 지원이 되지 않도록 하기 위한 적정 이용자 부담 등 합리적 운영 방안을 시행령에 담을 것"이라며 논란을 일으켰다.[25] 이어 보건복지부는 3월 4일에 지자체의 공공산후조리원 설치 허용 기준을 담은 모자보건법 시행령 개정안을 마련해 4월 14일까지 입법 예고한다고 밝혔다. 이에 따르면 지자체 관할 구역에 산후조리원과 산모 신생아 건강관리사가 없고, 관할 구역의 경계에 있는 지자체의 산후조리원과 산모 신생아 건강관리사 공급이 수요의 60% 이하일 때만 지자체가 공공산후조리원을 설치할 수 있도록 하겠다는 것이다. 이를 통해 모자보건법 제15조의17은 설치 기준과 운영에 필요한 사항은 대통령령으로 정하도록 하는데, 이미 보건복지부는 설치 기준을 엄격하게 제한하는 내용을 계획했음을 알 수 있다. 실제로 민간산후조리원이 한 곳도 없는 지자체는 드물어서 이러한 방향으로 시행령이 바뀌면 공공산후조리원이 설치되는 곳은 거의 없을 것으로 논란이 일었다. 야권도 "애초 입법 취지와 달리 시행령의 설치 기준이 설치 대상 지역을 지나치게 까다롭게 제한하고 있다"고 반발했고 법안을 발의한 더불어민주당 남인순 의원은 "입법기관이 아닌 행정기관이 법의 취지와 반대되는 시행령을 만든 것"이라며 "산후조리원이 없는 지자체는 실제로 출산이 적어 수요 자체가 없는 곳인데 그런 지역들로 설치 대상을 한정하는 것은 사실상 공공산후조리원을 만들지 못하게 하겠다는 것"이라고 지적했다.[26]

거듭되는 논란 속에서 2016년 6월 21일(23일 시행) 공공산후조리원의 설치에

25) "사회보장위원회 제도조정전문위원회 '성남시 공공산후조리원 부적절' 결론", 머니투데이, 2015.12. 11(http://news.mt.co.kr/mtview.php?no=2015121113485389441).

26) "공공산후조리원, 민간산후조리원 없는 곳만 허용 '논란'", 연합뉴스, 2016.3.4(http://www.yonhap news.co.kr/bulletin/2016/03/04/0200000000AKR20160304147500017.HTML).

대한 시행령이 개정되었다. 시행령 제17조의6(지방자치단체의 산후조리원 설치기준 등)은 모자보건법 제15조의17 제1항에 따라 개정된 것으로 산후조리원의 설치 기준과 운영에 필요한 사항은 별표 2의2에서 확인할 수 있고 그 내용은 다음과 같다. 설치 기준: 특별자치시장·특별자치도지사 또는 시장·군수·구청장은 다음의 기준을 모두 충족하는 경우에만 산후조리원을 설치할 수 있다. 해당 지방자치단체에 신고된 산후조리원 및 해당 지방자치단체에 등록된 사회서비스 제공자에 소속된 산후조리 도우미가 모두 없을 것과 해당 자치단체의 관할 구역과 인접한 각 특별자치시 또는 시·군·구의 전년도 신생아 수, 전년도 산후조리원 이용 가능 인원, 전년도 산후조리 도우미 이용 가능 인원 등을 고려하여 보건복지부 장관이 정하여 고시하는 기준을 충족할 곳을 명시했다. 보건복지부 장관에 의해 제정·발령된 고시는 경계에 있는 지방자치단체의 산후조리원, 신생아 건강관리사의 수요 충족률이 60% 이하인 경우와 수요 충족률이 100% 이상인 인접한 지방자치단체에 60분 이내에 도달하지 못하는 가임기 여성 인구의 비율이 50% 이상인 경우에는 산후조리원을 설치할 수 있다고 규정했다.

개정된 공공산후조리원 설치 기준에 대한 모자보건법 시행령 제17조의6은 이미 모자보건법 통과 직후 우려했던 것처럼 해당 지자체에 산후조리원과 산후조리 도우미가 없으면서 인접한 모든 지자체의 산후조리원과 산후조리 도우미 수요 충족률이 부족한 상황이어야 공공산후조리원을 설치할 수 있다는 규정을 둠으로써 가능한 한 공공산후조리원을 설치하지 않겠다는 정부의 강한 의지를 보여준다고 할 수 있다. 우선 전국 산후조리원 수는 증가하는 추세이나 그럼에도 불구하고 민간산후조리원이 없다는 것은 해당 지역의 출산율이 낮아서 산후조리원 자체에 대한 수요가 없다는 말과 다름없는 것이다.[27] 따라서 이처럼 엄격한 설치 기준을 맞출 수 있는 지자체는 현실적으로 드물다. 실제로 이런 설치

---

27) 국회 보건복지위원회 남인순 의원(더불어민주당)이 복지부에서 받은 '산후조리원 이용 요금 현황'에 따르면 산후조리원은 2013년 557개소, 2014년 592개소, 2015년 610개소, 2016년 612개소로 해마다 증가했다. "산후조리원 2주 이용하는데 2000만 원", 의약뉴스, 2017.10.30(http://blog.naver.com/PostView.nhn?blogId=polungga&logNo=221128698624).

기준을 충족하는 곳은 전국적으로 출생아가 매우 적은 농어촌 23개 시·군으로 전체 지자체의 약 9%에 그친다.[28]

공공산후조리원의 설치와 운영에 관한 것은 국민의 건강권 등 기본권과 밀접한 관련이 있어 의회에서 중요하고 핵심적인 사항을 정해 법률에 구체적으로 규정할 필요가 있는데, 개정된 모자보건법 제15조의17 제1항도 다른 법들처럼 위임 위법을 통해 공공산후조리원의 설치 기준과 운영에 관련된 사항을 정하도록 행정부에 모든 재량권을 주는 과도하고도 포괄적인 위임 형태를 보이고 있다. 이 법 조항에 따라 시행령(제17조의6, 별표 2의2)으로 설치 기준을 현실과는 동떨어지게 엄격히 제한하는 것뿐만 아니라 보건복지부 고시에 의해서도 인접한 지자체의 공공산후조리원 설치 허용 기준을 엄격하게 정하는 등 이중 삼중으로 성남시의 공공산후조리원 설치에 제동을 걸겠다는 중앙정부의 의도가 엿보인다. 이로 인해 결국 성남시는 공공산후조리원 설치 및 운영 계획을 잠정적으로 중단했다. 이러한 중앙정부의 과도한 위임입법에 근거한 행정 행위가 성남시의 복지 시행 자치권 침해를 넘어서 산후조리 방법을 자유롭게 선택할 수 있는 권리와 감염 및 안전사고로부터 벗어나 공공산후조리 서비스를 통한 건강 유지 권리 등 국민의 기본권 실현에 중대한 침해를 했다고 볼 수 있다. 즉, 성남시의 공공산후조리원 정책 사례는 중앙정부와 지방자치단체의 장이 속한 정당이나 정책 노선 등 정치적 기반이 다를 경우 중앙정부가 위임입법 권한을 이용하여 어떻게 지방자치단체의 정책이 시행되지 못하도록 하는지를 보여주는 예라 할 수 있다. 따라서 의회 유보 원칙에 따라 적어도 모자보건법에서 공공산후조리원의 설치 기준은 의회에서 합의하여 구체적으로 규정하는 것이 국민의 기본권을 실현하고 보장하는 길일 것이다.

---

28) "산후조리원도 지자체 자율로…설치권한 대폭 이양", ≪매일신문≫, 2017. 12. 29(http://www.imaeil.com/sub_news/sub_news_view.php?news_id=58283&yy=2017).

5. 맺음말

필요성에 대한 논쟁이 있지만 대체로 한국에서 산후조리는 긴 역사를 통해 문화와 전통으로 자리 잡고 있는 듯하다. 대한산부인과학회에서도 산후조리의 부실로 발생하는 한국 산모들의 산후풍을 공식적으로 인정하는 등 산후조리의 필요성을 수용하고 있다.

그러나 사회 및 가족 구조의 변화로 더 이상 가정 내에서의 전통적 산후조리가 어려워지면서 산욕기에 있는 여성과 신생아를 위해 산후조리원이 생겨나기 시작했고 점점 증가하는 추세이다. 대다수 국민이 산후조리원을 이용하고 종사 인력도 많아져 한국의 중요한 문화로 정착하고 있다고 볼 수 있다. 그러나 난립된 민간산후조리원의 이용 비용 부담과 감염 및 사고 등의 서비스 질 문제는 민간산후조리원에 대한 관리·감독을 강화하고 공공산후조리원을 설립하라는 요구로 나타났다.

이신용은 한국 위임 민주주의 체제에서 입법부가 입법권을 스스로 포기하고 행정부에 넘겨준 과도한 위임입법 권한 구조는 사회보장 수준의 저발전을 이끌었다고 주장한다. 이 이론적 주장을 기반으로 하여 이 글에서는 행정부의 과도한 위임입법 권한을 통하여 정당 혹은 정책 노선 등 정치적 기반이 다른 중앙정부가 지방정부의 사회복지정책 도입 및 시행을 통제할 수 있다는 이론적 테제를 도출하여 이를 성남시 공공산후조리지원 정책 사례 분석을 통해 밝히고자 했다. 야당 소속인 지방자치단체장을 둔 성남시는 출산·양육 문제를 개인의 책임이 아니라 복지국가가 책임져야 할 문제로 인식하며 2015년 공공성 강화를 기반으로 무상 공공산후조리원 설치 및 운영과 인증 민간산후조리원 이용료 지원계획을 발표했다. 반면 산모 신생아 건강관리 지원사업을 포함한 민간산후조리원 중심의 서비스 제공과 낮은 수당 지원 중심의 정책 방향을 지향하는 박근혜 정부는 행정부의 과도한 위임입법 권한을 이용한 사회보장기본법, 지방교부세법 및 모자보건법의 위임입법을 통해 성남시의 공공산후조리지원 정책에 제동을 걸었다. 즉, 이를 통해 중앙정부의 복지제도에 대한 관리·감독 차원을 넘어 정책 도입 및 시행을 통제하고자 한 것으로 보인다.

헌법 제75조는 법률에 구체적으로 범위를 정하여 위임을 하라고 규정한다. 최근에 헌법재판소도 부분적이긴 하지만 판례들을 통해 국민의 기본권과 밀접한 관련이 있는 제도의 중요한 사항은 국회에서 정할 것을 요구한다. 이미 독일에서는 헌법재판소의 판례들을 중심으로 형성·발전되고 있는 의회 유보 원칙에 따라 사회보장제도가 국민의 기본권과 깊은 관련이 있을 때는 행정부의 위임입법이 아니라 국회가 정한 법률에서 제도의 핵심적이고 본질적인 사항을 구체화하고 있다.

사회보장기본법의 사회보장제도 신설·변경에 대한 협의 및 조정에 관한 규정은 이전에는 없다가 이명박 정부 시기인 2012년 1월 26일에 개정되어 제26조로 개편되고 이에 따라 시행령도 27일에 개정되었고 2013년 1월 27일부터 시행되었다. 성남시의 공공성 강화를 기반으로 한 공공산후조리지원 정책은 산후조리 방법을 선택할 자유권과 건강권 등 국민의 기본권 실현과 밀접한 관련이 있어 행정부의 위임입법으로 정할 것이 아니라 국민의 대표인 국회에서 제도의 핵심적인 사항을 결정하는 것이 필요하다. 그러나 이를 고려하지 않은 채 사회보장기본법 제26조 제2항은 제도 신설(공공산후조리지원 정책)과 관련된 모든 사항을 위임해서 대통령을 포함한 행정부가 단독으로 결정하도록 하는 것과 이를 보건복지부 장관과 협의하라는 것이 보건복지부가 주장하는 것처럼 동의 혹은 합의를 의미하는 것인지 아니면 의사소통을 뜻하는 절차적 의지를 뜻하는 것인지가 명확하지 않아 막강한 권한을 가진 중앙정부가 자의적으로 해석하여 이용할 여지가 있는 것이 문제다. 이는 중앙정부의 정당 기반과 다르고 정책 입장이 맞지 않는다면 이 같은 과도한 행정부의 위임입법 권한을 이용하여 얼마든지 제도 도입을 통제할 수 있기 때문이다. 따라서 이 사회보장기본법 조항 자체는 논란의 여지가 있기 때문에 신설·변경되는 사회보장제도가 국민의 기본권 실현과 밀접한 관련성이 있을 때에는 의회에서 새로운 법을 제정하거나 혹은 관련된 법률(모자보건법)에서 핵심적인 사항을 결정하도록 하는 것이 필요하다. 지방자치권한을 보장하기 위해서는 신설되는 제도와 국민의 기본권 실현 관련 정도가 높지 않거나 국가적 차원이 아니라 지방자치단체 차원에서 운영되어도 별문제가 되지 않는 제도는 지방자치단체의 조례에 따라 도입·시행될 수 있도록 보장하는 것이 필요하다. 또한 사회보장기본법 제26조 제2항 협의 규정이 자의적으로 해석되어 지방정부의 자치복지사업이 방해받지 않도록 법률 내에 구체적이고 명백한 규정이 재정립되어야 한다. 그러나 산후조리는 산모 신생아의 건강권과 긴밀한 관련이 있으므로 행정부에 의한 결정이 아닌 국민건강보험법에서 산후조리원 설치 및 운영과 산모 신생아 건강관리 지원사업을 규정하여 의회에서 핵심적이고 본질적인 사항을 구체적으로 결정하고 명시하여 민간 중심의 서비스 제공에서 국가의 역할을 강화시키는 방향으로 개선되는 것이 적절하다고 여겨진다.

지방교부세법 제11조 제2항도 지방자치단체가 위반한 법령이 국민의 기본권 실현과 관련이 있는지에 대한 고려 없이 지방자치단체가 법령을 위반한다고 할 때 그 법의 종류와 위반의 내용 및 범위에 대해 법률에는 구체적으로 규정해야 하는데, 이것 없이 위임입법을 통해 대통령을 포함한 행정부에게 이와 관련된 사항을 결정하고 집행할 수 있도록 모든 재량권을 주는 것은 위임의 한계를 벗어난 것이다. 지방교부세법 시행령 제12조 제1항 제9호는 지방정부가 사회보장제도를 신설·변경할 경우 중앙정부의 승인 혹은 동의에 가까운 협의를 하지 않으면 교부세를 감액받을 수 있게 하는 조항으로 지방정부의 사회정책 도입을 통제하는 수단으로 이용될 수 있는데, 실제로 성남시의 자치행정권한을 침해했고 결과적으로 시민의 기본권 실현을 저해했다고 볼 수 있다.

사회보장기본법에 의해 중앙정부가 성남시의 산후조리 정책에 대해 불수용 입장으로 성남시와 첨예한 대립 및 갈등이 있는 시기에 지방교부세법 시행령 제12조 제1항 제9호는 박근혜 정부 집권 2014년 12월 30일에 개정되어 2016년 1월 1일부터 시행을 앞두고 있었다. 중앙정부(행정부)는 사회보장제도의 신설·변경과 관련된 사항을 재정과 연결한 지방교부세법 시행령 제12조 제1항 제9호를 통하여 이를 정당 소속과 정책 노선이 다른 성남시의 무상 공공산후조리원 설립과 산후조리원 이용료 지원 정책에 이중 삼중으로 제동을 거는 수단으로 이용했다고 할 수 있다. 이 시행령 조항은 중앙정부가 지자체의 복지 업무에 과도하게 간섭하는 것으로 지방 분권화 시대에 적절하지 않는 조항이며 폐지되는 것이 지방자치권한을 보장하는 것으로 판단되는데 이에 대한 논의가 필요하다고 할 수 있다.

이처럼 중앙정부가 성남시의 공공산후조리원 설치 계획에 제동을 걸자 지자체의 공공산후조리원 설치 및 운영 권한을 법률로 보장할 목적하에 개정된 모자보건법 제15조의17도 문제인 것은 법률에 구체적인 규정 없이 핵심적인 사항인 공공산후조리원 설치 허용 기준 및 운영 사항을 대통령령으로 정하도록 위임한다는 것이다. 이 법에 근거한 시행령 제17조의6은 설치 기준을 현실적이지 않고 엄격하게 제한하는 것뿐만 아니라 보건복지부 고시에 의해서도 인접한 지자체의 공공산후조리원 설치 허용 기준이 정해지는 등 가능한 한 모든 수단을 동원하여 성남시의 공공산후조리원 설치에 제동을 걸겠다는 중앙정부의 의도가 엿보였고 결과적으로 성남시는 공공산후조리원 사업 추진을 잠정적으로 중단했다. 따라서 모자보건법 시행령과 보건복지부 고시는 폐지되어야 하고 헌법 제75조와 의회 유보 원칙에 따라 적어도 모자보건법에서 공공산후조리원의 설치 기준과 운영에 관련된 핵심적인 사항은 의회에서 합의하여 법률에 구체적으로 규정하는 것이 국민의 기본권을 실현하고 보장하는 길일 것이다.

결론적으로 성남시 사례는 다른 정치적 기반을 가진 중앙정부와 지방자치단체의 장이 충돌할 때 중앙정부가 막강한 행정부의 위임입법 권한을 지방정부의 제도 신설을 방해하는 데 이용할 수 있다는 것을 보여준다. 이러한 중앙정부의 과도한 위임입법에 근거한 행정 행위는 성남시의 복지 시행 자치권 침해를 넘어서 국민의 기본권에 중대한 침해를 했다고 볼 수 있다. 따라서 한국 민주주의와 사회복지의 발전과 국민의 기본권 실현 및 지방자치의 보장과 실현을 위해서는 입법부가 과도하게 행정부에게 넘겨준 위임입법 구조 속에서 행정부가 주도적으로 사회복지정책의 중요하고 핵심적인 사항을 결정하는 법 구조가 개혁되어야 한다. 즉, 신설되는 제도가 국민의 기본권 실현과 밀접할수록 국민의 대표인 국회에서 사회복지정책의 중요하고 본질적인 사항이 법률로 구체적이고 명확하게 규정되어야 한다. 마지막으로 한국의 위임 민주주의 체제에서 행정부의 과도한 위임입법 권한이 사회복지정책을 비롯한 국가 정책을 통제하는 영향력에 관한 연구가 타 분야의 법률에 관한 연구를 통해 지속적으로 이루어지기를 기대한다.

종교사회복지의 이론과 실제

전명수

1. 머리말: 종교사회복지 연구의 필요성[1]

이 글은 종교사회복지(이하 종교복지)에 관한 주요 이론과 실제 활동들을 검토하고, 이를 토대로 하나의 학문 분과로서 향후 종교복지가 나아가야 할 방향을 제시하기 위해 기술된다. 그간 한국 사회의 복지활동에서 종교의 역할은 매우 중요했으나, 그럼에도 학계에서는 종교복지에 대한 연구가 아직 충분하지 않거니와, 사회복지활동에서 종교의 역할이 얼마나 큰지에 대한 인식의 결여가 드러난다.

대부분의 기성 종교는 자신의 이념과 가치를 사회적으로 구현하기 위한 조직 체계와 제도적 장치를 가지고 있으며, 이러한 조직 체계와 제도적 장치는 복지 활동의 효율성과 지속성을 높이는 데 크게 기여하고 있다(전명수, 2011: 222). 그러나 이 글에서는 사회복지에서 종교의 긍정적 역할과 기여와 함께 종교복지가 보여주는 문제점과 과제에도 주목할 것이다. 다원화된 사회의 복지는 종교가 담당할 수 있고, 실제로 담당하고 있는 영역이 크다는 점은 인정되지만 동시에

─────────────

1) 이 절은 전명수(2011)를 재정리했다.

그것이 종교의 '책임'이기도 하다는 것을 소홀히 할 수 없기 때문이다. 종교복지의 성격과 과제에 대한 새로운 방향에서의 좀 더 진전된 연구가 요구되는 이유는 첫째, 복지에 대한 기존 연구의 한계를 극복하기 위해서이다. 현대는 복지의 시대로, 최근 많은 대학에 사회복지학과가 설치되어 있고, 복지에 대한 연구 역시 상당히 많이 수행되어 양적으로 축적되어 있으나, 내용과 방식에서 새로운 시각을 보여주지 못하고 있다. 따라서 이제 복지연구를 총체적으로 점검하면서 현대 사회의 변화에 부응하지 못하거나 사회적 맥락에서 소홀히 취급된 부분들을 찾아보고, 보충하거나 아니면 방향 전환을 시도할 필요가 있는 것으로, 종교복지는 이러한 점들을 해결하는 중요한 분야가 될 것이다. 이것은 종교복지가 복지의 새로운 분야라는 의미는 아니지만 사회복지와 달리 종교기관을 통한 인적·물적 자원의 동원이 용이하다는 점, 사회복지 프로그램에 영성, 종교적 정신세계와 같은 종교 교리의 구현을 담을 수 있다는 점에서 종교복지를 통한 사회복지 영역의 확대가 가능하다는 것이다. 그간 종교복지 연구가 실제로는 종교별 복지에 대한 관심과 기여도에 관한 고찰이어서 이를 종합하여 종교복지의 개념을 일원화할 필요가 있다.

둘째, 그동안의 연구가 종교복지를 선교나 포교의 일환으로 보고 그 방법을 모색하는 것이 많아서 이를 극복하거나 또는 균형을 추구할 필요가 있어서이다. 현대 사회가 요구하는 복지에서 종교의 역할은 주체가 될 수도 있고 도구가 될 수도 있지만, 무엇보다 그동안 각 종교별 또는 종파별 복지서비스가 이면적으로 또는 드러나게 선교의 일환으로 수행되어왔다는 점이 나타난다. 종교는 주체로서 또는 도구로서 어느 경우든 선교를 완전히 배제할 수 없고, 또 이를 반드시 배제할 필요도 없는 것으로, 그것은 종교성을 배제한다면 종교복지일 수 없기 때문이다. 그러나 그것이 목적이 되어서는 순수한 의미의 복지활동이 될 수 없거니와, 이 점은 실제로 각 종교별 복지기관의 선교활동에 대해 종교가 거대한 동원자원을 가지고 공공복지에 편승해서 자기 종교의 선전장을 만들고 있는 데 거세게 항의하고 비판하는 글이 인터넷에 오르고 있는 것에서도 알 수 있다. 선교로서의 복지 문제는 종교복지가 우선적으로 짚고 넘어가야 할 가장 큰 과제로 종교복지의 성공을 위해 반드시 고찰되어야 할 부분이다.

셋째, 종교복지가 내세우는 종교적 가치와 그 구현 방식에 대한 연구의 필요성 때문이다. 종교복지는 종교가 추구하는 이념을 사회적으로 구현하는 작업으로 볼 수 있다. 사랑, 정의, 평등, 평화, 자비, 인간의 존엄성 등과 같이 각 종교에서 강조하는 가치들을 집약하여 일상생활에서 구체적으로 실현시킬 수 있는 것이 바로 복지이다. 그러나 이러한 가치들 중 사랑, 자비는 한 축을, 정의, 평등, 평화, 인간의 존엄성 등은 또 다른 한 축을 형성하는 서로 다른 성격과 범주를 갖는다. 간단하게 정리하면 전자는 돌봄, 후자는 사회정의로 분류할 수 있다. 전자는 종합사회복지관, 노인복지관 같은 사업이나 활동을 통해 살펴볼 수 있으나 후자의 구현 방식에 관해서는 앞으로 좀 더 적극적인 고찰이 필요해 보인다.

넷째, 종교복지 연구는 종교의 자기반성, 자기 성찰을 위해서도 필요하다. 종교복지는 그 초점을 '종교'와 '복지'로 이원화할 수 있지만, 종교복지는 특히 종교적 측면에서의 기여도 크다는 점에서 그 연구의 의의가 더 크게 드러난다. 현대 종교는 신자들의 생활과 삶이라는 일상 안으로 들어와 신자들과 함께 하는 '생활 종교'의 특성을 보여준다. 그러나 다른 한편 종교가 소유한 막대한 자산을 기반으로 거대 권력집단으로 부상하여 사회적으로 그 힘을 행사하는 데 대한 비판이 많을뿐더러, 종교나 종파에 따라 다르기는 하지만 지나치게 영혼 구제에만 관심이 있고 사회 현실의 부조리나 문제들을 외면한다는 지적을 받기도 한다. 종교복지는 종교가 이러한 비판에서 벗어나 그 참다운 존재 근거와 방식을 찾을 수 있는 매우 중요한 길이 될 것이다.

따라서 이 글에서는 먼저 그간 국내외에서 이루어진 종교복지에 관한 선행연구들을 살펴보고, 이를 기반으로 종교복지의 이론과 실제를 다루어보고자 한다. 종교별로는 주로 개신교, 가톨릭, 불교, 원불교 사회복지가 포함된다. 개별 종교의 교리나 이념의 차이가 크지만 취약 계층과 사회적 약자에 대한 시선은 별로 다르지 않아서 종교별 사회복지를 종교복지로 종합해도 큰 문제는 아닐 것으로 보인다.

2. 종교사회복지 선행연구사 검토

일반적으로 '종교복지'는 종교적 이념과 가치에 기반을 두어 이루어지는 복지활동이거나 종교기관 또는 종교인들이 수행하는 복지활동을 가리킨다. 복지는 대부분의 종교가 그 이념을 구현하기 위해 꾸준히 실천해왔다는 점에서 종교의 역사를 곧 복지 실천의 역사로 보기도 한다.

1960년대 이후 종교복지는 각 종교별 사회사업의 형태로 전개되면서 이와 관련된 연구들이 꾸준히 축적되었고, 1980년대부터 이루어진 종교별 복지연구는 각 기성 종교의 정체성에 보다 관심을 기울였다. 그러나 종교복지 연구가 활발하게 수행된 것은 대체로 2000년대에 진입하면서부터로, 이것은 복지국가를 위한 정책 수립, 대학의 사회사업학과의 사회복지학과로의 전환 등의 추세와 맞물려 사회복지가 적극적으로 학문적 위상을 확립했던 것과 무관하지 않을 것이다. 실제로 종교복지에서 종교를 종합적으로 다룬 종교사회복지 관련 단행본들이 2000년대에 들어서 출간되었다. 예로 기독교와 사회복지, 불교와 사회복지가 중심인 『한국의 종교와 사회복지』(박성호, 2005), 인간복지와 영성, 종교사회복지의 실제, 현황과 과제를 다룬 『종교사회복지』(이혜숙 편저, 2003)가 있고, 종교사회복지포럼에서의 발표 논문들을 묶은 『시민사회와 종교사회복지』(종교사회복지포럼 편, 2003) 등이 있다. 사회복지학은 기본적으로 실천 학문으로서의 성격을 지니므로 종교사회복지 역시 실천론적 관점에서 접근하는 연구가 보인다. 『불교사회복지실천론』(권경임, 2004)과 「종교복지실천에 대한 현상학적 연구」(안신, 2013), 그리고 국내에서 유일하게 번역본이 나온 『종교사회복지실천론: 사회복지실천에서 얼알의 다양성』(에드워드 캔다·레올라 디러드 퍼만, 박승희·이혁구 외 옮김, 2003) 등이 그 예이다.

국내에서 종교복지의 기본 성격과 과제를 다룬 연구는 이미 상당히 축적되었고, 이들 연구를 통한 쟁점, 과제 등을 중심으로 한 고찰도 나와 있다(노길명, 2010: 191~215; 고병철, 2011: 244~284). 필자 역시 종교사회학자의 이론과 실천에 대한 문제의식을 가지고 다양한 각도에서의 논의를 수행한 바 있다(전명수, 2011: 221~246; 2012: 253~280; 2013: 279~312; 2015: 65~92). 이 글에서는 이들을 중심으로 연구사를 정리한다.[2] 먼저 종교복지의 개념에 관해서는 대체로 사회복지의 주체로서 종교가 갖는 의미에 초점을 두었다. 사회복지의 실현을 위해 종교가 행하는 실천적 노력(정무성, 2003: 18), 종교가 주체가 되어 시행하는 일체의 사회복지활동(이원식·오주호, 2009: 159~160 재인용) 같은 정의가 그러하거니와, 이 점은 여전히 일부 학자들에 의해 쓰이고 있는 '종교계 사회복지'(고병철, 2011: 244)에서도 동일하게 드러난다. 종교별로는 기독교 복지를 인간을 영생으로 인도하는 구원사업으로 규정하고, 나눔의 사랑, 섬김의 사랑을 통해 이루어지고 있는 것으로 본다(김기원, 1998: 199). 개신교 사회복지(이하 기독교 복지)는 하나님을 믿는 신자들이 하나님의 말씀에 순종하여 그의 사랑을 세상에 전파하고 세상 가운데 실천해 나아가는 기독교 교인들의 체계적인 노력(유장춘, 2002: 86; 손용철, 2002: 271)으로 규정한다. 다른 한편 기독교 복지의 개념에 사회정의를 내세우고(이부덕, 2001: 77~91), 그 목적을 보편적 복지와 함께 평등, 정의로운 분배, 사회통합에 두며, 그 이념을 사랑과 섬김, 신뢰와 감사로 보기도 한다(박창우, 2012: 433).

가톨릭에서는 사목지침에서 보여준 성서와 교회의 사회적 가르침에 따라 가난한 이들의 필요를 채워주는 사랑의 실천과 함께 이들을 고통 속에 머물게 하는 불의한 사회구조를 정의롭게 만들어가는 활동을 교회의 사회복지에 포함시켰다(한국천주교사목지침서 제222조). 이에 근거해서 가톨릭 사회복지(이하 가톨릭 복지)의 의미는 그리스도 사랑의 실천과 하느님 정의의 구현 그 자체로 규정되었다. 신약의 핵심은 이웃 사랑이고, 구약의 핵심은 하느님의 정의로, 현세에서 이것을 가장 구체적이고 일상적으로 드러내며, 나아가 인간이 만들어낸 제도의 형태를 띠고 나타나는 장(場)이 바로 사회복지의 영역으로 간주되었다(이태수, 2001: 31). 불교복지의 개념은 불교를 주체로 하는 복지활동(권경임, 2007)으로 규정되었는데, 여기서 불교는 불교정신을 가리키기도 하고(신섭중, 1992: 37; 현관, 2005: 60), 불교사상을 의미하기도 한다(조성희, 1999: 81). 복지와 관련된 불

---

2) 이 부분은 전명수(2015)를 재정리했다.

교사상으로는 자비, 보시, 보은이 주로 거론된다(김학주·임정원, 2011: 9). 원불교는 1916년 개교 이래 교화, 교육, 자선사업을 교단의 삼대사업 목표로 설정했으므로 그중 자선사업을 복지활동으로 규정하거나(서윤, 1987: 513; 이영관, 1986: 134) 자선에 이타주의(원석조, 2006: 357~359)와 무아봉공(심대섭, 1993: 313~315) 등을 더하기도 한다.

이와 같이 종교복지는 종교 이념이 구현되는 사회복지활동을 의미하지만 실제로는 종교 이념을 구현하려는 종교인, 종교기관이 대상이 되거니와, 연구자들은 일차적으로 종교기관 내지는 종교복지법인과 같은 종교 관련 단체들이 운영하는 다양한 복지시설과 종교인들의 복지활동을 고찰 대상으로 삼는다. 우스노우(Robert Wuthnow)는 복지활동이 지속적인 것이 되기 위해서는 종교기관(교회)의 참석이 반드시 필요하다고 보았는데, 이것은 교회 참석이 자선행동을 강화한다는 것이 아니라, 오히려 이러한 자선 행위가 개별 신자들이 교회 안에서 보고 듣는 것에 의해 이끌어진다는 관점이다(Wuthnow, 1991: 126~127). 따라서 복지활동의 운영 주체로서의 종교기관은 궁극적으로 이러한 종교인들이 구현하고자 하는 종교 이념이나 가치를 가리키는 것으로 간주된다.

이상에서 종교의 본질은 그것이 자비든, 자선이든, 사랑이든 대부분 어려운 이들에 대한 긍휼, 보시, 봉공이 중심이다. 긍휼의 측면에서 수행하는 종교기관의 대표적인 것이 종합사회복지관으로 종교 기반 종합사회복지관은 기본적으로 중심 사업 내용이 가족, 지역사회, 교육문화, 자활사업으로 이루어져 있어 비종교 사회복지관과 별로 차이가 없다(전명수, 2011: 221~246). 그러나 종교의 본질은 단지 긍휼의 베풂만이 아니라 사회적 불의에 대한 비판과 개혁이 포함된다. 2000년대에 들어와 종교복지 연구가 활발하게 수행되면서 특히 후자, 종교복지에서 시민사회활동과의 연계에 대한 관심이 제고되었다. 이태수는 가톨릭 복지가 그 지향점을 한 인간의 구원에서부터 사회의 구원까지, 즉 사회정의의 실현으로까지 끌어올려야 한다고 본다(이태수, 2001: 57). 유승무 역시 종교복지는 시민사회 및 시민사회운동과의 연관성 속에서 논의되어야 한다고 주장했다. 종교는 시민사회에서 가장 중요하고 영향력 있는 부분인데다가 종교복지는 국가복지와는 달리 정치적 요인이나 경제적 요인과 같은 외적 요인으로부터 상대적으로 자유롭고 실제로도 적은 영향을 받고 있다. 종교복지는 비정부적 성격과 비영리적 성격을 동시에 지니고 있어서 시민사회의 속성과 부합하거니와, 오늘날 시민사회의 급속한 성장은 종교복지가 시민사회와 연계한 새로운 모델을 필요로 하고 있다는 것이다(유승무, 2003: 42~43).

그러나 이에 대한 문제 제기도 보인다. 고병철은 사회복지 개념이 1980~1990년대에 '단순 자선 차원'에서 '사회정의'로 전환되었는데, 그 전환 정도에 따라 고려의 여지가 있음을 암시하면서도 '사회 전체 구성원의 인간다운 행복한 삶을 저해하는 부정의에 끊임없이 도전하는 노력'이라는 관점에서 사회복지의 개념을 규정했다. 그러나 그는 한국 종교계 사회복지의 과제로 무엇보다 종교복지를 포함한 사회복지 개념의 성찰과 정립을 거론하면서 이를 위해서는 사회복지개념에 사회정의 실현 부분을 어느 정도 포함시킬 것인지에 대한 고민이 전제되어야 한다고 보았다(고병철, 2011: 268~273). 정의 이념은 종교복지뿐만 아니라 사회복지 전반에 해당되는 것이기는 하지만, 종교복지에서는 평등, 정의의 개념에 종교적 이념으로 접근하고 있는 것이다. 가장 큰 쟁점은 종교와 시민사회의 연계 필요성에 관한 이론이 실제 종교복지시민사회단체(이하 종교복지시민단체)의 활동이나 특성과 거리가 크다는 데에 있다. 대체로 이 시기 종교복지와 시민사회의 연계에 대한 논의는 지나치게 이론에 치우치면서 실세 종교복지시민단체의 활동을 다루지 않고 있다. 구체적으로 이 단체들의 활동을 분석한 고찰에서 대부분의 단체는 시민단체의 특성인 '운동'보다는 '돌봄'을 중시하고, 간혹 운동을 보여주는 단체일지라도 돌봄 역시 소홀히 하지는 않거니와, 이 점은 종교복지시민단체가 일반복지시민단체의 활동과 차별화되는 특성이기도 하다(전명수, 2016: 1~31).

이상은 종교의 본질을 돌봄과 정의로 나누어 이를 사회복지와 연계해서 살펴본 것이다. 이와 달리 종교와 사회복지의 관계에서 종교가 사회복지를 도구로 삼는 관점이 보이는데, 이것은 종교가 사회복지를 선교의 한 방편으로 삼고 있다는 의미이다. 실제로 각 종교별 사회복지에서 복지를 구체적으로 선교와 어떻게 연결시키는 것이 좋을지에 대한 연구가 적지 않거니와, 이 점은 특히 기독교 사회복지 연구에서 많이 나타나고 있으나 불교, 원불교 역시 포교 문제와 관련된 논의가 나오고 있다. 기독교 복지는 선교관에 의해 영향을 받는다. 전통적 선교관은 기독교 사회복지의 학문적·선교적 가치를 부인하거나 경시하지만 선교가 전도뿐만 아니라 사회봉사를 포함하는 통전적 선교관은 기독교 사회복지의 학문적·선교적 가치를 매우 중시한다(김기원, 1998: 214). 통전적 선교관에서는 기독교 사회복지가 인간의 신체적이고 경제적인 필요를 채우는 데 집중하는 일반 복지와는 달리 인간의 정신을 포함하는 전인적이고 포괄적인 봉사를 의미할 뿐 아니라 모든 피조물의 구원까지도 포함하는 하나님 나라를 목표로 삼고 있다(김은홍, 2008: 201). 『불교복지, 행복과 대화하다』(대한불교조계종사회복지재단 편, 2009)는 기존의 종교사회복지 관련 저서의 틀과 형식을 뛰어넘으면서 이 분야에 대한 독자의 흥미를 유인하는 창의적인 성과물로 평가받고 있다. 이것은 종교가 사회복지를 도구화하지 말아야 한다는 것이지만 종교의 이념을 자연스럽게 사회복지에 구현하는 것은 바람직하다는 것을 보여준다.

그러나 사회복지를 선교의 수단으로 삼는다는 데 대한 이의 제기도 나온 바 있다. 정무성은 종교계에서 사회복지가 종교의 본질적 기능은 아니기 때문에 선교나 포교의 차원에서 부분적으로 논의되었다는 점을 지적하면서 종교와 사회복지에 관한 논의는 21세기 한국 사회복지의 새로운 패러다임을 준비하는 과정에서 중요하게 다루어야 할 주제라고 했다(정무성, 2003: 15~39). 노길명은 사회복지를 인간애의 사회적 표현으로 정의한다면 그것은 종교의 본질적 과제이지 결코 부차적 활동이거나 선교나 포교를 위한 수단이 아니라고 보았다. 종교의 사회적 기능은 보편적 가치와 윤리를 제시하고 그것을 사회 안에 구현하는 데 있다는 것이다(노길명, 2010: 191~215). 고병철 역시 종교활동(선교)과 사회복지의 연관성에 대한 성찰과 합의의 도출이 필요하다고 보았다. 시설 위탁 과정에서 발생하는 종교 간 갈등이나 국가가 지원하는 사회복지의 자원들을 선교 방편으로 사용할 때의 역기능, 그로 인해 발생하는 종교계 사회복지의 이미지 훼손, 사회복지시설 운영에 대한 종교계의 낮은 지원금, 사회복지시설 간 예산 지원금 편중 현상 등의 문제들은 종교계 사회복지시설의 종교활동(선교)과 사회복지의 연관성에 대한 사회적 합의 도출이 이루어지지 않는 한 지속될 것으로 본다(고병철, 2011: 274~275).

종교의 직접적 선교와 달리 복지활동에서 각 종교의 교리를 반영시킨 프로그램은 선교/포교의 일환으로 볼 수 있으면서 동시에 복지에서의 종교적 역할을 확장시킨 것으로 보인다. 예로 원불교 사회복지에서 마음의 공부를 내세운 프로그램 같은 것이 그것으로, 복지를 신체적 복지(건강), 물질적 복지(풍요함), 정신적 또는 심리적 복지(정신적 안정 또는 정신적 위생)의 세 가지 유형으로 분류하고, 그중 정신적·심리적 복지에서 원불교의 역할로 마음 공부의 방법을 제시한 것이다(이시형, 2004). 이와 유사하게 복지 대상자들의 정서적·정신적·심리적 측면에서의 역할에 중점을 두고 주로 영성, 종교성과 관련해서 접근하는 방식도 있다. 이러한 영성 수련은 기독교, 불교 모두와 관련 있는데, 특히 불교복지에서는 아동복지나 의료복지에서 이미 많이 사용되고 있는 프로그램이 개발되었다(이혜숙, 2008: 193~217). 현재 시행중인 불교의 템플스테이가 복지 대상자를 위한 것으로 보기는 어렵지만 영성과 종교성을 사회복지의 한 중요한 영역으로 받아들일 수 있다면 이 역시 같은 맥락으로 간주될 수 있다. 이러한 프로그램들은 각 종교의 훌륭한 간접적인 선교 전략이 될 수 있다.

3. 종교사회복지의 이론적 고찰

'종교사회복지'는 현재 이미 하나의 독립 분야와 학술용어로 정착되어 있으나 여기서 '종교'가 갖는 역할과 기능에 대해서는 아직 완전한 합의가 있어 보이지는 않는다. 무엇보다 종교사회복지는 종교적 믿음을 기반으로 하는(faith-based) 사회복지활동이고, 그 운영주체가 종교와 관련되었다는 것이 기본 전제이다(전명수, 2011: 222). 전술한 대로 종교복지 대신 종교계의 사회복지로 쓰기도 한다. 그러나 종교복지는 종교계의 복지활동과 차이가 있어 보인다. 종교복지에서는 교회, 성당, 사찰과 종교복지법인뿐 아니라 학교, 기업 등에서의 종교 이념에 따른 복지활동 역시 다루지만 이들은 종교계라기보다 학계, 경제계에 귀속된다.

그렇다면 종교를 기반으로 했다는 것은 정확히 무슨 의미를 지니는가. 종교가 종교 교리를 의미한다면 이는 힘없는 자에 대한 사랑, 자비, 긍휼을 핵심 이념으로 삼고 있고, 이 이념들은 복지의 기본 개념이기도 하다. 이러한 점에서 지금까지의 종교복지 담론들은 각 종교 교리를 복지와 동일시하면서 각 종교의 수행자나 수행기관을 복지의 주체로 간주했다. 종교복지기관 대표자의 인사말에는 이 단체가 그리스도 또는 부처의 가르침을 실천하기 위해 세워진 것이라고 하여, 이 기관이 종교를 기반으로 하고 있음을 보여준다. 문제는 이들 단체의 복지 프로그램에 종교가 반영되어 있지 않아서 비종교 일반복지기관과 다르지 않고, 동일 종교 내 각 교단 또는 종단 간의 차이도 드러나지 않는다는 것이다. 종교 기반 단체는 필요한 재원을 얼마간 종교법인이나 후원금에 의존하는 것도 있으나 종합복지관의 재원을 살펴보면 공적 보조금이 운영비의 대부분을 차지한다는 점에서 비종교 복지기관과 동일하다. 그렇다면 종교복지활동은 종교를 통해 클라이언트의 욕구를 보다 깊이 있게 보살피는 복지 형태가 되어야 그 정체성을 확보할 수 있을 것이다(전명수, 2013: 279~312).

다음 종교복지의 개념이다. 선행연구들에서 살펴본 바와 같이 종교복지의 개념과 범주는 종교의 궁휼에 기반을 둔 취약 계층의 구제와 그들의 권리를 회복하기 위한 정의 구현으로 나누어진다. 복지활동에서 종교는 그 이념을 주로 구제와 봉사에 연계시키고 있으나 진정한 자비와 사랑은 종교의 책임 역시 포함하고 있을 것이다.

> 배고픈 사람과 집 없는 사람들, 과부와 고아, 감옥에 갇힌 자와 이방인을 누가 부양할 것인가. 히브리 예언자들은 이스라엘에서 불의, 배타, 그리고 억압을 관찰했을 때 이들을 돌보지 않는 사람들에 대해 하나님의 이름으로 분노했다. 그 예언자들은 전 공동체 ―그들의 일꾼들을 억압하는 부자들, 자기 백성들을 양육하지 않는 임금들, 그들 자신의 웰빙만 돌보는 종교적 지도자들과 궁핍한 사람을 그대로 지나쳐버리는 모든 사람들― 를 질책했다. 그들은 백성들 모두가 그들의 책임을 직시하고, 모든 구성원과 기관들이 모두를 돌보는 일에 기여하라고 요구했다(Bane and Coffin, 2000: 1).

여기에는 두 가지 논점이 포함되어 있다. 하나는 사회적으로 돌봄이 필요한 이들에 대한 소홀함이고, 또 하나는 이러한 이들에게 가해진 불의, 배타, 억압에 대한 분노로, 자신들의 책임을 소홀히 하는 통치자, 종교 지도자와 함께 이들을 돌보지 않는 모든 이들에 대한 책망이다. 이것은 간단히 말해서 긍휼(돌봄)과 정의를 강조한 것이다.

먼저 여기서 거론된 대표적인 사회적 약자들은 굶주리고 집 없는 사람, 과부, 고아, 죄수와 이방인들이다. 이것은 과거 우리나라에서 사궁(四窮)을 대표적인 약자로 간주한 것과 유사하다. 사궁은 네 가지의 궁한 처지에 있는 사람, 곧 고아와 과부 외에 이들과 상대되는 사람들, 즉 부모 없는 고아에 대해 자식 없는 늙은이, 남편 없는 여성에 대해 아내 없는 노인이 더해진 것이다. 이 점은 아동복지, 청소년 복지, 노인복지, 장애인 복지 등의 분과를 갖고 있는 현대 복지와는 차이가 있다. 특히 청소년 복지의 경우 빈곤보다 일탈의 문제가 더 중심이 되는 것은 궁핍에 초점을 둔 성서에서 언급된 사회적 약자와는 차이가 있다. 동시에 현대 복지에서는 고아뿐만 아니라 아동 모두가 복지의 대상이다. 사회적 약자에 장애인이 포함되지 않은 것은 성서에서도 우리나라 전통에서도 마찬가지이다.

어느 경우나 이들은 돌봄 중심이지만 최근에는 복지활동에서 과거 사회복지의 기반을 이루던 구제의 개념이 점차 사라지고 대신 '정의' 이념이 부각되는 경향이 나타난다. 사회적 약자에 대한 보살핌이 그들의 상황을 더욱 악화시킨다는 것으로, 이것은 가난의 문제가 개인적인 자선활동으로는 결코 해결될 수 없고, 더 나아가 그들을 돌봄으로써 오히려 가난의 현실을 영속화한다는 의미이다(밀러·데쓰나오 야마모리, 2008: 59~64). 한국의 경우 그간의 연구사에서 종교별로 볼 때 아마도 가장 강력하게 복지의 배경적 종교 이념을 정의로 제시한 것은 가톨릭 복지이지만 개신교나 원불교에서도 유사한 주장이 나오고 있다. 그러나 종교복지에서 종교의 본질을 긍휼(돌봄)과 정의로 이원화하기보다는 이들에 포괄적으로 함께 접근해야 한다는 주장이 제기된 바 있다. 우스노우는 이 불쌍히 여기는 마음을 '긍휼(compassion)'로 규정하면서 긍휼이 개인적인 차원에서뿐만 아니라 사회적 차원, 특히 정의의 문제로 확대될 수 있음을 보여준다. 정의와 긍휼은 함께 나란히 간다는 것으로, 중요한 것은 개인적인 차원의 긍휼과 전체 사회를 위한 좀 더 광범위한 정의감 사이의 '건강한 균형'을 발견하는 것이라는 관점이다(Wuthnow, 1991: 250~253). 정의 구현을 위해서는 종교와 시민사회의 연계가 필요하지만 종교별 사회복지에서는 오히려 종교성의 강화가 요구되고 있다는 점에 비추어 볼 때 이 연계에서 나타나는 문제는 바로 '종교'에 있을 것이다.

밀러(Donald E. Miller)와 데쓰나오 야마모리(Tetsunao Yamamori)는 종교의 사회 참여가 종교 경전(성서)의 통전적 이해에 기반을 둔 '전인적 사역'에 근거해야 함을 주장했다(밀러·데쓰나오 야마모리, 2008: 76~82). 이것은 바꾸어 말하면 정의 구현 운동이 단지 정치와 사회제도에만 초점을 두어서는 안 되고, 복지 대상자들에 대한 신체·정신·영적인 접근이 통합적으로 이루어지는 '전인적 봉사'가 되어야 한다는 의미여서 정의를 긍휼에 포함시킨 우스노우 논의와의 접점을 보여준다. 종교와 사회복지는 언제나 함께 하는 동반자가 되어야만 한다는 것이 종교복지 이론화 작업의 출발점이 될 것이라는 인식이다(전명수, 2015: 65~92).

4. 종교사회복지의 실제: 종교기업과 종교복지시민사회단체

1) 종교기업의 사회복지활동

위에서 논한 대로 종교복지는 종교 교리에 따라 취약 계층을 구호하기 위한 활동이어서 기업이나 시민단체의 종교 이념에 따른 복지활동 역시 포함될 수 있다. 이러한 기업에는 성모병원, 계명대학교 동산병원, 동국대학교 경주병원과 같이 종교 관련 재단이 운영하는 것과 종교 신앙이 깊은 사람이 대표로 있는 신원, 이랜드, 로고스필름 같은 것들이 있다. 이들 기업은 홈페이지에 종교적 가르침을 비전으로 내세우거나, 업무 시작 전 기도회를 갖기도 한다. 예로 신원은 사원 채용에서 종교가 입사 평가의 요소는 아니지만 기업문화가 기독교 문화에 바탕을 두고 있고, 매주 월요일 성경 공부 및 예배, 기타 사내 공식 행사에서 기독교 성격의 행사가 진행되기 때문에, 이를 감안하여 지원해달라고 분명하게 밝히고 있다. 로고스필름은 매일 아침 기도로 시작한다(박찬호·구자천, 2010: 19~37).

기업에 대해 기대하는 가장 중요한 역할은 경제 제도로서의 책무를 다하는 것이다. 이러한 경제적 책무들이 충실히 이행될 때 기업은 사회적 부의 증대에 최대한의 기여를 한 것으로, 즉 기업의 '사회적' 책임을 다한 것으로 간주되었다(이택면·박길성, 2007: 235). 그러나 현대 사회에서 기업의 위상과 역할이 보다 강화됨으로써 기업에게 단지 이윤 추구만이 아닌 '사회문제'의 해결을 위한 주체자로서의 능동적인 역할이 요구되고 있다. 이는 특히 종교기업에 대해 그러한데, 종교기업은 이윤을 추구하는 기업이면서 종교적 가치 지향을 보여주는 이상적인 기업 형태이기 때문이다. 종교가 어느 정도 기업의 이윤 추구에 기여할지에 대해서는 여러 논의가 있으나 이 글에서는 그보다 기업 윤리와 경영 원칙에서 어떻게 종교적 가치를 반영하고 있는지 살펴볼 것이다.

여기서 고찰 대상 기업은 주식회사 신원과 이랜드이다. 신원은 1973년에, 이랜드는 1980년에 각각 창업되어, 한국에서 경제발전과 개신교의 양적 성장이 함께 이루어졌던 바로 그 시기에 성장한 기업들이다. 이 두 기업에 대한 고찰은 과거에도 나온 바 있으나(전명수, 2004: 407~435; 2014: 9~43), 2018년 시점에서 보면 종교기업의 기여와 과제들이 좀 더 분명하게 드러난다. 신원은 "믿음경영, 정도경영, 선도경영이라는 경영 이념을 바탕으로 최고의 고객만족 실현과 함께 기업의 사회적 책임을 다할 것"을 목표로 내세운 기독교 기업이다. 신원의 채용정보(http://www.sw.co.kr/recruit/system.php)에 의하면 먼저 청지기 사명의 신원인으로 기업을 개인의 소유가 아닌 하나님이 우리에게 맡기신 일터로 생각하고 자신의 건강, 재능, 시간, 이익 등 모든 것을 하나님의 뜻대로 사용하고 관리하려는 신원인이 필요하다는 것이다. 다음 빛과 소금의 역할을 다하는 신원인, 국제적 시야의 감각을 지닌 신원인에서도 기업의 열매인 이익을 사회에 환원하여 하나님 나라의 확장을 위해 노력하는 신원인, 신원을 세계적인 기업으로 성장시켜 하나님 나라의 비전을 실천하고자 하는 신원인을 표방하여 기독교 기업임을 명시하고 있다(신원 홈페이지 참조).

신원의 역사에서 나타난 특성은 '주말 휴무'의 시행에 관한 것으로, 이것은 신원이 기독교 기업이어서 성수주일(聖守主日)한다는 의미이다. 신원의 성수주일은 기업 내부의 근로복지 정책이지만 "주일은 쉽니다"라는 TV 광고 카피[3]는 기업 이미지의 제고와 선교에 초점을 두면서 이와 함께 대사회적 메시지도 부각시키고 있다. 이러한 회사의 의도가 실제로 어떤 성과를 가져왔는지 확인하기는 어렵지만 가시적 성과의 유무를 막론하고 신원의 주일 휴무 선언이 주는 메시지의 사회적 파급 효과는 작지 않았을 것으로 추측된다. 이것은 신원의 근로조건 개선을 위한 노력의 일환이기는 하지만 1980~1990년대 부족했던 산업복지를 감안한다면 신원이 기독교 신자들을 채용해서 그들에게 성수주일할 수 있도록 주일을 휴무로 하면서 이를 공식적으로 대외에 선언했다는 것은 놀라운 일이다. 이와 함께 신원은 복리후생제도를 통해 직원들에게 주택자금 대출, 재해 재난 위로금 지급 등의 생활안정자금 지원, 직장에서의 중식·석식 제공과 통신비, 주차·주유비 지원, 사원들의 자기 개발을 위한 외국어(영어, 중국어) 교육 지원, 자녀 학자금 대출, 건강검진과 입원비 보조 등이 있어, 특별하지는 않지만 사원에게 요구되는 여러 필요들을 보살피고 지원하려는 사측의 배려를 느낄 수 있다.

1980년에 작은 옷가게로 출발한 이랜드 역시 신속한 발전을 이룬 기업으로 2004년 2월에는 그룹의 박성수 회장이 "존경받는 기업인 대상"을 수상했다. 이랜드는 "정직과 신뢰를 바탕으로 인류의 풍요로운 삶과 행복을 추구하는 믿음의 기업"을 표방하면서 기업의 존재 목적과 사회적인 기능을 '기업 이익의 창출과 그 이익의 사회적 환원'에 둔다. "성실과 검소를 통해 얻은 이익들을 사회사업과 선교사업에 사용할 계획"이라는 구절에서 이 기업의 궁극적인 이상이 무엇보다 기독교적으로나 경제인으로서 대사회적 기여에 있음을 알 수 있다. 이에 따라 이랜드는 1991년 12월 이랜드재단을 설립해 사회복지활동에 나섰고, 1996년에는 사회복지법인인 이랜드복지재단을 창립했다. 이랜드의 목표는 나눔, 바름, 자람, 섬김으로 그중 특히 나눔은 벌기 위해서가 아니라 쓰기 위해서

---

3) 이 광고가 TV 전파를 탄 것이 언제인지에 대한 문의에 대해 신원 측에도 정확한 자료가 없어 확실하지 않으나 대체로 1989년 말에서 1990년대 초로 기억하는 사원들이 있었다.

일한다는 것으로 이 기업의 목표와 비전을 잘 보여준다(뉴스투데이, 2018.7.26).

무엇보다 이랜드 CSR의 사명 선언문 "우리는 가치와 감동을 추구하는 세상의 빛과 소금입니다", "우리는 하나님의 사랑으로 진실되게 소외된 사람들을 섬깁니다", "우리는 헌신된 봉사자, 정직한 청지기, 탁월한 경영자로서 일합니다"와 행동강령 "우리는 베풀기보다는 섬긴다", "우리는 유명해지기보다는 신용을 얻는다", "우리는 빵과 복음을 함께 전한다", "우리는 하나님의 뜻대로 일한다", "우리는 기부금을 잘 사용하는 지식인이 된다", "우리는 현장에서 발로 뛰며 일한다", "우리는 찾아가기 어려운 곳도 기쁘게 달려간다"는 구절들은 이랜드가 종교 기반 기업임을 분명히 보여준다.

종교기업으로서 이랜드의 특성은 대사회적 기여에 있다. 과거에도 장학사업, 농어촌 영세가정과 장애인, 독거노인 대상 복지활동, 북한 돕기, 이라크를 포함한 해외 원조 등 나눔활동을 활발히 수행한 바 있거니와, 현재 이랜드그룹은 정부나 민간단체의 지원을 받지 못하는 위기가정 속 홀로서기 어려운 이웃들이 자립할 수 있도록 돕고, 소외되고 어려운 이웃을 섬기는 비영리 단체에 포괄적 지원을 통해 기관의 자립을 돕는다. 이랜드복지재단은 1999년부터 복지관을, 2013년부터는 요양원을 운영하고 있다. 이랜드그룹 임직원, 국내외 선교사 및 사역자와 의료 취약 계층의 건강을 돌보기 위해 이랜드클리닉을 설치했고, 글로벌 사회 공헌의 일환으로 중국 이랜드 순수익의 10%를 중국 사회 공헌을 위해 사용한다. 그 밖에 아시아의 스리랑카, 베트남, 미얀마 등에서 환경 개선, 장학, 빈곤가정 지원 등의 다양한 사회공헌 활동을 수행하고, 사이판에서는 이랜드그룹 리조트를 중심으로 사회의 열악한 인프라 개선과 원주민들의 자활을 지원하고 있다(이랜드 홈페이지 참조). 2014년도 생활용품 업체 500대 기업의 매출 대비 기부금 비중에서 이랜드가 301억으로 기부금 1위를 했고(CEO스코어데일리, 2015.12.21), 2015년도 국내 500대 기업 가운데 매출액 대비 기부금 비중 순위가 16위였다(연합뉴스, 2015.12.9). 사원복지제도로는 스마트폰 & 요금 지원, 최신형 노트북 제공, 자녀 장학금 지원, 의료 지원 등이 보인다.

이러한 종교기업의 성과와 기여에도 불구하고 이들 기업 역시 여러 문제로 사회적 비판을 받은 바 있다. 종교를 분명히 내세운 기업들이 '종교'로 인해 더 많은 사회적 질책과 부정적인 인식을 받는다는 것은 역설적으로 그만큼 종교기업의 정직성에 대한 사회적 기대가 크다는 점을 보여준다. 신원의 박성철 회장은 주식 등 300억 원대 재산을 차명으로 숨긴 채 개인 파산·회생 절차를 밟아 채권단으로부터 250억 원 이상의 빚을 탕감받은 혐의 등으로 2015년 구속 기소되었다. 1심과 2심은 "파산·회생 제도의 신뢰에 큰 타격을 준 행위"라며 징역 6년에 벌금 50억 원을 선고했으나 대법원에서는 징역 4년에 벌금 30억 원으로 확정되었다(노컷뉴스, 2017.8.29). 박성철 회장의 차남 박정빈 신원그룹 부회장은 회사자금을 횡령한 혐의가 인정되어 교도소 수감 중 가석방으로 풀려난 후 형기가 채 끝나지 않은 상황에서 경영 일선으로 복귀한 것도 비판을 받고 있다. 2015년 법원은 회사 돈 75억여 원을 횡령한 혐의(특경범상 횡령)로 박 부회장에게 징역 3년을, 2016년 2심인 고등법원에서는 2년 6개월을 선고했고, 그해 대법원에서는 그의 상고를 기각하면서 최종 징역 3년의 확정 판결이 나왔다. 이를 보도한 일요경제는 신원그룹이 매주 월요일 아침 업무를 시작하기 전 '월요예배'를 올리는데, 회사는 계속 적자를 이어가면서 횡령 비리 전과가 있는 대표가 경영 일선에 복귀한 상황에서 직원들은 어떤 기도를 올릴지 궁금하지 않을 수 없다고 비판했다(일요경제, 2018.8.3).

신원이 기업 대표자들의 부정으로 어려움을 겪은 것과 달리 노사 간의 대치로 혼란을 겪었던 대표적인 기업으로는 개신교의 이랜드와 가톨릭대학교 인천성모병원을 들 수 있다. 두 곳 모두 2006년 11월 30일 '비정규직 관련 3법'이 국회 본회의를 통과하고 그 시행이 2007년 7월부터로 규정된 것과 무관하지 않다. 그중 이랜드는 1994년 노사 분규가 일어나기 전까지 대학생이 선호하는 기업 6위를 했다. 그러나 (주)뉴코어가 노조를 대상으로 제기한 손배 소송에서는 파업이 정당했으며 노조는 손배 책임이 없다는 판결이 나왔고, 그 후 해고자들이 복직투쟁위원회를 결성하고 법정에서 복직 투쟁을 벌였으나 전원 패소했다. 그러나 이랜드 노사 분규는 계속되어 여전히 노조와의 대립을 보여주었는데, 이랜드 노사 관계 정상화를 위한 기독교공동대책위원회가 주관한 '고난받는 노동자와 함께 하는 성탄 예배'가 2000년 12월 22일 서울 중계동 2001아울렛 건물 앞에서 한국기독교교회협의회와 고난 모임, 한국기독청년협의회 등 13개 단체

회원들과 학생 200여 명이 참가한 가운데 열렸다(≪기독교타임즈≫, 2000.12.28)
는 기사가 보인다. 2007년 당시에도 이랜드 비정규직 사태가 사회문제로 떠오
르면서 시민사회에서 자발적 불매 운동 움직임이 확산된 바 있다(≪한겨레신문≫,
2007.7.11).

비록 비종교 기업과 마찬가지로 여러 문제점들을 갖고 있으나 종교 기반 기
업은 정도경영, 나눔활동, 근로복지 개선에 초점을 두고 있고, 그 밖에 고객감동
도 종교기업의 또 하나의 특성으로 볼 수 있다. 고객감동은 고객 서비스를 통한
고객만족과 유사하면서도 한 걸음 더 나아간 것으로, 고객감동을 추구한 종교
기업의 예로는 개신교의 로고스필름을 들 수 있다. 이 기업의 대표 이장수는 먼
저 직원과 모여 기도하는 것으로 업무를 시작하는 개신교 CEO이고(박찬호·구자
천, 2010: 19~37) 로고스필름은 기독교 영상 선교를 목적으로 설립되었다(로고스
필름 홈페이지). 이 기업이 제작한 드라마로 '감동의 힐링 드라마'라는 칭호를 받
은 바 있는 〈굿닥터〉는 자폐 성향의 서번트 증후군을 가진 의사를 통해 가족,
남녀 간의 사랑, 일, 병원 경영에서 나타나는 갈등과 상처를 치유하는 내용이다.
이 드라마가 일본과 미국 등에서 리메이크되어 성공한 것은 시청자들에게 감동
을 주었기 때문으로 그 안에는 치유의 종교적 메시지가 함축되어 있는 것으로
볼 수 있다.

2) 종교복지시민사회단체의 특성

선행연구에서 살펴보았듯이 종교복지를 위한 자원의 동원과 집행을 강화하
고 그에 대한 투명성을 확보하기 위해 시민단체와 협력하여 효율성을 높일 필
요가 있다는 주장이 나오고 있다. 종교복지가 시민단체와의 연계를 통한 시민
사회운동에 참여해야 한다는 것으로 종교복지의 성공적 정착은 시민사회와의
효과적 연대 여부에 달려 있다는 것이다. 종교복지의 실천에서 최근 가장 강조
가 되고 있는 것도 복지활동과 시민사회의 연계이다.

이 점은 많은 연구자들이 거론했지만 특히 종교복지의 이념을 정의 차원으로
접근하는 연구에서 강력하게 제시되고 있다. 그중 가장 적극적인 논의는 유승

무에게서 나온다. 그는 종교복지가 시민사회 및 시민사회운동과의 연관성 속에서 논의되어야 하고 이러한 점에서 이를 '종교시민사회복지'로 이름 불러야 한다고 했다(유승무, 2003: 54~57). 특히 복지는 많은 부분 정치사회적 문제와 연계되어 있고, 그 원인의 치유 없이 복지활동을 하는 것은 단지 일시적인 구제가 될 뿐이어서, 시민사회와의 연계는 근본적인 원인을 해결하는 데에 기여할 수 있을 것이다. 이러한 점에서 사회복지를 시민운동으로 만들자는 주장이 제기된 바 있거니와(이영환·이정운, 1996: 153~160), 그중에서도 지역사회의 복지시설과 그 수용자들에 대한 지역주민들의 반발이 있을 때, 또는 지자체나 정부의 지원이 요구될 때 시민사회단체들의 협조가 더욱 필요할 것이다. 그러나 현재 활동 중인 종교복지시민단체는 대부분 돌봄 위주로, 복지 대상자들의 보호, 구호, 지원에 초점을 둔다는 점에서 종교사회학자들이 종교복지시민단체에 기대했던 원인을 치유하는 운동과는 거리가 있다.

이것은 유사 성격의 비종교 복지시민단체와 비교하면 그 특성이 드러난다. 예로 '예사랑공동체'는 지역사회의 실직 노숙인과 저소득층 아동들에게 교회의 사회적 책임을 다하고, 예수 그리스도의 사랑의 실천을 목적으로 수원 한벗교회가 설립한 공동체이다. 지역의 실직 노숙인들을 대상으로 영성 훈련과 상담을 통한 영적·심적 회복을 돕고, 식사와 숙소와 의료를 제공하며, 동네 아이들을 위한 공부방과 노숙자들을 위한 쉼터를 운영하고, 실직 노숙인들에게 무료 급식을 실시하면서 실직 노숙인 자활 및 재활 사업으로 희망농장을 개소했다(시민운동정보센터, 2012: 2011). 이와 달리 비종교 시민단체인 '홈리스행동'은 홈리스 문제를 개인의 게으름이나 무능 등으로 그 책임을 떠넘기는 인식에 반대하면서 홈리스 대중의 조직된 힘을 통해 그 상황을 극복하고 새로운 사회를 만들기 위해 노력하는 것을 목표로 내세운다(시민운동정보센터, 2012: 3267~3268). 2018년 3월 21일 이 단체는 서울대교구 빈민사목위원회 등이 포함된 '2017 홈리스 추모제 주거팀'과 연대하여 서울특별시청 인근에서 '서울시 일방통행 정책 규탄! 홈리스 주거권 쟁취 결의대회'를 연 바 있다(≪가톨릭신문≫, 2018.4.1). 그러나 이 단체는 노숙자 돌봄은 하지 않는다.

대한성공회는 지역별로 '나눔의집'을 운영한다. 그중 하나로 '인천나눔의집'

을 예로 들면 이 단체는 저소득층 아동, 청소년 및 독거 어르신들을 돌보는 지역 공동체 시설이다. 주요 사업으로 저소득층 공부방 사업(방과 후 학습 지도, 문화활동 지원, 편부모 가정을 위한 아동의 보호 및 케어), 독거 어르신 돌보기 사업(도시락 배달, 우유·야쿠르트 나누기, 병원과의 연계, 이미용 서비스 등), 지역 내의 연계를 통한 지역 네트워크, 푸드뱅크 사업이 있다(시민운동정보센터, 2012: 1943~1944). 이에 비해 '나눔과연대'는 안산 지역 저소득 주민들의 경제적·문화적·사회적 권리 신장을 위한 자립형 지역사회운동 실천을 통하여 '나눔'과 '연대'의 소중한 가치 관을 지역사회에 전파하고자 설립되었다(시민운동정보센터, 2012: 1931). 주요 사업은 주민들의 자조적 삶을 위한 교육 및 권익 옹호 활동, 지역사회 복지정책에 대한 모니터링 및 정책 제안 활동, 주민들의 취업·창업 지원 및 정책 개발 활동, 자립·자활 지원 및 법률 지원 활동, 기부 문화 활성화를 위한 제반 활동, 회원 상호 간의 연대 활동 등 6개 분야로 사업을 전개하고 있다(디지털안산문화대전). 이 단체 역시 구호 서비스는 하지 않는다.

이를 보면 복지시민단체는 종교 기반 단체일 경우 비종교 복지시민단체와 달리 돌봄을 위주로 하거나, 아니면 적어도 돌봄을 포기하지 않는다. 반면 종교복지시민단체는 서비스 지원에 더 초점을 두기는 하지만 사회 참여 활동이 전혀 없는 것은 아니다. 종교복지시민단체 중 운동을 수행하는 단체로 '사랑의 장기 기증운동본부'와 각 지역별 지부들이 있다. 사랑의 장기기증운동본부는 비영리 법인으로서 장기기증운동 등 국민 서로 간의 새 생명 나눔의 사랑 실천 운동을 통해 국민 화합과 건강 증진에 기여함을 목적으로 한다. 운동이 정의 구현이기 보다는 사랑의 실천으로 돌봄을 소홀히 하지 않는다. 서울을 비롯한 전국 5개 도시에서 만성신부전 환우를 위한 무료 투석시설인 인공 신장실을 운영하고 있고, 이들 환우를 위해 매일 무료 점심을 제공하고 있으며, 환우들이 마음 놓고 여행과 휴식을 즐길 수 있도록 제주도에는 무료 휴양시설도 운영하고 있다(시민운동정보센터, 2012: 2107~2110).

이 점은 일부 종교사회학자들이 종교복지의 시민사회와의 연계를 중시하면서 이를 통한 정의 구현의 내용들을 제시한 바 있으나 실제와의 거리가 크다는 점을 보여준다. 종교복지시민단체는 비록 시민단체라도 종교에 중점이 있고,

종교는 돌봄을 우선한다는 것이다.

5. 종교사회복지의 전망과 과제

복지활동의 운영 주체를 보면 표면에 종교를 내세우지 않았더라도 운영자 중
에 종교인들이 많아서 종교복지에 포함될 수 있는 것이 적지 않다. 이러한 점에
서 종교복지는 사회복지의 하위 분야로 볼 수 있지만 오히려 그 프로그램에서
사회복지를 선도하는 역할을 할 수 있는 것으로, 그것은 무엇보다 사회복지의
내용과 성격이 종교와 관련 있는 것이 많기 때문이다. 그럼에도 종교에 대한 사
회적 비판이 제고되면서 종교복지의 역할 역시 위축될 수 있다. 최근 각 종교마
다 문제점들을 노정시키고 있어 사회적 비판의 대상이 되고 있거니와, 종교계
의 이러한 문제들은 최근 종교 신자의 감소와 무관하지 않을 것이다. 통계청이
발표한 「2015 인구주택총조사」에 따르면, 종교가 있는 인구는 전체 인구의 43.9
%이고, 무종교 인구는 56.1%로 종교가 있는 인구 비율보다 높아졌다. 종교 인
구 조사는 10년마다 시행되고 있는데, 2005년도의 종교가 있는 인구 52.9%, 무
종교 인구 47.1%와 비교해보면 10년 사이 종교 인구는 9% 감소한 반면 무종교
인구는 9% 증가했음을 보여준다. 종교 인구의 감소는 종교복지의 약화로 이어
질 수 있다.

종교인이 운영하는 시설의 비리 역시 심심찮게 들린다(≪법보신문≫, 2004.8.
10; 기독교비평 카페). 이러한 비판이나 비행들은 종교복지에도 영향을 미칠 것이
어서 종교복지의 전망이 반드시 밝은 것만은 아니다. 사회복지에 대한 종교적
대응에는 무엇보다 사회복지에 대한 종교의 책임과 사회복지를 통한 종교의 자
기 성찰이라는 두 가지 과제가 있다. 전자는 사회복지가 각 종교가 추구하는 이
념이나 가치의 사회적 실천인 점은 부인할 수 없으나 그것을 책임으로 보기보
다는 구제로 보는 인식이 강하다는 것이다. 종교복지는 비록 이론이나 실제에
서 돌봄을 우선하기는 하지만 돌봄을 구제나 시혜가 아니라 종교의 사회적 책
임으로 보아야 한다는 것으로, 이는 돌봄의 대상자인 사회적 약자가 받는 도움

이 그들의 권리라는 측면에서 접근해야 한다는 의미이다. 후자는 종교복지가 종교의 자기 성찰 내지는 자기반성의 길이 된다는 것으로, 종교에 대한 비판은 대개 기성 종교들, 특히 개신교 일부에서 보여준 것처럼 교세 성장에 초점을 맞추거나, 각 종교의 교리적 특성에 따라, 예컨대 불교처럼 개인의 득도나 기독교처럼 개인의 영혼 구제에만 관심을 경주함으로써 복지를 포함한 사회적 책임을 소홀히 한다는 점에 모아진다(전명수, 2012: 255).

그러나 종교복지는 여전히 앞으로 해결해야 할 과제가 많다. 하나는 종교 교리의 이론화로, 종교 교리와 현대 사회복지 이론과의 거리를 극복하기 위해 교리를 재해석하고 재정립하는 노력이 요구된다. 취약 계층의 돌봄이 종교 교리에 기반을 둔 것으로 간주되지만 장애인은 그들 안에 포함되어 있지 않다. 종교에 따라서는 장애를 죄로 간주하기도 하거니와, 종교복지의 개념에 종교 교리의 반영이 핵심 요인이라는 점에서 장애인 복지의 종교적 논리를 세워야 할 것이다. 벨라(Robert Bellah)는 『좋은 사회』에서 어린이를 돕는 문제의 성서적 근거를 찾기 위해 노력한 리즈(Mel Reese)와의 인터뷰 내용을 기록했다. 리즈는 에큐메니컬 신학에 기반을 두고 사회적 활동을 활발하게 벌이고 있는 사람으로 그는 동역자들과 함께 가난한 이들이나 그들의 아이들을 돌보는 일에 대한 성서적 근거를 찾기 위한 10개월 동안의 연구 작업을 수행했다. 그들은 이에 대해 구약성경 교수에게 자문을 구한 결과 어린이들이 창조의 부분으로 하나님이 사람들에게 주신 가장 중요한 선물이고 언약이어서, 그들과 하나님 사이의 언약을 수행하기 위해 그 선물을 돌보아야 한다는 해답을 얻었다는 것이다(Bellah et al., 1991: 194~195). 종교복지는 단순히 자비와 사랑의 마음으로 약한 자를 돕는 것이 아닌 종교적 배경과 교리에 근거한 복지활동으로, 장애인 복지의 종교적 교리의 고찰 필요성이 제기되는 것은 이 때문이다.

또 하나 중요한 것은 그간 종교복지의 이론에서 중요하게 다루어진 시민사회와의 연계에 관한 것이다. 그 연계 이유는 올바른 것이지만, 그렇다면 실제 종교복지시민단체의 구체적인 활동에서 드러난 차이는 어떻게 보아야 할까. 유승무는 '종교시민사회복지'가 정책 결정 과정과 인사 및 재정을 정기적으로 감사하고, 나아가 운영 전반을 투명하게 공개할 수 있도록 하는 내부 민주주의의 제도적 장치를 반드시 갖추어야 할 것으로, 이렇게 되면 교단이나 소수 성직자들의 전횡으로부터 자유로워질 수 있고 복지 재정 및 시설 운영에서도 투명성이 높아진다고 판단했다. 또한 종교복지시민단체는 후원 및 자원봉사로 활동하는 종교인들의 주인 의식과 자발성을 증대시키면서 국가복지나 가족복지의 사각지대에서 발생하는 복지 수요를 채워주는 소극적 복지활동을 넘어서 공공 영역에서 개개인의 생활권을 확보하기 위한 보다 적극적인 복지활동으로 전환될 수 있으리라 기대했다(유승무, 2003: 58).

종교복지시민단체 역시 시민단체이므로 '운동'이 필수적이라는 점에서 종교시민단체가 유승무의 언급대로 "공공 영역에서 개개인의 생활권을 확보하기 위한 보다 적극적인 복지활동으로 전환"되는 것은 바람직할 수 있다. 그러나 현재 활동 중인 종교복지시민단체는 그러한 '적극적인 복지활동'은 물론이고 약간의 운동을 시행하는 몇 단체를 제외하고는 대부분 돌봄에 중심을 둔다. 돌봄은 매우 중요하고 힘든 독립적인 활동 영역이어서 이를 공공 영역에서의 적극적인 활동과 함께 하는 것은 매우 어려운 일이다. 다른 한편 당장에 필요한 숙식 제공이나 의료 구호와 같은 일은 종교 기반 단체로서 소홀히 할 수 없을 것이지만 종교시민단체로서의 돌봄은 사찰이나 교회, 성당 또는 종교구호단체들이 주관하는 돌봄과 같을 수는 없을 것이다. 이 점은 종교복지시민단체가 일반복지시민단체와 종교기관 사이에 위치해서 그 정체성을 확립하기 위해 앞으로 해결해야 할 중요한 과제가 될 것이다.

벨라가 "정의는 서로를 돌보는 것을 의미한다"라고 말한 인터뷰 내용을 기록하면서(Bellah et al., 1991: 194) 종교[교회]의 책임을 돌봄과 공동체에 둔 것은 종교시민단체의 정의 구현 활동을 통해 사회적 통합을 모색하는 데에 매우 중요한 지향점이 될 것이다. 이는 종교적 자비가 정의를 초월하는 보다 고차원적 형태의 정의(브로, 1968: 82)라고 볼 수 있다는 것으로, 돌봄이 곧 대결과 분열이 가져온 상처를 치유하고 극복하면서 통합으로 나아가는 역할을 할 수 있다는 것이다. 이러한 벨라의 관점은 지금처럼 돌봄 위주이면서 필요에 따른 '정의 구현' 운동을 포함하는 종교복지시민단체 활동의 이론적 기반이 될 수 있을 것이다.

6. 맺음말

이 글은 종교복지에 관한 선행연구들을 검토하고, 이를 토대로 하나의 학문 분과로서 종교복지의 이론과 실제, 그리고 앞으로의 전망과 과제를 제시하려는 목적으로 수행되었다. 특히 이 글에서는 종교복지가 실천에 비해 이론이 없었 다는 지적이 나오고 있다는 점을 주목하고 종교복지의 보다 효과적인 수행을 위해 그 기준이 되는 좋은 이론적 모델을 제시할 필요가 있음을 강조했다. 종교 사회복지학이 관심의 초점을 어디에 두어야 하고, 앞으로 어떤 방면으로 지식 을 발전시켜야 하는지 파악하기 위해서, 또한 종교사회복지학이 미래를 전망하 고 준비하는 학문이 되기 위해서라도 전체적인 이론적 틀은 반드시 필요한 것 이다.

먼저 국내 선행연구사를 정밀하게 검토해본 결과 종교복지의 기본 성격과 과 제, 쟁점과 현황, 그리고 기능과 역할 등을 다룬 연구 성과가 어느 정도 축적되 어 있으며, 종교기업의 복지활동을 다룬 성과물도 나오고 있음이 드러난다. 이 러한 연구들은 종교복지 연구의 필요성을 보다 확실히 하면서, 특히 여기에서 제시된 과제들은 앞으로 한국의 종교복지가 나아가야 할 방향을 정립하는 데 큰 기여를 할 수 있을 것으로 생각된다. 그러나 다른 한편 이러한 연구들이 종 교복지의 구체적인 실천에 근거하지 않았다는 문제점도 보여준다. 종교복지는 종교계의 복지활동을 중심으로 하면서, 여기서 한 걸음 더 나아가 종교를 기반 으로 한 복지활동 모두를 포함하는 것이어서 복지시설뿐만 아니라 일반 기업, 단체의 종교복지활동 등에서도 찾아질 수 있는 것이다. 이 글이 종교복지의 실 제에서 종교기업과 종교시민단체를 다룬 것은 그러한 의도에서이다.

최근 종교복지의 실천에서 가장 강조되고 있는 것은 복지활동과 시민사회의 연계이다. 그러나 종교복지와 시민사회의 연계가 이상적으로 보이면서도 이에 대한 구체적인 고찰이 별로 없을뿐더러 양자 간 연계에서 누구와 어떻게 손을 잡을지와 그 과정에서 제기되는 문제와 해결 방법에 대한 논의 역시 거의 이루 어지지 않고 있다(전명수, 2015: 74). 무엇보다 실제로 종교가 시민사회를 활성화 할 수 있는지에 대한 성찰이 요구되고, 만약 시민사회에서 종교의 역할이 어느 정도 기대된다면 다음으로 종교복지와 시민단체 간의 연계를 통한 활동의 구체적인 과정, 성과와 과제 등에 대해 깊이 있는 분석이 이루어져야 할 것이다. 특히 시민단체들의 운동에서 보편적으로 나타나는 종교의 정치 참여 문제는 복지 관련 시민단체의 경우도 예외는 아니어서 이에 대한 부정적인 국민적 시각을 어떻게 극복해야 할지도 고려 대상이다. 이와 같이 종교복지와 시민사회의 결합은 그 안에 종교, 복지, 정치, 경제, 사회 등의 문제들을 총체적으로 포괄하고 있어 단순하지는 않으나 이 점은 앞으로 종교복지가 해결해야 할 가장 중요한 과제 중 하나가 될 것이다.

중요한 것은 종교복지가 남을 돕는 것일 뿐만 아니라 종교인을 종교인답게 하여 결국 자신을 위한 복지사업이기도 하다는 점이다(이혜숙, 2003: 328). 더 나아가 종교복지는 일반 사회복지의 성격과 범주를 확장시키고 선도하는 역할도 하고 있는 것으로 종교복지의 의의는 바로 여기에 있다.

제3부
사회정책의 새로운 방향

국민연금제도의 현황과 과제

김준환

1. 머리말

지금 한국 국민은 예전보다 훨씬 더 오래 산다. 환갑이 장수의 상징이던 시대는 이미 끝났다. 국민들은 대부분 그보다 오래 산다. 앞으로는 지금보다 더 오래 살게 될 것이다. 그런데 장수는 사회적 위험을 동반한다. 소득이 없이 살아야 할지 모른다는 것, 치료비가 많이 들어가는 질병에 걸릴 확률이 높아진다는 것이 장수에 따르는 사회적 위험 요인이다. 농경 사회에서는 경험과 연륜에 대한 높은 사회적 평가와 대가족 제도 덕분에 이러한 사회적 위협에 그런 대로 잘 대처할 수 있었다. 그러나 고도 산업화와 핵가족화가 진행된 오늘날에도 이미 그렇지만, 앞으로 다가올 미래에는 이런 것들을 더더욱 기대하기 어렵다. 이제 국민들은 근로소득이 없어지고 질병 위험도가 크게 높아지는 노후를 각자 대비해야만 한다.

그렇다면 과연 우리 국민들은 장수가 동반하는 사회적 위험에 대해 얼마나 잘 준비하고 있을까? 2014년 보험연구원에서 실시한 「2014년 보험소비자 설문조사」 결과에 따르면 본인의 노후 준비에 대해 '잘못하고 있다'고 부정적으로 응답한 비율은 42.5%, '잘하고 있다'고 긍정적으로 평가한 응답자 비율은 10.2%에 불과하다. 인간이 근시안적이고, 소득 수준별로 노후를 위해 저축할 수 있는 여력도 차이가 나기 때문일 것이다. 따라서 뒤늦게나마 정부는 서구의 선진 복지국가처럼 다층 구조의 노후소득보장체계를 구축해가고 있다. 그러나 한국 국민들의 노후 불안은 매우 심각한 상태에 놓여 있고 개선이 더디다. 현재 한국 노인 빈곤율은 45%를 상회하며 OECD 국가 중 최고로 높은 수준이다. 특히 한국의 경우 노인가구일수록 소득 불평등도가 매우 심하며, 그 정도는 날이 갈수록 악화되고 있다(김미숙 외, 2012). 그 정도는 날이 갈수록 심해지고 있다(김미숙 외, 2012). 인구 고령화가 심화되는 상황에서, 은퇴로 인한 소득 상실이라는 사회적 위험에 대한 제도적 대응에 무엇인가 문제가 있는 것을 알 수 있다.

그동안 한국은 연금 제도를 포함한 노후소득보장제도를 나름대로 발전시켜 왔다. 1960년에 공무원연금제도의 법적 기초를 마련하고, 1963년에 공무원연금제도와 군인연금제도를 지금과 같은 제도로 혁신시키고, 1975년에 사립학교교직원연금을 도입했다. 1963년에는 민간 근로자를 위해 실업급여의 성격도 갖고 있는 퇴직금제도를 실시했다. 1988년에는 일반 국민들을 위해 국민연금제도를 도입했고, 1995년에 농어민에게, 그리고 1999년에는 도시 지역 자영업자에게까지 국민연금의 적용을 확대시켰다. 노인만을 위한 제도는 아니었으나, 1961년 생활보호제도를 통해 노인들에게 최소한의 구호가 이루어졌고, 2000년 이후에는 국민기초생활보장제도를 통해 의지할 데 없는 노인들에게 최저생계비가 지급되고 있다. 그럼에도 불구하고, 위에서 언급했듯이 선진국 수준의 노후소득보장제도는 구비하고 있지 못해 많은 노인들이 빈곤에서 허덕이고 있다. 이뿐만이 아니다. 연금 제도의 역사도 짧고, 급여 수준이 높지도 않은데 연금 제도의 재정적 지속 가능성에 빨간불이 켜 있다. 이 때문에 국민연금의 경우만 보아도 1999년과 2007년, 두 차례에 걸쳐 연금의 소득대체율(즉, 연금급여)을 70%에서 40%까지 낮추는 연금 개혁을 단행했지만, 재정문제는 근본적으로 해결된 게 없다. 이미 적자 구조에서 허덕이고 있는 군인연금과 공무원연금 그리고 곧 이들의 전철을 밟게 될 사립학교교직원연금은 두말할 나위도 없다. 게다가 국민연금의 재정적 지속 가능성 문제가 심각함에도, 2033년 GDP의 54%에 달할 연기금의 운용이 국민경제에 부정적인 영향을 미치지 않을까 걱정이 크기도 하다.

노후소득보장제도의 주축이 되는 국민연금의 명확한 기능 및 역할에 대한 논의 없이는 노후소득보장체계 전반에 대한 국민적 불신이 지속될 수밖에 없을 것이다. 다층보장체계 내에서의 국민연금제도의 역할과 기능에 대한 근본적인 논의는 뒤로 한 채 오로지 보험료율 인상과 급여 적정성 등 재정 안정성에만 국한한 논쟁은 국민연금에 대한 불신만 더욱 확산시키는 현상을 불러일으켰다.

　국민연금은 1998년과 2007년 재정 안정화를 핵심으로 한 제도 개혁을 단행한 바 있다. 이러한 제도 개혁과 더불어 한국 노후소득보장제도는 다층보장체계의 모습을 갖추게 되었고, 국민연금제도는 다층보장체계 내에서 이를 고려하여 개선 방안을 모색해야 하는 시점에 이르렀다. 한편 2003년, 2008년, 2013년에 걸친 세 번의 재정 계산을 통해 언젠가는 소진될 국민연금의 재정에 대한 전망과 재정문제를 해결하기 위한 대안을 제시했는데 최근에는 제4차 재정 계산을 통해 기금의 소진연도를 2057년으로 확인하고 재정 안정화 방안으로 보험료 인상의 가능성을 보이기도 했다(보건복지부, 2018). 또한 국민연금의 개혁과 관련한 국내 대다수의 연구는 그동안 공적연금의 근본적인 역할이나 기능보다는 보험료 인상 및 단편적인 재정 안정화 문제에만 국한하여 논의를 집중하는 경향을 보여왔다. 하지만 제도를 개혁함에 있어 보험료 인상 및 급여의 삭감만이 재정 안정을 위한 최우선 과제일 수는 없을 것이다. 왜냐하면 국민연금제도가 지속성을 가지고 발전하기 위해서는 제도 본연의 취지를 바탕으로 전 소득 계층에 대한 사회보장의 기본적인 역할을 충실히 수행함과 동시에 사회적 수용성을 지녀야 하기 때문이다. 따라서 국민연금보험료 인상을 필두로 한 재정 안정화 방안만이 국민연금제도, 나아가 한국 노후소득보장체계의 지속성을 위한 방안인지에 대한 고찰이 필요하다. 이를 위해서는 다층보장체계에서의 국민연금제도의 근본적인 기능과 역할을 분명히 하고 제도의 합리성을 확보한 대안을 마련하여 이에 따라 문제를 해결해야 할 것이다. 이에 이 글에서는 제도적 관점에서 국민연금제도의 현황과 개혁 과정에 대해 평가하고, 다층노후소득보장체계 내에서 국민연금제도의 합리적 역할과 개선 방안을 살펴보도록 한다.

2. 이론적 논의

1) 다층보장체계[1]

　기존 복지국가의 노후소득보장이 주로 공적연금을 통해 이루어졌던 반면, 최근에는 공적연금이 직면하고 있는 여러 가지 문제를 해결하기 위해 기업(퇴직)연금이나 개인연금 등 사적연금을 적극적으로 활용하자는 주장이 발달해왔으며, 다층노후소득보장체계라 함은, 노후소득의 원천을 여러 차원에서 확보하는 방식을 말한다.

　연금 체계는 크게 비스마르크형과 베버리지형으로 구분할 수 있다(Myles and Quadagno, 1997; Bonoli, 2000). 비스마르크형 연금 체계는 사회적 위험이 발생했을 때 위험 발생 이전의 생활 수준 유지를 위한 목적을 가진다. 반면 베버리지형 연금 체계는 사회적 위험 발생 시 빈곤으로부터 벗어나는 데 목적을 둔다.[2] 이러한 연금 체계의 분류 구분은 매우 전통적인 구분인데 이는 최초의 제도적 설계가 지속적으로 제도에 영향을 미치며 체계 전환은 매우 어렵다(정창률, 2010). 다층보장체계라는 용어는 이러한 연금 체계의 측면에서 볼 때 베버리지형 공적연금을 택한 국가에서 노후소득의 보충을 위해 소득비례연금을 추가적으로 도입하여 한 개인이 노후소득보장을 위해 두 가지 이상의 연금 제도로부터 급여를 받는 형태를 의미한다. 한편 다층보장체계[3]와 관련해서는 1990년대

---

1) 여기서 체계란, 연금의 목적이나 수단, 그리고 방법과 관련한 포괄적인 설계로서 여러 연금 제도들을 조정하고 통합한 결과에 근거한 연금 체계를 뜻하는데 구체적으로 적용 범위, 기여, 급여(소득 대체율), 조직 등의 요소를 포함한다. 이는 여러 연금 층(pillar)들을 법에 의해 조정하고 통합하여 포괄적이고 결합적인 계획을 통해 최적의 효율성과 투명성을 얻도록 하는 일관적인 방식이란 측면에서 제도(system)와 구분할 필요가 있다(Nussbaum, 2006).

2) 급여의 측면에서 비스마르크 연금 체계는 소득비례 형태의 공적연금제도인 반면, 베버리지형 연금 체계는 정액급여 형태의 공적연금제도이다. 재정 운영 방식의 측면에서는 비스마르크형의 경우 부과 방식으로 운영되고 베버리지형의 경우 정액급여 형태는 부과 방식으로 운영되지만 차후에 도입된 소득비례연금은 적립 방식으로 운영되는 것이 일반적이다.

3) 세계은행과 달리 국제노동기구는 공적연금 중심의 취약 계층 보호 목적을 가진 4층 구조의 다층연

목적	소득 재분배와 보험 기능	저축과 보험 기능	저축과 보험 기능
형태	자산 조사, 최저연금보장 혹은 정액	기업연금(소득비례)	직역연금 또는 개인연금
재정 방식	조세(부과 방식)	완전적립 방식, 정부의 간접적인 규제	완전적립 방식
	강제 적용·공적 층	강제 적용·사적 층	자발적(임의 적용)·사적 층

자료: World Bank(1994).

이후 세계은행(World Bank)과 국제노동기구(ILO), 경제협력개발기구(OECD) 등이 저출산·고령화 추세에 대비하여 공적연금제도의 한계를 지적하면서 체계 구축의 중요성을 강조했고, 상호 간의 의견이 점차 수렴되면서 공적연금의 기초보장으로서의 역할을 권장하기에 이르렀다.

세계은행이 제시한 다층보장체계 모형의 아이디어는 기존의 공적연금제도가 인구 고령화가 진행되는 미래까지 유효할 수 없다는 것으로, 이를 위해서는 연금 제도의 목적을 세분화하여 그에 맞게 공적연금과 사적연금의 역할을 재설계하자는 것이다.

세계은행의 노후소득보장 설계는 그림 8-1과 같이 요약될 수 있다. 각 층(pillar)은 각 층에서 여러 가지 선택(option)이 가능하다. 예를 들어, 1층의 경우 서

금제도를 제시했다(Gillion, 2000). 구체적으로는 조세를 재원으로 하는 1층, 강제 적용의 공적연금 2층, 강제 적용 민간 부분 운용 연금 3층, 임의 적용 개인연금 4층이다. 그러나 다층체계를 공통적으로 대안으로 제시하고 있으면서도 그 내용은 사뭇 다르다. World Bank(1994)와 Holzmann and Hinz(2005) 등 세계은행 측에서는 2층, 즉 사적연금 중심의 연금 개혁을 강하게 요구하는 반면, Gillion et al.(2000) 등은 다층체계로의 전환에도 불구하고 노후소득의 40~50%는 여전히 공적 부문이 제공해야 한다고 주장하고 있다. 한편 OECD는 2001년 국민연금이 바탕이 된 기초연금체계를 체계화하고 3층 체계 ─보편적 기초연금과 소득비례의 확정급여형연금, 확정기여퇴직연금, 개인연금제도─ 를 통한 소득보장체계를 구축하여 지속 가능한 연금 체계 확립 방안을 권고했다. 그 후 OECD는 2012년에 노인 빈곤율의 증가를 고려한 기초노령연금제도의 개편을 권고하면서 급여 인상 시 차별적으로 적용함으로써 대상 측면에서 선별적 방향으로의 전환을 제안했다(윤석명, 2012). 즉, 다층보장체계의 구체적인 내용은 기관 및 국가에 따라 다양하게 정의할 수 있다. 이와 관련해서는 김진수(2006b), Gillion(2000), 윤석명(2012)을 참조.

로 다른 특징과 성격을 가지고 있는 자산 조사형 연금, 시민권적 기초연금, 기여기반 기초연금, 소득비례연금 등 여러 가지 형태가 가능하다고 제안한다. 2층의 경우, 기존의 2층 연금이 기업연금이라는 선입견에서 벗어나 강제적인 사적연금이라면 기업연금이나 개인연금에 관계없이 2층 연금으로 분류했다. 결국, 중요한 것은 공적 부문은 빈곤 경감 기능에 초점을 맞추어 노후소득의 결핍에 직면할 계층을 줄이는 재분배 기능에 집중하고, 또 다른 기능인 소득 유지 기능은 사적 부문이 제공할 것을 제안하고 있다.

이러한 다층체계는 노후소득보장에 대한 매우 유연한 분류로서 많은 가능성을 내포하고 있지만, 실제로 세계은행은 명확하게 2층, 다시 말해 강제적 사적연금이 미래의 핵심적인 노후소득보장의 수단이 되어야 할 것을 요구하고 있다. 즉, 기존의 공적연금 중심의 노후소득보장 제공은 빈곤 노인층을 줄이는 데에 집중하고, 중산층 이상의 계층에게는 사적연금이 중심이 되어야 한다고 보고 있다.

세계은행은 어떠한 재정 방식을 취하던 간에 하나의 공적연금체계에서는 미래세대에 부담을 전가하는 경향을 가진다고 판단하여 임의 적용 방식의 기업연금과 개인연금을 도입하여 국민연금, 기업연금, 개인연금으로 구성되는 다층보장체계로의 전환을 역설했으나 공적연금으로서의 기초연금과 함께 강제 가입의 기업연금에 무게를 둠으로써 시장을 중시하는 연금 개혁안이라는 비판에 직면했다. 그 후 2005년 세계은행은 빈곤 계층, 공식 부문, 비공식 부문으로 정책타깃 그룹을 새로 설정하고 공공부조제도의 도입 필요성을 강조했다. 이때는 5층 체계 모델을 제시했는데, 이 모델은 노인 빈곤 완화 목적의 공적부조 형태가 0층, 강제 적용 공적연금이 1층, 강제 적용 개인연금이 2층, 임의 적용 개인연금이 3층, 개인자산이 4층으로 구성된다(Holzmann et al., 2005).

공적연금의 재정 안정화라는 측면에서 볼 때 다층보장체계는, 급속한 노령화 및 근로자들의 생애주기 다양화, 노동시장의 경쟁성 및 이동성 증가와 같은 사회경제적 불확실성으로 인해 발생하는 공적연금의 재정 불안정 문제를 해결할 수 있고, 어느 하나의 소득보장제도만을 고수할 경우 발생할 수 있는 위험을 피할 수 있다는 것이 장점이다(Nussbaum, 2006). 이러한 다층보장체계에서는 공적연금, 기업연금, 그리고 개인연금의 상호 연계가 중요시되므로 어느 제도를 우선시하거나 소홀히 할 수 없다.

다층체계는 흔히 신자유주의적 아이디어로 비판받아왔지만, 더 이상 공적연금만으로 노후소득이 어렵다는 것은 모든 선진국들의 공통된 생각으로 보인다. 한국의 경우, 2005년 퇴직금제도가 퇴직연금제도로 전환되고, 2007년 국민연금 개혁을 통해 국민연금의 규모가 축소되면서, 국민연금과 퇴직연금으로 구성된 다층체계로 전환되었다. 그러나 아직까지 퇴직연금제도의 가입률이 높지 않고 제도 성숙까지 수십 년이 필요하다는 점에서 진정한 의미의 다층체계로 기능하고 있지는 못한 것이 사실이지만, 국민연금으로만 노후소득을 의존하는 경우에 생기게 된 노후 빈곤 문제의 해결책은 퇴직연금제도에 있다는 점에서 이에 대한 제도적 뒷받침이 필요한 실정이다.

따라서 노후소득보장에서 다층보장체계를 고려할 때 공적연금의 재정 불안정 문제는 다층보장체계 내에서 공적연금의 근본적 역할 정립 및 공적연금과 기타 소득보장체계의 조화로운 운영을 통해 근본적인 해결이 가능할 것이다. 같은 맥락에서 한국의 경우 국민연금 자체의 재정 안정화 문제뿐 아니라 공공부조제도 및 퇴직연금, 사적연금 등의 관계를 동시에 정립함으로써 전 소득 계층의 보장 문제에 접근할 때 비로소 공적연금의 재정 불안정 문제의 근본적인 해결 방안을 논의할 수 있을 것이다. 다음 항에서는 한국의 다층보장체계에 대해 구체적으로 살펴보도록 한다.

2) 한국의 다층보장체계의 형성과 각 제도의 역할

한국은 지난 2007년 국민연금 개혁을 통해 노후소득보장체계의 전반적인 틀을 변화시켰다. 2007년 국민연금 개혁의 핵심은 단순한 급여 수준의 삭감이 아니라 노후보장체계가 단일보장체계에서 다층보장체계로 전환된 것이며[4] 국민

---

4) 한국은 2007년 개혁 이전에도 기존의 경로연금, 퇴직연금 등이 국민연금제도와 함께 외형적으로 다층보장체계를 구성하고 있었으나 기존의 노후보장체계는 국민연금 중심이었던 데 반해, 2007년

연금은 1층보장의 역할을 수행하는 것으로 전환되었다는 점이다.[5] 구체적으로 살펴보면 퇴직금제도의 퇴직연금으로의 전환과 맞물려 공적연금과 기업연금의 조화를 통한 노후보장이라는 다층보장체계로의 전환이 그 결과이다.[6] 즉, 국민연금의 재정 안정을 위한 급여 삭감은 단순한 제도 개선에서 그치지 않고 나아가 연금 체계의 전환이라는 결과를 가져왔고, 노후소득보장제도 내에서 국민연금이 기초보장의 중심이 됨과 동시에 국민연금과 더불어 기초연금과 퇴직연금까지 반드시 함께 고려해야 하는 것으로 전환되었다.[7]

한국의 다층보장체계에서는 소득 계층에 따라 소득보장을 하는 각 제도의 역할이 다르다. 저소득층은 국민연금, 중간 소득층은 국민연금과 퇴직연금, 그리고 고소득층은 국민연금과 퇴직연금, 민영보험에 의해 노후소득보장이 이루어진다. 저소득 계층에 대한 국민연금의 소득대체율은 100~60% 수준이고, 국민연금은 매우 강력한 소득 재분배 기능을 통해 전체 가입자에게 기본보장의 역할을 수행한다고 할 수 있다. 다음으로 2층보장은 퇴직연금으로서, 소득과 가입 기간에 비례하여 급여 수준이 결정되며 소득 재분배의 기능은 없다. 퇴직연금

개혁 이후 국민연금의 급여 수준 하락과 이에 대한 보완책으로서 기초(노령)연금의 도입, 퇴직연금제도의 확대 등으로 현재는 기초연금, 국민연금, 퇴직(기업)연금, 사적연금을 모두 고려해야 하는 구조로 전환되었다. 한국의 경우 2007년 개혁으로 재정 안정화 조치가 이루어지면서 본격적으로 다층보장체계에 대한 논의가 시작된 것으로 볼 수 있다.

5) 한국은 국민연금 개혁을 통해 급여 수준에 있어 소득대체율을 낮추었고, 퇴직금의 퇴직연금 전환으로 다층보장체계를 구축했다는 점에서 공적연금의 기능이 기초보장 형태로 전환되고 있다고 할 수 있다(김진수·전희정, 2011).

6) 한국의 노후소득보장체계가 다층체계라고 쉽게 단정할 수 있는지에 관하여는 평가가 엇갈린다(정창률, 2010; 김원섭·강성호, 2008). 정창률(2010)에 의하면 2007년 국민연금 개혁이 외형적으로 큰 변화를 겪었다고 해도 개혁 이후에도 기초노령연금의 급여가 국민연금의 A값(평균소득)의 5% 수준에 불과하고 적용 대상 역시 제한적이며 퇴직연금의 가입률이 낮으므로 다층보장체계라고 쉽게 단정할 수는 없다고 한다. 참고로, 퇴직연금은 국민연금 개혁 이전인 2006년에는 2.5%에 불과했지만 2010년에는 25.1%, 2017년 12월에는 전체 근로자의 50.2%(5797천 명)가 가입되어 있다(통계청, 2018).

7) 한국의 경우 오랫동안 존재하던 퇴직금제도가 퇴직연금제도로 전환하는 독특한 조건이 노후소득 다층보장체제 형성에 밑바탕으로 작용했다(김진수, 2006a).

은 중간 계층에 대해 공적연금의 낮은 소득대체율을 보완하는 역할을 수행한다. 즉, 국민연금과 퇴직연금을 합한 소득대체율은 약 60% 수준이 기준이 된다. 마지막으로 3층보장은 민간보험이나 저축 등 다양한 형태로, 이는 가입 의사나 형태를 모두 완전한 자율에 맡기고 있으며 고소득 계층을 중심으로 국민연금과 퇴직연금을 합한 소득대체율이 낮아지게 되는 점을 보완하고자 개인의 판단에 따라 자율적으로 소득대체율을 상향 조정하는 역할을 담당한다.

연금 수준은 절대액에서는 다른 형태로 나타난다. 저소득층의 연금액은 높은 소득대체율에도 불구하고 절대액에서는 매우 낮은 수준으로 공공부조와 최저임금을 고려한 수준에 머무르게 된다. 중간 소득층은 공적연금의 낮은 소득대체율에 비해 실제 연금액은 소득 및 가입 기간에 따라 점진적으로 증가하게 된다. 그렇지만 절대액의 중심은 퇴직연금액에 영향을 받으며 특히 중간 계층에서도 소득이 높을수록 이러한 현상은 더욱 명확히 나타난다. 고소득 계층의 공적연금액은 절대액에서는 저소득 및 중간 소득 계층보다 높지만, 퇴직연금액에 비해 그 비중은 매우 낮다. 게다가 연금액의 최고 상한선을 규정하여 일정 수준 이상의 경우에는 연금액이 더 이상 증가하지 않게 된다. 그런데 퇴직연금의 경우에도 일정 수준 이상에 대해서는 상한선을 규정한다. 이는 고소득자에게 상한선 없이 정률 보험료와 이에 수지 상등 원칙을 적용하는 연금액을 지급하는 것은 초고소득 계층에게는 노후보장의 의미를 넘어서는 것이라고 할 수 있기 때문이다. 물론 고소득 계층은 민영보험 등을 통해서 자율적인 노후소득보장을 할 수 있게 된다.

요컨대, 다층보장체계라고 해서 모든 계층이 소득 차이에도 불구하고 1층, 2층 및 3층 보장 모두에 대해 골고루 보장을 받게 되는 것이 아니라 저소득 계층은 국민연금에서, 중간 계층은 국민연금과 퇴직연금의 합계액을 통해서, 고소득 계층은 국민연금과 퇴직연금, 그리고 민영보험의 합계액을 통해서 노후보장을 받도록 하여 적정 수준의 노후보장이 이루어져야 하는 것이다. 여기서 재정 안정에 대한 핵심은 국민연금은 전체적인 수지 상등 원칙에 기반을 두고 운영하고 전 소득 계층에게 동일한 보험료율을 적용하며 부과 대상 소득의 상한선은 매우 높거나 상한선을 두지 않아야 한다는 점이다.

연금의 역사가 오래되었거나 이미 개혁을 단행한 선진국가들은 연금급여에서는 최저연금제를 두는 것이 일반적인데 최저임금을 넘지 않는 수준에서 공공부조의 기준이 되는 최저생계비보다는 낮지 않은 수준에 두게 된다(국민연금연구원, 2006; 보험연구원, 2013). 최고연금제를 시행하는 국가들은 최저연금액을 기준으로 10배 수준으로 하는 것이 일반적이다.[8]

3. 국민연금제도의 발전과 현황[9]

1) 국민연금제도 개관

국민연금제도는 국민의 노령, 장애 또는 사망 등 사회적 위험이 발생한 경우에 가입자의 연금보험료를 주된 재원으로 하여 연금급여의 실시를 통한 장기적 소득보장을 함으로써 국민의 생활 안정과 복지 증진에 이바지하는 것을 목적으로 한다(국민연금법 제1조). 사회보험으로서 국민연금은 국가에 의해 일정한 자격을 가진 사람을 대상으로 강제적으로 적용되는 성격을 갖는다. 한국의 연금보험은 국민연금을 위시하여 공무원연금, 사립학교교직원연금 및 군인연금 등이 각기 분립·실시되고 있다.

한국 국민연금은 국민들의 노후소득을 일정 수준 이상으로 보장하기 위한 사회보장제도로서 1988년 1월부터 시행하고 있다. 한국 국민연금제도는 국민연금이라는 강제저축을 통해 은퇴 이후의 삶을 스스로 대비하도록 할 뿐만 아니라 계층 간 소득 재분배 기능을 수행하도록 설계되어 있는 것이 특징이다.

---

8) 최저연금제 및 최고연금제는 국가별, 역사별, 그리고 제도적 상황에 따라 수준 결정을 달리하게 된다. 그럼에도 국민연금의 경우 전체적으로 강력한 소득 재분배에 의한 기초보장이라는 점에서 제도적 장치를 마련하는 것으로 볼 필요가 있다.

9) 이 절은 국민연금보험법과 국민연금공단 홈페이지(http://www.nps.or.kr)의 내용을 참조하여 작성되었다.

표 8-1 / 연도별 가입자 현황

(단위: 개소, 명)

	총 가입자	사업장 가입자			지역 가입자		임의 가입자	임의계속 가입자
		사업장	가입자	계	농어촌	도시		
1988.12	4,432,695	58,583	4,431,039	-	-	-	1,370	286
1992.12	5,021,159	120,374	4,977,441	-	-	-	32,238	11,480
1995.12	7,496,623	152,463	5,541,966	1,890,187	1,890,187	-	48,710	15,760
1996.12	7,829,353	164,205	5,677,631	2,085,568	2,085,568	-	50,514	15,640
1999.12	16,261,889	186,106	5,238,149	10,822,302	2,083,150	8,739,152	32,868	168,570
2006.12	17,739,939	773,862	8,604,823	9,086,368	1,972,784	7,113,584	26,991	21,757
2007.12	18,266,742	856,178	9,149,209	9,063,143	1,976,585	7,086,558	27,242	27,148
2008.12	18,335,409	921,597	9,493,444	8,781,483	1,940,510	6,840,973	27,614	32,868
2009.12	18,623,845	979,861	9,866,681	8,679,861	1,925,023	6,754,838	36,368	40,935
2010.12	19,228,875	1,031,358	10,414,780	8,674,492	1,951,867	6,722,625	90,222	49,381
2011.12	19,885,911	1,103,570	10,976,501	8,675,430	1,986,631	6,688,799	171,134	62,846
2012.12	20,329,060	1,196,427	11,464,198	8,568,396	1,956,215	6,612,181	207,890	88,576
2013.12	20,744,780	1,290,557	11,935,759	8,514,434	1,962,071	6,552,363	177,569	117,018
2014.12	21,125,135	1,389,472	12,309,856	8,444,710	1,972,393	6,472,317	202,536	168,033
2015.12	21,568,354	1,537,250	12,805,852	8,302,809	1,949,757	6,353,052	240,582	219,111
2016.12	21,832,524	1,661,502	13,192,436	8,060,199	1,881,248	6,178,951	296,757	283,132
2017.12	21,824,172	1,760,279	13,459,240	7,691,917	1,787,649	5,904,268	327,723	345,292
2018.10	21,902,337	1,850,830	13,761,527	7,350,620	1,700,214	5,650,406	337,053	453,137

주: 2018년 10월 말 기준.
자료: 국민연금공단(2018).

국민연금제도가 처음 시행될 때에는 적용 대상을 10인 이상 사업장의 임금 근로자로 한정했다. 이후 적용 대상을 점진적으로 확대하여 1992년 1월에는 5인 이상 사업장의 임금 근로자도 포함되었고, 1995년 7월부터는 농어촌 지역도 적용 대상이 되었다. 그리고 1999년 4월부터는 적용 대상 범위가 18세 이상 60세 이하 모든 국민으로 확대되었다.

이와 같이 국민연금제도의 적용 대상이 확대됨에 따라 국민연금 가입자 규모는 표 8-1에서 알 수 있듯이 급속도로 증가했다. 국민연금이 처음 시행되었던 1988년 말 총 가입자 수는 약 4433천 명으로 한국 경제활동인구 중 약 25.6%만이 가입했다. 1995년부터 농어촌 지역으로 적용 대상 범위를 넓힘에 따라 총 가입자 수는 1995년 말 약 7497천 명으로 증가하여, 경제활동인구의 약 36%가 적용 대상이 되었다. 1999년 적용 대상 범위가 대폭 확대됨에 따라 총 가입자 수는 1999년 말 약 16262천 명으로 전체 경제활동인구의 약 75.1%가 국민연금에 가입했다. 2018년 10월 말 국민연금 가입자는 약 21902천 명으로 한국 경제활동인구 5명 중 4명(79.4%)은 국민연금에 가입한 것으로 나타났다.

2018년 10월 말 국민연금기금 조성액은 654.8조 원(연금보험료, 412.9조 원, 운용 수익금 240.9조 원, 임대 보증금 등 1조 원)이며, 이 중 130.4조 원을 수급자들의 연금급여 등으로 지출했고, 나머지 524.3조 원을 운용하고 있다. 국민연금 수급자는 4524천 명이다.

한국 국민연금제도의 주요 내용은 다음과 같다.

(1) 가입자

① 가입 대상

국민연금은 국내에 거주하는 국민으로서 18세 이상 60세 미만인 자는 국민연금 가입 대상이 된다. 다만 ① 공무원연금법, 군인연금법 및 사립학교교원연금법의 적용을 받고 있는 공무원·군인 및 사립학교교직원, 별정우체국법의 적용을 받는 별정우체국 직원, ② 국민기초생활보장법에 따른 수급자(희망에 따른 선택)는 가입 대상에서 제외된다.

② 가입자의 종류

한국 국민연금법상의 가입자 종류는 사업장 가입자, 지역 가입자, 임의 가입자 및 임의계속 가입자 네 종류로 구분된다. 각각의 자격 요건은 다음과 같다.

- ㄱ. 사업장 가입자: 사업의 종류, 근로자 수 등을 고려하여 대통령령으로 정하는 사업장의 18세 이상 60세 미만인 근로자와 사용자는 당연히 사업장 가입자가 된다.
- ㄴ. 지역 가입자: 사업장 가입자가 아닌 자로서 18세 이상 60세 미만인 자는 당연히 지역 가입자가 된다.
- ㄷ. 임의 가입자: 사업장 가입자와 지역 가입자에 해당하는 자 외의 자로서 18세 이상 60세 미만인 자는 국민연금공단에 가입 신청서를 제출하는 경우에는 임의 가입자가 될 수 있다.
- ㄹ. 임의계속 가입자: 국민연금 가입 기간이 20년 미만인 가입자가 60세에 달

한 때에는 가입자의 자격이 상실되지만 국민연금공단에 임의계속 가입자 가입 신청서를 제출하는 경우에는 계속하여 65세에 달할 때까지 임의계속 가입자가 될 수 있다.

ㅁ. 외국인 가입자: 한국에 거주하고 있는 외국인은 내국인과 동등하게 국민연금에 가입해야 한다. 즉, 18세 이상 60세 미만의 외국인이 국민연금에 가입된 사업장에 근무하면 사업장 가입자가 되고, 그 외의 외국인은 지역 가입자가 된다.

③ 국민연금의 가입 기간

국민연금 가입 기간은 월 단위로 계산하되, 가입자의 자격을 취득한 날이 속하는 달의 다음 달부터 자격을 상실한 날의 전날이 속하는 달까지로 한다. 그리고 가입 기간을 계산할 때 연금보험료를 내지 아니한 기간은 가입 기간에 산입하지 않는다.

(2) 국민연금급여

① 국민연금급여의 특징

국민연금급여의 주요 특징은 다음과 같다. 첫째, 국민연금은 연금급여액의 실질 가치를 보장하기 위한 요소를 갖추고 있다. 가입자의 장기적인 노후소득 보장을 위한 연금급여의 실질 가치 보장을 위해 매년 물가 상승률을 반영하여 연금급여액을 조정한다. 연금급여를 받기 시작한 이후 매년 4월부터 전년도 전국 소비자 물가 상승률만큼 연금급여액을 인상하여 지급한다.

둘째, 국민연금급여액 공식에는 소득비례 부분이 있어서 소득 재분배 기능을 수행한다. 따라서 급여 측면에서 저소득층이 상대적으로 유리한 구조이다. 다만, 연금급여액의 최고한도를 설정하여 가입 기간 중 소득에 비하여 연금급여액이 더 많지 않도록 하고 있다.

셋째, 국민연금은 국가에서 보장하는 연금급여로서 국민연금법에 따르면 급여를 받을 권리는 양도·압류하거나 담보로 제공할 수 없다. 급여 수급 전용 계좌인 '국민연금 안심통장'으로 연금을 지급받는 경우에는 압류로부터 원천적으로 보호된다. 그러나 연금을 지급받는 은행계좌가 국민연금 안심통장이 아닌 경우 타인에 의해 압류될 수 있다. 단, 국민연금에 대한 실질적 수급권을 보호하기 위하여 국민연금으로 지급된 급여로서 150만 원 이하의 금액에 대해서는 압류하지 못하도록 하여 연금을 통한 기본적인 생활을 보장하고 있다.

넷째, 국민연금은 저출산 등 사회적 문제에 대응하기 위한 정책 수단으로도 작용한다. 예를 들면 2008년 1월부터 출산장려 및 군복무에 대한 보상 차원으로 출산 및 군복무에 대하여 연금 가입 기간을 추가 인정해주는 가입기간인정(크레딧)제도를 도입했고, 2017년 8월부터 고용보험 구직급여 수급자를 대상으로 연금보험료를 지원하는 실업크레딧제도를 도입했고, 2017년 8월부터 고용보험 구직급여 수급자를 대상으로 연금보험료를 지원하는 실업크레딧제도를 도입했다.10)

② 국민연금급여의 종류와 수준

국민연금급여는 크게 연금과 일시금으로 구분되며, 연금에는 노령연금, 장애연금, 유족연금이 있고, 일시금으로는 반환일시금과 사망일시금이 있다. 노령

---

10) 군복무크레딧은 2008년 1월 1일 이후 입대하여 병역 의무를 이행한 자에게 6개월의 가입 기간을 추가로 인정해주는 제도로서 해당 기간의 소득은 평균소득월액(A값)의 50%를 인정한다. 단, 군복무 기간이 공무원연금법 또는 군인연금법 등의 타 공적연금 가입 기간에 산입되거나 그 기간 중 6개월 이상 보험료를 납부하여 가입 기간으로 인정되는 경우에는 국민연금 가입 기간으로 인정하지 않는다. 출산크레딧은 2008년 1월 1일 이후에 둘째 자녀 이상을 출산 시 가입 기간을 추가로 인정하고 해당 기간의 소득은 평균소득월액(A값)의 전액을 인정해주는 제도로서, 국민연금 사각지대 축소 및 고령사회에 대비한 출산장려에 그 목적이 있다. 자녀가 2명인 경우 12개월까지 가입 기간을 추가로 인정하고, 자녀가 3명 이상인 경우 둘째 자녀에게 인정되는 12개월에 셋째 자녀 이상 1명마다 18개월을 추가하여 최장 50개월까지 가입 기간을 추가로 인정한다.

자녀 수	2자녀	3자녀	4자녀	5자녀 이상
추가 인정 기간	12개월	30개월	48개월	50개월

실업크레딧은 구직급여 수급자가 연금보험료(인정소득 —실업 전 평균소득의 50%로 하되 상한은 70만 원— 의 9%)의 납부를 희망하고 본인 부담분 연금보험료(25%)를 납부하는 경우, 국가에서 보험료(75%)를 지원하고 그 기간을 최대 12개월까지 가입 기간으로 추가 산입한다.

표 8-2 / 국민연금급여의 종류별 수급 자격과 수준

	수급 자격	수준
노령연금	가입기간 10년 이상 20년 미만으로 60세에 도달한 자(65세 미만이면 소득이 없는 경우에 한함)	− 가입기간 10년의 경우 • 기본연금액의 50%+부양가족연금액 − 가입기간 20년 이상인 경우 • 기본연금액 100% +부양가족연금액
노령연금	노령연금 수급권자가 65세 이전에 소득이 있는 업무에 종사하는 기간 ※ 부양가족연금액은 지급되지 않음	− 연령별 감액률(2015.7.29 전 지급사유 발생 건) • 기본연금액의 50%* × 50%** 　* 가입기간 1년 증가 시마다 기본연금액의 5%를 증액 　** 연령 1세 증가 시마다 연령별 지급률 10%를 증액(연령별 지급률: 60세 50%, 61세 60%, 62세 70%, 63세 80%, 64세 90%, 65세 이후 100%) 단, 2015.7.29 이후 수급권 취득자부터는 소득구간별 감액 적용 − 소득구간별 감액(2015.7.29 이후 지급사유 발생 건) 　☞ 감액한도: 노령연금액의 1/2 **A값 초과소득월액 / 노령연금 지급 감액분 / 월 감액 금액** 100만 원 미만 / 초과소득월액분의 5% / 0~5만 원 100만 원 이상~200만 원 미만 / 5만원+(100만 원을 초과한 초과소득월액분의 10%) / 5만~15만 원 200만 원 이상~300만 원 미만 / 15만 원+(200만 원을 초과한 초과소득월액분의 15%) / 15만~30만 원 300만 원 이상~400만 원 미만 / 30만 원+(300만 원을 초과한 초과소득월액분의 20%) / 30만~50만 원 400만 원 이상 / 50만 원+(400만 원을 초과한 초과소득월액분의 25%) / 50만 원 이상
조기노령연금	가입기간 10년 이상, 연령 55세 이상인 자가 소득 있는 업무에 종사하지 아니하고, 60세 도달 전에 청구한 경우(65세 이전에 소득 있는 업무에 종사하면 감액된 연금 지급)	− 가입기간 10년, 55세인 경우 • 기본연금액의 50%*×70%**+부양가족연금액 　* 가입기간 1년 증가 시마다 기본연금액의 5%를 증액 　** 수급개시 연령 1세 증가 시마다 연령별 지급률 6%를 증액(연령별 지급률: 55세 70%, 56세 76%, 57세 82%, 58세 88%, 59세 94%)
분할연금	가입기간 중 혼인기간이 5년 이상인 노령연금 수급권자의 이혼한 배우자가 60세 이상이 된 경우 분할연금은 ① 이혼, ② 배우자였던 자의 노령연금 수급권 취득, ③ 본인의 60세 도달(수급연령 상향규정 적용)이라는 세 가지 요건이 갖추어졌을 때, 본인의 신청에 의해 지급	− 배우자였던 자의 노령연금액 • (부양가족연금액 제외) 중 혼인기간에 해당하는 연금액의 1/2 　* 분할연금의 수급요건을 모두 충족한 날이 2016.12.30 이후인 경우 당사자 간 재판이나 협의로 별도의 분할비율을 정할 수 있음
특례노령연금	연금제도 도입 또는 농어촌 확대 적용 당시 45~60세 미만 가입자와 1999년 도시지역 확대 적용 당시 50~60세 미만이었던 가입자가 5년 이상 가입	• 기본 25~70%+부양가족연금액

장애연금	장애로 인한 소득감소에 대비한 급여가입 중 질병, 부상 발생 시 그 장애 정도에 따라 지급	1급: 기본 100%+부양가족연금액 2급: 기본 80%+부양가족연금액 3급: 기본 60%+부양가족연금액 4급: 기본 225% 일시보상금으로 지급
유족연금	사망일이 2016.11.30 이후 적용 기준 1. 노령연금 수급권자 2. 장애등급 2급 이상의 장애연금 수급권자 3. 가입기간이 10년 이상인 가입자(였던 자) 4. 사망일 5년 전부터 사망일까지의 기간 중 3년 이상 연금보험료를 낸 가입자(였던 자). 단, 전체 가입대상기간 중 체납기간이 3년 이상인 경우는 유족연금을 지급하지 않음	— 사망한 자 가입기간 • 기간 10년 미만: 40%+부양가족연금액 • 기간 10~20년 미만: 50%+부양가족연금액 • 기간 20년 이상: 60%+부양가족연금액 ⇒ 유족연금은 ① 배우자(사실혼배우자 포함), ② 자녀 (25세 미만 또는 장애등급 2급 이상), ③ 부모(60세 이상 또는 장애등급 2급 이상), ④ 손자녀(19세 미만 또는 장애등급 2급 이상), ⑤ 조부모 (60세 이상 또는 장애등급 2급 이상) 순위 중 최우선 순위자에 한하여 지급. 부모·조부모는 배우자의 부모·조부모 포함
반환일시금	1. 가입기간 10년 미만인 자가 60세가 된 경우(특례노령연금 수급권자는 해당되지 않음) 2. 가입자 또는 가입자였던 자가 사망했으나 유족연금에 해당되지 않는 경우 3. 국적을 상실하거나 국외로 이주한 경우	• 납부보험료+이자(3년 만기 정기예금이자율* 적용) * 2018년 3년 만기 정기예금이자율: 1.6%
사망일시금	유족연금 또는 반환일시금을 받을 수 있는 유족이 없는 경우 사망일시금 지급(장제부조적·보상적 성격의 급여)	반환일시금에 상당하는 금액으로 기준소득월액 또는 가입중의 기준소득월액의 평균액 중 많은 금액의 4배를 초과할 수 없음 ⇒ 사망일시금은 ① 배우자, ② 자녀, ③ 부모, ④ 손자녀, ⑤ 조부모, ⑥ 형제자매 또는 ⑦ 사망자에 의하여 생계를 유지하고 있던 4촌 이내의 방계혈족 순위 중 최우선 순위자에 지급

주: 국민연금 수급 연령을 2013년부터 매 5년마다 1세씩 연장하여 2033년 이후 65세로 연장. 1953~1956년생 61세, 1957~1960년생 62세, 1961~1964년생 63세, 1965~1968년생 64세, 1969년생 이후 65세.
자료: 국민연금공단 홈페이지 재구성.

연금은 국민연금의 기초가 되는 급여로서 노후소득보장을 목적으로 한다. 노령연금은 완전노령연금, 감액노령연금, 조기노령연금, 재직자노령연금, 분할연금, 특례노령연금으로 구분된다. 장애연금은 장애로 인한 소득 감소에 대비한 급여로 장애 등급에 따라 급여 수준이 결정된다. 유족연금은 가입자의 사망으로 인한 유족의 생계 보호를 목적으로 가입자 또는 가입자였던 자가 사망할 당시 그에 의해 생계를 유지하고 있던 유족에게 지급되는 연금이다. 반환일시금은 연금을 받지 못하거나 국민연금에 더 이상 가입할 수 없는 경우에 청산적 성격으로 일시금으로 지급하는 보상적 성격의 급여라고 할 수 있다.

노령연금은 원칙적으로 10년 이상 가입해야 하고 60세 이후부터 평생 동안

매월 지급받을 수 있다. 현재 노령연금의 수급 개시 연령은 60세이나 1998년 국민연금법 개정을 통해 지급 연령이 2013년부터 2033년까지 5년마다 1세씩 연장되어 2033년부터는 수급 개시 연령이 65세로 상향 조정된다. 노령연금은 가입 기간, 연령, 소득활동 유무 등에 따라 완전노령연금, 감액노령연금, 재직자노령연금, 조기노령연금, 특례노령연금으로 구분되며 이혼한 배우자에게 지급될 수 있는 분할연금이 있다.

완전노령연금은 가입 기간이 20년 이상이고 60세에 도달한 때에 기본연금액과 부양가족연금액을 합산하여 평생 동안 지급하는 연금이다. 단, 65세 이전까지 소득이 없는 경우에 한하며 65세 이전까지 소득이 있는 경우에는 재직자노령연금에 해당한다.

감액노령연금은 가입 기간이 10년 이상~20년 미만인 사람이 60세에 달하여 '소득이 있는 업무'에 종사하지 않는 경우 가입 기간에 따라 일정률의 기본연금액에 부양가족연금액을 합산하여 평생 동안 지급하는 연금이다.

재직자노령연금은 가입 기간이 10년 이상이고 60세에 도달했으나 소득이 있는 업무에 종사하고 있는 경우 60세 이상~65세 미만의 기간 동안 일정 금액을 감액하여 지급하는 연금이다. 소득 기준에 관계없이 연령에 따라 60세는 50%, 61세는 60%, 62세는 70%, 63세는 80%, 64세는 90%의 감액률을 적용한다. 또한 소득활동에 종사함으로써 가족 부양이 가능하다고 보기 때문에 부양가족연금은 지급하지 않고 있다. 재직자노령연금 수급 대상은 연금 수급을 연기할 경우 연기하는 1년마다 6%의 급여 증액률을 적용받을 수 있다. 그리고 처음 연금을 받을 당시 소득이 있는 업무에 종사하지 않으면 가입 기간에 따라 완전노령연금이나 감액노령연금으로 변경하여 지급된다.

조기노령연금은 조기 퇴직자에 대한 소득보장을 위해 55세부터 60세 미만에 본인 신청에 따라 수급 시점을 선택할 수 있도록 한 연금이다. 가입 기간 및 처음 연금을 받게 되는 연령에 따라 일정률의 기본연금액에 부양가족연금액을 합산해 평생 동안 지급한다. 단, 55세 이후 연금을 신청하여 지급받다가 60세 이전에 소득이 있는 업무에 종사할 경우에는 그 소득이 있는 기간 동안 연금 지급이 정지되나 정지된 기간 동안 연금 감액률을 적용하지 않아 연금 재수급 시 급여액이 상승한다.

특례노령연금은 국민연금제도를 최초 도입 및 확대 시행할 수 없는 국민을 대상으로 특별히 마련한 급여제도이다. 특례노령연금은 5년(60개월)만 가입해도 60세가 되면 가입 기간에 따라 일정률의 기본연금액에 부양가족연금액을 합산하여 평생 동안 지급한다. 또한 수급권자 대부분이 가입 기간이 짧아 연금액이 많지 않음을 고려하여 소득이 있는 업무 종사 유무에 관계없이 전액 지급한다.

분할연금은 이혼한 여성 배우자의 수급권을 보호하기 위해 도입된 것으로 이혼한 자가 배우자였던 자의 노령연금액 중 혼인 기간에 해당하는 연금급여액을 나누어 지급받는 연금이다. 단, 혼인 기간 중 납부 기간이 최소 5년 이상이어야 하며 분할연금을 받다가 한쪽 수급자가 사망하더라도 다른 쪽 수급권자의 수급권에 영향을 주지 않는다. 전 배우자의 분할연금과 본인의 노령연금은 합산하여 지급한다.

2018년 급여 종류별 평균 급여액을 살펴보면, 가입 기간 20년 이상 노령연금 수급자는 평균 910,908원, 조기노령연금 수급자는 532,843원, 특례노령연금 수급자는 215,710원, 분할연금 수급자는 190,476원, 장애연금 1급 수급자는 610,451원, 유족연금은 276,418원을 받은 것으로 나타났다(국민연금공단, 2018).

표 8-3 / 연금종별 월평균 지급액

(단위: 원)

계 (특례 포함)	소계 (특례 포함)	노령연금							장애연금				유족 연금
		20년 이상	10~19 년	소득 활동	조기	특례	분할	소계	1급	2급	3급	
최고 2,045,550	2,045,550	2,045,550	1,729,690	1,822,010	1,757,780	1,006,300	1,386,380	1,636,940	1,636,940	1,263,960	991,170	1,033,240
평균 452,917 (378,971)	509,982 (398,162)	910,908	396,861	775,485	532,843	215,710	190,476	447,724	610,451	481,923	368,860	276,418

○ 해당 월 지급자의 기본연금액＋부양가족연금액 기준이며, 중복 급여 및 동순위 조정 전 금액임, 사회보장협정 기간 보유자와 산재 적용자는 최고·최저 연금액 대상에서 제외, 계 및 노령소계 평균액 산정 시 분할연금 제외, 부분 연기 연금 지급자는 최저연금액 대상에서 제외

○ 반환일시금 평균 지급액: 5,764,647원(최고: 109,691,170원)

○ 사망일시금 평균 지급액: 2,363,942원(최고: 18,720,000원)

○ 장애일시금 평균 지급액: 13,051,554원(최고: 43,870,980원)

(3) 국민연금급여액의 산정

국민연금의 연금급여액은 기본연금액과 부양가족연금액을 기초로 산정된다. 가입 기간 및 가입 기간 동안의 소득(보험료), 연금 수령 당시 부양가족 수에 의해 연금액이 결정된다(연금액=기본연금액+부양가족연금액).

기본연금액은 20년 이상 가입한 것을 기준으로 산정된다. 기본연금액은 균등부분과 소득비례 부분으로 구성되며 기본연금액의 산식은 다음과 같다.

$$\text{연금액} = \text{기본연금액} \times \text{연금종별 지급률}^* + \text{부양가족연금액}$$

* 노령연금의 지급률: 가입 기간 10년 50%(1년당 5% 증가)

* 장애연금의 지급률: 장애 1급 100%, 2급 80%, 3급 60%, 4급(일시금) 225%

* 유족연금의 지급률: 가입 기간 10년 미만 40%, 10년 이상 20년 미만 50%, 20년 이상 60%

기본연금액 =

$$[2.4(A+0.75B) \times P1/P + 1.8(A+B) \times P2/P + 1.5(A+B) \times P3/P + 1.485(A+B) \times P4/P + 1.47(A+B) \times P5/P + \cdots\cdots$$

   1988~1998년   1999~2007년   2008년   2009년   2010년

$$[1.2(A+B) \times P23/P + Y(A+B) \times C/P + X(A+1/2A) \times 6/P] \times (1+0.05n/12)$$

   2028년   출산크레딧   군복무크레딧

A=연금 수급 전 3년간의 평균소득월액의 평균액(균등 부분—소득 재분배 기능 수행)

B=가입자 개인의 가입 기간 동안의 기준소득월액의 평균액(소득비례 부분)

※ 가입자 개인의 가입 기간 동안의 기준소득월액을 매년 보건복지부 장관이 고시하는 연도별 재평가율에 의하여 연금 수급 전년도의 현재 가치로 환

산한 후 그 합계액을 가입자의 전체 가입월수로 나누어 산정

P=가입자의 전체 가입월수

n: 20년 초과월수(노령연금액 산정 시에만 출산, 군복무 및 실업 크레딧을 포함한 전체 가입월수)

	1988~1998년	1999~2007년	2008~2027년	2028년 이후
상수	2.4	1.8	1.5 (2008년, 그후 매년 0.015씩 감소)	1.2
소득대체율	70%	60%	50% (2008년, 그후 매년 0.5%p씩 감소)	40%
가입월수	P1	P2	P3 … P22	P23

주: 2018년 3월~2019년 2월 사이 지급 사유 발생자에게 적용할 연금 수급 전 3년간의 평균소득월액 (A): 2,270,516원.

여기서 A는 균등 부분으로서 연금 수급 전 3년간 전체 가입자의 평균소득(평균소득월액)을 의미하고, B는 소득비례 부분으로서 가입자 개인의 가입 기간 전체의 평균소득(기준소득월액의 평균액)이다. B값은 연금 수급 전년도까지의 소득을 A값으로 재평가하여 현재 가치를 유지하도록 하고 있다. P는 가입자의 전체 가입월수(노령연금액 산정 시에만 출산 및 군복무 크레딧을 포함한 전체 가입월수)이고, n은 20년 초과 가입월수(노령연금액 산정 시에만 출산 및 군복무 크레딧을 포함한 전체 가입월수)이다. X는 1.5~1.2까지의 비례상수 중 노령연금 수급권 취득 시점의 상수이고, C는 추가 가입 기간(12, 30, 48, 50)을 의미하고 균분하는 경우에는 추가 가입 기간의 1/2(6, 15, 24, 25)을 적용한다. 단, 출산, 군복무 및 실업 크레딧으로 인한 연금액 및 증가되는 가입 기간은 노령연금 산정 시에만 적용된다.

한편 부양가족연금액이란 수급권(유족연금의 경우에는 사망한 가입자 또는 가입자였던 자를 말함)을 기준으로 하는 배우자, 자녀 또는 부모로서 수급권자에 의해 생계를 유지하고 있는 자에 대해 지급하는 일종의 가족수당 성격의 급여이다. 부양가족연금액은 가입 기간에 관계없이 정액으로 지급된다. 부양가족연금액은 노령연금(완전, 감액, 조기 및 특례), 장애연금(장애 등급 1~3급) 및 유족연금의 수급권자에게 지급되지만, 재직자(소득이 있는 업무에 종사하는)노령연금, 분할연

표 8-4 / 연금 지급 사유 발생 기간별 적용 A값

지급 사유 발생 연월	A값	지급 사유 발생 연월	A값
1990년 2월 이전	374,485	2004.3~2005.2	1,412,428
1990.3~1991.2	423,569	2005.3~2006.2	1,497,798
1991.3~1992.2	486,449	2006.3~2007.2	1,566,567
1992.3~1993.2	581,837	2007.3~2008.2	1,618,914
1993.3~1994.2	670,540	2008.3~2009.2	1,676,837
1994.3~1995.2	757,338	2009.3~2010.2	1,750,959
1995.3~1996.2	859,838	2010.3~2011.2	1,791,955
1996.3~1997.2	931,293	2011.3~2012.2	1,824,109
1997.3~1998.2	1,015,544	2012.3~2013.2	1,891,771
1998.3~1999.2	1,123,185	2013.3~2014.2	1,935,977
1999.3~2000.2	1,260,611	2014.3~2015.2	1,981,975
2000.3~2001.2	1,290,803	2015.3~2016.2	2,044,756
2001.3~2002.2	1,271,595	2016.3~2017.2	2,105,482
2002.3~2003.2	1,294,723	2017.3~2018.2	2,176,483
2003.3~2004.2	1,320,105	2018.3~2019.2	2,270,516

금, 장애일시보상금, 반환일시금, 사망일시금은 지급 대상이 되지 않는다. 부양가족연금은 수급권자에 의해 생계를 유지하는 배우자, 자녀(18세 미만 또는 장애등급 2급 이상), 부모(60세 이상 또는 장애 등급 2급 이상, 배우자의 부모 포함)로 대상이 한정된다. 또한 배우자가 결혼 전에 얻는 자녀(계자녀)도 포함하여 인정한다. 단, 이미 국민연금을 받고 있는 자는 다른 가입자의 부양가족연금액의 지급 대상이 될 수 없다. 2018년 배우자의 경우 부양가족연금액은 연 256,8700원, 자녀및 부모의 경우는 1인당 연 171,210원이다.

마지막으로 국민연금급여액 산정과 관련하여 주목해야 할 점은 연금급여액의 최고한도가 존재한다는 사실이다. 연금의 월급여액은 연금 수령액이 전체가입 기간 중 평균소득 또는 최종 5년의 가입 기간 동안 평균소득을 초과할 수없다. 이는 가입 기간 소득에 비하여 연금급여액이 더 많지 않도록 제한하여, 소득대체율의 상한은 100%가 된다. 유족연금의 경우에도 유족연금이 발생한시점에서 유족연금 산식을 적용하여 연금을 재산정한다. 이를 통해 과거 수급권자였던 자의 노령연금이나 장애연금에 비해 유족연금급여액이 더 많아지는것을 방지하고 있다.

(4) 연금급여의 선택

국민연금은 두 가지 이상의 급여가 발생하면 원칙적으로 본인이 선택하는 한 가지 급여만 지급하도록 하는 중복 급여의 조정을 시행하고 있다. 이는 한 사람에게 급여가 집중되는 것을 방지하여 한정된 재원으로 보다 많은 이에게 혜택을 주기 위한 사회보험 원리에 의한 것이다. 따라서 수급권자의 선택에 의해 한 가지 급여만 지급되고, 나머지 급여는 지급이 정지되는 등의 제한을 받게 된다. 예를 들면, 장애연금을 받고 있는 사람이 노후에 노령연금 수급권이 발생한 경우 2개의 연금급여 중 수급권자가 선택한 하나의 급여가 지급되고 다른 급여의 지급은 정지된다. 그러나 2007년 국민연금법 개정 시 이러한 중복 급여의 조정을 완화해 수급권자에게 국민연금법에 의한 두 가지 이상의 급여가 발생한 경우 선택하지 아니한 급여가 유족연금 또는 반환일시금인 경우에 한해 일정액을 추가로 지급하도록 했다. 선택하지 않은 급여가 유족연금일 경우 선택한 급여와 유족연금의 20%를 지급(단, 선택한 급여가 반환일시금일 경우에는 유족연금의 20%를 지급하지 않음)한다. 그리고 선택하지 않은 급여가 반환일시금일 경우에는 사망일시금 상당액을 지급(단, 선택한 급여가 장애연금이고 선택하지 않은 급여가 본인의 연금보험료 납부로 인한 반환일시금일 경우에는 장애연금만 지급함)한다.

또한 장애연금 또는 유족연금의 수급권자가 국민연금법에 따라 장애연금 또는 유족연금의 지급 사유와 동일한 사유로 다른 법률에 의한 급여(근로기준법, 산업재해보상보험법, 선원법, 어선원 및 어선재해보상법)를 받을 수 있는 경우 국민연금급여액이 50%로 조정된다.

(5) 크레딧제도와 보험료 지원사업

현재 한국 사회가 직면해 있는 심각한 노인 빈곤 문제와 맞물려 국민연금의 노후소득보장 기능을 강화하기 위해 다양한 대책들이 추진 중이다. 현재까지 국민연금제도 내에서 국민연금(노령연금) 수급률을 높이고 급여 수준을 제고하는 대표적인 방안으로 크레딧제도와 보험료 지원이 있다. 우선, 국민연금 가입 기간을 추가적으로 인정해주는 출산크레딧과 군복무크레딧은 연금 사각지대 완화를 목적으로 2007년 연금 개혁 과정에서, 그리고 구직 급여자를 대상으로

2017년 실업크레딧이 도입되었다.

국민연금의 노후소득보장 기능을 강화하고자 하는 또 다른 사업으로는 국민연금보험료 지원사업이 있다. 현재 국민연금보험료 지원사업에는 농어업인에 대한 보험료 지원과 저임금 근로자에 대한 보험료 지원이 있다. 농어촌구조개선특별회계법에 기초하고 있는 농어업인 국민연금보험료 지원사업은 국민연금보험료 지원을 통해 농산물 수입 개방으로 인한 농어업인의 노후소득보장 불안을 완화시키고자 하는 목적으로 1995년부터 추진되어온 사업이다. 가입자의 소득월액이 기준소득금액(2019년 기준 970,000원) 이하인 경우 본인 연금보험료의 50%(정률)가 지원되며, 기준소득금액을 초과할 경우 월 43,650원이 정액으로 지급된다.[11] 또 다른 보험료 지원사업으로는 2012년 7월부터 시행된 두루누리 사회보험 사업이 있다. 두루누리 사회보험 사업의 보험료 지원 대상은 근로자 수가 10인 미만인 사업장에 종사하는 저임금 근로자를 고용한 사업주와 근로자이며, 국민연금과 고용보험 보험료의 일부를 지원하고 있다.[12]

사실, 크레딧이나 연금보험료 지원 외에도 국민연금의 노후소득보장 기능을 강화하기 위해 활용되고 있는 혹은 그 도입 가능성이 논의되었거나 되고 있는 대책은 매우 다양하다. 예컨대, 임의 가입, 임의계속 가입, 연금보험료의 추후

---

11) 국민연금에서 인정하는 농어업인의 요건은 국민연금보험료를 납부하는 지역 가입자 또는 지역 임의계속 가입자로서, ① 1천 제곱미터 이상의 농지를 경영 또는 경작하거나, ② 농업 경영을 통한 농산물의 연간 판매액이 120만 원 이상인 자, ③ 1년 중 90일 이상 농업에 종사하는 농업인, ④ 어업 경영을 통한 수산물의 연간 판매액이 120만 원 이상인 자, ⑤ 1년 중 60일 이상 어업에 종사하는 어업인이다.

12) 두루누리 사회보험료 지원은 소규모 사업을 운영하는 사업주와 소속 근로자의 사회보험료(고용보험·국민연금) 일부를 국가에서 지원함으로써 사회보험 가입에 따른 부담을 덜어주고, 사회보험 사각지대를 해소하기 위한 사업이다. 지원 대상은 근로자 수가 10명 미만인 사업에 고용된 근로자 중 월평균보수가 210만 원 미만인 근로자와 그 사업주에게 사회보험료(고용보험·국민연금)를 최대 90%까지 각각 지원한다. 신규 지원자(지원 신청일 직전 1년간 피보험자격 취득 이력이 없는 근로자와 그 사업주)의 경우 5명 미만 사업장은 보험료의 90%를 지원하고 5명 이상 10명 미만인 사업장은 80%를 지원한다. 기지원자(신규 지원자에 해당하지 않는 근로자와 사업주)의 경우 10명 미만 사업장에는 40%를 지원한다. 지원 기간은 2018년 1월 1일부터 신규 지원자 및 기지원자 지원을 합산하여 3년(36개월)만 지원한다.

납부, 연금보험료의 선납, 반환일시금의 반환, 지역 가입자(특수형태근로 종사자, 시간제 근로자, 18세 미만 근로자 등)의 사업장 가입자 전환, 저소득 지역 가입자(영세 자영업자) 보험료 지원 등이 이러한 대책의 범주에 들 수 있다.

2) 2018년 국민연금(제4차 국민연금종합운영계획안) 개편[13]

제4차 국민연금종합운영계획안은 2018년 8월 발표한 국민연금 4차 재정추계 결과 및 제도개선방안을 기초로, 대국민 토론회 등 다양한 방식으로 국민 의견을 수렴하여 마련되었다. 제4차 종합운영계획안은 지난 제1~3차 종합운영계획안과 비교했을 때, 다음과 같은 특징이 있다.

첫째, 기존의 '국민연금' 중심의 노후소득보장 강화 논의에서, 기초연금·퇴직연금 등 공적연금 전체를 포괄하는 다층연금체계 차원으로 논의를 확장했다. 기초연금급여 수준이 계속 증가하고 있고, 퇴직연금 및 주택·농지연금도 노후소득보장의 한 틀로 발전해나가고 있는 상황에서, 국민의 노후를 더욱 두텁게 보장하기 위해서는 국민연금제도뿐 아니라 다양한 연금 제도를 함께 고려하는 것이 더욱 효과적이기 때문이다.

둘째, 기존 제1~3차 국민연금종합운영계획과는 달리 이번 제4차 국민연금종합운영계획은 노후소득보장과 재정 안정화를 균형 있게 고려하기 위해 노력했다. 과거 두 차례의 연금 개혁은 모두 재정 안정화에 초점을 두었으나,[14] 제4차 종합운영계획은 국민연금 사각지대 해소·급여 내실화·다층노후소득보장체계를 통한 노후소득보장 강화를 추진하고, 기금 운용의 수익성 제고 등 재정 안정화 방안도 함께 제시했다.

셋째, 정부 주도의 일방적 연금 개혁이 아니라, 지역별·연령별 일반 국민, 이해관계자 및 전문가 등 다양한 국민의 의견을 바탕으로 수립되었다. 주요 집단

---

13) 보건복지부가 2018년 12월 14일 발표한 제4차 국민연금종합운영계획안을 중심으로 작성되었다.

14) 1998년 제1차 개혁은 소득대체율을 인하(70% → 60%)하고 연금 수급 연령을 상향(60세→65세) 조정했고, 2007년 제2차 개혁은 소득대체율을 인하(60%→40%)하고 기초노령연금을 도입했다.

별 간담회, 지역별 대국민 토론회, 온라인 의견 수렴 및 전화 설문을 통해 국민연금 개선에 대한 국민 의견을 수렴했다.[15)]

국민연금, 기초연금 및 퇴직연금 등 공적연금의 사각지대를 해소하고 실질급여액을 증가하기 위한 제도 개혁의 주된 내용은 다음과 같다.

(1) 국민연금의 국가 지급 보장

국민연금에 대한 신뢰도 제고를 위해, 「국민연금법」에 연금급여 지급을 국가가 보장한다는 취지가 명확하게 나타나도록 법 개정을 추진할 계획이다. 대국민 설문조사 결과 응답자의 91.7%가 국가 지급 보장 명문화에 찬성했다.

(2) 저소득 지역 가입자 보험료 지원

사업 중단, 실직 등으로 보험료 납부가 어려운 지역 가입자(납부 예외자)에게 국민연금보험료의 50%를 지원해주는 사업의 신설을 추진한다. 이를 통해 첫 해에만 350만여 명의 납부 예외자가 보험료 지원을 받아, 국민연금 가입 기간과 실질소득대체율을 증가시킬 수 있을 것으로 예상된다. 보험료의 전부를 본인이 부담하는 지역 가입자는 납부 예외(48.1%)와 장기 체납(13.4%) 비율이 매우 높으며, 평균 가입 기간은 67개월에 불과한 실정이다. 참고로 사업장 가입자의 평균 가입 기간은 126개월이다.

(3) 사업장 가입자 및 농어민 보험료 지원 확대

2019년도 최저임금 인상을 반영해 두루누리 연금보험료 지원사업의 근로자 소득 기준을 190만 원에서 210만 원으로 인상했으며, 농어업인 연금보험료 지

---

15) 그간 제1~3차 종합운영계획 마련 과정은 전문가 위원회 논의 결과를 바탕으로 정부와 전문가 중심으로 진행되어, 그 과정에서 국민 의견을 수렴하여 반영하려는 노력이 부족했다. 문재인 정부는 노동계·사용자·노인층·청년층·전문가 등 주요 집단별 간담회(총 17회), 시·도별 토론회(2500여 명), 온라인 의견 수렴(2700여 건), 전화 설문(2000명) 등의 방법을 통해 국민의 의견을 직접 수렴하고 이를 제도 개선 방안에 반영토록 노력했다.

원사업의 기준소득월액을 91만 원에서 97만 원으로 인상하여 연금보험료의 지원을 확대한다.

(4) 출산크레딧제도 확대

출산·양육에 대한 사회적 기여 인정을 확대하기 위해, 출산크레딧을 '첫째아부터 6개월'을 포함하여 확대 지급한다. 즉, 첫째아 6개월, 둘째아 12개월, 셋째아 18개월씩, 상한 50개월은 유지한다. 첫째아 출산 시 6개월 크레딧 지급으로, 월 연금액 12,770원 인상(2018년 수급 기준) 효과가 발생할 것으로 예상된다.

(5) 유족연금급여 수준 개선

배우자 사망 시 30%만 지급하던 유족연금 중복 지급률을 40%로 인상한다. 이를 통해 유족연금 수급자의 월평균 급여액이 20,742원(2018년 6월 수급자 기준) 증가하는 효과가 발생할 것으로 예상된다. 참고로 유족연금은 2016년 11월에 20%에서 30%로 상향했으며, 이번 정부안을 통해 40%로 상향하여 단계적으로 직역연금(50%)과 형평성을 제고한다.

(6) 분할연금급여 수준 개선

분할연금의 분할 방식 변경 및 최저 혼인 기간 단축(5년→1년)을 통해 이혼한 배우자의 연금 수급권을 강화한다. 현행 제도는 노령연금 수급 시점에 급여를 분할하지만 향후 이혼 시점에 소득 이력을 분할하는 것으로 개선한다.

(7) 사망일시금제도 개선

현재 가입자가 사망할 경우에만 지급하던 사망일시금을 수급자가 연금 수급 개시 후 조기 사망할 경우에도 지급하여 사망 시점과 관계없이 최소 금액(본인 소득의 4배) 지급을 보장한다.

(8) 기초연금 강화

소득 계층 하위 노인부터 기초연금 30만 원의 단계적 조기 인상을 추진하며,

향후 노인 빈곤율 및 노인 소득 수준 등을 고려하여 기초연금을 적절히 조정하여 대응토록 추진한다. 기초연금은 2019년 소득 하위 20%, 2020년 소득 하위 40%, 2021년 소득 하위 70%로 확대 적용한다.

(9) 퇴직연금 등 활성화

퇴직연금 활성화(퇴직금제도 폐지) 및 적용 대상 확대·중소기업퇴직연금기금 제도 도입 추진 등을 통해 퇴직연금제도를 확충하며, 주택연금은 일시 인출한도 확대 및 실거주 요건 완화하고, 농지연금은 제도의 맞춤형 홍보 강화를 통해 공적연금제도를 보완할 계획이다.

(10) 범정부 협의체

연금 제도 간 유기적인 연계·조정을 통한 효율적 운영을 위해 다층노후소득보장체계 강화를 위한 범정부 협의체 구성·운영을 추진할 예정이다.

4. 노후소득보장기능 강화를 위한 국민연금제도 개선 방안

기존의 두 차례와 앞으로의 제도 개혁에도 불구하고 미래에 국민연금기금은 분명히 소진될 것이다. 하지만 국민연금제도의 지속 가능성과 관련하여 재정 안정화만이 우선시될 수는 없으며, 그 방법으로 일률적인 급여의 삭감이나 보험료율 인상만 논의되는 것도 바람직하지만은 않다. 단편적인 재정 안정화와 더불어 무엇보다 중요한 것은 국민연금이 사회보장제도로서 소득 재분배의 기능을 명확히 해야 한다는 것과 사회적 신뢰를 회복하는 것이기 때문이다. 소득 재분배에 의한 고소득 계층의 사회적 기여는 국민연금 본연의 역할이며, 국민의 대다수가 노후소득보장 재원으로 의존하고 있는 동 제도의 신뢰를 회복하는 것은 제도가 지속되는 데 있어서 기본적으로 충족되어야 할 요소이다. 궁극적으로 한국은 현재의 다층보장체계를 보다 효율적으로 지속 가능하게 운영하기 위해 공적연금제도 및 공적부조제도, 퇴직연금제도 등의 제도들 간의 역할 재정립으로 상호 보완적인 노후보장체계를 구축하는 것이 필요하며 1층보장으로서의 국민연금 역할을 명확히 하는 과제가 남아 있다.

1) 기준소득월액의 상향

국민연금은 모든 국민의 기본보장을 확보하는 역할을 수행해야 한다. 국민연금의 역할에 대한 고민은 재정 안정화를 고려함과 동시에 고령화 사회 및 노인 빈곤율을 고려하여 노후소득보장 문제를 근본적으로 해결하기 위한 접근에서 비롯되어야 할 것이다. 즉, 1층보장체제의 역할을 수행하기 위해 현행 국민연금의 역할을 전체 국민에 대한 기본보장으로 목표를 전환하고 이에 적합한 체계를 구축하는 것이 국민연금 개선과 관련한 일차적 과제라 할 수 있다. 이를 위해서는 기존의 소득비례연금적 성격을 탈피하도록 제도를 개선해야 할 것이다. 특히 급여의 삭감, 연금 지급 개시 연령 연장, 보험료 인상 등과 같은 단순하고 전형적인 재정 안정을 위한 정책적 접근보다는 사회보험 본연의 기능을 고려하여 소득 재분배 기능을 강화한 부담 체제로의 전환, 기본보장으로서의 역할 수행과 함께 재정 안정화를 달성하도록 해야 할 것이다.

우선적으로, 국민연금의 기본 형태는 현행 국민연금제도의 틀에서 기본보장을 함을 목표로 하며, 이와 함께 강력한 소득 재분배를 통해 재정 조달 체계를 전환하여 현 가입세대의 재정 중립을 통해 재정 안정을 달성해야 한다. 구체적으로는 국민연금이 현행 보험료율(9%)을 유지하면서 보험료 부과 대상 소득의 상한선을 현재 수준에서 단계적으로 상향 조정할 것을 제안한다. 2018년 7월부터 2019년 6월까지 적용할 최저·최고 기준소득월액은 각각 30만 원과 468만 원이다. 기준소득월액을 상향 조정하면 보험료율 증가 없이 연금 수입이 증대된다. 또한 보험료 부과 대상 소득의 상향 조정은 보험료의 인상 효과 외에도 A값을 상향시켜 연금급여액을 상향 조정하고 이는 최저생계비 이하 저소득층 수급자의 연금 인상 효과를 가져온다.

고소득자에게 부담을 늘리게 되면 이들의 연금액이 오히려 상향되므로 소득 재분배 기능이 훼손될 수 있다는 반론도 있을 수 있다. 그러나 이와 함께 연금액 상한제 등의 소득 재분배 정책이 함께 작동한다면 이를 보완할 수 있을 것이다. 고소득 계층이 퇴직연금에서 조세 혜택을 받는 만큼 사회보장제도로서의 국민연금에서는 저소득 계층에게 배려를 하는 정책적 고려가 필요하다(김진수·전희정, 2011).

2) 최저연금제도와 최고연금제도 도입

급여 측면에서는 연금 수급을 위한 최저 가입 기간을 완화하고 연금에 최저연금제도와 최고연금제도 도입이 필요하다. 이 중 최저연금제도는 최저소득보장의 한 유형으로써 사회적 기준선을 정하여 수급자의 소득을 고려하여 그 차액을 지원해주는 제도로 자산 조사 여부는 국가별 유형에 따라 달리 나타나는 특징을 가진다(김수봉, 2007; 홍백의, 2008). 최저연금과 최고연금의 규정은 저소득층에게는 최저생계비 이상의 급여를 보장하게 되고 고소득 계층에게는 소득 재분배를 통하여 소득대체율이 낮아지게 되는 결과를 발생시킨다. 이로써 국민연금의 총수입은 증가하지만 지출에서는 저소득층 연금 수준이 상향 조정되고, 고소득층의 연금은 일정 수준에 한정되어 종합적으로는 연금 재정 안정에 긍정적인 효과를 가져오게 된다. 따라서 연금에 대한 수지 상등은 저소득층에 유리하고, 고소득 계층에게는 불리하게 되며, 중간 계층에게는 재정 중립이 된다. 고소득 계층의 소득이 저소득 계층으로 이동하는 수직적 재분배 효과의 제고를 통해 전체적인 관점에서는 재정 구조가 안정화되는 체계가 구축되는 것이다.

그리고 가입자에게 있어서 가입 대상에 대한 최저소득은 상향 조정하여 일정 수준 이하의 경우에는 공공부조에서 보호하도록 하여 사회 안전망의 빈곤 보장 원칙이 작동하도록 해야 할 것이다. 구체적으로, 적용 대상에서 낮은 소득에 대한 하한선은 일정 수준 ―최저생계비 또는 최저임금― 으로 하여 그 이하에 대해서는 공공부조 대상으로 빈곤에 대한 보호를 받을 수 있도록 하는 정책적 조치를 취해야 한다. 이는 장기적으로는 가입 인정 제도보다는 연금 수급을 위한 가입 기간을 축소하여 급여에 대한 수급권 확보가 일반화되도록 하여 국민연금의 기본보장체계로서의 역할을 하도록 하는 것과 맥락을 같이한다.

3) 복지 인프라 확대를 통한 연금의 지속 가능성 증대

국민연금은 기본적으로 저부담 고급여 구조로 설계되었기 때문에 기금 고갈은 일어날 수밖에 없는 일이다. 이 상황에서 연금기금의 적립 확대와 지출 축소를 통해 기금 고갈 시점을 늦추는 것에만 집중하는 것은 국민연금제도의 중요한 특징인 공공성을 해치는 결과로 이어질 수 있다.

재정 안정성을 연금기금의 적립과 기금 고갈 시점의 지연으로 보는 입장에 대해 편향적인 연금 개혁 목표 추구라는 주장도 존재한다. 유럽의 공적연금 개혁이 재정적 지속 가능성만 강조하여 연금 제도의 본래 역할이 축소되었다고 비판한다. 즉, 공적연금지출 축소만을 제도 개혁 목적으로 설정함에 따라 노령인구의 빈곤 경감과 퇴직 후 적정소득보장이라는 공적연금제도의 고유한 목적을 달성하지 못하게 되었다는 것이다(주은선·이은주, 2016).

국민연금제도의 목적은 국민의 노후생활에서 최소한의 안전망을 구축하는데 있는 만큼 국민연금기금은 국민연금제도의 목적과 일치하는 방향으로 운용되는 것이 필요하다. 이처럼 국민연금의 공공성을 지키면서도 재정 안정성을 보장하기 위해서는 복지 인프라 확대를 통한 연금의 지속 가능성을 증대시키는 방안을 생각해볼 수 있다.

연금의 지속 가능성을 증대시키는 방법은 보험료 수입 자체를 증가시키는 것이다. 국민연금의 보험료 수입은 납부자의 수와 소득에 크게 의존하기 때문에, 이를 증가시키기 위해서는 전반적인 국민소득을 증가시켜 국민의 국민연금보험료 납부 능력을 증대시키는 방법을 쓸 수 있을 것이다. 좀 더 장기적으로 본다면 출산율을 높여 보험료를 낼 수 있는 경제활동인구 수를 늘리는 정책 등에 투자하는 방법도 강구할 수 있다.

국민연금은 사회보험으로서 국민의 최저생활 보장이라는 목표를 가지고 있기 때문에 공공성을 띨 수밖에 없으며, 공적연금제도의 지속성은 국민경제와 큰 연관성이 있다. 따라서 이러한 제도에 대한 투자는 장기적으로 보아 연금기금의 운용 수익을 저해하거나 안정성을 해치지 않는 선에서 필요할 것으로 보인다. 또한 이러한 정책은 미래에 기금이 소멸되어 완전한 의미의 부과 방식으로 전환되거나, 연금 제도의 또 다른 개혁 방안이 마련될 경우에 국민적인 저항을 크게 감소할 수 있는 간접적인 투자라는 효과 역시 기대할 수 있을 것이다(원종현, 2010).

4) 사각지대의 해소

국민연금의 사각지대는 저소득층이나 고용 상태가 불안한 계층 등 주로 취약 계층에 집중되어 있다. 이는 정말로 노후에 국민연금의 혜택이 필요한 사람들이 그 혜택을 받지 못하게 됨으로써 국민의 노후생활 보장이라는 국민연금의 기능을 저해시킬 수 있다는 위험성이 있다. 또한 국민연금이 가지는 재분배 효과는 취약 계층이 국민연금에 가입하더라도 연금 지급 기준을 맞추지 못하면 그 계층에까지 미칠 수 없다. 따라서 사각지대를 해소하는 것은 국민연금의 목표 달성에 큰 도움이 될 것이다.

국민연금의 납부 예외자 사유 중 가장 큰 비율을 차지하는 것은 실업이다. 특히 실업에 대해 더욱 큰 위험을 느끼는 계층은 자영업자이다. 현재 국민연금 사업장 가입자는 보험료를 고용주와 근로자가 4.5%씩 부담하고 있다.

그러나 자영업자는 임금 근로자와 고용주라는 재원 부담 체계의 등식에 맞지 않는 집단이고, 일반적으로 임금 근로자에게 주로 주어졌던 실업보험 및 산재보험의 수급 대상에서 제외되었던 집단이다. 노동시장에서 배제될 가능성이 높고 축적된 기술이나 자본이 상대적으로 적은 이들이 수입 중단의 위험에서 벗어날 수 있도록 집합적인 안전망을 구축하는 것은 이제 새로운 사회적 의제가 되었다(천득출, 2011). 따라서 자영업자가 실업으로 인해 국민연금제도와 멀어지지 않도록 대책을 마련하는 것이 필요하다.

이를 위해 정부는 불가피한 이유로 노동시장에서 이탈(실업)했을 때 이 기간 동안 보험료 기록을 유지할 수 있도록 하는 크레딧제도를 도입했다. 크레딧제도는 실업 기간을 보험료 납부 기간으로 인정함으로써 가입 기간을 늘려 실질 소득대체율을 향상시키는 방안이 될 수 있다.

자영업자와 더불어 국민연금의 사각지대 중 다수를 차지하는 중요한 집단은 저소득층이다. 국민연금의 노후생활 보장 기능은 저소득층일수록 의미를 가진다. 저소득층은 근로 기간 중 노후를 위한 저축을 하기 힘들기 때문에 대비책을 마련하기가 어렵다. 따라서 국민연금제도도 이러한 저소득층이 노인 빈곤층으로 떨어지는 것을 방지하려는 목표를 가지고 있으며, 제도의 구조 또한 저소득층일수록 더욱더 후한 연금 혜택을 받도록 되어 있다.

그러나 국민연금 가입률을 살펴보면, 소득 수준이 높을수록 가입률이 높고, 소득 수준이 낮아질수록 가입률도 낮아진다. 소득 수준이 낮아질수록 국민연금 혜택이 필요하지만 오히려 가입을 기피하고 있는 것이다. 저소득층은 보험료에 대한 부담감 때문에 국민연금에 가입할 유인을 느끼지 못하므로 이를 보완하기 위해 저소득층에 보험료 지원 제도가 더욱더 필요하다.

정부에서도 이에 대한 대책으로 연금기금의 일부를 확정하여 가입을 유도하고 보험료를 일부 지원하는 등의 제도를 도입하고 있다. 10인 미만 사업장에서 근로하는 저임금 근로자들을 대상으로 국민연금과 고용보험 보험료를 지원하는 제도인 '두루누리 사회보험 지원사업'이 그 예이다. 그러나 이 외에 저소득층의 국민연금 가입 유인은 현저히 부족하다. 따라서 이러한 지원사업의 추진과 확대가 필요할 것으로 보인다.

5) 소득대체율 인상

국민연금의 소득대체 수준은 매우 낮다. 그렇다면 공적연금제도의 시행에서 소득대체율의 목표는 어느 정도로 설정해야 하는 것일까? 국민연금제도의 주요 목적은 노후 빈곤 방지이기 때문에, 국민연금의 소득대체율은 기본적인 생활을 보장할 수 있는 수준으로 상향되어야 한다.

그러나 소득대체율을 올리는 것에는 부작용이 존재한다. 소득대체율을 올릴 경우 가입자와 미가입자의 격차가 증가될 수 있는데, 이는 미가입자의 대부분이 일용직 근로자, 실업자, 저소득층 등 취약 계층인 상황에서 가입자에게만 혜택을 주기 때문에 재분배 기능을 저해하는 행위일 수 있게 되기 때문이다. 공적연금의 소득대체율을 올리는 것이 오히려 사회 전반적으로 보았을 때 소득 격차를 늘릴 수도 있게 된다는 것이다.

또한 소득대체율을 올리게 될 경우 불가피한 방안으로 쓰이는 것은 보험료율을 올리는 것이다. 그러나 미가입자인 저소득층에게는 보험료 부담이 국민연금 가입을 막는 중요한 요인 중 하나이기 때문에, 보험료가 더 오를 경우에는 저소득층이 아예 국민연금 가입을 포기하는 상황이 생길 수도 있다. 따라서 소득대체율을 위한 보험료 인상은 국민연금 사각지대에 놓인 계층에 진입 장벽을 더욱더 공고히 하는 문제를 야기할 수도 있다.

그러나 현재 소득대체율은 지나치게 낮아 평균적인 가입자조차 연금액으로 기본적인 노후생활을 보장받지 못하고 있는 수준이다. 2015년 기준 한국의 노인 빈곤율은 45.7%로 OECD 평균인 12.6%의 3.6배에 달한다. 이런 차이가 생기는 이유를 살펴봤을 때 두드러지는 것은 한국의 공적연금 보장 수준이 OECD 최하위 수준이라는 점이다.

노인 전체 소득에서 차지하는 공적이전소득의 비중은 OECD 국가 평균이 58.6%이지만 한국은 16.3%에 불과하다. 공적노후보장제도가 제 기능을 하지 못하고 있는 것이다. 노인 빈곤 문제를 해결하고 기본적인 소득을 보장하기 위해서는 이 공적이전소득의 금액을 높일 필요가 있고, 그것을 위해서 필요한 것은 국민연금 소득대체율의 상승이다.

이제까지 재정적 측면에서 급여율과 보험료율이 조정되었다면, 국민연금으로 보장되어야 할 소득대체율의 절대적 기준이 제시되어야 하며, 명목 보장성과 실질 보장성의 갭을 축소시키기 위한 다각적이 방안이 고려되어야 한다. 공적연금인 기초연금과 국민연금으로 보장되어야 할 소득 수준 현실화가 필요하며, 공공부조제도와 공적연금의 재구조화를 통해 노년층의 다층소득보장에서 0층과 1층에 해당하는 제도의 조화가 필요하고, 노인 빈곤율의 현실적 상황을 고려해서 공공부조의 대상과 기능, 공적연금의 대상과 기능이 실질적 의미의 소득보장 구조를 다층화할 수 있도록 재고해야 한다. 아울러 국가 역할의 명확화 및 강화를 통한 재정 방안의 다각화 책임이 절실하다.

5. 맺음말

한국은 노령화 속도가 이례적으로 빠르고, 출산율도 급감하고 있다. 따라서 인구 구조는 고령화되고 경제활동인구는 감소하는 한편 비경제활동인구가 증가해 피부양인구 비율은 급증하게 된다.

이 시점에 중요한 쟁점으로 대두된 것이 사회보장제도의 실효성과 재정문제이다. 급속한 고령화는 국민연금과 같은 사회보장제도의 재정에 큰 불안감을 끼치게 된다. 경제활동인구의 보험료 납입과 같은 수입은 감소하고 지출은 크게 증가하기 때문이다. 이 상황에서 저부담 고급여 방식인 국민연금의 재정에 관해서는 더 부담감을 느낄 수밖에 없다. 그러나 국민연금기금은 설계상 고갈이 될 수밖에 없는 구조이다. 따라서 국민연금기금의 고갈을 늦추는 것에 초점을 맞추기보다는 기금을 효율적으로 활용하고 제도를 장기적으로 지속시킬 수 있는 방안을 모색하는 것이 중요하다. 이는 각종 사회정책에 대한 투자로 공공성을 증진시키고 국민연금기금으로의 유입을 증대시키면서 가능할 것이다. 또한 중요한 것은 공적연금으로서 국민연금이 얼마나 국민의 노후생활 안정을 보장할 수 있는가이다.

한국은 특히 사적연금의 활용 비중이 낮고 개인의 노후 준비가 미비한 실정이며, 대가족 제도가 해체됨으로써 노부모 부양 의식이 옅어져 공적연금의 필요성이 증대되고 있다. 그러나 여전히 국민연금의 혜택에서 제외된 사각지대는 존재하며, 이 사각지대에 포함된 취약 계층이야말로 국민연금의 기초생활보장이 절실하게 필요한 이들이기 때문에 중대한 문제가 된다. 또한 국민연금의 연금 수급액이 지나치게 낮아 국민의 기초생활을 충분히 보장하지 못한다는 주장도 제기되고 있다.

국민연금의 재정 안정화는 무엇보다 중요한 과제이지만 그것만이 목표가 될 수는 없으며 국민적 공감대를 고려한 사회적 수용성을 확보해야 한다. 제도의 지속성과 노후보장체계의 합리성을 확보하여 체계 구축과 발전을 도모하는 것이 현세대가 해결해야 할 역사적 과제이다. 그럼에도 불구하고 그동안의 국민연금제도 개선은 국민의 노후보장보다는 단순한 수지 상등을 위한 노력에 집중되었고, 그 결과 가장 근본적인 역할인 노후보장의 역할과 기능은 상당 부분 훼손될 수밖에 없었다. 최근 재정 안정을 위한 대안으로 일부에서 주장하고 있는 보험료 인상은 공적연금을 받아들이는 사회 구성원의 합의가 전제되어야 한다. 더구나 현재의 상황에서 단순히 보험료율의 인상 주장은 국민연금의 기능을 무시한 것이며 저소득 계층에 대해 보험료 부담이 증가하도록 하는 조치는 사회보험의 소득 재분배 원칙이나 형평성 차원에 어긋나는 것이다.

국민연금의 재정 안정화와 노후보장 기능 강화 모두를 위해 필요한 것은 국민연금의 신뢰도 회복이다. 정부는 국민연금 가입률을 높여 보험료 납입의 증가를 통한 기금의 안정화와 사각지대 해소, 그리고 세대 간, 세대 내 소득 재분배 기능을 강화하고자 노력했지만 그 성과는 아직까지 미미한 수준이다.

국민연금기금 운용이 적절하게 이루어지지 못하고 있는 사례가 자주 나타나기 때문이다. 많은 국민은 연금공단이 연금기금을 제대로 운용할 수 있는 능력이 있는지에 대해 의문을 가지고 있으며, 이 의문을 해결하기 위해서 사회적 책임 투자를 통한 공공성 확보로 기금에 대한 신뢰도를 회복하는 것이 중요할 것이다.

국민연금은 보편적인 국민의 노후생활 안정을 보장하기 위해 소득대체율을 인상하고 가입률을 증가시켜 장기적으로 지속 가능한 제도로서 운영해나가야 할 것이며, 이는 국민연금의 신뢰성 제고와 함께 이루어져야 한다. 또한 다층보장체계에서 국민연금의 역할을 명확히 하고 제도의 지속적 발전을 위한 사회적 합의를 이끌어내는 것이 현시점에서는 보다 중요하다고 할 수 있다.

제9장

여성 노인의 다중 차별과 정책 대안*

이동우

1. 인구 고령화와 노인의 인권문제

오늘날 인구 고령화는 세계적으로 매우 급속하게 진행되고 있는 현상으로, 전 세계 60세 이상 인구는 2017년 기준으로 9억 6200만 명에서 2050년에는 21억 명으로 2배 이상 증가하고, 2100년에는 31억 명까지 3배 이상 증가할 것으로 예상된다. 특히, 80세 이상 노인의 수는 2017년 1억 3700만 명에서 2050년에 4억 2500만 명까지 3배 이상 증가할 것으로 예상되며, 2100년에는 9억 900만 명에 이를 것으로 전망된다(UN, 2017a: 11).

이러한 인구 고령화와 관련해서 주목할 지역은 아시아와 유럽이다. 아시아는 세계에서 가장 많은 수의 노인들이 살아가고 있고, 유럽은 가장 고령화된 지역이다. 유럽은 전체 인구에서 60세 이상의 인구 비중이 2017년에 25%를 차지하고 있으며 2050년에는 35%까지 증가할 것으로 전망된다(UN, 2017a: 13). 아시아는 2017년 기준으로 전 세계 60세 이상 인구의 57%를 차지하고 있으며 2050년에는 61%까지 증가할 것으로 예상된다(UN, 2017b: 2).

---

* 이 글은 《인권법평론》, 19호(2017)에 게재된 내용을 수정 및 보완한 것이다.

사람은 누구나 오래 살기를 바라고, 실제로 수명 연장의 꿈은 고령화 사회에서 현실로 나타나고 있다. 그러나 고령화 사회의 이면이 밝지만은 않은 게 오늘날의 실상이다. 그것은 노인의 빈곤, 자살 및 고독사, 장기 요양과 완화 치료, 치매, 폭력과 학대에의 노출 등 인구 고령화로 말미암아 노인과 관련된 여러 문제들이 발생하고 있기 때문이다.

유엔 사무총장이 2011년에 발표한 보고서에 의하면, 전 세계 도처에서 노인들은 빈곤과 부적절한 생활 여건, 연령 차별, 폭력·학대 및 서비스 부족 등의 문제에 상시적으로 노출되고 있다(UN General Assembly, 2011: 5). 동 보고서에서 유엔 사무총장은 수많은 노인들이 무주택, 영양실조, 돌봄받지 못하는 만성 질환, 깨끗한 식수와 위생에 대한 접근 결여, 지불할 수 없는 의약품과 치료, 소득불안정과 같은 부적절한 생활 여건을 매일 겪는다고 언급하면서 이를 심각한 인권문제로 제시한 바 있다(UN General Assembly, 2011: 5). 한국 사회에서도 노인은 경제활동을 하지 않게 됨으로써, 빈곤과 질병, 무위, 고독과 같은 네 가지 고통에 직면하곤 한다.

노인의 인권은 앞서 인용한 보고서와 여러 지표들에서 제시되고 있는 바와 같이, 국제 사회에서 중요한 인권문제로 부각되고 있다. 그 이유는 세 가지로 볼 수 있다. 첫째, 노인인구의 급격한 증가로 인권 침해와 차별에 노출되는 노인의 수도 그만큼 많아지기 때문이다. 둘째, 노인의 인권문제가 현대 사회에서 연령 차별과 소외, 방치, 폭력·학대와 같은 새로운 형태로 발생하고 있기 때문이다. 셋째, 노인의 인권은 모든 사람이 일생 중 반드시 경험하고 대부분의 국가들이 공통으로 직면하는 문제로서, 국제 사회가 함께 풀어가야 할 과제이기 때문이다.

한국의 노인들이 직면하는 인권 상황은 더욱 심각하다. 노인 빈곤율은 2013년 기준으로 경제협력개발기구(OECD) 평균인 12.8%보다 상당히 높은 47.2%로 세계 최고 수준이고, 노인의 자살에 의한 사망률은 2012~2013년 사이 70~79세 인구 10만 명당 66.9명으로 세계에서 가장 많을 뿐만 아니라 2위 국가보다 2배 이상 높은 실정이다(WHO, 2014).

또한 인구 고령화가 급속히 진행되면서 재정지출 부담의 증가[1]에 따른 노인과 타 세대 간 갈등이 발생하고, 치매노인 및 독거노인 등 돌봄이 필요한 노인의 증가2)로 인한 개인적·사회적 부담이 증대되고 있는 상황임에도 불구하고, 기존의 정부 정책은 전반적으로 노인을 권리를 가진 주체로 존중하기보다는 정책 대상으로서 인식하는 것으로 평가할 수 있다. 일례로, 한국의 법령에서 노인은 "후손의 양육과 국가 및 사회의 발전에 기여하여온 자로서 존경받으며 건전하고 안정된 생활을 보장받는다"(「노인복지법」 제2조)라고 기본 이념으로 밝히고 있으나, 정작 노인의 '자율' 및 '독립'에 관한 권리의 명시적 규정은 마련되어 있지 않다.

세계인권선언 및 경제적·사회적 및 문화적 권리에 관한 국제규약은 모든 사람이 태어날 때부터 자유롭고, 존엄성과 권리에 있어서 평등하고 적절한 생활 수준을 누릴 권리가 있음을 규정하고 있다. 이러한 기본적 인권 보장과 인간으로서의 존엄은 연령으로 인하여 결코 훼손되거나 폄하되어서는 안 되는 가치임에도 불구하고 아직도 수많은 노인들은 빈곤, 자살, 학대, 사회적 배제와 차별 등 다양한 문제에 직면하고 있으며, 심지어 사회적 부담으로까지 인식되고 있다.

2. 차별의 규정과 유형

1) 차별에 관한 규정

세계인권선언은 모든 사람이 인종, 피부색, 성, 언어, 종교, 정치적 또는 그 밖의 견해, 민족적 또는 사회적 출신, 재산, 출생, 기타의 지위 등에 따른 어떠한 종류의 구별도 없이, 이 선언에 제시된 모든 권리와 자유를 누릴 자격이 있음을 제2조에서 규정하고 있다(UDHR).

---

1) 노인복지 관련 예산 증가: 2007년 0.5조 원(정부예산의 0.24%) → 2016년 9.2조 원(2.4%). 건강보험 노인의료비: 2010년 14.1조 원(건강보험 급여비의 32.2%) → 2016년 25.0조 원(38.7%).
2) 2017년 기준, 전체 노인 712만 명 중 독거노인 134만 명(18.8%), 치매노인 73만 명(10.2%).

이와 함께 차별에 대해 규정하고 있는 국제인권협약은 인종, 여성, 장애에 관한 협약을 살펴볼 수 있다. 모든 형태의 인종차별 철폐에 관한 국제협약에서는 '인종차별'을 규정하고, 여성에 대한 모든 형태의 차별 철폐에 관한 협약에서는 '여성에 대한 차별'을 성에 근거한 모든 구별, 배제 또는 제한을 의미하는 것으로 규정하고 있다. 그리고 장애인의 권리에 관한 협약에서는 '장애로 인한 차별'을 장애를 이유로 한 모든 구별, 배제 또는 제한을 의미하고 정당한 편의 제공에 대한 거부를 포함하는 모든 형태의 차별을 포함한다고 규정하고 있다.

상기와 같은 국제인권조약과 더불어 지역 차원에서 마련한 법령에서도 차별에 대한 규정을 확인할 수 있다. 유럽평의회(Council of European)에서 채택한 유럽인권협약(The European Convention for the Protection of Human Rights)은 "이 협약에서 인정된 권리와 자유의 향유는 성, 인종, 피부색, 언어, 종교, 정치적 혹은 기타의 세계관, 민족적 혹은 사회적 출신, 소수민족에의 소속, 재산, 출생 또는 기타 신분으로 인한 차별 없이 보장되어야 한다"라고 제14조에서 차별 금지에 대해 규정하고 있다.

또한 유럽연합(EU)의 차별 금지 지침들(Directives)에서도 차별에 대해 명시하고 있는데, '성을 이유로 한 차별 사건에서 입증 책임에 관한 지침'[3]과 '인종과 민족을 이유로 한 차별 금지에 관한 지침'[4], 그리고 '고용 및 직업에서 평등 대우를 위한 일반적 구성에 관한 지침'[5] 등은 직접 차별과 간접 차별, 그리고 괴롭힘에 대하여 규정하고 있다.

EU 차별 금지 지침들과 유사하게, 대한민국 관계 법령인 「장애인차별 금지 및 권리구제 등에 관한 법률」에서도 차별적 행위를 직접 차별 및 간접 차별, 정당한 편의 제공 거부에 따른 차별로 규정하고 있다.[6] 이에 근거하여 다음에 이

---

3) Council Directive 1997/80/EC of 15 December 1997 on the burden of proof in cases of discrimination based on sex.
4) Council Directive 2000/43/EC of 29 June 2000 implementing the principle of equal treatment between persons irrespective of racial or ethnic origin.
5) Council Directive 2000/78/EC of 27 November 2000 establishing a general framework for equal treatment in employment and occupation.

어지는 논의에서는 차별 유형을 직접 차별과 간접 차별, 정당한 편의 제공 거부에 따른 차별, 그리고 괴롭힘으로 구분하여 검토하고자 한다.

2) 차별의 유형

(1) 직접 차별

직접 차별은 성, 인종과 민족, 종교, 신념, 장애, 연령, 성적 지향 등의 사유에 근거하여 어떤 개인이 정당한 사유 없이 배제 혹은 거부되거나 다른 사람보다 불공정한 대우를 받았을 경우에 발생한다. 노인에 대한 직접적 차별은 연령 기준에 근거한 사회적 신분으로 인하여 배제되거나 거부되고 불공정한 대우를 받는 경우를 말하며, 이른바 연령 차별로 언급되고 있다. 그리고 이러한 연령 차별은 다른 차별의 요인들에 근거하여 더욱 심화되곤 한다. 예를 들어, 성, 장애, 건강, 사회·경제적 조건, 거주지, 결혼, 인종, 그리고 종교적 배경 등은 복합적으로 작용하여 노인을 다중 차별하는 요인이 된다.

(2) 간접 차별과 정당한 편의 제공 거부에 따른 차별

간접 차별은 외관상으로 중립적인 규정, 기준 또는 관행이 성, 인종과 민족, 종교, 신념, 장애, 연령, 성적 지향 등의 사유를 가진 사람들에게 다른 사람들과 비교해서 특정한 불이익을 부과하는 경우에 발생한다. 이러한 간접 차별은 직접 차별과는 달리, 형식상 혹은 표면적으로는 차별이 없어 보이지만 실제로는

---

6) 「장애인차별 금지 및 권리구제 등에 관한 법률」(2007)은 모든 생활 영역에서 장애를 이유로 한 차별을 금지하고 장애를 이유로 차별받은 사람의 권익을 효과적으로 구제함으로써 장애인의 완전한 사회 참여와 평등권 실현을 통하여 인간으로서의 존엄과 가치를 구현함을 목적으로 한다. 동법에서는 장애인 관련 차별 방지와 권리 구제, 시정을 위한 적극적인 조치에 관한 국가 및 지방자치단체의 의무를 규정하고, 또한 고용과 교육, 재화·용역 등의 제공 및 가족·가정·복지시설 등에서의 차별 금지, 건강권에서의 차별 금지, 그리고 괴롭힘 등의 금지와 정당한 편의 제공의 의무를 명시하고 있다. 그러나 과도한 부담이나 현저히 곤란한 사정 등이 있는 경우처럼 정당한 사유가 있는 경우에는 이를 차별로 보지 않는다고 규정하고 있다.

다른 사람에 비해 상대적으로 불리한 처우를 받게 되는, 즉 결과적 불이익으로 나타나는 경우를 말한다.

이러한 간접 차별의 사례는 도시 계획가들이 노인의 이동 욕구를 고려하지 않고서 도시 계획을 수립하는 경우를 예로 들 수 있다. 또 다른 예로, 지역사회 내 공공병원을 폐쇄하는 것은 직접적으로 노인을 차별한 것은 아니지만 결과적으로 노인들로 하여금 건강에 필요한 접근에 어려움을 초래하므로 간접 차별이라고 할 수 있다.

정당한 편의 제공 거부에 따른 차별도 다른 사람과 동등하게 활동하고 참여할 수 있도록 편의시설이나 설비, 도구, 서비스 등의 인적·물적 제반 수단과 조치를 제공하지 않음으로써, 결과적으로 차별을 경험하게 되는 경우이다.

(3) 괴롭힘

괴롭힘(harassment)은 인권 침해에 해당하므로 차별 유형에 포함시킬 수 있는가에 관한 문제는 논쟁의 여지가 있다. 그러나 장애인에 대한 차별 금지를 주요 내용으로 하는 장애인의 권리에 관한 협약이 '고문 또는 잔혹한, 비인도적이거나 굴욕적인 대우나 처벌로부터의 자유'(제15조)와 '착취, 폭력 및 학대로부터의 자유'(제16조)에 대한 규정을 포함하고 있는 것으로 볼 때, 괴롭힘도 보다 확장된 의미에서는 차별의 한 유형으로 파악할 수 있다.

앞서 검토한 바와 같이, EU의 차별 금지 관련 지침들인 '성을 이유로 한 차별 사건에서 입증 책임에 관한 지침'과 '인종과 민족을 이유로 한 차별 금지에 관한 지침', 그리고 '고용 및 직업에서 평등 대우를 위한 일반적 구성에 관한 지침'에서도 각기 직접 차별과 간접 차별, 그리고 괴롭힘에 대하여 규정하고 있다. 이를 통해 괴롭힘도 차별의 한 유형으로 포함하고 있음을 확인할 수 있다.

3. 여성 노인의 다중 차별

노인은 신체적·정신적으로 쇠약하고 경제적으로 취약하며 누군가의 도움을 받아야만 하는 의존적인 존재로 인식되곤 한다. 이러한 노인에 대한 고정관념이나 편견은 사회 속에서 노인으로 하여금 종속적 지위에 머물게끔 하고 차별적 대우에 직면하게끔 하는 주요한 요인으로 작용한다.

노인에 대한 차별은 두 가지 혹은 그 이상의 요인들에 근거한 복합 차별로 발생하기도 하며, 이러한 요인들에는 연령에 기인하는 노인이라는 사회적 지위와 다른 차별 요인으로서 성(gender), 인종, 언어, 거주지, 장애, 빈곤 등이 포함된다. 특히 여성 노인은 연령과 성이라는 두 가지 요인 모두에 근거한 차별에 매우 취약하다.

여성 노인이 직면하는 차별의 다중 요인들에 관한 유사한 규정은 장애인의 권리에 관한 협약 제6조 장애 여성에 관한 사항을 검토할 수 있다. 동 협약의 제6조에서는 "당사국은 장애 여성과 장애 소녀가 다중 차별의 대상이 되고 있음을 인정하고, 이러한 측면에서 장애 여성과 장애 소녀가 모든 인권과 기본적인 자유를 완전하고 동등하게 향유하도록 보장하기 위한 조치를 취한다"고 규정하고 있다. 장애 여성이 장애와 성에 근거한 다중 차별을 겪는 것과 마찬가지로, 여성 노인도 성과 연령에 근거한 다중 차별에 직면하는 것으로 파악할 수 있다.

유엔 여성차별철폐위원회는 여성 노인에 대한 차별 대우를 확인하고 여성 노인의 권리를 보호하기 위한 일반 권고 27호를 2010년에 채택한 바 있다.[7] 이 권고에서는 여성 노인의 문제를 정책 우선순위로 주류화(mainstreaming)[8]하기 위한 실질적인 노력과 여성 노인의 권리를 보호하기 위한 법적 수단의 강화, 그리고 여성 노인의 권리를 침해하는 법령과 규정, 관습을 철폐할 것을 요청했다.

---

7) United Nations, Committee on the Elimination of Discrimination against Women, General recommendation No. 27 on older women and protection of their human rights, 2010.

8) 주류화는 예외적 특징을 갖고 있는 일부 사람들을 일반 사람들의 생활, 근로, 교육 환경에 끌어들이는 것을 의미한다. 가령 교육에서 특정한 학습장애나 신체장애가 있는 아동을 비장애 아동들의 수업이나 활동에 참가시키는 것이다. 이와 관련하여, 성주류화(Gender mainstreaming)는 공공정책에 있어 어떤 부분에서도 입법, 추진 및 모든 수준에 있어서 양성에 관련된 함의를 반영하는 것을 일컫는다(Booth and Bennett, 2002).

1) 급속한 고령화와 고령 여성 노인의 증가

세계 인구는 2017년 현재 75억 5000만 명이고, 이 중에서 60세 이상 노인인구는 9억 6200만 명(13%) 정도를 차지하고 있다. 향후 전 세계 60세 이상 노인인구는 2050년까지 21억 명으로 2배 이상 증가하고, 80세 이상 고령 노인인구는 2075년에 1억 3700만 명에서 2050년에 4억 2500만 명까지 3배 이상 증가할 것으로 전망된다(UN, 2017: 11). 이처럼 세계적으로 인구 고령화가 매우 급속하게 진행되고 있으며, 특히 80세 이상 고령 노인인구는 다른 연령층에 비해 상대적으로 크게 증가할 것으로 예상된다.

2) 일할 기회에서의 여성 차별

연령 차별은 연령을 근거로 개인 혹은 집단에게 고정관념을 갖거나 차별하는 것을 말한다(Nelson, 2002). 연령 차별은 에이지즘(Ageism)과 연령 차별(Age Discrimination)이라는 두 가지 용어로 표현될 수 있는데, 에이지즘은 사회 내에서 노인에 대한 고정관념이나 편견에서 비롯되는 부정적인 태도를 의미하고, 연령 차별은 주로 고용에서의 불평등한 처우를 의미한다(Carmichael et al., 2006).

이러한 연령 차별은 노인 차별이나 연령 차별주의, 연령주의 등 다양한 의미로 혼용되어 사용되는 개념으로, 특정 연령 그룹에게 유리하거나 불리한 편견 혹은 차별을 의미한다. 여기에서 편견은 특정 연령 그룹을 향한 부정적인 고정관념이나 태도이고, 차별은 불리한 처우이다.

이렇듯 연령 차별은 상호 연결된 두 가지 요소로 구성되어 있다(McMullin and Marshall, 2001). 그 하나는 부정적인 고정관념, 신념, 태도를 포함하는 편견이고, 다른 하나는 역연령으로 인해 다른 사람들보다 상대적으로 불리한 상황에 놓이게 됨으로써 특정 사람 및 장소로부터 배제되는 차별이다.

연령 차별의 대상은 어느 연령층이나 해당될 수 있으나 실제로 주요한 대상은 노년층인 경우가 많으며, 노인인구의 급속한 증가로 인해 성차별 및 인종차별만큼 중요한 이슈로 부각되고 있다(Palmore, 1999). 이에 따라 연령 차별은 특정 연령 집단 중에서도 일반적으로 노인세대를 대상으로 한 부정적인 편견이나 차별을 의미하는 것으로 볼 수 있으며, 고용에서의 부정적이고 불평등한 처우를 의미하기도 한다.

고용에서의 연령 차별은 연령을 이유로 누군가를 불평등하게 대우하는 것으로써, 이는 차별의 유형들 중에서 직접 차별에 해당한다. 이러한 사례는 가령 50세 이상이라는 이유로 채용을 거부하거나, 회사 규정에 명시되어 있지 않음에도 불구하고 50세 이상인 사람을 고용하지 않으며, 고령자들이 나이가 많다고 인식하여 교육·훈련의 기회를 제공하지 않는 경우 등이다.

이와 함께 연령 차별의 사례는 노동시장에서 노인들의 경험에서도 찾아볼 수 있다. 그것은 연령 차별로 인해 노동시장에서 이탈하게 되고 노동시장으로 재진입하지 못하며 그리고 노동시장 내에서 겪는 차별이나 소외 등이다. 노인은 연령 기준에 따라 생산적이지 않은 쓸모없는 존재로 간주되어 일자리에서 물러남으로써 연령 차별을 경험한다. 노인은 노동시장으로 재진입하기 위해 교육을 받거나 적극적인 구직활동을 시도하지만 소위 연령 장벽에 가로막히는 연령 차별을 겪는다. 그리고 노인은 노년기 경제활동을 하더라도 젊은 시절과 달리 노동시장에서 여러 차별과 소외를 경험한다. 이처럼 연령이 모든 영역에서의 기준이라는 사회적 인식은 직접 차별의 전형이라고 볼 수 있다. 따라서 여성 노인은 앞서 언급한 연령 차별과 더불어 남성 노인에 비해 상대적으로 노동시장에서 일할 기회를 박탈당함으로써, 다중 차별을 경험하는 것으로 볼 수 있다.

3) 여성 노인의 소득보장 배제와 빈곤화

앞서 검토한 노인의 일할 권리와 연계하여, 노인의 사회보장에 대한 접근은 노년기 삶의 질에 큰 영향을 끼치게 된다. 실제로 노동시장의 채용 과정에서 50대는 훈련이나 재훈련, 이직을 위한 지원에서 배제되는 상황에 직면하기도 한다. 이러한 상황과 더불어 고령 노동자가 은퇴 전 몇 년 간을 실업 상태로 보내게 된다면, 이는 연금과 저축, 그리고 장기적으로 노년기 삶의 질에 심각한 영향을 미치게 된다(UN Economic and Social Council, 2012).

특히, 유엔 여성차별철폐위원회는 고용주들이 여성 노인을 정보 기술과 교육 및 직업훈련을 위한 투자에서 유익하지 않은 것으로 간주한다는 사실에 주목한 바 있다. 이와 관련하여 유엔 여성차별철폐위원회는 일생에 걸친 고용에서 성차별이 축적되어 노년기에 영향을 미치며, 이로 인해 여성 노인은 남성 노인에 비해 적은 연금을 받거나 아예 연금을 지급받지 못하기도 한다고 강조했다(UN Economic and Social Council, 2012).

대한민국의 노인 빈곤율은 OECD 평균인 12.8%보다 훨씬 높은 47.2%로 세계에서 최고 수준이다(OECD, 2013). 이처럼 노인 빈곤의 문제가 심각한 가운데 여성 노인의 빈곤은 남성 노인에 비해 더욱 절박한 상황에 놓여 있다. 국민기초생활보장제도[9] 65세 이상 수급자 현황을 살펴보면, 총 수급자 123만 7000명 중 65세 이상 고령자는 37만 9000명으로 30.6% 수준이다. 이 중에서 여성 노인 수급자는 26만 4000명으로 남성 노인 수급자인 11만 5000명 보다 2.3배 많은 수를 차지하고 있다(보건복지부, 2014).

이처럼 빈곤한 여성 노인이 남성 노인보다 많은 이유 중 하나는 여성 노인이 생애기간 동안 노동시장에서 일하는 기회나 기간이 남성에 비해 상대적으로 제한적이었고, 무급으로 가사노동에 종사하는 경우가 많았기 때문인 것으로 파악할 수 있다. 실제로 여성이 가장 오래 근무한 일자리를 그만둔 이유들 중 '가족을 돌보기 위해'라는 항목이 28.7%로 남성 노인이 동일한 이유로 그만둔 비율인 1.0%에 비해 상대적으로 큰 차이를 보이고 있다(통계청, 2015).

실제로 많은 여성 노인은 노동시장 경력의 단절로 인해 공적연금의 수혜 자격에서 배제되거나, 노후를 대비해서 사적으로 축적해온 연금이나 저축액도 남성 노인에 비해 적다. 연금을 수령하는 경우에도, 여성 노인은 남성 노인에 비해 연금 수령액이 2배나 적은 실정이다. 「2015 고령자 통계」 발표에 의하면, 연

---

9) 국민기초생활보장은 생활이 어려운 사람에게 필요한 급여를 실시하여 이들의 최저생활을 보장하고 자활을 돕기 위한 목적으로 시행된 제도로, 국민기초생활보장법(1999년)에서 규정하고 있다. 동법상 '최저생계비'는 국민이 건강하고 문화적인 생활을 유지하기 위하여 필요한 최소한의 비용으로서 보건복지부 장관이 계측하는 금액을 의미한다.

금을 수령하는 55~79세 고령자 중에서 남성 노인은 월평균 67만 원을 받고 여성 노인은 31만 원을 받는 것으로 나타났다(통계청, 2015).

4) 여성 노인에 대한 학대

앞서 논의한 바와 같이, 괴롭힘도 차별의 유형에 포함될 수 있으며, 노인을 대상으로 한 괴롭힘의 대표적인 사례로는 노인 학대를 살펴볼 수 있다. 세계보건기구(WHO)는 2002년 '노인 학대의 세계적 예방에 관한 토론토 선언'에서 노인에 대한 학대를 전 세계적인 문제라고 인식했다(WHO, 2002b). 동 선언에서는 노인 학대를 신뢰 관계 내에서 노인에게 가하는 위해나 고통을 주는 일시적 혹은 지속적인 행동이거나 적절한 행동의 부재라고 규정하고 있다.

노인 학대는 신체적 및 정신적·성적, 그리고 정서적 학대로 나타난다. 이러한 학대 중에서도 신체적 학대는 가장 심각한 상황으로 귀결될 수가 있으며 경미한 부상이더라도 회복하는 데 오랜 시간이 소요된다. 또한 신체적 학대는 지속적으로 심각한 정신적 고통을 야기할 뿐만 아니라 노인으로 하여금 조기에 사망하게끔 하는 원인으로 작용한다(UN Economic and Social Council, 2012).

이러한 노인 학대는 유엔이 2002년에 발표한 마드리드 고령화에 관한 국제행동계획의 18개 과제 중 하나로, '유기, 학대 및 폭력으로부터의 보호'라는 과제에서 '노인에 대한 모든 형태의 유기, 학대 및 폭력 근절' 및 '노인 학대 대응을 위한 지원 서비스 신설'이라는 권고행동 아래에 12개 세부적인 행동을 제안했다(Report of the Second World Assembly on Ageing, 2002). 그리고 WHO 유럽 지역사무소는 마드리드 고령화에 관한 국제행동계획을 기반으로 노인 학대에 효과적으로 대처하는 방법에 대한 권고를 담은 「노인 학대 예방에 관한 유럽 보고서」를 2011년에 발간했다(WHO, 2011).

대한민국에서 2014년 한 해 동안 전국 27개 노인보호전문기관을 통해 신고·접수되어 확인된 노인 학대의 사례는 3532건이었다.[10] 또한 학대의 여러 유형이 동시에 발생하여 이를 중복으로 집계한 노인 학대 유형 건수는 5772건으로 나타났다. 노인 학대 사례를 성별로 살펴보면, 전체 사례 3532건 중에서 여성 노인은 2479명(70.2%)이고 남성 노인은 1053명(29.8%)인 것으로 나타나 여성 노인의 비율이 남성 노인에 비해 2배 이상 높다.[11] 이는 여성 노인이 신체적·경제적으로 취약한 경우가 많기 때문에 남성 노인에 비해 학대에 노출될 수 있는 위험이 높은 것으로 파악된다.

노인 학대 유형을 성별로 살펴보면, 정서적 학대가 남성 노인(34.3%)과 여성 노인(38.9%) 모두에서 높게 나타났으며, 그다음 유형으로 남성 노인의 경우에는 방임(22.3%)과 신체적 학대(18.5%), 여성 노인의 경우에는 신체적 학대(27.1%), 방임(15.0%) 순으로 나타났다. 이를 통해, 여성 노인은 남성 노인에 비해 보다 많은 신체적 학대를 겪는 것으로 파악된다.

또한 노인 학대의 피해 연령 분포를 살펴보면, 60대 18.2%, 70대 42.5%, 80대 32.2%로 남성 노인과 여성 노인 모두 70대를 기점으로 노인 학대의 발생 가능성이 높아지는 것으로 나타났다. 특히, 연령이 60대에서 70대로 넘어가면서 노인 학대의 발생 비율이 2배 이상 증가하고 여성 노인의 경우에는 80대를 기점으로 남성 노인보다 높아지는 것으로 집계되어, 고령으로 갈수록 신체적·정신적 및 경제적으로 취약해짐에 따라 의존성이 증대되어 학대에 보다 많이 노출되는 것으로 볼 수 있다.

상기 내용을 정리하면, 여성 노인은 남성 노인보다 상대적으로 학대 위험에 더 많이 노출되고, 신체적 학대에 가장 많이 직면하며, 80세 이상 나이가 들어

---

10) '학대 사례'는 신고 접수 시 노인 학대가 의심되어 현장 조사를 실시한 후 사례 판정한 결과, 학대 사례(응급, 비응급, 잠재적 사례)로 판정된 사례를 의미한다. 이와 달리, '일반 사례'는 신고 접수된 사례 중 단순 정보 제공이나 기관 안내 등의 문의로 학대 의심 사례로 보기 어려운 사례와 신고 접수 시 노인 학대가 의심되었으나 사실 관계 확인 및 현장 조사 등을 통해 노인 학대 및 학대 위험 요인이 드러나지 않은 경우에 해당된다. 여기에서 '신고 접수 사례'는 노인보호전문기관으로 신고 접수된 모든 사례를 말하며, 이렇게 접수된 사례는 노인 학대 여부, 응급성 정도, 학대 피해 노인의 안전 상태, 학대의 지속성 여부 등에 따라 노인 학대 의심 사례와 일반 사례로 분류된다. 중앙노인보호전문기관(2015) 참조.

11) 노인 학대는 두 가지 이상의 학대 유형이 동반되어 발생할 수 있기 때문에 전체 노인 학대 수치와 노인 학대 유형별 통계 수치는 차이가 있다. 즉, 학대 피해 노인 1명이 학대 행위자로부터 정서적 학대와 신체적 학대를 당한 경우, 학대 사례는 1건이지만 학대 유형 건수는 2건으로 집계된다.

갈수록 학대 피해가 증가하는 것으로 파악할 수 있다. 따라서 여성 노인은 노인에 대한 학대, 즉 괴롭힘과 더불어 여성이기 때문에 보다 심각하고 많은 학대에 노출됨으로써, 다중 차별을 경험하고 있는 것으로 볼 수 있다.

4. 노인 차별을 해소하기 위한 방안

1) 노인에 대한 부정적인 인식 개선

노인 차별을 해소하기 위해서는, 우선 노인을 바라보는 인식을 개선할 필요가 있다. 노인을 바라보는 인식은 특정 사회와 그 사회의 구성원들이 노인을 어떻게 받아들이고 있는가의 문제와 결부된다. 과거에는 노인이 어른으로 공경 받았지만, 현대 사회에서는 사회적 부담을 전가하는 존재로 인식되는 경우가 허다하다. 우리 모두는 일생주기에서 누구나 한 번은 노인이 된다. 그러므로 사회 구성원 모두가 노인을 존엄하고 권리를 가진 주체로 인식해야 할 필요가 있다.

노인에 대한 인식 개선의 구체적 방안으로는 홍보활동과 관련 교육을 강화하는 것을 제시할 수 있다. 우선, 홍보활동은 노인의 인식 개선을 널리 알리기 위한 방편으로, 관련 비정부기구(NGO)들과 협력하여 지속적인 캠페인을 추진하는 것도 하나의 방안이 될 수 있다. 그리고 노인에 대한 인식 개선을 위해 교육을 강화하는 방안도 중요하며, 인권을 교육하는 프로그램에서 노인 인권과 노인에 대한 인식 개선 내용을 포함하는 것이 필요하다고 판단된다.

2) '활동적 노화' 대응 방안

EU는 고령화로 인한 사회적 및 재정적 위기에 대응하기 위해 '활동적 노화(Active Ageing)' 정책을 추진해오고 있다. 이에 따라 EU는 2012년을 '유럽 활동적 노화 및 세대 간 연대의 해'로 정하고, 관련 정책의 가이드라인을 제시한 바 있다(European Union, 2012).

'활동적 노화'의 개념은 노화 과정에서의 삶의 질을 높이기 위해 건강, 참여, 안전 영역에서 기회를 최대한 제공하는 것이다(WHO, 2002a). 우선, 건강은 노인의 건강 위험 요인을 최소화하고 건강 증진 요인을 최대화하여 수명 연장과 삶의 질을 향상시키는 것을 목표로 한다. 둘째, 참여는 노인의 노동시장 참여와 교육 기회의 제공, 그리고 자원봉사를 비롯한 사회 참여 활동을 지원하는 것을 목표로 한다. 셋째, 안전은 노인의 노년기 안전과 관련한 정책 및 프로그램을 제공하여 인간 존엄성과 사회보장·사회보호의 권리를 보장하는 것을 목표로 한다.

이와 같은 활동적 노화의 주요 정책에서는 여성 노인의 욕구와 권리의 보장에서 불평등을 감소시킬 것을 제안하고 있다(WHO, 2002a). 따라서 노인에 대한 차별을 해소하기 위해서는 활동적 노화 정책의 주요 제안을 검토하여 추진할 필요가 있다고 판단된다.

3) 연령 차별 금지법 제정

연령 차별 금지를 위한 선구적 입법은 미국의 1967년 '고용에서의 연령 차별 금지법(Age Discrimination in Employment Act)'으로, 동법은 사용자 등이 40세 이상의 근로자를 나이를 이유로 차별하는 것과 구인 광고에 연령에 관한 선호, 제약, 구체적 사항을 명시하는 것을 위법으로 규정했다.

또한 EU 국가들에서도 '고용 및 직업에서 평등 대우를 위한 일반적 구성에 관한 지침'에 따라 연령 차별을 금지하는 입법을 추진했다.[12] 이에 따라 프랑스와 체코가 2001년에 연령 차별 금지법을 제정했으며, 오스트리아와 벨기에, 덴마크, 네덜란드가 2004년에 동법을 제정함과 아울러 독일과 스웨덴, 영국, 룩셈부르크에서도 2006년에 동법을 제정한 바 있다. 노인에 대한 차별을 해소하기 위해서는 아직 연령 차별 금지법을 마련하지 못한 국가들에서도 관련 법을 제정할 필요가 있다.

---

12) Council Directive 2000/78/EC of 27 November 2000 establishing a general framework for equal treatment in employment and occupation.

4) 국가 간 협력 증진과 공론의 장 마련

노인 인권 및 노인이 직면하는 차별에 관한 이슈는 대부분의 국가들이 공통으로 직면하게 되는 주요한 현안임에도 불구하고, 지역적 한계를 넘어 공론화되지 못한 측면이 있다. 이에 따라 각국이 협력을 보다 활성화한다면, 노인에 대한 여러 차별들에 대응하기 위한 방안을 모색하고 활동을 전개하는 데 상호 긍정적인 영향을 미칠 수 있을 것이다.

또한 각국의 협력은 노인 인권의 중요성을 공론화하고 이를 증진할 수 있는 여러 다양한 방법들을 확산시키는 데 긍정적으로 작용할 것이다. 따라서 노인 차별을 금지하고 노인 인권을 증진하기 위한 공론의 장을 마련하여 이를 지속적으로 추진하는 것이 필요하다고 판단된다.

5) 노인 관련 NGO 역량 강화 지원

노인 인권 및 노인이 직면하는 차별에 관한 이슈가 보다 활성화되기 위해서는 노인 관련 NGO들의 역할 및 활동을 강화할 필요가 있다. 노인 관련 NGO는 노인의 권리를 보장하기 위한 목소리를 대변하고 노인의 권익 옹호와 같은 주요한 역할 등을 담당한다. 따라서 노인 당사자가 직접 참가하거나 노인의 인권 옹호와 같은 미션을 수행하는 NGO들의 적극적인 활동이 요구된다.

그러나 노인 인권과 관련된 NGO의 경우에는, 장애인, 여성 등 다른 사회적 약자에 비해 NGO의 수가 많지 않은 것이 현실이며, 이는 곧 노인의 문제를 대변하는 사회적 목소리가 상대적으로 작을 수밖에 없다는 것을 의미한다. 이에 따라 노인 문제를 공론화하는 데 한계가 있다는 것을 보여준다. 이에 따라 노인 인권을 미션으로 활동하는 NGO가 보다 많아져야 하고, 역량 강화를 통한 노인 차별을 해소할 수 있도록 각국의 정부가 이들을 지원하고 긴밀한 관계를 이어갈 필요가 있다고 판단된다.

5. 맺음말

앞서 검토한 바와 같이, 한국 사회는 인구 고령화 현상을 여전히 경제적 관점이나 사회문제로 접근하는 경향이 있고, OECD 회원국 중 가장 높은 수준의 노인 빈곤과 자살에 의한 사망을 비롯하여 노인 학대, 장기 요양과 완화 치료 서비스의 제한, 자기결정권과 같은 자율 및 독립에 관한 권리의 부재 등 수많은 노인 인권 현안이 제기되고 있다.

또한 한국 사회의 노인은 권리의 주체가 아닌 정책의 대상으로 인식되고, 특히 여성 노인은 연령과 젠더라는 두 가지 요인 모두에 근거한 차별에 매우 취약한바, 일할 기회에서 차별받거나 소득보장제도에서도 배제되어 더욱 빈곤한 상황에 처하게 되며 남성 노인에 비해 학대에 노출되는 위험이 높은 것으로 파악된다.

이렇듯 심각한 노인의 인권 상황을 개선하기 위해서는 사회적 관심을 촉구하는 한편, 노인의 빈곤, 자살 및 고독사, 치매, 학대 등 고위험군 노인을 대상으로 한 정부의 맞춤형 예방 및 지원, 양질의 노인 일자리 확충과 소득보장제도의 강화 등 관련 정책과 법령 및 제도적 개선 방안의 마련이 매우 시급하다. 또한 노인에 대한 차별의 해소는 노인을 바라보는 부정적인 인식을 개선하고, 연령 차별 금지법을 제정하는 등 복합적인 노력이 수반되어야만 실효적으로 달성될 수 있을 것이다. 이와 더불어 노인의 인권에 대한 이슈가 활성화되고, 노인의 인권 보호와 증진을 위한 다양한 방안들이 공론의 장에서 논의될 필요가 있다.

끝으로 전 세계적으로 노인인구가 더욱 증가하고 현대 사회에서의 소외와 사회적 배제, 그리고 폭력·학대와 같은 새로운 노인 인권의 문제가 발생하고 있기 때문에, 노인 인권은 더욱 중요한 이슈로 부각되리라 전망된다. 따라서 노인의 인권을 보장하고 증진하기 위해서는 무엇보다도 노인을 정책의 대상으로 보았던 시각에서 벗어나 인간의 존엄성 및 기본적 인권 보장이라는 인권적 시각으로 보도록 패러다임을 전환해야만 할 것으로 판단된다.

제10장

한국의 저출산과 정책

정윤태

1. 저출산 사회로의 전환

한국의 최근 주요한 인구 변동의 핵심적인 흐름은 저출산 현상[1])에 있다. 출산율이 대체출산율 수준인 2.1명 이하의 저출산 현상은 대부분의 경제협력개발기구(OECD) 회원국에서 나타나는 공통적인 현상이다. 소득이 증가할수록 출산율이 하락하는 것은 경제개발 정도가 일정한 국가에서 나타나는 일반적인 현상이기 때문이다.

하지만 한국은 옥스퍼드대학교 인구문제연구소의 데이비드 콜먼 교수가 지적한 바와 같이 인구문제로 소멸할 최초의 국가로 알려져 있다. 한국의 저출산 문제는 국제 비교를 통해서도 드러난다. 2016년 기준 OECD 회원국 가임 여성

[1) 일반적으로 경제개발 정도가 일정 수준 이상인 한 국가에서 인구수를 현상 유지하기 위한 적정 자녀 수는 여성 1명당 2.1명의 자녀를 출산할 때 가능하며 대체출산율 수준(Replacement fertility rate level)으로 정의한다. 여기에서 대체출산율 수준이 2.1명으로 계산되는 이유는 부모 2명과 예비적 출산 0.1을 합한 데 근거한 것이다(UN, 2017). 여기에서 출산율은 1명의 여성이 가임 기간(15~49세) 동안 출산할 것으로 기대되는 평균 자녀 수를 의미하며, 이를 합계출산율(Total fertility rate)이라고 한다. 따라서 합계출산율이 대체출산율 수준인 2.1명 이하일 경우 저출산으로 지칭되고, 1.3명 이하일 경우에는 초저출산으로 규정된다.

그림 10-1 / OECD 회원국의 합계출산율 비교(2016)

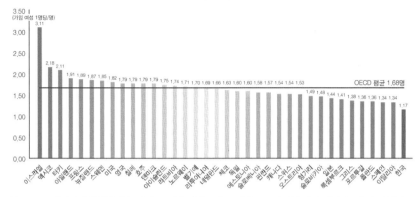

주: OECD 회원국의 합계출산율 평균은 36개 회원국의 2016년 자료를 이용하여 계산함. 다만, 예외적으
로 칠레의 경우 최근 수치는 2015년임.
자료: OECD(2016).

의 합계출산율에 관한 자료에 따르면 OECD 회원국 1인당 합계출산율은 평균
1.68명으로, 현재 인구 규모가 그대로 유지되기 위한 합계출생률 2.1명보다 낮
은 국가들이 대부분이었다. 그중 한국의 합계출산율은 1.17명으로 OECD 최저
수준을 보였다. 한국의 수치는 초저출산국(합계출신율이 1.3명 이하)에 해당하는
것으로, 2016년 OECD 회원국 중 한국이 유일하다. 또한 복지 선진국으로 일컬
어지는 합계출산율 1.7명 이상의 북유럽 국가(노르웨이 , 덴마크, 스웨덴)는 차치
하더라도, 자유주의 국가군으로 분류되는 합계출산율 1.8명 수준의 영미권(미
국, 영국)과도 차이를 보이고 있다. 아울러 한국과 지리적·문화적·사회적으로
유사점이 많은 일본의 1.44명과도 상당한 격차를 지닌다. 합계출산율 수준이
매우 낮은 스페인이나 이탈리아와도 약 0.17명 차이를 나타내고 있어, 국가 비
교에서도 한국은 통계적 이상치(outlier)와 같은 위치임을 알 수 있다. 비교 대상
을 전 세계 국가로 확대하더라도, 2015년 기준으로 211개 국가 중 208위에 해당
하는 매우 낮은 합계출산율을 기록 중이다(장기천, 2018).

비단 국제 비교가 아니더라도 최근의 인구학적 지표들을 살펴보면 한국의 향
후 출산율 회복을 기대하기는 쉽지 않다는 부정적 전망이 주를 이루고 있다. 통
계청이 발표한 최근 50여 년간의 출생아 수와 합계출산율 추이가 이를 잘 보여

그림 10-2 / 출생아 수 및 합계출산율 추이(1970~2017)

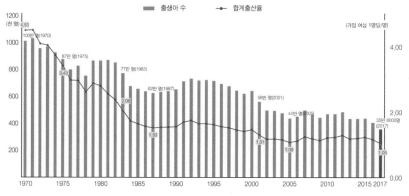

자료: 통계청(2018.8.22).

준다. 지난 1970년에 100만 명을 기록하던 출생아 수는 50여 년 만인 2017년에 35.8만 명으로 급감했다. 구체적으로는 1975년에 87만 명, 1983년에 77만 명, 1987년에 62만 명으로 지속적인 감소 추세를 보였다. 1990년대 중반에 70만 명 선을 회복하는 듯했으나, 이내 감소하여 2001년에 56만 명, 2005년에 44만 명을 기록했다. 이후 2010년 전후의 반등에도 불구하고 최근인 2017년에는 가장 낮은 수치(35.8만 명)에 이르렀다. 합계출산율 역시 거의 유사한 형태라 할 수 있다. 1970년의 합계출산율 4.53명 수준에서 1983년에 2.06명, 1997년에 1.53명으로 하락했고, 2000년대부터는 1.3명 이하의 양상으로 악화되었다. 물론 1990년대와 2010년 전후로 합계출산율 감소라는 진정 국면이 관찰되었으나, 전반적으로는 하락 추세를 면치 못하고 있는 것으로 여겨진다. 그 결과 합계출산율이 2015년에 1.24명, 2016년에 1.17명, 그리고 2017년에는 최저 수준인 1.05명을 기록했다. 종합해보면 한국은 1983년에 저출산 사회로, 2001년에 초저출산 사회로 진입했으며, 현재에도 유효한 양상을 보인다고 할 수 있다. 현재까지 한국의 출산 추이를 기준으로 보면, 인구학에서 말하는 합계출산율이 1.3명 이하로 낮아져 다시 호전되기 어려운 상황(Lutz, Skirbekk, and Testa, 2006; 이혁우 외, 2016)에 해당한다고 볼 수 있다. 인구 정책적 측면에서 평가하면, 1970년대부터 시행된 인구 억제를 목표로 한 '가족계획사업'은 1970년대 중반부터 지속적으로 이어진 출생아 수와 합계출산율 감소라는 정책 목표를 달성한 것으로 볼 수 있다. 반면 2000년대 들어 초저출산이 진행되는 과정에서 한국 정부가 진행한 '저출산고령사회 기본계획'의 수립과 시행은 아직까지 가시적인 정책 효과를 보이지 못하는 것으로 판단된다.

저출산 사회로의 전환은 인구·사회·경제 전반에 걸쳐 부정적인 영향을 미칠 것으로 예상된다. 인구 구조적 측면에서 살펴보면 저출산이 지속될수록 고령인구가 비정상적으로 많은 비율을 차지하는 역삼각형 모향으로 전환될 전망이다. 세대 간 규모의 간극이 커져 고령화가 가속화되기 때문이다. 이러한 불균형적인 인구 구조로의 변화는 사회·경제에 커다란 파급력을 보일 것이다. 저출산이 진행됨에 따라 사회적으로는 인구 계층 구조의 변화가 나타나면서 고령화 현상이 대두되고 가족 구조 형태가 변화될 가능성이 높다. 전통적인 가족 구조 형태인 2, 3세대 가구의 비중은 감소하고 1세대 및 1인 가구의 비중이 증가하고 있다. 노동시장 참여와 관련지어 살펴보면, 전통적인 남성 생계부양자 모델(male breadwinner model)에서 변화되어 고용의 여성화로 특징되어지는 노동시장의 변화에 따른 1인 생계부양자 가구의 비중이 감소하고 맞벌이 가구가 보편화되고 있는 것으로 나타나고 있다. 즉, 가족 안정성의 약화, 일과 가족 균형의 어려움, 안정적 소득원으로서의 기능 약화 등의 문제로 가족이 제공하는 재생산 기능[2]이 약화될 수 있다(이삼식·정경희, 2010). 한국보다 먼저 새로운 가족 형태의 출현을 경험한 서구 국가들은 이를 신사회적 위험(New Social Risks: NSR)으로 규정하고 논의한다.

경제적으로도 생산가능인구가 감소함에 따라 총 부양비가 증가하게 되고 노동력의 고령화로 생산성 하락을 불러올 수 있으며 저축률 하락·소비 위축 등에 따른 자본 공급 감소 및 투자 위축, 사회보장 지출을 위한 국민 부담의 증가와 재정적자 확대 및 경제성장률의 둔화 등 만만치 않은 부작용을 유발할 것으로

---

2) 가족은 사회제도의 하나로 다양한 기능을 수행한다. 그 가운데 '재생산 기능, 즉 출산과 양육을 통해 사회 구성원을 재생산하는 것은 사회에 대한 가족의 기본적인 기능이면서 사회제도적 측면에서 가족이 가지는 고유한 기능이다(강홍렬 외, 2006).

예상된다(정윤태 외, 2012).

이처럼 출산력은 인구 증감에 따른 사회의 안정과 밀접한 관련이 있기 때문에 모든 OECD 회원국에서 관심을 가지고 있다. 한국보다 먼저 대체출산율 이하의 저출산을 경험한 유럽에서는 출산친화 정책을 도입하는 과정에서 '출산 격차(fertility gap)'가 상당히 크다는 사실을 발견했다. 출산 격차는 관찰된 실제 출산율과 이상적으로 여기는 자녀 수 사이의 차이로 정의된다(Chesnais, 1999). 출산 격차는 출산 의도와 출산 행동 사이의 불일치에서 기인한 것으로, 사람들이 이상적으로 생각하는 가족 규모를 달성하려고 노력할 때 부딪히는 장애물의 결과로 규정할 수 있다(Philipov et al., 2009). 출산 격차의 개념에 기초하면 가족 규모는 순차적인 의사결정의 결과물로 이러한 의사결정은 해당 가족의 선호도와 변화하는 환경에 의해 모두 영향을 받는다는 점을 강조한다(Adsera, 2006). 또한 이상적인 자녀 수는 '가족 정책에 대한 잠재적 수요'로 다루어질 수 있다.

콜먼(Colmen, 1996)은 이 문제에 대해 유럽인의 관점으로 논의했다. 지난 수십 년 동안 이상 자녀 수가 감소하고 있음에도 불구하고, 이러한 이상 자녀 수가 실제 자녀 수보다 상당히 높게 유지되고 있다는 것을 보여준 골드스테인 외(Goldstein et al., 2003)의 연구결과 이후 이 주제에 대한 관심이 상당히 높아졌다. 합계출산율을 이상적이거나 바람직하다고 생각한 자녀 수와 비교했을 때 사람들은 대체로 실제 출산한 것보다 더 많은 자녀를 갖기를 원하고 있었다(Van de Kaa 2001; Goldstein et al. 2003). 구체적으로 2000년대 중반에 유럽인이 생각하는 이상적인 자녀 수의 평균은 2.1명이었다. 이는 실제 출산율 평균(1.7명)에 비해 상당히 높은 수준으로 많은 이들이 실제 자녀 수보다 더 많은 자녀를 원한다는 것을 보여주었다(Philipov et al., 2009). 한국에서도 최근 초저출산이 지속되는 현실과는 대조적으로 가임기 인구가 생각하는 이상적인 자녀 수의 평균은 2.07명(여성가족부, 2015)으로 나타난다. 출산 격차의 영향을 분석한 여러 연구(Bongaarts, 2001; Fahey and Speder, 2004; Freedman et al., 1980; Kohler et al., 2002; Pampel, 2001; Adsera, 2006)들은 이상적인 자녀 수를 반영한 가족의 크기가 달성된다면, 출산율이 대체 수준에 가까운 정도로 상당히 증가할 것이라는 데 대체로 동의한다. 따라서 이러한 격차는 비현실적인 출산의 존재를 반영한다. 골드스테인 외(2003) 또한 출산 격차와 관련된 정책을 강조했고, 이후 여러 연구자들이 이러한 견해를 지지했다. 희망하는 자녀 수를 원하는 개인과 부부를 지원하기 위해 설계된 정책에 대한 "잠재적" 수요는 유럽 정부기관에서 발간한 문서에서 볼 수 있듯이, 명백한 수요로 변화했다(Philipov, 2009). 따라서 출산 격차의 실태와 원인을 파악하는 것은 출산율 제고를 위해 반드시 선행되어야 하는 과제라 할 수 있다.

2. 출산 격차 발생의 원인

한국의 출산율이 회복되지 못하는 이유와 관련하여 사회구조적 원인(이삼식, 2015), 경제적 원인(김민주, 2010), 문화적 원인(정성호, 2015) 등 다양한 요인들이 언급된다. 다른 한편으로는 기존의 저출산 정책들이 정부 부처별로 망라되어 핵심 원인에 효과적으로 대응하지 못했기 때문이라는 점 역시 지적된 바 있다(이혁우 외, 2016, 정성호, 2015).

하지만 한국보다 일찍 저출산 현상을 경험한 서구 국가들은 출산율의 제고가 단순한 소득 수준의 제고, 가치관의 개선과 정부 지원의 강화로 달성될 수 없다는 것을 깨닫고 이상적으로 생각하는 자녀 수와 실제 출산한 자녀 수를 모두 반영하는 출산 격차의 개념을 저출산 대책에 적극적으로 활용하고 있다(Esping-Andersen, 2013).

이에 근거하여 출산의사결정 모형을 분석한 연구들은 개인들이 직면하는 다양한 불확실성이 출산 격차를 발생시키는 원인임을 발견했다(Esping-Andersen, 1999; Boca, 2002; Castles, 2003; Adsera, 2004; 2006; Engelhardt, Kogel and Prskawetz, 2004; Bhaumik and Nugent, 2005; Boca et al., 2005; Anders, 2006; Neyer and Andersson, 2008; Ann-Zofie Duvsnder et al., 2010). 현대 사회의 경제 주체들은 여러 가지 불확실성에 직면해 있다. 행위자(agent)로서 근로자들은 앞으로 일자리를 찾을 가능성이나 고용되었을 때 받게 될 임금 수준에 대해 정확하게 알지 못할 수 있다. 행위자로서 투자자들은 수익률과 자산 축적 능력에 대해 정확하게 알지 못할 수 있다. 또한 행위자로서 부모들은 아이를 돌볼 수 있는 능력에 대해 확신이 없을 수 있다. 이런 불확실성에 대한 불안은 출산을 주저하게 만든다 (Bhaumik and Nugent, 2005). 울리히 벡의 위험사회 이론의 수용에서 출발한 딘(Dean, 1999)은 새로운 통치 형식으로서 위험의 개인화 경향이 출현한다고 보았다. 신자유주의적 질서에 적합한 개인으로 조응하기 위해 개인은 선택의 자유라는 미명하에 스스로 위험을 책임지는 주체(responsible citizens)로 변화되기를 강요받는다. 개인은 '자기 기업가(the entrepreneur of self)'로 불리기도 하는 신자유주의적 주체(neoliberal subjects)로서 스스로 자기 규제와 자기관리를 전적으로 책임져야 하는 존재로 인식되기에 이른다(Gordon, 1991; Rose, 1999; Walkerdine, 2003). 즉, 개인화는 신자유주의적 사회 재편하에서 발생된 것으로 자본주의 체제가 가진 구조적 모순에 따른 다양한 사회문제를 개인에게 전치시키는 기제로 작동하고 있는 것이다. 역설적으로, 이러한 위험의 개인화는 자본주의 재생산을 저해하는 만혼, 저출산과 가족의 돌봄 기능 약화를 발생시키고 있다. 이른바 '출산 파업'이라는 형태의 저항이 나타나고 있다. 최근 청년들은 과거와는 다르게 사회적 규범에 따라 결혼과 출산을 선택하지 않으며(Blair-Loy, 1999; Ram and Rahim, 1993), 자기 성취와 경제적 안정에 대한 선호를 자녀 출산에 대한 가치보다 우선시한다(Desai and Waite, 1991; Waite et al., 1986; Bachrach, 1987).

청년세대가 실업과 빈곤의 위험에 광범하게 노출되어 있고 저성장이 고착화되고 있는 한국에서는 결혼과 출산의 회피가 위험의 개인화에 대응하는 방어적인 수단으로 자리 잡고 있다(장경섭, 2011). 한국에서 출산 파업은 직접적인 이해관계를 놓고 벌어지던 과거의 계급, 계층 간의 갈등과는 다르다. 여성이 출산으로 인해 일을 포기했을 때 발생하는 잠재적인 가구의 위험이 중산층을 포함한 광범한 집단에서 감당하기 어려운 것으로 여겨지고 있다(정재훈, 2017). 이러한 출산 경향의 기저에는 후기 근대 사회에서 위험의 생산 및 분배의 논리가 부의 분배의 논리와는 다른 양상으로 나타나며, 근대화의 위험이 그 어느 때보다 보편적이고 위협적으로 나타나고 있다는 벡(Beck, 1988)의 주장을 뒷받침한다. 중산층을 포함해 영유아 양육 부담의 발생과 가구 수입원의 감소라는 이중 위험에 동시에 대처하는 것이 현실적으로 매우 어려운 것으로 받아들여지고 있다.

위험사회에서 복지와 돌봄의 경제적 비용은 개인화 과정을 통해 소비자에게로 이전된다(Cooper, 2008). 이러한 경제생활 위험에 대해 여성은 더 많은 자기 보호와 관리를 위한 움직임을 보일 수밖에 없다. 경제적 불확실성에 따른 위험 인식이 보편화되고 고착화된 한국 사회에서 개인은 자신과 가족의 삶을 책임지고 관리할 것을 요청받으면서 경제생활의 위험을 스스로 감수해야 한다(김영란, 2014). 이로 인해 출산의 기회비용이 커지면서 경제생활 위험 인식이 출산 격차에 유의한 영향을 미치는 것으로 해석할 수 있다.

3. 정부의 저출산 대응 정책3)

한국은 1983년 합계출산율이 2.08명을 기록하여 인구 대체 수준 미만으로 하락하고 1984년에 1.74명으로 저출산 사회로 들어섰다. 정부는 1990년대 출산율이 인구 대체 수준 미만으로 유지됨에 따라 종전의 인구증가억제 정책을 인구 자질 및 복지 증진 정책으로 전환하고자 1961~1995년까지의 출산억제 정책기를 탈피하고 1996~2003년까지의 인구자질향상 정책기로 전환했다. 이후 2001년 합계출산율 1.30명으로 초저출산 시대가 시작되면서 정부에서는 인구 감소의 심각성을 인지하고 2000년대 중반부터 출산장려 정책을 추진하고 있다(인구정책 50년사 편찬위원회, 2016).

이후 정부는 「저출산·고령사회기본법」4)을 2005년 5월 18일에 공포하고 9월 1일부터 시행했다. 「저출산·고령사회기본법」 제20조에 따라 정부에서는 2020

---

3) 정부는 새로 맞이하는 행복한 출산과 노후의 의미를 '새로마지'라는 정책 브랜드에 담아 출산율 상향의 의지를 표명했다. 제1차 기본계획은 새로마지플랜 2010으로, 제2차 기본계획은 새로마지플랜 2015로 명명했다. 다만, 제3차 기본계획은 더 행복한 대한민국으로 향하는 다리라는 의미를 담아 브릿지 플랜 2020으로 불린다.

4) 이 법은 저출산 및 인구 고령화에 따른 변화에 대응하는 저출산·고령사회 정책의 기본 방향과 그 수립 및 추진 체계에 관한 사항을 규정함으로써 국가의 경쟁력을 높이고 국민의 삶의 질 향상과 국가의 지속적인 발전에 이바지함을 목적으로 한다.

년까지 저출산·고령사회에 대응한 사회, 경제구조 개혁을 추진하여 모든 세대가 함께하는 지속발전가능사회를 실현하기 위해 5년마다 단계적·전략적 목표를 설정하고 기본계획을 수립하여 추진하고 있다. 동 법률 제20조 제3항에는 저출산·고령사회 정책의 기본 목표와 추진 방향, 기간별 주요 추진 과제와 추진 방법, 필요한 재원의 규모와 조달 방안, 이 외에 저출산·고령사회 정책으로 필요하다고 인정되는 사항 등을 기본계획에 포함할 것을 규정하고 있다. 또한 동법 제21조에 따라 중앙의 각 부처와 지방자치단체는 범정부적 저출산고령사회 기본계획에 근거하여 연도별 시행 계획을 수립 및 시행해야 한다.

제1차 기본계획(2006~2010년)의 추진 목표는 '출산·양육에 유리한 환경 조성 및 고령사회 대응 기반 구축'이다. 제1차 기본계획에서는 출산율 하락 추세 반전과 고령사회 적응 기반 구축을 목표로 4대 분야에서 237개 사업을 추진했다. '출산과 양육에 유리한 환경 조성'을 위해 결혼·출산·양육에 대한 사회책임 강화, 일과 가정의 양립이 가능한 사회 시스템 구축, 가족 친화 사회문화 조성 및 건전한 미래세대 육성을 추진했다. '고령사회 삶의 질 향상 기반 구축'을 위하여 안정적인 노후소득보장체계 구축, 노인 건강 및 의료보장 내실화, 노인의 사회 참여 및 노후 준비 기반 마련, 주거·교통·문화 등 안전하고 활기찬 생활환경 조성을 추진했다. '저출산·고령사회의 성장동력 확보'를 위하여 여성·고령자 등 잠재인력활용기반 구축, 인적 자원의 경쟁력과 활용도 제고, 고령사회 금융 기반 조성 및 고령친화산업 육성을 추진했다. 저출산·고령사회 대응 사회 분위기 조성과 정책 효과성 제고'를 위하여 전략적 교육·홍보 정책공동체 구축 및 사회적 합의 유도, 중앙-지자체 간 연계 강화, 정책성과관리체계 구축을 추진했다(대한민국정부, 2009). 제1차 저출산·고령화 기본계획(2006~2010년) 기간 동안 국비와 지방비 및 기금을 포함하여 총 42.2조 원의 예산이 투입된 것으로 보고되었다.

제1차 기본계획의 긍정적 의미는 저출산 현상에 따른 위기 문제에 국가가 적극적으로 개입하여 사회적 공감대를 형성했고, 국가뿐만 아니라 다양한 사회 주체 참여의 필요성에 대한 인식을 공유하게 된 것이다(이삼식, 2011). 반면 맞벌이 가구 등에 대한 배려 부족과 기업 및 민간 부문의 참여가 결여된 채 정부 주도로 이루어지다 보니 국민 체감도가 정부의 의지에 비해 상대적으로 낮은 것으로 조사되었으며, 특히 보육 관련 정책 부문에 예산이 편중되고 저소득층에만 집중해 정책 효과를 극대화하지 못했다는 측면에서는 비판적인 시각이 있다(정윤태 외, 2012). 또한, 막대한 예산이 투입된 보육과 교육비 지원 과제도 유자녀 기혼 여성의 19.7%만이 정책 수혜를 경험한 것으로 조사되었다.

제2차 기본계획(2011~2015년)은 '점진적 출산율 회복'을 정책 목표로 설정했다. 제2차 기본계획에서는 제1차 기본계획의 성과와 한계를 바탕으로 다각적이고 종합적인 대책을 수립·추진하고자 했다. 정책 수혜의 주요 대상을 살펴보면 제1차 기본계획에서는 저소득 가정 중심이었으나 제2차 기본계획에서는 정책 수요가 높은 맞벌이 가정으로 전환하여 정책의 체감도 및 실효성을 제고하고자 노력했다. 정책 영역에서도 제1차 기본계획과 달리 제2차 기본계획에서는 일과 가정의 양립 등 여러 부문으로 종합적 접근을 시도했다. 또한, 추진 방식에서도 차이가 있다. 제1차 기본계획이 정부 주도였다면 제2차 기본계획에서는 범사회적 정책 공조를 취했다. 출산과 양육에 유리한 환경 조성을 위한 분야별 정책 방향을 살펴보면 다음과 같다. 출산과 양육에 유리한 환경 조성은 '일과 가정의 양립 일상화', '결혼, 출산, 양육 부담 경감', '아동·청소년의 건전한 성장환경 조성'이라는 세 분야에서 총 95개 과제로 구성·추진되었다. '일과 가정의 양립 일상화'를 위해서는 육아를 위한 휴가·휴직제도 개선, 유연한 근무 형태 확산, 가족 친화적 직장환경 조성을 중점적으로 다루고자 24개의 과제를 수립했다. '결혼, 출산, 양육 부담 경감'과 관련해서는 가족 형성 여건 조성, 임신·출산에 대한 지원 확대, 자녀양육비 지원 확대, 다양하고 질 높은 육아 지원 인프라 확충을 추진하기 위해 46개의 과제를 제시했다. '아동·청소년의 건전한 성장환경 조성'을 추진하기 위해 25개의 과제를 통해 취약 계층 아동 지원 강화, 아동·청소년 역량개발 지원, 안전한 아동·청소년 보호 체계 구축, 그리고 아동 정책 추진 기반 조성 등을 이어가고자 노력했다(대한민국정부, 2009). 그럼에도 2015년의 합계출산율은 1.24명을 기록하여 저출산의 덫에서 벗어나지 못하고 있었다.

정부는 제1차 기본계획에 이어 제2차 기본계획에 막대한 예산이 투입되었음에도 가까운 미래에 출산율 반등을 기대하기는 어렵다는 판단하에 저출산 대응 패러다임의 전환을 선언하고 제3차 기본계획(2016~2020년)을 수립했다. 제3차

그림 10-3 / 저출산 대책 분야 패러다임 전환

제1차	기혼가구 보육 부담 경감	➡️➡️	제3차	청년 일자리·주거 대책 강화
제2차	제도 도입·기반 조성, 비용 지원 위주			사각지대 해소, 실천, 문화 개선 초점

자료: 대한민국정부(2016: 37).

기본계획은 인구 위기 극복을 위한 그간의 미시적 접근에서 벗어나 보다 거시적으로 구조적인 접근을 시도하고자 했다. 저출산 대응을 위해 기존의 기혼가구 보육 부담 경감에 국한하던 방식에서 일자리나 주거 등 만혼·비혼 대책으로 전환했다. 또한, 제도 구축과 비용 지원 위주에서 실천과 사회 인식 변화를 중심으로 접근하고자 아이와 함께 행복한 사회를 목표로 세웠다. 이를 달성하기 위해 청년 일자리·주거 대책 강화, 난임 등 출생에 대한 사회책임 실현, 맞춤형 돌봄 확대·교육 개혁, 일과 가정의 양립 사각지대 해소를 추진 전략으로 하여 47개의 세부 과제를 도출했다.

제3차 기본계획이 기존의 보육 중심 대책에서 청년 일자리 및 주거 대책 강화, 일과 가정의 양립 사각지대 해소를 중요한 전략으로 채택한 것에 대해서는 긍정적이라는 평가가 있지만 아직도 정책의 우선순위를 고려하지 못한 채 부처가 수행하던 사업을 묶어놓은 백화점식 정책 나열이라는 비판이 제기된다(이혁우 외. 2016). 특히 구조적 틀과 세부 정책들에서 기존의 대책들과 차별성이 없으며 새롭게 제시한 청년 일자리 정책에서도 청년 고용의 안정성을 저하시킬 파견 근로자 확대 법안마저 포함시켜 실효성이 결여되었다는 지적이 있다. 이러한 경향은 주거 정책에서도 여실히 드러난다. 이로 인해 제3차 기본계획마저도 과거 저출산 대책의 관성이 지속되는 전형적인 경로 의존성에 갇혀 있는 것으로 판단된다(박선권, 2017).

그러므로 제3차 기본계획에서는 각 분야 국가계획 간의 유기적 연계 강화가 정책 실효성 측면에서 반드시 필요하다. 이를 감안하여 문재인 정부의 100대 국정과제 및 국정운영 5개년계획 가운데 4대 복합·혁신 과제의 하나로 제시된 "교육·노동·복지 체계 혁신으로 인구 절벽 해소"에 저출산 대책의 개선과 핵심 목표의 재설정 필요성이 천명되어 있는 것도 기존 저출산·고령화 대책에 대한 재검토와 개선 방향 모색을 시급하게 요구하고 있는 것이다.

4. 정책적 개입: 어떻게 출산율을 상향시킬 것인가?

발전한 선진 산업국가로서 한국의 출산율 하락은 불가피한 측면이 있다. 위험의 개인화가 지속되고 있기 때문이다. 신자유주의 경제 체제가 지속되고 사회 양극화와 불평등이 공고화되면서 계층 이동의 사다리가 작동하지 않는다는 인식이 강해졌다. 많은 국민들이 신자유주의 통치성의 강화와 위험의 개인화에 직면하여 다양한 경제적 위험을 체감하면서 사회로부터 분리되는 경험을 하는 양상이 나타나는 것으로 보인다(정수남, 2010; 손경미, 2013).

현대 한국에서는 결혼과 평생고용과 같은 전통적인 제도의 해체로 인한 삶의 위기 역시 증가했다. 그 결과 사람들은 더욱더 큰 불확실성에 직면해 있다. 과학 기술의 발달과 경제성장의 전제하에서 빈곤의 근절과 평등의 달성이 가능하다는 산업사회에서의 진취적 태도는 앞으로 발생할 위험을 예방하는 것에 초점을 맞추는 위험사회에서의 방어적 태도로 변화했다. 위험의 증가와 집단 구조의 약화에 대응하여 사람들은 더 이상 전통적인 생활 방식에 의지하지 않고 자신의 전기(biographies)를 '자기 성찰적(self-reflexively)'으로 만들어야 한다. 이러한 개인화의 경향은 사람들에게 더 많은 선택의 자유를 주는 것이기도 하지만, 개인이 자신이 보유한 자원에 의지하여 지극히 사적인 결정을 내리고 행동해야 한다는 것을 의미하기도 한다. 개인은 앞으로 닥칠 위험에 대한 보호 기제가 부재한 상황에서 스스로의 판단에 대한 책임을 요구받는다. 결국 위험이 사회적·제도적 차원에서 해결되지 못하고 개인에게 전가됨으로써 파편화된 개인은 만성화된 불안에 시달리게 된다(정윤태, 2018).

위험의 개인화는 진취적인 개인이 다수를 차지하는 사회로 귀결되기보다는 경제생활에 대한 불안을 심화시키는 요인이 되고 있다. 자신의 노력으로도 계층 상승을 이루기 어렵다는 인식이 팽배해지고 있으며, 경제적 고통과 빈곤의 문제가 심화되고 있다. 이에 대응하여 사회적 포용, 통합과 참여와 같은 대안이 제시되기도 하지만 만성적인 고용의 불안과 충분하지 못한 복지제도는 경제생활 위험 인식을 높이는 요인이 되고 있다(김상돈·정윤태, 2017).

한국의 미래를 담보하기 위한 출산율을 제고하는 데 있어 단순한 금전적 지원과 투자는 이미 한국 사회에서 증명된 것처럼 소기의 성과를 거두기 힘들 것으로 판단된다. 시민들이 체감하는 전반적인 불확실성에 대한 위험 인식을 낮추고, 위험 요인들을 제거하여 안정적으로 자녀를 키울 수 있다는 신뢰를 부여할 때 비로소 이상적인 자녀 수와 실제 출산한 자녀 수의 격차가 줄어들어 저출산 문제를 극복할 수 있게 될 것이다. 최근 정부가 저출산 문제의 해결 방안을 국가적 차원의 출산장려가 아니라 여성 개인의 삶과 선택을 존중하는 방향으로 재정립한 것은 아무리 많은 돈을 투입해도 청장년이 체감하는 실업, 빈곤, 주거와 경기 침체에 대한 불안을 개인에게 전가하는 한 출산율 제고가 요원하다는 점을 자각한 결과로 볼 수 있다(성효용·이은형, 2017). 저출산 대책이 진정으로 성과를 거두려면 단순한 인구 대책에서 경제적 어려움을 제거하는 삶의 질 개선 과정에서 개인들이 자연스럽게 희망하는 자녀 수를 달성할 수 있도록 하는 전반적인 제도의 개선이 필요하다(≪한겨레신문≫, 2018.4.10). 즉, 저출산 문제를 인구문제가 아닌 전반적인 삶의 질의 문제로 사람 중심으로 접근해야 한다. 포용복지에 근거한 출산 정책이 수립되고 시행된다면 출산에 대한 인간의 기본권을 지지하며 간접적으로 출산의 증가를 가져올 수 있다. 이런 정책에 대한 견해는 궁극적으로 정책이 출산율 증가를 직접적인 목표로 삼아야 한다는 출산촉진론자적(pro-natalist) 견해를 무색하게 만들 수도 있다. 포용복지 관점에 기초한 불안의 해소가 소기의 성과를 거둘 때 비로소 출산율의 반등이 성공할 수 있을 것이다.

제11장 ——————————————————————————

주택 소유와 복지국가*

은민수

1. 머리말

주택은 그 특성상 정치경제적으로 소득보장과 복지재정 등 복지국가에 미치는 영향이 적지 않다. 주택은 주거 서비스를 제공할 뿐만 아니라 소득도 보장해 줄 수 있는 시민들의 유일한 혹은 핵심적인 자산이기도 하고 주택 구입을 위한 비용과 이자 및 원금 상환 등에 따라 소비와 저축 패턴이 달라지기 때문이다. 그뿐만 아니라 주택 구입에 대한 정부의 보조금과 세제혜택 등은 세금과 복지에 대한 시민들의 태도에도 영향을 미치고 있다. 그리고 노후에 부채 없는 온전한 주택 소유는 가장 생산적인 젊은 시절에 투자하여 가장 비생산적인 노후에 그 혜택을 누리게 될 것이라는 점에서 노후를 대비한 생애 전체의 수평적 재분배와도 관련성이 크다.[1] 일종의 사적 보험과 같은 작용을 하는 것이다. 끝으로 주택의 가격 변동과 그에 따른 재분배 정책에 대한 선호 변화는 누가 집권하게

———————————————————

* 이 글은 《한국사회정책》, 제24권 제4호(2017)에 게재된 논문임을 밝힌다.
1) 젊은 시절에는 소득의 상당 부분을 주택 구입에 따른 원금 상환과 담보대출이자로 지불하지만 은퇴 연령에 도달할 즈음이 되면 은퇴자들은 완전한 주택 소유자가 되어 소득과 서비스를 누릴 수 있다는 점에서 그러하다.

되는가 하는 집권 정당의 선택에도 영향을 미친다. 대체로 주택자산 소유자가 증가할수록, 그리고 주택가격이 상승할수록 감세와 복지 축소를 추구하는 우파 정당에 유리하며, 증세와 복지 확대를 주장하는 좌파 정당에 불리하다(Ansell, 2014). 주택이 핵심적 자산인 만큼 자신의 자산가치를 가장 잘 보호해주는 정당에 대한 선호도가 높아지는, 이른바 생활 '정치'를 만들어내는 것이다(Hobson and Seabrooke, 2007; Schwartz and Seabrooke, 2008: 242).[2]

이렇게 주택이 복지국가의 정치경제에 미치는 영향이 적지 않음에도 불구하고 기존의 복지국가 연구는 주로 조세 지출과 소득 이전에 집중되었고 상대적으로 주택과 주거에 대한 연구는 그다지 심도 있게 다뤄지지 않았다. 대부분의 빈곤이나 불평등의 측정에서도 주택은 제외되어왔다. 그동안 주류 복지국가 연구에서 좀처럼 다뤄지지 않았던 주택문제를 단순히 소비재(필수재)의 개념에서 벗어나 복지국가의 분석 범주에 포함시키는 방향으로 주목할 만한 진척을 이룰 수 있게 된 것은 케메니(Kemeny, 1980, 2005)와 캐슬즈(Castles, 1998)의 덕분이다. 특히 주택과 연금의 관계와 관련하여, 케메니는 주택 소유를 촉진하는 정책들이 사회복지 지출과 밀접한 연관이 있으며, 주택 소유 정도와 사회복지 지출 사이에는 역의 관계, 즉 대체 관계(trade-off)가 존재한다고 주장했다. 캐슬즈도 17개 국가들의 OECD 자료를 활용하여 주택 소유율과 연금 등 사회지출 사이에 의미 있는 음의 상관관계(negative correlation)가 있음을 발견했다. 그러나 케메니와 캐슬즈의 주장처럼 주택에 내장된 부(wealth)의 특성상 주택이 연금소득에 대한 보충, 혹은 나아가 대안으로 기능할 가능성도 존재하지만 현실에서 그 정책적 맥락은 훨씬 복잡하고 다양하다. 주택 소유가 노후소득에 보충적 역할을 하는지, 혹은 대체적 역할을 하는지 등은 각 국가의 다양한 제도 배치에 따라 얼마든지 상이할 수 있기 때문이다.[3]

---

2) 주택은 한편으로 주택 매매를 통해 얻을 수 있는 현금소득(cash benefit)이자 다른 한편으로는 주택 거주를 통해 누릴 수 있는 현물소득(cash in kind)이다.

3) 현대 복지국가에서 주택 소유뿐 아니라 공공임대와 민간임대 등 모든 점유 형태는 주택 관련 규정, 공공주택의 할당 관련 제도, 보조금, 세제 등 주택 소유를 규제하고 허용하는 정치적·정책적 결정

한편 최근의 주택 관련 변동에서 특이한 사항은 2014년 기준으로 충분한 연금소득대체율과 소득보장제도가 완비된 것으로 알려진 스웨덴 등 사민주의 복지국가들의 주택 소유율이 빠르게 증가했을 뿐 아니라 그 자금 마련을 주택담보대출(mortgage)에 크게 의존하고 있다는 사실이다. 이러한 변화는 현재 재정적 어려움을 겪고 있는 것으로 알려진 남부 유럽 국가들의 주택 소유율이 가장 변동 폭이 적을 뿐 아니라 주택담보대출 비중도 매우 낮게 유지되고 있다는 사실과 대조를 이룬다. 그동안 공공임대주택 비중이 높고 주택 소유율이 낮은 것으로 알려져 있던 사민주의 국가들에서 주택 소유율이 급격하게 증가하는 현상은 매우 의아스럽다.

이 글에서는 주택과 세입, 공공지출, 노후소득 등의 관계를 사민주의 레짐과 남부 유럽을 포함한 4개 레짐을 기준으로 살펴봄으로써 케메니와 캐슬즈의 가설이 최근에도 유지되고 있는지를 확인하고자 한다. 이후 주택의 상품화 경로로 치닫고 있는 사민주의 국가들과 주택의 전상품화(pre-commodification) 상태에 안정적으로 머물러 있는 것으로 확인된 남부 유럽 국가들을 대상으로 주택 소유율의 변화와 안정의 원인에 대해 설명하고자 한다.

보다 구체적으로 첫째, 과연 1980년대의 주택과 공공지출 및 연금지출과 대체 관계는 이후 어떻게 변화되었는가? 이를 설명하기 위해 2014년 기준으로 OECD 자료와 복지레짐별 개별 국가들의 자료를 통해 케메니(1980)와 캐슬즈(1998)의 주장처럼 주택 소유에 소요되는 개인적 부담이 증가해 높은 세금을 지지하지 않아 결과적으로 복지지출이 증가하지 않는 주택 소유와 복지 간의 대체(상쇄) 관계가 최근에도 여전히 지속되었는지를 확인할 것이다. 둘째, 2004~2014년에 중 가장 큰 변화를 보이는 북유럽 사민주의 국가들의 주택 소유와 가장 적은 변화를 보이는 남부 유럽 국가들의 주택 소유의 원인은 무엇인가? 이를 설명하기 위해 자산 소유에 대한 각종 국가 보조금이나 대출에 대한 조세 혜택 등 관련 제도들의 변화와 해당 복지레짐의 고유한 특성을 중심으로 분석할 것이다.

의 결과물이다.

2. 선행연구와 이론적 배경

1) 주택 소유와 복지지출의 관계

전술했듯이 주택 소유와 복지국가 간에 상쇄 관계가 존재한다는 케메니의 주장은 주택 정책뿐 아니라 복지국가 연구에도 큰 반향을 일으켰다. 주택과 사회복지 간 관계를 처음으로 분석한 케메니는 매우 기초적인 통계를 바탕으로 저발전한 복지국가에서 자택 소유의 경향이 강하다는 주장을 내놓았다. 공적퇴직연금과 노인을 위한 공적사회보장이 낮은 사회에서는 개인이 스스로의 노후보장 수단을 마련해야 하기 때문이다. 예컨대 스위스, 독일, 네덜란드, 스웨덴 등에서 주택 소유율은 매우 낮은데, 가난한 농업 국가인 방글라데시의 주택 소유율은 90% 이상이라는 것이다. 케메니는 1980년에 OECD 8개국을 대상으로 분석한 결과, 주택 소유와 사회복지는 음의 관계를 가지고 있으며, 스웨덴과 서독이 주택 보유율이 낮고, 영국과 프랑스는 중간 수준, 미국과 캐나다, 호주가 가장 높은 주택 보유율을 보였다고 주장했다(Kemeny, 1980: 372~388).

이후 캐슬즈는 케메니의 연구를 계승·확대하여 1998년에 OECD 20개국을 대상으로 공공복지와 주택 소유율 간 관계에 대해 통계분석을 시도했다. 1960년, 1970년, 1980년, 1990년의 자료를 조사했는데, 그 결과 복지의 다양한 지표

표 11-1 / OECD 8개국의 주택 소유율과 복지지표

(단위: %)

	주택 소유율 (1973)	GNP 대비 정부 지출(1976)	GNP 대비 세금 (1968~1970)
스웨덴	40	49.8	43.0
서독	35	41.7	34.0
네덜란드	33	52.2	39.7
영국	52	41.5	36.6
프랑스	45	40.0	36.3
미국	62	33.0	27.9
캐나다	60	36.4	30.2
호주	66	28.6	24.4

자료: Kemeny(1980).

표 11-2 / 주택 소유와 정부의 세입 및 지출의 상관관계

	세입	건강	사회서비스	연금	공공안전	기타 지출
1960	-.79*	-.76***	-.75***	-.68***	-.14	-.61***
1970	-.61***	-.61***	-.81***	-.71***	-.53**	-.56**
1980	-.68***	-.59**	-.76***	-.71***	-.34	-.58**
1990	-.52**	-.54**	-.54**	-.40*	-.24	-.40

자료: Castles(1998).

들과 주택 소유율 간에 뚜렷한 음의 상관관계가 존재한다는 점을 발견했다. 그는 이를 주택 소유와 복지 간 "정말 높은 상충 관계(the really big trade-off)"라고 지칭했다(Castles, 1998: 5~19).

특히 그는 자가율이 연금 제도와도 상충 관계라는 점에 주목했으며, 이를 바탕으로 노인세대에게는 주택이 연금소득의 역할을 수행한다고까지 주장했다. 다만 캐슬즈와 페레라는 남부 유럽의 경우 예외적으로 높은 자가율과 높은 연금 제도가 공존하고 있음을 인정했다(Castles and Ferrera, 1996). 이들의 뒤를 이어 파헤이도 아일랜드를 사례로 한 연구에서 아일랜드는 세계에서 가장 높은 주택 소유율을 보이지만(81%), 연금 수준에서 매우 낮은 소득대체율이 적용되고 있어 연금과 주택 소유 간에 극단적이고 전형적인 상충 관계를 보여주고 있다고 주장했다(Fahey, 2003).[4] 콘리와 지포드도 사적으로 소유한 주택이 전 생애를 걸쳐 사회보험의 대안적 역할을 한다고 주장한 바 있다(Conley and Gifford, 2006).

이들의 공통된 논리는 주택 소유율과 복지지출 사이에는 반비례 관계가 성립하며, 이러한 관계를 만들어내는 요인은 바로 증세에 대한 거부감과 연금 필요성의 감소라는 것이다. 즉, 주택 소유율이 높은 국가에서는 젊은 세대가 주택 구입을 위해 초기 주택 구입비, 담보대출이자, 원금 상환 등을 부담해야 하므로

---

4) 다만 파헤이(Tony Fahey)는 주택 구입에 따른 예산 압박이 연금지출에 여유가 없도록 만든다는 일부의 주장과 달리 아일랜드의 경우 주택 구입비가 매우 낮아서 연금에 미치는 예산 압박 효과를 전혀 갖지 못한다고 했다. 또한 국가 역시 주택 구입에 지원하는 국가 보조금이 전체 공공지출 규모 대비 매우 적어서 복지에 미치는 예산 압박 효과를 갖지 못한다고 했다. 따라서 아일랜드에는 높은 주택 소유에도 불구하고 높은 연금 수준에 대한 필요성이 여전히 남아 있다는 것이다(Fahey, 2003).

실질적인 가처분소득이 줄어들어 높은 조세와 사회보험 부담금에 기초한 복지국가에 반대하는 경향이 강해진다는 주장이다. 동시에 주택자산 확보에 성공한 노년세대는 이를 기반으로 노후 생활과 소득에 대비했기 때문에 더 이상 연금과 같은 공적지에 대한 정치적 지지가 약해진다는 것이다. 이후 이들의 주장과 이론을 경험적으로 검증하고 정교화하기 위한 많은 연구가 진행되면서 다양한 논쟁을 일으켰다. 이른바 '자산 기반의 복지국가(asset-based welfare state)'와 관련된 논쟁도 그중 하나이다(Sherraden, 1991, Elsinga et al., 2010: 82). 캐슬즈(1998), 콘리와 지포드(2006), 돌링과 로날드(Doling and Ronald, 2010)도 온전한 주택 소유는 값싼 주택 서비스를 제공하므로 사실상 노인의 소득원이라고 주장해왔다.

위와 다른 차원에서 주택과 공공지출 간 관계를 넘어 주택담보대출시장의 중요성을 지적한 슈바르츠와 시브룩(Schwartz and Seabrooke)의 주거 자본주의(residential capitalism)는 많은 주목을 받았다. 그들은 주택 소유, 담보대출, 납세라는 측면에서 주거 자본주의를 주장했다.[5]

표 11-3에 나타나듯이 주택의 높은 상품화와 높은 소유를 보여주는 '자유주의' 그룹에는 에스핑-안데르센(Gøsta Esping-Anderson)이 제시한 자유주의적 국가들과 캐슬즈가 "임금 소득자 복지국가"로 명명한 국가들이 포함되어 있다.[6] 이들 국가는 높은 주택 소유, 유동적인 주택시장, 그리고 주택담보대출의 증권화가 특징이다. '조합주의' 그룹에는 덴마크, 네덜란드, 독일, 스웨덴 등이 해당된다. 이들 국가는 상대적으로 규모가 큰 공공임대 부문과 실질적인 주택담보부채의 증권화 등이 특징이다. "국가발전주의" 그룹에 속한 프랑스, 오스트리아, 핀란드, 일본 등은 높은 수준의 공공산업을 공유하는 국가들로서, 바로 이러한 이유에서 실질적인 주택담보부채의 증권화가 이루어지지 않아 국가의 영향력이 금융시장보다 높다. '가족주의' 그룹은 주로 남부 유럽 국가들로 공공주택 공급과 증권화가 모두 결여되어 있다(Schwartz and Seabrooke, 2008).

---

5) 이에 대한 그의 결론은 주택금융제도들이 조세 제도, 공공부채, 고용보다도 직접적으로 글로벌 금융의 흐름과 금리에 연결되어 있다는 것이다(Schwartz and Seabrooke, 2008: 237~261).
6) 슈바르츠와 시브룩이 언급했듯이 노르웨이가 이 범주에 포함된 것은 의외이다.

표 11-3 / 자가율과 GDP 대비 모기지 비율

		주택 소유율(1992년과 2002년의 평균값)	
		저(Low)	고(High)
GDP 대비 모기지 비율	고 (High)	조합주의(Corporatist Market) : 덴마크, 네덜란드, 독일 • GDP 대비 모기지 비율: 58.3% • 자가 보유 비율: 47% • 공공임대: 20.7% • 사회권으로서의 주거, 고도로 계층화된 시장, 낮은 재산세	자유주의(Liberal Market) : 미국, 영국, 캐나다, 호주, 뉴질랜드, 노르웨이 • GDP 대비 모기지 비율: 48.5% • 자가 보유 비율: 70.1% • 공공임대: 9.4% • 주택이 고도로 상품화, 자산으로서의 주택, 고도로 계층화된 주택시장, 높은 재산세
	저 (Low)	국가발전주의(Statist-developmentalist) : 프랑스, 오스트리아, 핀란드, 일본 • GDP 대비 모기지 비율: 28.2% • 자가 보유 비율: 58.3% • 공공임대: 16.8% • 사회권으로서의 주거, 사적 조직들이 임대주택 관리, 낮은 재산세	가족주의(Familial) : 포르투갈, 이탈리아, 스페인, 벨기에, 아일랜드, • GDP 대비 모기지 비율 : 21.6% • 자가 보유 비율: 75.5% • 공공임대: 5.5% • 주택이 비상품화되었으나, 국가에 의해 탈상품화되지 않음. 주택은 가족적 사회재, 낮은 재산세

자료: Schwartz and Seabrooke(2008: 245)에서 정리.

위와 같은 분류는 에스핑-안데르센의 범주들과 다소 차이가 있으며 특히 보수주의 레짐과는 정확히 일치하지 않지만, 대체로 어느 정도의 내적인 일관성을 지니고 있는 것으로 보인다. 이들은 그동안 주목하지 않던 주택 소유 비중과 주택담보의 시장성(금융화) 여부라는 특징이 탈상품화와 계층화 효과를 통해 어떻게 에스핑-안데르센의 복지레짐과 결부되는지를 파악했다는 점에서 주거를 포함한 복지 체제 논의에서 매우 중요한 계기를 제공했다고 할 것이다.

2) 주택 소유와 연금 간 관계

캐슬즈는 "은퇴 시기에 소유한 주택은 유지비와 세금을 제외하면 주택이 없을 경우 지불해야 할 비용을 줄여줄 것이다. 즉, 자신의 주택을 소유할 경우 소액의 연금을 받는 것과 같다"라고 주장한 바 있다(Castles, 1998: 13). 로위 외(Lowe et al., 2011)는 주택이 연금과 상쇄 관계일 뿐 아니라 전 생애에 걸쳐 다른 집합적 복지서비스와도 상쇄 관계라고 주장하기까지 했다. 주택 소유가 복지국가 정책에 중요한 영향을 미칠 가능성은 충분히 존재하는 것으로 보인다. 즉, 저복지 국가에서 높은 주택 소유율은 민간보험의 역할을 할 수도 있으며, 주택 소유가 생애주기에 걸쳐 일종의 사회보험의 형태로 작동할 수도 있다. 또한 실업이나 기타 재정 위기에 직면했을 때 어려운 상황을 벗어나는 데 커다란 재정적 도움을 줄 수도 있다(Sherradan, 1991: 149). 그뿐만 아니라 주택담보대출은 통상 소유자가 노동시장을 떠나기 전에 청산되기 때문에 소득이 줄어드는 노후 시기의 주거 관련 비용 부담을 크게 줄여준다. 시간 경과에 따른 가치 하락을 걱정할 필요도 없다. 대부분의 주택은 시간이 경과하면서 가치가 상승하는 경향이 강하기 때문에 오히려 인플레이션에 대한 '헤지(hedge) 효과'를 갖는다. 장기적으로 보았을 때 주택 소유는 임대에 비해 저렴하며, 은퇴 혹은 급전 필요 시 단시간에 현금화할 수 있는 재산 축적의 수단을 제공한다(Saunders, 1990; Conley and Gifford, 2006: 58). 스탐소 등 많은 연구자들이 최근 주택가격 인상으로 인한 자산가치의 증가와 주택시장의 확대 덕분에 주택 소유는 복지국가 발전에 중요한 역할을 하기 시작했다고 주장했다(Stamsø, 2010: 65; Groves, Murie and Watson, 2007; Malpass, 2008).[7]

그러나 비록 주택 소유와 복지지출 간의 대체 관계 가설이 직관적으로는 매력적일지라도, 사실 이에 대한 경험적 증거는 모호하며, 비판적인 주장들도 다양하다. 콘리와 지포드는 20개국의 LIS(Luxembourg Income Study) 데이터를 사용해 분석한 결과, 재분배 프로그램이 결여된 국가(조건)에서 주택 소유 정책은 치명적인 시장 요인의 사회적 효과를 완화시키는 데 중요한 수단이라는 점을 발견했다. 그러나 주택 소유율과 관대한 연금지출 간 대체 관계는 모든 국가들에 적용되지 않는다는 점도 추가했다(Conley and Gifford, 2006: 55~82). 파헤이는

---

7) 말패스(Malpass, 2008)도 영국의 경험을 근거로 주택이 불안한 층에서 새롭게 복지국가의 주춧돌 역할을 하게 되었다고 주장했다. 다른 연구자들도 소득 불평등도와 자가 보유율이 높은 미국, 호주 등 이른바 '신세계(New World)' 국가들에서는 주택 보유가 저소득층의 자산 기반을 확대해주고 생애과정 전반의 재분배 효과를 가져다주어 빈곤율을 낮추거나 실질 임금의 평등화 효과를 낳는다고 주장한다(Fahey, Nolan, and Mâitre, 2004; Ritakallio, 2003).

유럽 14개국에서 주택 소유율이 빈곤 감소에 아무런 영향을 미치지 못했음을 찾아내고, "높은 주택 소유가 노인 빈곤율을 낮추는 데 기여한다는 일관되고 강력한 근거를 찾기 어렵다. 그 효과가 어느 정도 존재하기는 하지만 대부분의 국가에서 부족하거나 결여되고 지속적인 패턴으로 존재한다고 보기 어렵다"라고 결론을 내렸다(Fahey et al., 2005: 451).

최근에는 데빌드와 레이맥커스가 주택 소유와 노령연금 관대성 간 대체 관계를 ECHP(European Community Houshold Panel) 데이터를 통해 검증했다. 그들은 연금 제도와 주택 정책이 노인 빈곤에 미치는 영향을 평가한 결과, 주택 소유율이 높은 국가에서 자기 집을 갖지 못한 사람들이 낮은 연금급여를 받는 경향이 있음을 발견했다. 비주택자들의 높은 빈곤위험은 연금 제도에 의해 명확히 상쇄되지 않는다는 것이다(Dewilde and Raeymackers, 2008: 825~827). 돌링과 로날드도 주택 소유가 어떻게 유럽연합(EU) 국가들에서 연금으로서의 기능을 수행하는지 분석한 결과, 주택에 내장된 소득이 생활 수준 유지와 빈곤위험 축소라는 두 가지 차원에서 그 기능을 수행한다는 증거를 찾아냈지만, 회원국들 모두에 일괄적으로 적용될 수 있는 것은 아니었다. 그리고 주택 소유의 의존도가 커질수록, 특히 기존 제도에 대한 보완재 이상의 대체재로 활용될수록 많은 사람들에게 부정적인 결과를 초래할 수 있다고 결론지었다. 위와 같이 주택 소유가 공공지출이나 연금 등 복지국가와 갖는 관계에 대해 부정적으로 평가하는 측과 반대로 긍정적으로 평가하는 측이 팽팽히 맞서 있다는 점에서 이른바 '캐슬즈의 가설'의 검증은 아직도 진행형이라고 할 수 있다.

3. 사민주의 국가들과 남부 유럽 국가들의 주택 소유 특징과 변동 원인

1) 주택 소유와 세입 및 공공지출 관계

표 11-4는 2014년 주택 소유율과 세입 및 공공지출 수준을 복지레짐별로 정리한 것이다. 케메니 등의 주장과 같이 자유주의는 주택 소유율이 높은 대신 세입과 공공지출뿐 아니라 연금지출 비중이 낮게 나타나 상쇄적인 특성을 분명하게 보여준다. 반대로 보수주의 국가들에서는 자유주의 국가들에 비해 주택 소유율이 낮았음에도 세입, 공공지출, 공적연금지출 등은 높게 나타나 역시 상쇄적인 관계를 보여주고 있다. 그러나 사민주의 국가에서는 주택 소유가 매우 높음에도 불구하고 공공지출과 세입에서도 역시 높게 나타나 상쇄 관계에 있다고 보기 어려우며, 더욱이 남부 유럽 국가들의 경우에도 주택 소유와 공적연금지출이 모두 가장 높게 나타나 보충적 관계를 보이고 있다. 따라서 적어도 2014년을 기준으로 보았을 때 주택 소유와 공공지출 간 상쇄 관계는 자유주의 국가와 보수주의 국가에 국한해서 타당하다 할 것이다.

이번에는 주택 소유와 공공지출이 높게 나타난 사민주의 국가들과 남부 유럽 국가들을 대상으로 주택 소유와 연금 간 관계를 확인하기 위해 2014년의 주택담보대출부채[8], 공적연금지출, 연금소득대체율[9]을 2004년의 데이터와 비교해보았다. 그 결과 사민주의 국가들은 2004년에 주택 소유율 57.5%와 주택담보대출 54.6%이던 비중이 2014년에 각각 72.6%와 78.1%로 대폭 증가했다. 그에 반해 공적연금지출과 연금소득대체율은 각각 7.9%와 66.6%에서 9.7%와 61.5%로 소폭 감소했다. 한편 남부 유럽 국가들은 2004년에 주택 소유 73.1%와 주택담보대출 30.5%에서 2014년에 각각 75.0%와 43.9%로 소폭 증가하는 데 그쳤

---

8) 담보대출부채에는 담보대출이자, 세금공제와 같은 정부 정책 등이 반영된 것이다.

9) 연금소득대체율은 OECD 통계자료에서 공적연금의 남성 평균임금 소득자를 기준으로 한 순소득대체율(net replacement rate: NPR)이다.

다.[10] 연금소득대체율은 89.2%에서 73.0%로 크게 낮아졌지만 여전히 다른 레짐에 비해 높은 편이며, 공적연금지출은 9.0%에서 12.6%로 대폭 증가하여 연

표 11-4 / 주택 보유율과 세입 및 공공지출 수준(2014)

(단위: %)

		주택 소유율	세입 (GDP 대비)	공공지출 (GDP 대비)	공적연금지출 (GDP 대비, 2013)
자유주의	영국	64.4	32.1	21.6	6.5
	미국	64.5	25.9	18.8	6.3
	호주	67.0	27.8	16.7	4.9
	캐나다	67.6	31.2	16.8	4.1
	뉴질랜드	64.8	32.5	19.4	4.8
	아일랜드	68.6	28.7	19.2	4.9
	평균	**66.2**	**29.7**	**18.8**	**5.3**
보수주의	프랑스	65.0	45.5	31.9	12.6
	독일	52.5	36.6	24.9	8.2
	스위스	44.5	27.0	19.3	6.2
	오스트리아	55.7	42.8	27.9	12.2
	네덜란드	67.8	37.5	22.7	6.2
	룩셈부르크	72.5	38.4	23.0	6.7
	평균	**59.7**	**38.0**	**25.0**	**8.7**
사민주의	스웨덴	69.3	42.8	27.1	9.6
	덴마크	63.3	49.6	29.0	10.1
	핀란드	73.2	43.8	30.2	11.4
	노르웨이	84.4	38.7	22.4	7.6
	평균	**72.6**	**43.7**	**27.2**	**9.7**
남부 유럽	그리스	74.0	35.8	26.1	15.1
	이탈리아	72.9	43.7	29.0	13.7
	포르투갈	74.9	34.2	24.5	12.1
	스페인	78.2	33.8	26.1	9.5
	평균	**75.0**	**36.9**	**26.4**	**12.6**

주: 세입, 공공지출, 공적연금지출은 OECD stats(2017.5.2).
자료: 2014년 주택 소유율은 "Distribution of population by tenure status, type of household and income group - EU-SILC survey" Eurostat(2017.5.30). 미국 주택 소유율은 "Homeownership Rates by Area"(http://www.census.gov/housing/hvs/data/ann14ind.html) United States Census(2014). 캐나다 주택 소유율은 "Canada at a Glance 2015: Housing" Statistics Canada(2013). 호주 주택 소유율은 "Housing tenure data in Census" Australian Bureau of Statistics(2011). 뉴질랜드 주택 소유율은 "2013 Census QuickStats about national highlights" Statistics New Zealand.

---

10) 남부 유럽 국가들의 주택담보대출 비중이 13% 포인트 증가했으나, 자유주의 30% 포인트, 보수주의 9% 포인트, 사민주의는 무려 24% 포인트 증가한 것에 비하면 높은 증가라고 할 수 없다.

금 제도를 중심으로 복지가 작동하는 남부 유럽의 특징을 보여주었다.

2) 주택 소유와 부채, 연금, 노인 빈곤의 관계

주택담보대출 의존도를 주택부문의 상품화로 정의할 경우 사민주의 국가들의 GDP 대비 주택담보대출 비중은 예상과 달리 2004년의 54.6%에서 2014년의 78.1%로 크게 증가함으로서 매우 높은 주택 상품화를 보여준다.[11] 비록 상당 수준의 공공임대 부문이 있다고 해도, 이렇게 높은 주택담보 수준은 많은 사람들을 시장 지배적인 주택 소유로 몰아넣을 것이다. 높은 담보대출부채는 LTV 비율 100% 초과 허용, 국가담보대출보장(National Mortgage Guarantees), 만기 일시상환 대출(interest-only loan)에 유리한 담보대출이자 세금공제(mortgage interest tax deductibility)와 같은 다양한 정책들로 설명될 수 있을 것이다(Delfani et al., 2014). 그러나 노인 주택 소유자들이 담보대출을 가지고 있으면, 노인들의 자산 기반의 복지는 노후에 현실적으로 이루어지지 못할 것이다. 그나마 사민주의 국가에서 노인 빈곤율이 높은 주택담보대출과 금융시장 노출에도 불구하고 2014년 기준으로 5.8%의 낮은 수준을 유지할 수 있었던 것은 강제적인 공적 연금과 높은 공적연금지출 덕분으로 판단된다. 그럼에도 일반적 통념과 달리 높은 모기지 및 대출을 동반한 주택 소유자 비중이 사민주의 국가에서 이렇게 높다는 것은 매우 의외이다. 게다가 주택담보대출이 없는 온전한 주택 소유자

---

11) 할로에는 보유한 공공주택 비율이 주택의 탈상품화된 정도를 나타내는 척도라고 주장했다. 근거는 사회주택이 통상 비영리 및 보조금 방식으로 공급되기 때문에 이러한 주택을 탈상품화된 주택이라고 판단할 수 있다는 것이다(Harloe, 1995). 이에 비해 호엑스트라는 주택의 탈상품화를 "가구가 노동시장에서 취득한 소득과 상관없이 자신의 주택을 마련할 수 있는 정도"라고 정의함으로써 주택 및 노동 시장을 보다 밀접하게 연결시켰다. 그는 보조금 및 가격 규제의 규모를 가지고 탈상품화를 측정했다(Hoekstra, 2003: 60). 따라서 주택의 탈상품화는 사회주택 비율과 담보대출부채 수준으로 온전하게 측정할 수 있겠지만, 주택담보대출 수준만으로도 탈상품화의 정도를 어느 만큼은 가늠할 수 있을 것이라 판단된다. 대부분의 주택 소유자들은 주택시장과 금융시장에 노출되어 있으므로, 담보대출 비율은 LTV(loan to value) 비율, LTI(loan to income) 비율, 증권화, 보조금, 세제혜택과 같이 측정하기 어려운 제도적 조건들의 대용물로 활용될 수 있을 것이다.

표 11-5 / 레짐별 주택과 연금 관련 지표 비교(2004, 2014)

(단위: %)

2004년

	주택 소유율	주택담보대출 (GDP 대비)	공적연금지출 (GDP 대비)	연금소득대체율	노인 빈곤율
자유주의	68.3	46.6	4.8	52.0	17.4
보수주의	54.8	32.5	8.7	85.9	7.5
사민주의	57.5	54.6	7.9	66.6	8.5
남부 유럽	73.1	30.5	9.0	89.2	17.7

2014년

	주택 소유율	주택담보대출 (GDP 대비)	공적연금지출 (GDP 대비)	연금소득대체율	노인 빈곤율
자유주의	65.9	76.0	5.5	44.8	17.0
보수주의	61.4	41.0	9.9	74.5	6.7
사민주의	72.6	78.1	9.7	61.5	5.8
남부 유럽	75.0	43.9	12.6	73.0	8.0

자료: 별첨 1과 별첨 2에서 요약.

는 스웨덴이 전체 인구의 7.9%, 덴마크 13.8%, 노르웨이 18.8%, 핀란드 30.1%
로 핀란드를 제외하고는 매우 낮은 비율을 보여주고 있다. 이는 남부 유럽에서
주택담보대출 없는 주택 소유자가 그리스 60.7%, 이탈리아 55.8%, 스페인
46.7%, 포르투갈 39.4% 등 매우 높은 수준인 점과 대조를 이룬다(Eurostat, 2014).

남부 유럽 복지국가들은 가장 높은 주택 소유율을 가지고 있고, 주택 소유는
낮은 주택담보대출 비중이 말해주듯 비교적 온전하게 자가를 보유하고 있다
(Poggio, 2012: 54). 남부 유럽은 상대적으로 임대와 담보대출시장이 저발전되었
으며, 이는 주택 영역이 전상품화되었음을 의미한다. 민간임대시장도 빈약한
편이다(Allen et al., 2004: 27~29). 가장 중요한 주택 확보 방식은 가족 간 상속과
이전(증여)이다. 이들 국가는 연금에서도 높은 소득대체율과 연금지출 수준을
보여준다. 그러나 복지 시스템 자체가 공식 부문 근로자들에게 관대한 소득대
체율을 적용하는 반면 비공식 부문 근로자들에게는 낮은 소득대체율을 적용한
결과 양극화가 심하여 상대적으로 높은 노인 빈곤율을 나타내고 있다(Gough
and Adami, 2011: 49; Allen et al., 2004: 98; Castles and Ferrera, 1996).

이들 국가에서 경제의 가장 큰 부분을 차지하는 것은 비공식 부문이고, 상대
적으로 높은 실업률을 가지고 있으며, 연금 격차도 마찬가지다. 공적연금 등의

제한된 보장은 주로 가족 간 이전에 의해 부분적으로 보상된다. 세대 간, 그리고 세대 내 연대가 강력한 편이어서 다른 레짐 국가들에 비해 시장 의존도가 낮은 것이다. 그러나 남부 유럽에서 주택 소유는 캐슬즈, 콘리와 지포드, 돌링과 로날드의 주장처럼 '연금'으로서의 기능을 하기 어렵다. 임대비로부터 자유로울 수 있어 노후의 재정적 부담을 줄여줄 수는 있지만 한국과 마찬가지로 개인적 필요에 의한 주택 처분은 가족주의 전통에 의해 선택지가 되지 못하기 때문이다. 따라서 이러한 주택자산의 가족 기반적 특징과 선택권의 결여로 인해 주택과 연금 간 실질적인 상쇄 관계는 없다고 할 수 있다.

3) 주택 소유율 변동과 안정의 원인

(1) 사민주의 복지국가들의 주택 소유와 담보대출 변동

앞에서 살펴본 바와 같이 남부 유럽의 높은 주택 소유율 및 낮은 담보대출 비중은 사민주의의 높은 주택 소유율 및 높은 담보대출 비중과 대조를 보여주었다. 사민주의 국가들의 주택 소유는 담보대출부채를 통해 재정적으로 조달되는 경향이 있어 주택이 내장한 경제적 가치(housing wealth)의 수준은 높다고 볼 수 없을 것이다.[12]

주지하다시피 1990년대 중반 이후 OECD 국가들에서는 주택담보대출시장이 빠르게 성장하기 시작했다. 사민주의 국가들은 조세를 기반으로 사회보장 시스템이 잘 완비되어 있고 이에 따라 조세 부담도 높다. 국민 부담률은 스웨덴,

표 11-6 / 사민주의 국가들의 주택 소유와 담보대출 비중 변화(2004~2014)

(단위: %)

	덴마크	핀란드	노르웨이	스웨덴	평균
주택 소유	51.0 → 63.3	60.0 → 73.2	78.0 → 84.4	41.0 → 69.3	57.5 → 72.6
주택담보대출	85.6 → 114.0	26.2 → 43.7	53.1 → 75.8	53.3 → 78.8	54.6 → 78.1

자료: 별첨 1과 별첨 2에서 요약.

---

[12] 나아가 주택담보대출이 젊은 시절에 완전히 상환되지 않고 노인 시기까지 연장된다면 소득과 자산이 교환될 가능성은 매우 제한적일 수밖에 없다(Dewilde and Delfani, 2013).

42.8%, 덴마크 49.6%, 핀란드 43.8%, 노르웨이 38.7% 등 평균 43.7%로 OECD 평균보다 높다. 국민 부담률이 이처럼 높음에도 불구하고 사민주의 국가들에서 주택 소유율이 담보대출 비중과 함께 높아진 이유는 무엇일까. 한마디로 주택 가격이 오르기 때문이며, 주택가격이 오른 이유는 주택 구입 수요가 증가했기 때문이고, 주택 구입 수요가 증가한 이유는 주택 소유에 비해 공공임대주택이 줄어들고, 국가가 조세와 대출에서 주택 소유에 친화적인 정책을 추진했기 때문이다.

첫째, 주택가격이 2000년 이후 가파르게 상승하고 있다. 스웨덴, 핀란드, 덴마크의 주택가격지수를 보면, 공통적으로 증가 추세를 확인할 수 있다. 덴마크, 노르웨이, 스웨덴 3국의 수도에 위치한 동일 면적 아파트 가격의 추이를 보면, 1990년대 중반 이후 가파른 상승세가 나타난다.

주택가격 상승세는 2008년 미국 서브프라임 모기지 사태로 빚어진 글로벌 경제위기로 다소 주춤했으나 이후 경기가 빠르게 회복됨에 따라 사민주의 국가들

그림 11-1 / 사민주의 국가들의 1제곱미터당 아파트 가격 변동 추이(1991~2012)

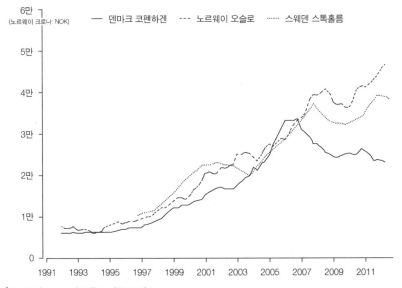

자료: Reiakvam and Solheim(2013: 8).

의 주택가격은 빠르게 상승했다. 스웨덴의 경우 주택가격은 스톡홀름, 말뫼, 예테보리 같은 대도시에서 330%까지 상승했으며, 연평균 실질 주택가격 상승률은 2010~2011년 9.2%(스톡홀름 10.3%, 예테보리 11.4%, 말뫼 13.0%), 2014년 8.8%(스톡홀름 13.3%)로 이는 스웨덴 경제성장률 2012년 0.9%, 2013년 1.65%, 2014년 2.1%에 비해 매우 높은 증가율이다(진미윤·김수현, 2017).

둘째, 2000년을 전후하여 사민주의 국가들의 주택가격이 급격하게 상승한 이유는 여러 가지 복합적인 원인들과 관련되겠지만, 기본적으로 주택 수요를 충족시키지 못한 주택 공급에서 비롯되었다. 특히 사민주의 국가들이 EU에 가입한 이후 정부의 재정 지원은 점차 삭감되거나 폐지되었으며, 신규 주택 건설을 위한 투자나 지원이 축소되었고, 공공임대주택에 대한 지원 역시 대폭 줄어들었다. 이러한 주택 공급의 제약으로 자가 소유자들에게 이익이 집중되고 있으며 자가를 소유하지 못한 취약 계층에게 불이익이 가해지면서 사민주의 국가들의 기타 재분배 정책의 근간이 흔들리고 있다.[13]

셋째, 사민주의 국가들의 주택 구입에 대해 관대한 조세 정책도 일조했다. 사민주의 국가들의 주택 보유에 대한 세제혜택은 주택 투자 유인을 제공했다. 그림 11-2는 세 가지 주택 관련 조세 수단들, 즉 거래세, 재산세, 담보대출이자 세제혜택을 결합한 지표이다(Turk, 2015: 11).[14]

그림 11-2를 통해 스웨덴, 핀란드, 덴마크는 주택 소유에 매우 관대한 세제상의 인센티브를 제공하고 있으며, 특히 뒤에서 다룰 이탈리아, 스페인의 낮은 주택 관련 세제혜택과 대조적임을 알 수 있다. 일반적으로 조세 제도는 투자와 소비의 결정에 영향을 미치기 마련이며 주택과 같이 가계자산의 큰 비중을 차지

---

13) 스웨덴의 공공임대주택은 소득과 상관없이 누구나 입주가 가능해 민간임대주택과 차별화되지 않았다. 그러나 1990년대 중반 이후 재정 지원과 조세 감면 등의 정부 지원이 중단되고, 임차인들은 공공임대주택을 시세보다 낮은 가격으로 불하받아 주택협동조합에 매각해 시세 차익을 얻었다. 공공임대주택이 줄어들수록 저소득층의 공공임대주택 입주는 더 어려워졌다(진미윤·김수현, 2017).

14) 유럽연합 집행위원회(European Commission: EC)는 유럽 국가들의 주택 보유 세제를 지수화하여 0~2 범위로 분류하고 있다. 0에 가까울수록 주택 보유에 비친화적, 2에 가까울수록 주택 보유에 친화적 세제를 의미한다.

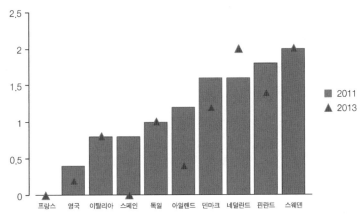

그림 11-2 / 주택 소유 세제혜택(tax incentives for home ownership)

자료: Turk(2015: 12).

표 11-7 / 노르딕 국가들의 주택 관련 세제(2012년 기준)

	덴마크	노르웨이	스웨덴	핀란드
주택보유세 (tax on benefit of ome ownership)	2000년 폐지	2004년 폐지	1991년 폐지, 주택조합 지분 에만 적용	1993년 폐지
주택담보대출이자 세금공제(mortgage interest tax relief)	2002년 이후 33%	1992년 이후 28%	1992년 이후 30%와 21%	1993년 25%에서 29%로 상향
주택양도세 (capital gains from housing transaction)	주택 구입자가 일정 기간 거주한 경우 면제	주택 구입자가 일정 기간 거주 한 경우 면제	매매 차익을 다른 주택에 재투자한 경우 면제	2년 이상 거주한 경우 면제
자본세(capital tax)	1997년 폐지	2개의 세율과 상한선	2007년 폐지	2006년 폐지
재산세(property tax)	2000년 도입: 1%/3%	지방세: 2~7%	지방세: 일정 재산 이상이면 1300~7000SEK	지방세: 5~22%

자료: Reiakvam and Solheim(2013: 9), 고제헌(2017)에서 정리.

하는 경우에는 더욱 영향을 받을 수밖에 없다. 사민주의 국가들은 공통적으로
1990년대 초 금융위기를 경험한 이후 주택 건설이 크게 위축되고, 주택임대차
시장이 더디게 발달하게 됨에 따라 이를 개선하고자 주거용 주택에 대하여 거
의 유사한 세제혜택을 주기 시작한 것으로 알려졌다(고제헌, 2017: 29). 표 11-7
은 2012년 기준으로 주택의 소유, 판매, 취득에 대한 세제와 주택담보대출에 대

한 세금공제를 보여주고 있다. 대체로 2000년을 전후하여 주택 소유에 대한 세금은 폐지되었고, 담보대출이자에 대한 세금공제가 높은 편이며, 주택양도세도 일정 기간을 거주한 경우 면제되고, 자본세와 재산세도 폐지되거나 비용이 크게 감소했다. 특히 사민주의 국가들의 주택담보대출이자에 대한 비과세 혜택은 주택 소유율 증가에 큰 영향을 준 것으로 판단된다.

넷째, 대출 기준의 완화이다. 사민주의 국가들은 대출 기준 완화와 금융혁신을 통해 대출 비용을 크게 감소시켰다. 특히 2000년 이후 대출 시장의 자유화와 금융혁신의 결과 다양한 주택담보대출 상품이 공급되어 보다 많은 사람들이 더 많은 대출을 받을 수 있게 되었다. 이러한 담보 상품들에는 만기 일시상환 대출, 장기상환대출, 주택담보신용대출(home equity lines of credit) 등이 포함되었다 (Reiakvam and Solheim, 2013: 10). 특히 스웨덴과 덴마크는 만기 일시상환 대출 분야를 선도했다. 가령 스웨덴의 경우 신규 주택 구입 가격 대비 주택담보대출 비중인 LTV는 2002년 60% 수준에서 2008년 70%를 넘어섰으며, 주택담보대출 기간도 2002년 49년에서 2009년에는 89년, 2013년에는 140년까지 연장되었으나 2016년 스웨덴 의회가 최장 상환 기간을 105년으로 제한하는 법을 통과시켰다(진미윤·김수현, 2017).[15]

(2) 남부 유럽 복지국가들의 주택 소유와 담보대출 변동 원인

일반적으로 공공임대주택 비율이 높은 국가들은 민간임대주택 비율이 낮으며, 공공임대주택 비율이 낮은 국가들은 민간임대주택 비율이 높다. 그리고 전체 임대주택 부문의 비중은 자가 부문의 비중과 대체 관계이다. 이탈리아, 그리스, 포르투갈, 스페인 등 남부 유럽 국가들의 공통된 특징은 주택 소유율이 매우

---

15) 지속된 저금리도 주택 구입비를 줄이는 데 기여했다. 주택담보대출이자율은 2009년대 6% 수준에서 점차 하락하여 2005년에는 3%대로 인하되었다. 2009년 금리는 역사상 가장 낮은 수준인 1.6% 였고, 2010년에는 2%에 불과했다. 구체적으로 대출금의 30%를 상환할 때까지 매년 대출금의 2%를 상환하는 구조이다. 이러한 저금리는 자연스럽게 주택담보대출에 대한 수요를 증가시키는 데 일조했다.

표 11-8 / 남부 유럽 국가들의 주택 소유와 담보대출 비중 변화(2004~2014)

(단위: %)

	그리스	이탈리아	포르투갈	스페인	평균
주택 소유	74.4 → 74.0	69.0 → 72.9	64.0 → 74.9	85.0 → 78.2	73.1 → 75.0
주택담보대출	17.6 → 38.8	12.8 → 22.2	46.7 → 59.2	44.7 → 55.4	30.5 → 43.9

자료: 별첨 1과 별첨 2에서 요약.

표 11-9 / 남부 유럽 국가들의 주택 소유와 임대 비율(2010)

(단위: %)

	공공임대	민간임대	주택 소유	기타	총계
스페인	2.4	13.5	78.9	5.1	99.9
포르투갈	2.0	18.0	73.0	7.0	100
그리스	0	21.7	73.2	5.1	100
이탈리아	5.5	16.3	67.2	11.0	100

자료: Pittini et al(2015)에서 정리.

높은 반면에 민간임대와 공공임대를 포함하여 임대주택 전체의 비중이 낮다는 점이다. 남부 유럽 국가들의 주택 소유율은 2004~2014년에 이탈리아와 포르투갈에서는 다소 증가하고 주택담보대출 비중도 평균 10% 포인트 정도 증가했지만 주택 소유율이나 주택담보대출 모두 북유럽에 비해서는 낮은 편이고 변동 폭도 크지 않다. 왜 남부 유럽에서는 사민주의 국가에 비해 변화의 정도가 적을까?

첫째, 그것은 남부 유럽 복지국가들의 역사적 특성과 관련된다. 북유럽은 조기 도시화, 전쟁 피해 및 대규모 산업화로 인한 공공임대 부문의 개발, 전후 복지국가의 다양한 복지 혜택과 서비스의 확대 등을 통해 대가족이 제공해왔던 복지와 서비스의 필요성을 현저히 감소시켰다. 그러나 남부 유럽의 주택환경은 이와 달랐다. 제2차 세계대전이 종결된 후에도 주택 재고에 대한 피해가 상대적으로 적었으며, 인구의 대부분은 여전히 농촌 지역에 살며 농업에 의존하고 있었다. 따라서 일부 포드주의적 산업이 점유한 지역 외에는 공공임대 부문을 개발할 필요성이 적었으며 주거 정책은 주택 소유에 대한 지원이 지배적이었다 (Allen, 2006: 252~253).

둘째, 남부 유럽의 대가족 제도는 주택 수요의 증가를 억제했다. 자원에 대한 별도의 접근 방법이 부족했던 남부 유럽 국가들에게 대가족, 혈연관계, 지역 간 사회적 네트워크는 없어서는 안 될 중요한 요소였다. 그것은 개인적인 연결, 정서적인 연계, 교환 및 사교적 네트워크, 물물 교환 및 비현금 경제를 바탕으로 한 친밀한 연대를 제공했으며, 이는 후원주의적 정치 체제(clientelism)와 분절적 노동시장이라는 정치경제적 조건에서 복지 전달의 핵심적 기초를 형성했다. 남부 유럽의 대가족 제도는 사회보장제도가 미비한 조건에서도 빈곤이 사회적 배제로 연결되지 않는 이유를 보여주는 대목이다.16) 이탈리아는 부모와 거주하는 18~34세 젊은 세대의 비율이 66%로 EU 국가들 중 가장 높고, 포르투갈 역시 18~34세 젊은 세대의 58%가 부모와 함께 거주하며(대부분 실업이나 임시 계약직 고용 상태), 스페인은 18~35세 젊은 세대 중 55%가 부모와 함께 거주하고 있다 (Pittini, 2015). 이러한 사실은 남부 유럽 국가들에서 주택 소유가 절실하지 않고 주택 수요 또한 크게 증가하지 않는 이유를 설명해준다.

셋째, 주택을 공급하는 방식도 주택시장의 발전을 억제하는 데 기여했다. 남부 유럽에서 새로 형성된 가구를 위한 주택 확보에는 가족 구성원의 인력과 자원이 동원된다. 예를 들어, 포르투갈에서는 주택의 자체 건축 과정에서 가장 중요한 공헌이 가까운 친척으로부터 나온다. 부모, 형제자매 및 가까운 친척들이 생활 공간을 제공하고, 가족 토지를 이용토록 허용하며, 대출이나 노동력 측면에서 도움을 제공한다. 먼 친척이나 이웃, 친구들은 지방정부와 연결해주거나, 교통수단 및 전기 기술 등을 제공하고, 공급 업체와의 가격 할인을 도와주거나 직접 자금을 빌려주기도 한다. 한마디로 4개국 모두에서 가족의 현금과 비현금 자원의 이전이 활발하게 이루어지는 것이다(Allen, 2006: 272). 이러한 자가 건축 (self-promotion)과 자체 공급(self-provision)이라는 특성은 금융 의존도(대출 등) 와 시장 의존도(주택 구입)뿐만 아니라 공적 제도 의존도(공공임대주택)마저 낮추는 효과를 가져다주었다.

---

16) 예를 들어, 이탈리아가 홀어머니에 대한 공식적인 지원을 하지 못했음에도 불구하고 독일이나 영국보다 가난한 사람이 적은 것은, 가족주의가 분절된 노동시장과 파편화된 소득 유지 시스템 사이의 관계를 매개하기 때문이다. 포르투갈에서는 장기 실업자의 50%가 가족으로부터 지원을 받으며, 단지 12%만이 실업급여를 주요 수입원이라고 보고했다(Allen, 2006: 270).

표 11-10 / 남부 유럽 국가들의 주택 세대 이전* 비율(2010~2012)

(단위: %)

	네덜란드	덴마크	스웨덴	이탈리아	포르투갈	그리스	스페인
주택 소유	55	60	61	71	75	74	82
임대 전체	45	40	39	20	21	20	11
공공임대	35	20	21	4	3	0	1
세대 이전	3.3	4.5	6.4	34.6	-	31.6	23.7

* 세대 이전은 상속과 증여 등의 방식으로 주택을 취득한 50세 이상의 주택 소유자.
자료: Poggio(2012).

넷째, 저발전된 임대와 담보대출시장을 대신하여 가족 간 상속과 이전(증여)을 통한 주택 확보가 이루어졌다. 비록 최근에 주택담보대출이 조금씩 증가하는 추세이지만 역사적으로 그 역할은 미미했으며, 공공임대는 여전히 빈약하고 민간임대시장은 비활성화되어 있다(Allen et al., 2004: 27~29, 52; Poggio, 2012: 54; EMF, 2012). 국가에 의한 주택 정책의 결여와 시장에 의한 주택시장의 저발전을 메꾼 것은 세대 간 주택자산의 공유와 이전이었다(EMF, 2012; Delfani et al, 2014: 659). 임대로부터 자유로운 삶은 노인들의 재정적 부담을 줄여주었으며 자녀들의 주택비용을 덜어준다. 특히 상속과 증여를 통한 세대 간 주택 이전은 연금과 같은 사회보험제도에 기여하지 못해 그로부터 배제되어 있는 비정규직 근로자들에게 간접적인 사회보장의 역할을 수행했다(Poggio, 2006: 4, 2012).[17]

다섯째, 남부 유럽 국가들에 공통된 저성장 추세와 엄격한 대출 규제는 빈집 규모를 증가시키고 주택가격 인상을 억제시켰다.[18] 스페인에는 은행이 소유한 많은 빈집과 팔리지 않은 집들이 2011년 기준으로 약 70만 호가 존재하며, 금융

---

17) 주택은 남부 유럽과 같은 사회정책 시스템에서 중요하고도 특별한 역할을 한다. 남부 4개국의 공통된 사회정책의 특징은 거의 독점적으로 연금 및 사회보장 이전에 의존하고 있으며, 교육 및 보건 부문이 취약하고, 개인 사회서비스가 매우 부족한 반면 주택 정책은 주택 소유 증진에 초점을 맞추고 있다는 점이다. 이러한 높은 주택 소유는 과세를 통해 확장되는 복지국가에 반대하고 사적 방식의 연금, 건강, 교육을 선호하는 청년들에게 정치적 지지를 받고 있다. 왜냐하면 그들은 증세와 복지국가가 주택 소유를 위한 저축과 보다 유연한 지출 방식을 방해한다고 믿기 때문이다(Allen, 2006: 271).

18) 빈집 증가에는 이차 주택의 규모도 한몫하고 있다. 이차 주택은 지방에서 도시로의 이주와 관광 개발 등의 이유로 증가했다.

위기 이후 2007년과 2012년 사이 주택가격이 20% 이상 떨어졌다. 포르투갈은 2011년까지 전체 주택 재고의 19%에 해당하는 100만 호 이상의 이차 주택(se-condary housing)과 12.5%에 해당하는 빈집이 존재하는 것으로 알려졌다. 이탈리아는 2008년 이후 지금까지 경제위기가 주택시장과 대다수의 소득에 영향을 미쳤고, 은행이 대출 기준을 엄격히 관리한 결과, 주택 매매 거래량은 감소했고(-30%), 임대와 주택가격도 떨어졌다(-15%). 그리스는 2011년 주택 조사 결과 전체 주거용 주택 중 35.5%가 이차 주택이나 휴가 주택(holiday home) 등 빈집에 해당한다. 그리스의 주택시장도 2008년 이후 불황 상태이며 과잉 공급과 낮은 수요로 당분가 침체 상태일 것으로 전망된다. 주택 거래량도 2014년 대폭 감소했으며 2008년 이후 주택가격도 대폭 떨어진 상태이다(Pittini, 2015).

4. 맺음말

이 글은 케메니와 캐슬즈 등이 주장한 주택 소유와 사회복지 지출 간 상쇄(역) 관계 가설이 현재에도 유효한지를 확인하기 위해 사민주의 레짐과 남부 유럽 국가들을 포함한 4개 복지레짐의 주택 소유와 세입 및 공공지출 간 관계를 살펴보았다. 그리고 위의 결과를 바탕으로 2004년 이후 주택 소유율이 가장 크게 변화하고 있는 사민주의 국가들과 반대로 가장 안정된 모습을 보여주는 남부 유럽 국가들을 대상으로 주택 소유율의 변화와 안정 요인을 분석했다.

연구결과에 의하면, 첫째, 자료 수집이 가능했던 2014년을 기준으로 보았을 때 주택 소유와 공공지출 간 상쇄 관계는 자유주의 레짐과 보수주의 레짐에서 확인되었다. 사민주의 레짐과 남부 유럽 레짐에서는 공통적으로 주택 소유율이 매우 높음에도 세입, 공공지출, 공적연금지출 역시 높게 나타났다.

둘째, 사민주의 레짐과 남부 유럽 레짐의 2004~2014년간 주택 소유율, 담보대출, 연금, 노인 빈곤율 변화는 매우 대조적이었다. 사민주의 국가들은 예상외로 주택 소유율과 주택담보대출이 크게 증가했으며 주택의 상품화 경향을 보여주었다. 그러나 강제적인 공적연금과 공공지출 덕분에 노인 빈곤율은 낮게 나타났다. 반대로 남부 유럽 레짐의 경우에 큰 변화 없는 높은 주택 소유율과 낮은 주택담보대출은 온전한 주택 소유를 통해 전상품화 경향을 보여주었다. 노인 빈곤율은 2004년에 비해 2014년에 감소되기는 했지만 여전히 공식 부문 중심의 연금소득대체율로 인해 다른 복지레짐에 비해 상대적으로 높은 편이었다.

셋째, 사민주의 레짐과 남부 유럽 레짐의 주택 소유율 변동과 안정의 원인 역시 대조적인 특성을 지니고 있었다. 사민주의 레짐은 한편으로 신규 주택과 공공임대주택 건설 투자를 축소하면서 다른 한편으로 주택 소유 친화적인 조세와 관대한 대출 정책을 시행함으로써 주택 수요의 증가와 주택가격의 폭등을 유발했다. 반대로 남부 유럽 레짐은 풍부한 주택 재고, 대가족 제도, 친인척 중심의 직접 건축 및 공급 방식, 가족 간 주택의 상속과 이전(증여) 덕분에 대출 등의 금융 의존도와 주택 구입 등의 시장 의존도가 낮았고 나아가 공공임대주택의 필요성마저 부재했다. 특히 직접 건축과 상속에 의한 주택 공급은 정규직 중심의 파편적인 사회보장제도로부터 배제되어 있던 주변부 근로자들과 저소득층에게 간접적인 생활 안정망 기능을 수행한 것으로 판단된다.

2000년 이후 세계적 수준에서 진행된 양적 완화의 결과로서 저금리와 대출 규제 완화는 전 세계에서 주택 수요의 증가와 담보대출의 폭증을 불러왔고 이는 가계 부채의 지속적인 증가로 이어졌다. 비록 주택 소유와 공공지출 간 상쇄(역) 관계는 다행히 아직 나타나지 않았지만 사민주의 국가들이 지금처럼 주택 소유를 확대하는 주택 정책을 지속하여 가계 부채가 증가하고 주택가격이 상승할 경우 향후 사민주의 복지국가에 어떤 영향을 미치게 될지 관심을 가지고 지켜볼 필요가 있다. 그렇다고 전상품화되고 안정된 주택 소유와 일부 정규직 중심의 연금 제도에 의존하고 있는 남부 유럽을 부럽게 바라볼 이유도 없다. 남부 유럽 역시 주택 소유와 공공지출 간 상쇄 관계는 나타나지 않았지만 남부 유럽은 공식적인 복지지출과 통계 수치보다 그 내부에의 정치경제적 부정과 민주주의의 결핍이 더 큰 문제이기 때문이다. 특히 가족주의는 다양한 차별과 사회적 배제를 완화시켜주는 긍정적 기능을 수행하는 것도 사실이지만, 장기적으로는 가족주의 자체가 기존의 차별과 모순을 재생산하고 그 해결을 위한 잠재적 노력의 필요성을 반감시키기 때문이다.

그동안 낮은 복지 수준으로 인해 주택을 소유하는 방식으로 노후를 대비해왔고, 그 주택자금의 대부분을 대출과 신용에 의존해왔던 한국에서도 최근 주택정책 패러다임이 바뀌고 있는 듯하다. 내 집 마련을 촉진하는 지금까지의 정책에서 벗어나 최근에는 주택연금 확대, 연금형 매입 임대, 엄격한 대출 규제, 공공임대주택 공급 등 공공성을 강화하는 방향의 정책과 제도들이 소개되고 있다. 이러한 변화가 과연 한국의 빈곤과 부채 등 전체적인 복지의 향상에 어떠한 영향을 주게 될지 기대된다.

별첨 1

표 11-4／레짐별 주택과 연금 관련 지표들(2004)

		주택 소유율	주택담보 대출부채 (GDP 대비)	공적연금지출 (GDP 대비)	연금소득대체율
자유주의	호주	72.0	42.2	4.9	52.4
	캐나다	64.0	27.8	3.7	57.1
	영국	69.0	67.3	5.6	47.6
	미국	68.0	49.0	5.1	51.0
	평균	68.3	46.6	4.8	52.0
보수주의	오스트리아	56.0	19.9	10.5	93.2
	프랑스	54.0	25.3	10.4	68.8
	독일	40.0	51.0	8.8	71.8
	룩셈부르크	69.3	33.7	5.2	109.8
	평균	54.8	32.5	8.7	85.9
사민주의	덴마크	51.0	85.6	8.1	54.1
	핀란드	60.0	26.2	8.0	78.8
	노르웨이	78.0	53.1	6.6	65.1
	스웨덴	41.0	53.3	9.0	68.2
	평균	57.5	54.6	7.9	66.6
남부 유럽	그리스	74.4	17.6	10.0	99.9
	이탈리아	69.0	12.8	11.3	88.8
	포르투갈	64.0	46.7	8.2	79.8
	스페인	85.0	44.7	6.3	88.3
	평균	73.1	30.5	9.0	89.2

자료: 주택 소유율은 Allen, EU Housing Statistics(2004). 호주·캐나다는 OECD Statistics, Catte et al. (2004), OECD Economic Studies #38. 주택담보대출은 'Hypostat 2005', European Mortgage Federation. 공적연금지출은 OECD Statistics. 연금소득대체율은 OECD Pension at a Glance(2005. 52.)의 Net pension replacement rate, Male, 1.00 of AW 기준. 노인 빈곤율은 LIS(Luxembourg Income Study)와 OECD Statistics.

별첨 2

표 11-5 / 레짐별 주택과 연금 관련 지표들(2014)

		주택 소유율	주택담보 대출부채 (GDP 대비)	공적연금지출 (GDP 대비) (2013)	연금소득대체율
자유주의	호주	67.0	99.0	4.9	58.0
	캐나다	67.6	62.4	4.1	47.9
	영국	64.4	75.0	6.5	28.5
	미국	64.5	67.6	6.3	44.8
	평균	65.9	76.0	5.5	44.8
보수주의	오스트리아	55.7	27.5	12.2	91.6
	프랑스	65.0	43.3	12.6	67.7
	독일	52.5	42.4	8.2	50.0
	룩셈부르크	72.5	50.7	6.7	88.6
	평균	61.4	41.0	9.9	74.5
사민주의	덴마크	63.3	114.0	10.1	66.4
	핀란드	73.2	43.7	11.4	63.5
	노르웨이	84.4	75.8	7.6	60.2
	스웨덴	69.3	78.8	9.6	55.8
	평균	72.6	78.1	9.7	61.5
남부 유럽	그리스	74.0	38.8	15.1	66.7
	이탈리아	72.9	22.2	13.7	69.5
	포르투갈	74.9	59.2	12.1	73.8
	스페인	78.2	55.4	9.5	82.1
	평균	75.0	43.9	12.6	73.0

자료: 주택 소유율은 Eurostat와 OECD Statistics. 주택담보 비율은 'Hypostat 2015', European Mortgage Federation. 호주·캐나다는 OECD Statistics(2014). 노인 빈곤율은 LIS. 프랑스·스웨덴·캐나다의 노인 빈곤율은 OECD Statistics(2013). 포르투갈은 LIS(20130). 공공지출은 OECD Statistics. 공적 연금 소득대체율은 OECD Statistics의 Net pension replacement rate, Male, 1.00 of AW 기준.

사회복지와 직업교육정책

장승희

1. 머리말

　문재인 정부의 교육부가 '제4차 평생교육진흥 기본계획'(2018~2022)을 발표했다. 이는 과거 제1~3차 평생교육진흥 기본계획(2003~2017)의 성과를 기반으로 보다 혁신된 방안을 제시한 것으로 홍보되었다(교육부, 2018). 이 홍보 자료에 의하면, 지난 기본계획들에 대한 교육부의 자체 평가 성과로는 평생교육 추진 체계의 구축[1]과 평생교육 접근성을 위한 교육 공개(대학 우수 강의를 공개하는 한국형 온라인 공개 강좌, '늘배움' 국가평생학습포털 등), 학력 보완을 위한 학습 경로(독학학위제 등) 구축 등이 제시되었다. 그러나 미해결된 과제로는 ① 제4차 산업혁명에 대비하는 고등교육 분야의 평생교육 프로그램 지원, ② 지자체별 평생학습 프로그램 질의 격차 완화, ③ 재원 투자 확대가 있으며, ④ 학력과 소득에서 평생교육 참여율 격차가 해소되지 않은 점도 주요 과제이다. 2017년 기준으로 평생교육 참여율이 대졸 이상은 44.2%이지만, 중졸 이하는 23.0%이었다. 월 소득 500만 원 이상은 42.3%인 반면에 150만원 미만은 20.9%로 조사되었다(교육

---

[1] 국가평생교육진흥원, 17개 광역 지방자치단체의 평생교육진흥원의 설립 및 평생학습도시와 평생학습센터의 지정 등이 예시로 제시되었다.

부, 2018). 이러한 해결 과제들의 대처를 위해 제4차 평생교육진흥 기본계획에서는 ⓐ 학습자(사람) 중심으로 패러다임 전환, ⓑ 지속적·자발적인 참여 확대, ⓒ 개인과 사회의 동반 번영을 지원, ⓓ 기관과 제도의 연계, 협력 강화를 4대 추진 전략으로 제시하고, 구체적인 방안들을 제안했다.

위에 언급된 네 가지 미해결 과제의 해결과 교육부의 4대 추진 전략이 성공하려면 무엇이 필요할까? 재원, 인식 개선, 수행기관들 간의 협력, 관련 업무 수행자들의 전문성이 우선적으로 떠오르는 방책이다. 이 글에서는 이러한 방책들을 일으키는 동력이 '가치 인식'이라는 관점에서 출발한다. 가치에 주목하는 이유는 가치관은 정책 철학의 기조를 제시하고, 정책 철학에 대한 사회적 합의는 실천의 동력이기 때문이다(Reamer, 1999; 김기덕, 2002 재인용). 이 점을 응용하면, 정책 철학에 대한 대중과 사회 전반의 공감 정도가 평생교육정책을 효율적으로 실현하는 데 있어 근본적인 방법일 가능성이 높다. '직업의 가치'가 무엇인지에 대한 논의는 직업교육정책 철학의 기초 자료가 될 수 있다. '가치'가 이론 형성과 정책 방향, 실천 방법에 대한 안내 역할을 하는 해석 틀에 해당하기 때문이다. 또한 가치의 규정은 사회복지의 기본 목표와 책무의 결정, 바람직한 개입의 실천 방향 및 방법 선택, 윤리의 실천 과정에서 발생하는 갈등대처에 중요(유동철·박재홍, 2015)하기 때문이다.

평생직업교육의 실현은 사회복지정책에서 중요한 사항이지만, 지금까지 사회복지정책에서 직업교육과 삶의 복지 부분을 연결하여 긴밀하게 다루지는 않았다. 특히, 가장 기본적인 '사회복지 관점에서 본 직업가치는 무엇인가?'에 대해 논의한 연구가 수행되지 않았기에,[2] 이 장에서는 이를 고찰해보고자 했다. 연구 방법으로는 용어의 문헌정보 동향에 담긴 의미를 살펴보는 문헌정보 분석, 국내 평생직업교육훈련 추진 전략 내용 및 직업교육체제의 해결 과제에 대

---

[2] 유동철·박재홍(2015)의 문헌연구에 의하면, 국내에서 '사회복지의 가치'에 관해 논의한 연구가 매우 부족하다. 더불어 사회복지사가 자신의 직업이나 특정 직업이 아닌, 직업 그 자체의 가치에 대해 어떻게 인식할 것인지 논의한 연구는 아직 수행되지 않았다. 따라서 이 글에서는 알려져 온 직업의 고전적 의미에 대해 사회복지 관점에서 재해석을 시도한다.

한 문헌 고찰, 연구와 관련된 주요 용어들의 개념을 사회복지의 관점으로 재해석하는 의미 분석을 사용했다.

2. 직업교육의 의미

1) 직업교육의 개념과 '평생직업교육' 용어의 특징

직업은 시대와 국가, 사회적 환경에 따라 정의되는 개념이 다르다. 직업에 생계 유지를 위한 경제활동, 자아실현을 위한 활동의 의미를 부여하는가 하면, 특히 인간은 직업을 통해 다른 사람과 다양한 관계를 맺게 되며, 사회생활에 참여함으로써 사회 기능을 유지하고, 아울러 사회 구성원으로서의 역할 활동에 의미를 부여한다.

직업상담학에서는 직업(occupation, vocation)과 진로(career)로 구별해 직업교육과 진로교육을 나눈다. 직업교육은 취업과 직무 수행에 필요한 지식이나 자격 획득 목적의 교육활동이며, 진로교육은 진로와 관련한 탐색활동, 직업 세계에 대한 학습, 진로 계획 등을 목적으로 한 교육활동으로 본다. 상담의 영역도 취업 상담과 진로 상담이 구별된다. 진로는 생애과정에서 일과 관련된 모든 체험, 태도, 동기, 행동을 포괄하는 개념이며, 보수를 받는 일의 의미보다 포괄적인 개념으로 보기 때문이다(김계현, 2000).

이러한 진로와 직업의 구별에 대해 취업 중심으로 재해석하면, 진로는 직업의 의미를 실현하는 기반자원에 해당할 것이다. 이로써 직업활동은 진로 발달에 기초함을 알 수 있다. '진로 발달'을 중시하는 관점은 사회복지 분야에서 수행된 다수의 직업 관련 연구 가운데 슈퍼(Donald E. Super)의 진로 발달 이론[3]을

---

3) 슈퍼의 진로 발달 이론은 진로 발달이 아동, 청소년, 성인 초기 동안만이 아니라 평생 동안 이루어짐을 제시하는 전 생애 발달론이다. 이 이론의 핵심 가정은 직업을 선택하는 행동과 직업이나 일에 대한 자아 개념은 밀접한 관계가 있다는 것이다(김계현, 2000).

차용하는 점에서도 보인다. 전 생애 발달 과정에서 직업 선택과 자아 개념의 관계를 강조한 이론이 직업 연구에서 주를 이루는 것은 '전 생애 발달' 관점에서 직업교육이 제공되어야 한다는 인식이 형성된 것으로 볼 수 있다. 이러한 인식이 포함된 단어가 '평생직업교육(lifelong vocational education)'일 것이다. 그러나 한국고등직업교육학회 학술대회의 발표(홍용기, 2014)에서는 '평생직업교육'의 정의가 아직 정립되지 않았다고 언급했다. 평생직업교육 철학과 연관하여 형식적 교육, 무형식적 교육이 있는데 비형식적 교육의 개념을 포함해 통합적인 정의가 수립되어야 함을 제시했다.[4] 이를 반영한 평생직업교육의 최소한의 정의는 '형식 학습, 무형식 학습, 비형식 학습 등을 통해 직업 전문성 향상 및 경력 개발, 평생고용 가능성을 증진하는 재교육 및 계속교육'이라고 한다.

용어와 관련해 흥미로운 사항은 저널 평가 전문기관이면서 세계 각국의 상위권 학술지를 중심으로 서지 정보를 제공하는 'Web of science'[5]에서 'Lifelong Vocational Education'이란 단어가 주제어나 제목, 초록에 포함된 논문이 없다고 제시한 점이다. 이는 1900~2018년 자료에 대한 분석이다. 반면 'Vocational Education'은 2982건을 제시한다(2019년 1월 2일 검색 결과). 북미와 유럽의 대학 박사학위 논문도 제공하는 'ProQuest'에서는 22건이 나타나지만 제목이나 초록, 주제어가 아닌 본문의 일부 단어로서 나타났을 뿐이다(2019년 1월 2일 검색 결과). 세계 최대의 서지 정보 제공으로 평가되는 'OCLC'에서는 저널 이외에 전자책을 포함한 검색에서 한국인이 쓴 저술 1건, 러시아 연구 2건만이 제목에 'Lifelong Vocational Education'이란 용어를 사용했다(2019년 1월 2일 검색 결과). 'Scopus' 데이터베이스에서는 초록에 포함된 1건(중국인 연구자 저술)만이 제시

---

4) 형식적 교육은 학위를 부여하는 교육 제도, 무형식적 교육은 학위를 부여하는 학교 이외에서 진행하는 조직적인 교육활동, 비형식적 교육은 일상에서 지식, 기술, 태도를 함양하는 과정으로 제시했다(홍용기, 2014).

5) 'Web of science'라는 데이터베이스는 접속 사용료가 억 단위에 달하는 고가여서 소수의 국내 대학 도서관에서만 구독 중이다. 이 데이터베이스는 저널들을 계속 평가하여 서지의 서지를 제공하는 것으로 권위를 인정받고 있다. 즉, 이 데이터베이스에서 검색되지 않는 단어는 국제 학술계에서 학술화·쟁점화되지 않은 것으로 볼 수도 있다.

된다(2019년 1월 2일 검색 결과). 이렇게 학술문헌에서 사용이 되지 않은 양상은 'Lifelong Vocational Education'이 서구 학술계에서는 쟁점 양상이나 혁신성이 없거나, 학술화되지 않은 일상 단어로 인식된다고 볼 수 있다. 또한 다른 단어 (예: Career Education)가 평생직업교육의 의미를 담고 주로 사용되는 것으로 보인다.[6]

2) 생애교육(또는 진로교육)에 포함된 직업교육

국내에서 'Career Education'이란 용어의 개념과 이론을 처음 알린 것은 김충기(1978)이다. 초기에는 이 용어는 '생애교육'으로 번역되었으나, 1980년대부터 '진로교육'이란 용어로 번역되어왔다. 생애교육이란 번역은 직업교육이 전 생애 기간에 제공됨을 강조한 것으로 보인다. 이러한 장점이 있으나, '직업'이 표면화되지 않은 점 때문에 '진로교육'으로 변경하여 사용되는 추세이다. 반면 '진로'라는 번역에서 전 생애기간이 강조되는 효과는 '생애'라는 번역보다 강력하지 않을 수도 있다.

Career Education의 개념을 자세히 소개한 연구로서 가치가 있기에 김충기(1978)의 연구를 참고해본다. 그의 연구에서 Career Education이란 용어는 United States Office of Education(이하 U.S.O.E.)의 교육위원이었던 마랜드(Marland)가 1971년 중등학교 교장 회의에서, 학업을 중단한 학생들의 학업 이행과 고등학교 졸업자들의 취업에 노력해야 함을 강조하며 알려졌다. U.S.O.E는 1972년에 Career Education에 대한 핸드북을 발행했다. 이후 개인이 사회에서 만족을 추구하도록 도우려는 미국의 직업교육 발전에서 Career Education 개념은 계속 적용되었다. Career Education의 모델은 교육을 제공하는 주체에 따라 학교 기반 모델, 고용주 기반 모델, 가정과 지역사회 기반 모델이 제시되었다. 각 모델

---

6) Web of science에서 career education이 주제어, 초록, 제목 등에 사용된 문헌은 520건이 제시되었다. 이 중에서 제목에 포함된 경우는 1970년부터 2018년까지 총 385건이었다(2019년 1월 2일 검색 결과).

의 공통점은 교육 대상의 자아 발달을 목표로 하는 것이다. 이는 직업생활 영위에 필요한 심리 내적 요소 발달, 대인 관계 영역 요소의 발달이 포함된 것이다. 교육 내용에서는 기초적인 학업 내용과 직업에 관한 내용을 병행 또는 연관시킴 및 지역사회와 연결한 장에서 성공 경험을 갖게 함이 포함되었다. 초중등교육에서는 직업이 익숙해지도록 교과 과정의 재구성을 요구하는 교육 방법을 사용했다. 즉, 직업교육과 일반 교육 간의 연결을 중요시했다. 모델 간의 차이점은 교육 대상이다. 학교 기반 모델에서는 초등학생부터 고등학생들까지를 대상으로 한 직업교육인 반면에, 고용주 기반 모델은 소외된 학생, 직업에 대한 의식이 없는 청소년(13~18세)을 지원하는 특징이 있다. 이들이 지역사회활동에 참여할 수 있는 태도를 증진하려는 목적도 내포했다. 가정과 지역사회 기반 모델은 학교를 졸업하지 못한 성인, 정규 교육 과정 참여가 어렵지만 학습을 희망하는 성인을 위한 새로운 직업교육 프로그램을 제공하는 것이다.

표 12-1의 내용을 보면, Career Education은 교실 외에 가정, 지역사회, 고용기관 등 생활 전반의 영역에서 교육을 제시한다. 대상에서도 모든 개인을 포함하기에 계층, 성별, 경제적·신체적 조건 등을 가리지 않는다. 또한 인생 초기인 유년기부터 직업의 선택과 영위에 필요한 역량 형성에 초점을 두는 점은 직업의 전문성과 입직의 효율성에서는 '햇빛' 같은 자원이다. 그러나 '그림자(역기능)'도 주의할 필요가 있다. 인간성을 키우는 교육 과정에서 '생산성'이 핵심이 되는

표 12-1 / Career Education의 의미

	내용
목적	성공적인 직업생활의 준비, 능력과 적성에 적합한 기술 습득
방법(교사)	성공적인 직업생활 가능하도록 교과목 내용과 연결하여 교수
	노작을 통한 경험 학습, 학습 흥미를 고취하는 직·간접 경험
핵심 내용	직업과 관련된 자아의식 함양
	직업에 대한 태도, 대인 관계 기술, 직업 세계의 특징 학습
	직업 선택 능력 함양 및 직업 기술 획득을 위한 모든 방법
교육 시기	유아 동기 초기(기본적 기술 습득 가능기)~생산적인 사회생활 영위까지 (생애 과정 전반)
교육 실시 기관	학교, 가정, 지역사회, 고용기관 등

주: 김충기(1978: 3, 43~59)에 요약 제시된 U.S. Office of Education(1972)의 생애교육 내용을 범주화하여 재구성.

것이 바람직한가? 1970년대 당시 Career Education이란 용어가 처음 등장했을 때, "Career Education=Vocational Education?"(Perrone, 1974)이란 의문이 제기되기도 했다. 이는 보수를 받으면서 일을 하는 직업, 특정 직무 수행에 요구되는 조건 사항들만을 기준으로 교육의 속성이 한정지어지는 것에 대한 교사들의 "두려움(fear)"에 기인한 의문이었다. 직업 세계에 입직하기 이전 단계의 교육은 직무에 필요한 사항을 넘어서, 생애의 전반적 측면에 대한 학습이 내포되어야 하기 때문이다. Career Education 목표에 자아 발달을 강조하는 설명이 포함되었음에도 불구하고 이러한 우려가 제기된 것이었다. 이 문제 제기의 역사는 미국보다 늦게 평생직업교육체계와 개념 논의를 해가는 국내 초등·청소년·대학 교육에서 기억해야 할 내용으로 생각된다. 반복되는 우려이기 때문이다. 그러나 직업의 의미를 단지 생계 수단이나 특정 기능을 수행하는 생산성 관점에서만 보지 않고, 인간됨의 과정으로 보는 철학이 사회의 지배적인 관념이 되도록 사회복지에서 지원한다면, 평생직업교육체계는 복지사회 이상 실현의 경로로서 확고해질 것이라 생각된다.

3. 직업교육체제

직업교육체제는 직업교육 수행 관련자들의 상호작용으로 구성되며, 직업교육 관련 법·제도, 직업교육 운영 체제(학생, 교원, 교육 과정, 시설·설비), 직업교육을 촉진·활성화하는 직업교육 지원 체제 등이 내용에 포함된다(이정표, 2003). 관련 법으로는 평생교육법, 고등교육법, 근로자직업능력개발법 등이 있다. 이 글에서는 직업교육체제의 여러 내용 중에서, 국내 직업교육체제 내용을 평생직업교육의 방향, 전략 중심으로 살펴보고, 직업교육체제의 해결 과제를 언급하고자 한다.

1) 국내 평생직업교육의 방향과 추진 전략

국내 직업교육의 기본 방향은 평생직업교육을 표방하고 있다. 교육부가 발표한 '제4차 평생교육진흥 기본계획'(2018~2022)[7], '평생직업교육훈련의 혁신 방안'(2018년 7월 27일 고용노동부 보도자료)에 의하면, 교육 방향에서 학교 재학 기간만이 아닌 '전 생애기간의 직무역량개발'로 전환함을 강조하는 것이 특징이다. 이를 "생애통합적 평생직업교육훈련"으로 명시했다. 현재 국내 평생직업교육의 기본 방향은 세 가지이다. ① 새로운 가치 창출과 도전하는 인재 양성으로 혁신성장 선도, ② 모두에게 공정한 역량개발의 기회 제공으로 직업교육의 사회적 가치 실현 가능, ③ 국가가 전 생애 직업교육훈련을 제공함이다. 이들 방안은 민관합동추진단[8]에서 합의된 것으로 발표되었다. 제시된 5개 추진 전략 중에서 전 생애 직업교육, 평생직업교육에 초점을 둔 것은 '직무역량의 개발 체계 확충', '인간 중심의 포용적인 평생직업교육훈련 체계의 형성', '평생직업교육훈련을 통합 지원할 생태계 구축'이다. 이 외에 변화하는 산업 수요에 유연하게 대응하고 통합적인 직업교육훈련을 제공하며 미래 성장동력 분야의 인재를 양성하기 위한 전략이 포함되었다. 세부 내용은 범주별로 구별하여 표 12-2에 제시했다.

이상에서 기술한 평생직업교육훈련의 방향과 내용은 과거 제3차 평생교육진흥 기본계획에 비해, 산업계 활성의 근간인 전문성 개발과 향상을 위한 다양한 경로 제공 및 은퇴 준비 여건을 직업교육 안에 포함시킨 점 등에서 진일보한 것

---

7) '제1차 평생교육진흥 기본계획'(2002~2006): 법적 근거 없이 중앙정부 차원의 종합계획에서 시작됨. '제2차 평생교육진흥 기본계획'(2008~2012): 법적 근거를 확보하여 수립됨. 2007년에 개정된 평생교육법 제9조(평생교육진흥 기본계획의 수립) 제1항에서 "교육부 장관은 5년마다 평생교육진흥 기본계획을 수립해야 한다." '제3차 평생교육진흥 기본계획'(2013~2017): 제2차 기본계획의 성과와 한계 분석에서 수립됨.

8) 관계 부처는 교육부, 고용노동부, 기획재정부, 중소기업벤처부, 산업통상자원부 등이다. 민간기관으로는 산업계(대한상의, 경총, 중기중앙회), 노동계(한국노총), 학계(한국직업교육학회), 직업교육기관(전문대, 직업계고) 등이다(2018년 7월 27일 고용노동부 보도자료).

표 12-2 / 평생직업교육훈련 혁신 방안의 추진 전략

산업계 활성을 위한 직업교육훈련의 방향	전략 내용
유연성·통합성 구현	① 변화하는 산업 수요 대응의 유연성: • 자율학교 지정 활성화(교육 과정·교원 규제 완화) • 학점제 도입(학생 선택권 보장, 융합 학습 지원) ② 다양한 온·오프라인 교육 접근 강화 • 한국형 온라인 공개강좌(K-MOOC) 직업교육훈련 강좌 신설; 스마트 직업훈련 플랫폼 신설 • (가칭) 마이크로디그리 단기 과정 도입 ③ 유사 제도의 연계 강화 및 통합 추진; 직업교육과 훈련의 연계 강화 • 평생학습계좌제, 직업능력개발계좌제 등 유사 기능 연계, 통합 추진
미래 유망 분야 인재 양성	① 직업교육훈련의 고도화 • 선도형 전문대학의 육성(실무 중심, 고숙련 인재 양성); 전문대학의 교원 기준 전면 개편 • 국내 현황에 적합한 고등직업교육 혁신 모델 개발 예정 ② 학과·교육 과정 개편 추진(산업, 직업 구조 변화 대응) • 직업계고, 전문대학, 폴리텍 등의 현장성 증진 위한 산업계 참여 확대 ③ 전문교과 사범대 재직자 특별전형 도입(우수 현장 전문가를 교사로 도입하는 방안); 보수, 교육 처우 개선으로 교·강사 질 향상

학령기 이후 전 생애 직업교육 초점 전략 범주	직무역량개발 전략 내용
1. 직무역량의 개발 체계 확충(입직 이후 개발 경로 다양화)	① 전문 직업인으로 성장하기 위한 다양한 경로 제공(후학습, 자격 취득, 현장 경험) ② 전문대, 대학에서 후학습(전문, 특화 교육 과정, 프로그램) 기회 확대 • 국립대의 후학습자 전담 과정 대폭 확대; 후학습 관련 규제의 완화 예정(외부 시설을 활용한 후학습의 활성 등) ③ 유급휴가훈련제 활성; 재직자 학습권, 학습휴가제도 장기적 검토 ④ 이·전직 위한 지원을 기업에서 제공하도록 확대 • 중소기업이나 비정규직은 공공 부문을 통해 이·전직 서비스 제공 • 대기업은 자체적으로 제공 가능하도록 제도를 구축할 계획
2. 평생직업교육훈련 체계 형성(교육훈련 참여 어려운 대상 지원)	① 중소기업 재직자 대상: 공동훈련센터 활성화; 직업교육훈련 관리 업무 부담 감소를 목적으로 하는 중소기업훈련지원센터 운영 ② 학교 부적응 학생을 위한 '공립형직업대안고등학교'(가칭) 운영; 장애인 위한 공공직업교육훈련 인프라 확대 ③ 고용보험 미적용자 지원(내일배움카드) 확대
3. 통합적 지원 생태계 구축(행정 조직, 재정, 사회적 인식 영역)	① 협력적 거버넌스 구축으로 지역 인력 수요와 공급의 조사·조정 및 정책 연계, 조정을 위한 컨트롤타워로서 '국가산학협력위원회'(국무총리가 공동위원장) 운영 ② 재정 지원 확대 초점: • 취약 계층의 능력 개발의 실질적 기회 보장 • 전문대의 후학습 기능 강화 • 교육훈련기관의 재구조화 지원 ③ 사회적 캠페인으로 직업교육훈련 인식 개선 • 노동인권, 산업안전, 직업윤리의 체계적 교육 제공

자료: 고용노동부(2018.7.27) 보도자료 재구성.

으로 보인다. 은퇴 시기 준비를 직업교육에 포함한 점은 고령사회로의 진입에서 복지사회 구현에 필요한 직업환경을 제시한 것으로 생각된다. 기존의 직업교육은 직업 수행 역량의 학습이 효율적이라고 일반적으로 기대되는 기간에 편중된 면이 있었다. 그러나 직무 수행 기간 중의 유급휴가훈련제 활용 효과는 이익 당사자들 간의 합의 및 주관 부처인 고용노동부와의 협력 수준에 영향을 받을 것이다.

평생직업교육훈련 방안들을 실현하기 위해서는 중앙정부와 지방정부와의 역할 분담, 부처 간 연계가 중요하다. 직업교육 활성화를 위한 교육부의 역할을 제언한 최근 연구(주효진·명성준·왕재선·이재록·장봉진, 2018)에서 강조된 사항은 교육부와 다른 부처, 기관 간의 업무 조정 및 협력이었다. 특히 교육부와 고용노동부의 업무 영역 간 명료함과 역할 분담 및 연계의 효율성이 강조되었다. 이는 제4차 산업혁명의 영향에 대한 대비책이라는 의미도 있다. 또한 이와 같은 제언의 배경은 업무 영역의 구별 모호와 직업교육 부처들의 업무 중복성이 평생교육의 현재 문제로 지적되었기 때문이다. 이 외에 평생교육의 핵심적인 기능을 담당한 국가평생교육진흥원에서의 직업교육이 이루어지지 않는 문제에 대해 개선 필요도 제기되었다. 이 글에서 강조하는 기관 간의 연계와 부처 간의 업무 영역 관리의 탄력성은 국가 차원에서 '직업교육에 대한 철학'이 수립되고 이를 공유할 때 발생할 것으로 생각된다.

2) 국내 직업교육체제의 해결 과제

직업교육훈련체제 개편 방안을 제시한 허영준·김기홍·박동열·전승환(2014) 연구에서는 직업교육훈련체제의 의미에 대해, 직업교육훈련에 대한 사회적 인식 전환 및 실천을 위한 기반 조성, 개발된 능력의 발휘를 위한 지원 체제라고 제시했다. 또한 국내 직업교육훈련정책에는 능력 중심의 사회 구현9)을 위해 다

---

9) 이 글에서 의미하는 능력 중심의 사회는 "학력이나 학별 등의 특정 요소에 제한하지 않고 다양한 요소들을 종합적으로 활용하여 개인 능력을 인정하는 국가 체계를 구축하여, 모든 구성원에게 능

표 12-3 / 국내 직업교육제도에서 보완이 필요한 사항

문제 영역	대책 수립이 필요한 내용
소질과 적성에 맞는 진로 지도의 실현 환경	① 직업심리검사의 활용도 향상을 위한 설명 서비스 및 후속 상담 부족 ② 학교 교사의 진로 지도 역량 향상을 위한 지원 ③ 진로 지도 서비스 제공 기관의 부족
직업교육에 대한 사회적 인식 개선	① 학부모 등 직업교육에 관한 이해 부족 ② 직업교육과 일반 교육의 불균형
평생직업을 위한 직업능력을 배양하는 직업교육	① 직업교육에 대한 산업계의 신뢰 획득 ② 특성화고와 전문대 교원의 현장 전문성 향상 ③ 직업교육기관의 현장 실습 근거인 「직업교육훈련촉진법」 제7조 보완 및 법적 구속력 강화
안정된 직업으로 안착하기 위한 지속적인 고용 지원 서비스	① 직업교육기관들의 유기체적 협력 증진 ② 현장 실습 기업 확보, 기회 확충
바른 직업관, 직업의식 구비를 위한 사회 전체의 인식 변화	① 한국인의 직업의식에 관한 연구 증대 및 적용
불합리한 사회적 차별의 최소화 및 방지	① 전문대 졸업자와 4년제 대학 졸업자의 임금 격차 ② 비정규직의 비율 문제
능력 중심의 인사 제도 구축	① 학연, 지연이 아닌 능력 중심의 인사 관리 ② 직무별로 필요한 능력 측정에 대한 안내 개발
평생직업능력 개발 체계 구축	① 영세 근로자, 영세 자영업자 등의 생애 직업능력개발 기회 증대 ② 선취업-후진학 정책 효율성 위한 후속 지원
경력 단절의 최소화 및 경력 단절자 지원	① 경력 단절의 원인에 대한 진단과 정책 우선순위 연구 향상(여성의 경력 단절에 편중된 경향이 있음. 재직자, 기업의 특성에 따라 발생되는 경력 단절의 유형, 원인 등 연구 증대) ② 경력 단절자의 재취업 지원 정책의 다양성

자료: 허영준·김기홍·박동열·전승환(2014: 69~82), 황보은·주홍석·박동열·송현직·현창해·정지은(2017: 53~56) 재구성.

음과 같은 기능들이 있음을 제시했다. ① 진로 지도 서비스 제공, ② 현장 중심의 직업교육 강화, ③ 지속적인 고용 지원 서비스 제공, ④ 고졸의 취업 기회 확대를 포함한 고용 지원 서비스, ⑤ 합리적인 직업관 및 직업의식 확산, ⑥ 사회적 차별 해소와 방지, ⑦ 직업능력개발의 가치 확산, ⑧ 능력 평가 인정의 다양화, ⑨ 능력 중심 인사제도 확산으로 이 글에서 제안된 것을 표 12-3에 요약해 제시했다. 표 12-3에는 국내 직업교육정책 수립과 집행 및 평가 단계에서의 개선 사항을 제안한 한국전문대학교육협의회 부설 고등직업교육연구소의 연구결

력 개발에 대한 공정한 기회가 주어지는 사회이다. 능력 중심의 고용, 직업교육훈련, 인사 관행 등이 이루어져 개인이 가진 능력이 차별 없이 발휘될 수 있는 사회"이다.

표 12-4 / 사회 변동에 대처하기 위한 직업교육체제 과제

사회 변동의 특징	대처하기 위한 과제
저출산으로 인한 인구 감소	① 학령인구 감소에 대비하여 고등교육기관의 입학 정원 축소와 전공별 정원 조정을 유도하는 교육부 정책의 효율화 ② 고졸 취업과 선취업 후진학 정책의 효율을 위한 기관 간 협력, 지원 ③ 전문대에서 직업교육 대상의 범위를 성인(재직자, 전직자, 은퇴자 등)과 유학생 등으로 확대하는 것이 필요
고령화 사회 진입	① 실버 산업의 확대에 따른 인력 양성 전략 수립 ② 맞벌이 가정의 보편화에 따른 육아·보육 산업의 확대 예상 대처
신 기술 도입, 기술 간 융합 등에 따른 업무 형태 변화 대비	① 재교육 후 새로운 산업 분야 및 직업으로의 이동 지원이 포함된 노동개혁 정책과 제도 정착 ② 보다 실용적이고 현장 적용이 가능한 직업교육 요구 충족
교육환경, 대학 구조 개혁 과정	① 사립학교 의존도가 높은 고등교육기관, 국가교육시스템 개선 방안(다수의 사립대학들이 시설 확충에 큰 예산이 필요한 공학·자연 계열 학과와 상대적으로 보다 비용이 적게 드는 인문·사회 계열 학과의 정원을 증대한 현상의 후속 결과에 대처가 필요: 계열별 학생 분포의 불균형으로 노동시장의 기술 수요 변화 대처력이 약화될 가능성 고려) ② 공공성 성격이 강한 고등직업교육에서 정부의 역할 비중 ③ 전문 학사 취득 가능 경로(방송통신대학, 사내 대학, 학점은행제 등)에 대한 학습 수요자들의 인식 개선(일반 대학 선호, 명문 대학 선호, 고학력 선호 현상) ④ 직업교육정책 관련 정부 부처 및 산하 기관 간 협력 체제 구축 필요

자료: 안정근·윤찬영·장지현·황희중·주홍석(2015: 50~56) 재구성.

과(2017)를 비교해 포함했다.

직업교육체제는 사회 변동으로 인한 영향, 직업과 관련된 사회적 상황의 변화와도 관련되어야 한다. 제4차 산업혁명과 관련해 로봇 산업과 인공지능의 발달은 인간과 로봇의 협업 또는 로봇 인력으로의 대체를 가능케 하고 있다. 이로 인해 공장 근로 및 사무직, 화이트컬러 관련 직업의 감소 변화가 전망된다(이용순, 2016). 국내 직업교육체제에 반영해야 할 사회 변동 영향 요소와 대책에 관해 안정근·윤찬영·장지현·황희중·주홍석(2015)의 분석에서 제안된 사항들을 요약해 표 12-4에 제시했다.

이상에서 조망한 내용들의 실천 가능성을 높이려면 박동열·이무근·마상진(2016)의 연구에서 제안한 것처럼 국내 직업교육정책 철학과 이념의 수립이 필요하다. 이는 단기적 성과 위주의 정책 집행이나 단편적 정책 수립을 피할 수 있는 방책이다. 국내 직업교육정책의 철학은 국가 차원의 비전과 연계되고, 중장기적 직업교육정책 수립의 동력이기 때문이다.

4. 맺음말: 사회복지 관점에서 본 직업의 가치

지금까지의 고찰을 종합하며, 떠오르는 문제 제기는 '무엇이 직업교육정책 철학으로 적합한가?'이다. 이 질문의 답은 '직업의 가치가 무엇인가?'에 대한 조명에서 출발하는 것이 바람직하다고 본다. 복지사회를 위해 직업을 영위하게 돕는 방법론보다 앞서 숙고해야 할 것은 사회복지 관점에서 본 직업의 '가치'가 무엇인가 하는 문제다. 특정 학문에서 가치를 묻는다는 것은 '의미를 어떻게 부여할 것인가?'에 대한 대답을 찾는 행동이다. 예를 들어, 사회복지의 가치가 무엇이냐는 물음은 사회복지 서비스가 궁극적으로 실천해야 하는 최상위 목표, 지향점을 묻는 것이다. 또한 직업의 가치는 직업교육정책의 기조를 안내할 것이다.

직업이란 용어는 사회의 발달 과정에서 '전문화'와 '분업화'가 이루어짐과 함께 강조되었다. 직업의 의미는 크게 세 가지로 기술되어왔다(이용우, 1985; 고현범, 2011; 김민·밀너, 2015; Blustein, 2006). 첫째, 개인에게 직업은 생애 유지에 필요한 재화 취득의 경로이다. 둘째, 사회조직에서의 직업에는 사회 발달을 위해 필요한 특정한 역할 수행의 의미가 내포되어 있다. 사회를 인체와 같은 '유기체'로 보는 관점에서 직업은 인체 각 부위의 기능에 비유되며, 직업 수행은 사회적 역할 분담, 사회 기여의 방법으로 해석된다. 셋째, 재화 취득과 사회 역할 수행 참여는 자아실현의 방법이다. 따라서 직업은 자아실현의 경로이다.

이상 세 가지 기술의 종합적 의미를 사회복지 관점으로 재해석할 때, 다음 두 가지 사항이 부각될 수 있다. 이는 직업을 중요하게 다루는 교육학과 직업상담학의 관점과 달리, 사회복지에서는 직업이란 주제가 어떤 '가치'를 갖는지 고찰하는 논리이다. 즉, 복지 —상호 부조의 역할을 하는 사회제도의 총체— 를 추구해나갈 때, 개인의 직업 선택과 수행을 위한 지원 영역에서는 무엇이 지향점으로 바람직할 것인가?

첫째, 직업의 고전적 의미에서 '자아실현' 관점으로 직업의 의미가 설명되어온 것은 직업활동이 생애 유지의 수단만이 아닌, 생애 형성 과정 그 자체임을 보여준다. 이처럼 생애라는 관점으로 직업을 볼 때, '수단'과 '과정'이라는 양 측면이 함께 결합된 점에 주목할 필요가 있다. 문제는 인식으로서의 결합만이 아니라, 현실로서의 결합인데, 이 결합이 쉽지가 않다. 이 결합의 체험을 저해하는 장벽 요소들이 고용과 직업 현장에서 있지만, 직업 전문가 집단 사회의 암묵적인 지식조차도 생계 유지와 자아실현을 이분법적 사고로 분리하는 경향이 뚜렷하다. 예로 한국직업능력개발원이 직업 및 교육과 관련된 국내 주요 11개 학회들과 공동으로 개최한 '제13회 한국고용패널학술대회' 보도자료(2018년 9월 20일자)에서, 우수 논문으로 소개하여 부각시킨 초록 내용 중 하나가 "특목고 학생들은 자아실현, 특성화고 학생들은 사회적 인정, 마이스터고 학생들은 생계를 위해 직업을 가질 확률이 더 높음"이었다. 이 초록을 제시한 연구는 2018년 한국교육고용패널(KEEP) II 자료를 활용해 고등학생의 직업가치관에 대해 조사한 것(문미경·민현주·한성숙, 2018)이었다. 이 연구에서는 대학교 졸업 이상의 학력을 가진 남성의 자녀들이 고졸 이하의 남성 자녀들에 비해 생계보다 자아실현을 더 중요하게 여기는 경향도 함께 보고했다. 또한 부모가 자아실현을 중시하면 자녀도 생계 유지보다는 자아실현 가치관을 중시한다는 결과 제시도 있었다. 이 연구결과는 직업의 기능에 대한 사회의 암묵적 지식 차원에서 재음미할 필요가 있어 보인다. 첫째, 이 연구결과를 측정한 도구에서 '자아실현'과 '생계 유지'를 이분화한 것이다. 이는 학술계의 사고 반영일 것이다. 또한 논문 기획자와 심사자들 모두 이 범주의 차별화에 대해 당연시한 것이다. 둘째, 응답자들은 직업의 현장에서 생계 유지와 자아실현을 동시적이 아닌 분절적으로 체감하여, 이 두 가지를 이분화하여 묻는 질문을 낯설어하지 않고 당연시하며 응답한 것으로 해석할 수도 있다. 그렇다면 이 연구결과는 경험에 의해 이분법적 사고가 형성된 것의 반영 및 사회의 암묵적 지식을 보여주는 것으로도 해석될 수 있다.

필자가 이러한 현상을 환기시키는 이유는 직업의 장(場)에서 '생계 유지'와 '자아실현'의 간격이 벌어져 있는 사회생활의 현실을 드러내기 위함이다. '생계 유지와 자아실현의 간격이 바람직한 것인가?'라는 성찰은 인간다운 삶의 의미 실현을 최상위 가치로 두는 사회복지에서 제기 가능한 것이다. 또한 언어의 사용으로 현실을 조망하는 것은 언어학자 촘스키(Noam Chomsky)와 언어철학자 비트겐슈타인(Ludwig Wittgenstein)이 '지칭'이나 '이름' 등에 대해 고찰하면서 제시한 대로, 언어 표현과 사람의 의도, 관심은 맥락에서 형성되어 분리되지 않는 관계(강진호, 2010)임을 복지사회 실천에 응용하고자 함이다.[10] 직업에서 생애 도구의 기능과 자아실현의 관계를 분리하는 것을 당연시하기보다는 '결합'을 더 자연스럽게 여기는 암묵적 지식이 형성되는 사회가 될 때, 비로소 앞서 기술한 직업의 고전적 의미들은 분절적이 아닌 통합적으로, 즉 인간다운 삶의 현실로 실현된 것이다. 사회복지는 직업의 의미를 '생애 수단인 동시에 인간(자기)됨의 과정'으로 대중과 학계, 사회제도 내부에 인식시킬 책임도 있을 것이다.

둘째, 위에서 제시된 직업의 의미들이 '개인의 생애'와 '사회조직의 발달'이란 두 측면에서 결합되어 있는 점도 복지사회를 위해 중요하게 고려할 점이다. 직업의 의미에 대한 고전적인 설명은 사회 발달에 대한 개인의 기여에 초점을 두었다. 그러나 반대로 사회 발달 수준이 특정 직업 선택과 업무 성취에 영향을 미치는 양상이 있는데, 이는 '새로운 직업 만들기(창직)'와 상관이 있다. 한국고용정보원(2015: 22~23)이 발행한 창직 안내서에 의하면, 창직은 저출산, 고령화, 인터넷 과학 기술의 발전, 지식산업의 도래, 경제 패러다임의 변화에 기인한 것이다. 지식 기반 사회에서는 상품이나 서비스의 품질 향상 이외에, 소비자의 다양한 욕구에 빠르게 대응하고자 산업 현장이 세분화·다양화될 수 있도록 창의적인 아이디어를 담은 새로운 산업, 직업이 발생한다는 것이다. 지식 기반 사회를 이룩하기 위해 다양한 직업의 기여가 필요했던 역사를 고려할 때, 사회의 변화가 직업을 탄생시키는 것은 선순환의 구조로도 보인다. 환언하면, '직업이 직업을 낳는 사회구조'가 가능하다는 것이다. 한편, 창직은 취업보다 자아 개발, 자아실현이라는 개념을 체감할 가능성이 더 있을 것이다. 사회복지의 여러 목표 중에서, 재화나 서비스의 생산 증대 지원 및 경제적 발전을 목표로 한 사회복

---

10) 이 이론은 언어와 인식, 의도, 목적이 생활 맥락에서 결합됨을 알려준다. 귤을 떠올리라고 한다면, 귤을 많이 먹어본 사람은 벗겨진 귤을 생각하기 쉽다. 그러나 껍질을 벗겨본 경험이 없는 사람에게 파인애플을 표현해보라고 한다면, 껍질이 벗겨진 모습보다 입혀진 상태를 먼저 생각할 것이다. 생활 맥락의 경험에서 과일의 겉과 알맹이가 분리될 수 있음은 인식하지만, 그보다 더 우선적으로는 과일이라는 한 덩어리로 인식되고 존재한다. 이처럼 생계 수단과 자아실현의 관계에 대해서도 분절보다는 동시적·결합적으로 더 많이 인식될 수는 없는 것인가?

지의 관점에서 보면, 창직 지원은 취업 지원보다 어렵지만 복지 실현을 위한 중요한 방법이 될 가능성이 있다. 그러나 아직 국내 사회복지 연구에서는 창직을 복지 관점에서 설명한 연구를 찾기가 매우 어렵다. 창직은 한국고용정보원이나 고용노동부 중심으로 방법론적인 설명만 제공될 뿐 복지와 연관하여 이해하는 관점이 아직 형성되지 않은 것으로 보인다. 반면에, 외국 연구에서는 사회적 투자 접근(The social investment approach)이 새로운 복지 패러다임으로 부상하고 있음을 보고하며 창직(job creation)을 복지와 연관시키는 논문(Andrea, 2016)이 나왔다. 이상의 설명과 같이 사회구조의 변화가 직업에 영향을 미치고, 창직과 같은 직업 현상들이 다시 사회구조에 영향을 줄 수 있는 순환구조에서, 사회복지는 직업을 '개인의 생활 발달에 기여할 사회의 환경 조성'이란 의미로 접근할 수 있다. 이는 복지서비스의 고전적인 목표이기도 하다.

한편, 생애 발달 과정에서 직업의 생애 수단이면서 인간(자기)됨이 과정이 되고, 이에 필요한 사회의 환경 조성이 가능하려면, 심리 내적 요소와 사회적 요소의 결합에 대한 인식도 동반되어야만 한다. 두 요소를 분리된 차원으로 보는 것보다는, 프랑스 사회학자 카스텔스(Manuel Castells)가 심리와 사회를 "동일 대상의 다른 두 가지 측면"으로 본 것처럼(나병균, 2016 재인용), 심리와 사회 요소를 함께 충족하도록 서비스를 제공할 방안을 모색함이 '인간다운 삶의 가치 실현을 추구하는' 사회복지의 궁극적 목적 실현에 더 부합할 것이다. 지금까지 고찰의 종합적 의미는 사회복지에서 평생직업교육체계를 추구해야 할 당위성과 의무성의 조명이었다. 또한 직업과 직업교육 자체가 인간다운 삶의 실현 과정이 되어야 함을 강조하는 것이었다. 직업에 담겨야 할 인간다운 삶이란 생산성을 포함하면서도 그보다 더 큰 의미이다. 이 글이 바람직한 직업교육정책 철학의 수립에 조금이나마 도움이 되길 기대한다.

제13장

한국의 주거 빈곤과 에너지 빈곤
주거환경이 에너지 빈곤에 미치는 영향을 중심으로

서재욱

1. 서론

빈곤은 사전적으로 '기본적 욕구가 충족되지 않은 상태'를 의미한다. 그런데 인간의 기본적 욕구를 충족하기 위한 조건은 생각보다 단순하지 않다. 건강하고 행복한 삶을 영위하기 위해서는 의식주가 모두 일정 수준 이상으로 충족되어야 한다. 어느 한 가지라도 결여되어서는 인간으로서의 기본적 욕구가 충족되고 있다고 말할 수 없다. 특히 동절기에 추위로부터 안전한 따뜻한 집에 거주하는 것은 인간다운 삶의 전제 조건이 된다. 추위는 인간의 건강에 지대한 영향을 미치며, 동절기에 최저 온도가 1℃씩 낮아질 때마다 주로 호흡기계와 심혈관계 질병으로 인한 65세 이상 노인의 사망률이 유의하게 증가한다(이정원 외, 2011).

19세기 후반 영국의 부스(Charles Booth)와 라운트리(Seebohm Rowntree)가 과학적인 빈곤 실태 조사 연구를 처음으로 수행한 이후 소득(income)은 빈곤의 대표적인 측정 대상이 되었다. 즉, 빈곤은 소득이 일정 수준 이하인 경우를 지칭하는 말로 통용되었다. 대부분의 재화와 서비스를 시장에서 상품으로 구매해야 하는 자본주의 사회에서 소득의 부족이 기본적 욕구의 미충족으로 이어지기 쉽다는 것은 자명하다. 그러나 인도의 경제학자 센(Amartya Sen)이 지적한 것처럼 똑같은 소득을 가지고 있더라도 그것을 좋은 삶의 질로 바꾸는 데 필요한 능력

(capability)은 주변 환경에 의해 많은 영향을 받는다. 예를 들면, 소득이 특정한 빈곤선(poverty line) 이상이더라도 주거환경이 매우 열악하다면 인간다운 삶을 영위하기가 어려울 수 있다. 소득이 똑같더라도 난방비 부담이 지나치게 높으면 다른 필수적인 지출이 압박을 받게 될 수 있다. 때문에 최근에는 소득의 부족뿐 아니라 인간다운 삶의 영위가 힘든 다양한 환경에 초점을 맞춘 연구들이 진행되고 있다. 빈곤의 다차원성이 새롭게 주목받고 있다(김윤태·서재욱, 2013).

특히 최근 몇 년 동안 강추위가 계속되고 에너지 비용이 등락을 거듭하면서 지나치게 난방비를 많이 지출하거나 적절한 난방에 많은 부담을 느끼는 상태를 의미하는 에너지 빈곤(energy poverty)이 새롭게 관심을 끌게 되었다. 한국은 혹한기와 혹서기가 반복되는 나라로 에너지에 대한 수요가 높은 편에 속한다. 이는 충분한 에너지 소비 없이 적절한 냉난방이 불가능하다는 의미이다(신정수, 2011). 때문에 노무현 정부 이후 에너지 복지는 취약 계층 보호 사업의 하나로 자리 잡게 되었다. 겨울철 에너지 바우처 지급과 전기요금·가스요금·열요금 할인이 대표적이다. 지방자치단체에서도 자체적으로 에너지 복지 사업을 전개하고 있다. 서울시의 경우 에너지복지시민기금을 조성하고 에너지 복지사를 채용했다.

하지만 아직까지 에너지 복지 사업은 대부분 현금성 지원에 머무르고 있다. 즉, 저소득층에게 난방비를 할인하거나 연탄을 제공하는 '공급형'이 주를 이루고 있는 것이다. 예를 들어 혜택을 받는 인구가 가장 많은 에너지 바우처의 경우, 생계급여·의료급여 수급자 가운데 노인, 영유아, 장애인과 임산부를 대상으로 동절기에 10만 원 내외의 지원을 제공하고 있다. 이는 아직까지 한국의 에너지 복지 사업이 보편적이기보다는 선별적이며, 예방적이기보다는 사후적인 대책에 머무르고 있음을 보여준다(김정국 외, 2016).

그런데 요즘 유럽연합(EU)을 중심으로 에너지 빈곤 문제를 해결하기 위해서는 단순한 현금성 지원을 제공하는 것으로는 충분하지 않으며, 노후 주택 밀집 지역의 도시 재생 과정에서 에너지 효율성을 높이는 방안을 함께 강구해야 한다는 주장이 설득력을 얻고 있다. 에너지 복지의 패러다임이 현금 또는 현물을 지원하는 '공급형' 방식에서 주택 개량을 통해 적은 에너지 비용으로 만족할 만

한 난방 효과를 거둘 수 있게 하는 '효율형' 또는 등유와 같은 값비싼 에너지원 대신 도시가스나 지역난방 등 저렴하고 친환경적인 에너지원을 사용할 수 있게 하는 '전환형' 방식으로 전환될 필요가 있다(에너지기후정책연구소, 2010).

이는 에너지 빈곤 문제의 근본적 해결을 위해 열악한 주거환경 개선이 동시에 이루어져야 할 필요가 있음을 의미한다. 공공기관의 난방 제한 온도(18℃)보다 낮은 실내 온도의 주거환경에서 거주하는 도시 빈곤층 148가구를 대상으로 한 실태 조사에서 20.3%(30가구)는 50년 이상 노후 주택에, 42.2%(61가구)는 30년 이상 노후 주택에 거주하는 것으로 나타났다. 또한 응답자의 거의 절반은 연탄 아궁이, 연탄·석유 보일러, 전기장판, 전기 매트를 주된 난방 형태로 답했고, 절반 이상은 주택에 단열 시트가 부착되어 있지 않다고 응답할 정도로 난방의 열악함도 심각했다(에너지시민연대, 2013, 2017).

그럼에도 불구하고 현재까지 주거환경과 에너지 빈곤의 관계를 다룬 연구들은 국내에서 충분히 진행되지 못했다. 이는 한국에서 에너지 빈곤이 최근 들어서야 관심을 끌게 되었기 때문이기도 하다. 아직까지 에너지 빈곤의 공식적인 정의가 이루어지지 못했고, 에너지 빈곤층의 규모와 실태를 파악하는 연구도 충분히 진행되지 못한 상황이다. 전국적으로 도시 재생이 새로운 경향(trend)으로 자리를 잡고 있지만, 유럽에서와 같이 에너지 빈곤을 고려한 재건축은 주목을 받지 못하고 있다. 때문에 이 글은 한국복지패널 자료를 활용하여 전국적인 차원에서 열악한 주거환경과 에너지 빈곤의 관계를 분석하고자 한다. 주택의 구조·성능과 난방 형태를 포함한 주거환경이 에너지 빈곤에 미치는 영향을 분석함으로써 '효율형' 또는 '전환형' 방식의 에너지 복지 정책이 필요함을 주장하고자 한다.

2. 선행연구의 고찰

에너지 빈곤는 연료 빈곤(fuel poverty)이라고도 하며, 1970년대 이후 영연방 국가에서 점차 통용되기 시작했다. 에너지 빈곤은 보통 적절한 난방 상태를 유지하기 위해 소요되는 비용으로 생활상의 어려움을 겪게 되는 경우를 의미한다. 지나친 난방비 부담은 음식과 의복, 의료와 문화 등 다른 필수적인 지출에 제약이 될 수 있다. 저소득층의 경우 흔히 엥겔 계수로 측정되는 식비 지출 비중이 이미 높다. 이러한 상황에서 난방비의 급격한 상승은 저소득층의 생활고를 가중시킬 수 있다. 심하게는 난방비를 아끼기 위해 건강을 희생하는 상황이 초래될 수도 있다(김영희, 2016). 때문에 에너지 비용 문제로 고통을 겪을 가능성이 높은 에너지 빈곤의 상태를 측정하기 위한 시도가 시작되었다.

에너지 빈곤의 정의로는 영국의 공식 정의가 대표적이다. 영국 정부는 동절기에 주요 생활 공간에서 21℃, 이외 공간에서 18℃의 난방 상태를 유지하는 데 드는 비용이 소득의 10%를 초과하는 이들로 정의했다(House of Commons Energy and Climate Change Committee, 2010). 그러나 에너지 빈곤을 단순히 소득 대비 난방비 비율로 측정하는 데 대해서는 많은 반론이 제기되었다. 중산층 이상의 계층에서도 개인의 필요와 선호에 따라 소득 대비 난방비 비율이 10%를 초과할 가능성이 있다. 때문에 에너지 빈곤을 측정하기 위한 다양한 방법들이 고안되었다. 먼저 소득 대비 난방비 비율 대신 절대적인 에너지 비용을 측정하여 에너지 빈곤층을 정의하는 방식이다. 한국에서는 과거 최저생계비가 전물량 방식으로 측정되었을 당시 최저생계비상의 광열비 금액을 기준으로 에너지 빈곤 여부를 측정하기도 했다(신정수, 2011). 다음으로 소득 수준과 난방비 비중을 동시에 고려하는 방법이 있다. 즉, 저소득층이면서 소득 대비 난방비 비율이 일정 수준 이상인 경우를 에너지 빈곤층으로 정의하는 방법이다(윤태연·박광수, 2016). 한편, 박탈(deprivation) 지표를 활용하여 겨울철 난방을 제대로 하지 못 한 경험이 있는지를 직접 설문하는 방법도 활용되고 있다. EU는 물질 박탈률(material deprivation rate)을 공식적으로 측정하는데, 이 중 주거지의 적절한 난방에 대한 설문이 포함되어 있다(Eurostat, 2010: 55~57).

에너지 빈곤의 결정 요인에 대한 선행연구도 진행되어왔다. 영국 정부는 장기간 진행된 에너지 빈곤 관련 선행연구의 결과들을 정리하여 에너지 빈곤이 에너지 비용, 구매 능력(소득)과 에너지 효율성의 상호작용에 의해 결정된다고 했다(House of Commons Energy and Climate Change Committee, 2010). 석유와 석탄 등 난방에 필요한 연료의 가격이 급등하면 에너지 빈곤에 처할 가능성이 높아진다. 이때 소득이 어느 정도 여유가 있다면 연료 가격의 변동에 따른 충격을 완충하는 것이 가능하다. 그러나 소득 수준이 낮을 때 충격을 완충하기가 더 어려워진다. 그리고 에너지 효율성이 떨어져 적절한 난방에 비용이 더 많이 드는 노후 주택, 불량 주택과 낙후한 난방 시설을 갖춘 주택에 거주할수록 에너지 빈곤에 노출될 가능성이 높아진다.

최근에는 EU를 중심으로 주거환경이 에너지 빈곤에 미치는 영향이 많은 주목을 받고 있다. 여러 유럽 국가에서 주택가격이 급등하고, 영국의 그렌펠 타워(Grenfell Tower) 화재 참사에서 드러난 것처럼 저소득층이 재난에 취약한 열악한 주거로 밀려나면서 주거환경의 영향이 더 많은 관심을 받게 되었다. 주지하다시피 열악한 주거환경은 개인의 신체적·정신적 건강에 모두 악영향을 미친다(박정민 외, 2015). 특히 열악한 주거환경은 불충분한 난방 상태와 더 많은 에너지 비용 지출을 초래할 수 있다는 점에서 저소득층의 건강에 심각한 악영향을 미칠 수 있다. 에너지 비용이 세계 시장의 상황에 따라 불가피하게 변동을 겪고, 현금 이전을 통한 구매 능력의 제고에도 한계가 있는 만큼, 도시 재생 과정에서 노후·불량 주택을 에너지 효율성이 높은 주택으로 탈바꿈하는 것이 근본적인 해결책이 될 수 있다는 주장이 설득력을 얻고 있다(김영희, 2016). 해외의 일부 연구에서는 저렴하고 효율적인 에너지원으로부터 배제되는 에너지 빈곤과 낮은 소득 수준과 높은 에너지 비용으로 인해 어려움을 경험하는 연료 빈곤을 구분하기도 한다(Li et al., 2014).

이는 주거환경과 에너지 빈곤이 밀접하게 연관되어 있음을 의미한다. 열악한 주거환경은 크게 소득 수준에 대비한 주거비 충당의 어려움, 주택의 기능, 최저 주거 기준과 주거권의 네 가지 기준에 입각하여 정의될 수 있다(하성규, 2007). 즉, 소득에 대비하여 지나치게 많은 주거비를 지출하거나, 주택의 기능이 인간다운 삶의 유지에 적당하지 않거나, 법적인 최저 주거 기준에 미달하거나, 또는 강제 철거에 시달리는 등 안정적인 주거의 권리를 침해당하는 경우 열악한 주거환경에 처해 있다고 할 수 있다(이현정, 2016).

주거환경이 에너지 빈곤에 미치는 영향에 대한 실증 분석 결과를 보면, 다양한 주거환경 요인들이 에너지 빈곤 여부에 유의한 영향을 미치는 것으로 나타난다. 노인가구를 분석 대상으로 했을 때, 주택 유형과 거주 지역에 따라 에너지 빈곤의 발생 빈도가 다르게 나타났다. 즉, 농촌 지역에 거주하는 가구가 도시 지역에 거주하는 가구에 비해, 그리고 단독 주택에 거주하는 가구가 공동 주택에 거주하는 가구에 비해 에너지 빈곤을 경험하는 비율이 유의하게 높았다. 이는 가구 유형, 소득 수준과 교육 수준을 통제했을 때도 유의했다(김하나·임미영, 2015). 이는 주택 면적, 주택 유형, 난방 방식, 주택의 건축 경과 연수, 주택의 균열 상태에 따라 난방비가 달라지기 때문이기도 하다. 다양한 주거환경 요인은 가구의 평당 난방비에 유의한 영향을 미치고 있었다. 단독 주택, 연립 주택 또는 다세대 주택 거주자는 아파트 거주자에 비해 더 많은 난방비를 지출했다. 또한 농촌 지역 거주자는 도시 지역 거주자에 비해, 개별난방 또는 중앙난방 주거 거주자는 지역난방 주거 거주자에 비해, 건축 경과 연수가 25년 이상인 노후 주택의 거주자가 비교적 최근에 지어진 주택의 거주자에 비해, 균열 상태가 불량한 주택의 거주자가 양호한 주택의 거주자에 비해 더 많은 평당 난방비를 지출했다. 에너지 빈곤이 소득과 에너지 비용의 함수라면, 더 많은 에너지 비용을 지출하게 하는 주거환경에 있을수록 에너지 빈곤에 처할 확률이 높아지는 것으로 볼 수 있다. 실제 소득 수준에 따른 난방비의 차이를 살펴본 매개 효과 분석에서 주거환경은 소득 수준이 난방비에 미치는 영향을 유의하게 완충하는 것으로 나타났다. 더 양호한 주거환경은 더 낮은 난방비 지출로 귀결되는 경향이 있었다(정이레, 2017).

이는 저소득층이 비단 소득의 부족뿐 아니라 보다 열악한 주거환경이라는 이중의 불평등으로 인해 에너지 빈곤에 처할 가능성이 높아진다는 것을 의미한다. 가구소득이 100만 원 이하인 저소득층의 연평균 에너지 소비량은 10,046천 kcal, 에너지 비용은 96만 6000원으로 추산되었다. 가구소득이 600만 원 이상인 고소득층의 연평균 에너지 소비량(15,868천kcal) 및 에너지 비용(167만 원)과 비교할 때 에너지 소비량과 비용이 모두 낮은 수준으로 볼 수 있다. 그러나 가구의 소득 1만 원당 에너지 소비 지출 비용을 의미하는 에너지 지수는 저소득층이 100일 때 고소득층은 15로 큰 차이가 존재했다. 여기에는 난방 시설과 주택의 에너지 효율성이 많은 영향을 미친 것으로 보인다. 석유류가 주된 에너지원인 가구의 비율은 저소득층에서 20.1%인 데 비해 고소득층에서는 0.7%에 불과했다. 반면 열을 주된 에너지원으로 사용하는 가구의 비율은 저소득층에서 3.5%에 불과한 데 비해 고소득층에서는 18.4%에 달했다. 건축 경과 연수가 20년 이상인 노후 주택에 거주하는 비율은 소득 하위 1~2분위에서 67.7%에 달했지만 상위 9~10분위에서는 34.4%에 불과했다. 특히 소득 하위 1~2분위의 경우 1980년 이전에 지어진 주택에 거주하는 비율이 28.9%에 달했다(김현경, 2015).

특히 최근 회자되고 있는 젠트리피케이션(gentrification) 현상은 저소득층의 에너지 비용 부담을 더욱 가중시킬 수 있는 것으로 보고된다. 재개발 과정에서 도시 외곽 지역에 거주하는 원주민들이 에너지 효율성은 낮지만 가격이 저렴한 연탄 난방 주택에서 비용이 많이 드는 기름 보일러를 사용하는 도심의 노후 주택으로 거처를 옮기면서 오히려 과거에 비해 더 많은 에너지 비용 부담을 지게 되는 사례가 빈번하게 발생하고 있다(윤태연·박광수, 2016).

3. 연구 방법

1) 연구 자료

이 장의 연구는 한국복지패널 11차 자료(2016)를 활용했다. 한국복지패널은 전국적으로 매년 수행되는 대단위 조사로 주택의 점유 형태, 주택의 구조와 성능, 난방 시설, 주거비 지출과 난방비 지출, 소득 수준에 대한 정보를 포함한다. 한국복지패널은 저소득층을 과대 표집하는 특성이 있으므로 보다 정확한 분석을 위해 개인 표준 가중치를 부여했다. 그 결과 구성된 표본은 총 1만 5989명이다.

2) 주요 변수

이 장의 연구에서 종속변수는 에너지 빈곤이다. 이 연구는 선행연구의 결과에 따라 에너지 빈곤을 저소득층이면서 월평균 난방비가 월평균 가처분소득의 10% 이상인 가구로 정의했다. 한국복지패널의 난방비 관련 설문은 연간 난방비의 월평균 값을 답하게 되어 있으나 난방비는 동절기에만 지출하는 것이 상식적이므로 3개월의 평균값이 연평균값이 되도록 조정했다. 이렇게 계산되는 가처분소득 대비 난방비 지출 비중의 산식은 [{(월평균 난방비)×(12÷3)}÷월평균 가처분소득]으로 정리된다.

이 연구의 독립변수인 주거환경은 주택의 구조·성능, 난방 시설과 주택 점유 형태로 이루어진다. 주택의 구조·성능은 '거주한 주택이 영구 건물로서 튼튼하고, 주요 구조부의 재질이 내열·내화·방열 및 방습에 양호한 재질'을 갖추고 있는지 여부를 묻는 방식으로 측정된다. 한편, 난방 시설은 재래식 및 기타(연탄 또는 재래식 아궁이, 연탄·나무·석탄 보일러, 전기장판, 기타), 기름 보일러, 가스 보일러, 전기 보일러와 중앙난방(지역난방)을 구분했다. 주택 점유 형태는 자가 가구와 임차 가구(전세, 월세, 보증부 월세, 기타)를 구분했다.

이 연구의 통제변수는 성별, 연령과 거주 지역이다. 성별은 남성과 여성, 연령은 65세 미만 비노인과 65세 이상 노인으로 구분했다. 거주 지역은 서울시, 광역시, 시와 군(도농 복합군 포함)으로 분류했다. 이상과 같은 이 연구의 분석 틀은 표 13-1에 정리되어 있다.

표 13-1 / 변수의 조작적 정의 및 측정 방법

변인		변수의 정의 및 측정
종속변수	에너지 빈곤 여부	에너지 빈곤 아님=0, 에너지 빈곤=1
독립변수	주택 구조·성능	양호함=0, 양호하지 않음=1
	난방 시설	재래식 및 기타=0, 기름 보일러=1, 가스 보일러=2, 전기 보일러=3, 중앙난방=4
	주택 점유 형태	자가=0, 임차=1
통제변수	성별	남성=0, 여성=1
	연령	65세 미만 비노인=0, 65세 이상 노인=1
	거주 지역	서울시=0, 광역시=1, 시=2, 군=3

3) 분석 방법

이 장의 연구는 주거환경이 에너지 빈곤 여부에 미치는 영향을 분석하기 위해 먼저 기술통계를 통해 표본의 일반적인 특성을 살펴보고, 교차분석을 통해 주거환경에 따른 에너지 빈곤의 발생 비율 차이를 살펴볼 것이다. 그리고 종속 변수가 선형적인 모형을 상정하는 다중회귀분석에 적합하지 않음을 감안하여 이항 로지스틱 회귀분석(binary logistic regression)을 실시했다. 모든 분석에는 SPSS 22.0 for Windows 패키지를 활용했다.

4. 분석 결과

1) 기술통계의 분석 결과

이 장의 연구에서 표본의 일반적 특성은 표 13-2와 같다. 먼저 에너지 빈곤 여부는 에너지 빈곤 아님이 1만 4163명(88.6%), 에너지 빈곤이 3564명(11.4%)으로 나타났다.

주택 구조·성능은 양호함이 1만 4698명(91.9%), 양호하지 않음이 1826명(8.1%)이었다. 난방 시설은 재래식 및 기타가 298명(1.9%), 기름 보일러가 1481명(9.3%), 가스 보일러가 1만 1547명(72.2%), 전기 보일러가 629명(3.9%), 중앙난방(지역난방)이 2034명(12.7%)이었다. 주택 점유 형태는 자가 가구가 9921명(62.0%), 임차 가구가 6068명(38.0%)이었다. 성별은 남성이 7973명(49.9%), 여성이 8016명(50.1%)이었다. 연령은 비노인이 1만 3768명(86.1%), 노인이 2221명(13.9%)이었다. 거주 지역은 서울시가 3109명(19.4%), 광역시가 3877명(24.3%), 시가 7865명(49.2%), 군이 1138명(7.1%)이었다.

표 13-2 / 기술통계의 분석 결과

변인		빈도(명)	비율(%)
에너지 빈곤 여부	에너지 빈곤 아님	14,163	88.6
	에너지 빈곤	1,826	11.4
주택 구조·성능	양호함	14,698	91.9
	양호하지 않음	1,291	8.1

	재래식 및 기타	298	1.9
난방 시설	기름 보일러	1,481	9.3
	가스 보일러	11,547	72.2
	전기 보일러	629	3.9
	중앙난방(지역난방)	2,034	12.7
주택 점유 형태	자가	9,921	62.0
	임차	6,068	38.0
성별	남성	7,973	49.9
	여성	8,016	50.1
연령	비노인	13,768	86.1
	노인	2,221	13.9
거주 지역	서울	3,109	19.4
	광역시	3,877	24.3
	시	7,865	49.2
	군	1,138	7.1
총계		15,989	100.0

2) 교차분석의 결과

이항 로지스틱 회귀분석에 앞서 교차분석을 실시하여 주거환경에 따른 에너지 빈곤 발생 빈도의 차이를 살펴본 결과는 표 13-3과 같다.

먼저 주택 구조·성능이 양호하지 않을 때는 양호할 때에 비해 에너지 빈곤의 발생 비율이 2배 가까이 높은 것으로 나타났다. 다음으로 난방 시설이 기름 보일러일 때 에너지 빈곤의 발생 비율이 현저히 높게 나타났다. 재래식 및 기타와 전기 보일러의 경우에도 에너지 빈곤의 발생 비율이 평균을 상회했다. 반면 중앙난방(지역난방)의 경우 에너지 빈곤의 발생 비율이 매우 낮은 것으로 나타났다. 주택 점유 형태는 임차 가구가 자가 가구에 비해 에너지 빈곤 발생 비율이 다소 높았다.

통제변수를 살펴보면, 성별은 여성이 남성에 비해 에너지 빈곤 발생 비율이 다소 높았고, 연령은 노인이 비노인에 비해 에너지 빈곤 발생 비율이 매우 높았다. 마지막으로 거주 지역은 군에서 에너지 빈곤의 발생 비율이 높게 나타났다.

표 13-3 / 교차분석의 결과

변인		에너지 빈곤 여부			
		에너지 빈곤 아님		에너지 빈곤	
		%	명	%	명
주택 구조·성능	양호함	89.5%	13149	10.5%	1549
	양호하지 않음	78.5%	1014	21.5%	278
난방 시설	재래식 및 기타	82.5%	245	17.5%	52
	기름 보일러	68.7%	1017	31.3%	464
	가스 보일러	90.9%	10491	9.1%	1056
	전기 보일러	82.0%	516	18.0%	113
	중앙난방 (지역난방)	93.1%	1893	6.9%	141
주택 점유 형태	자가	90.3%	8958	9.7%	963
	임차	85.8%	5205	14.2%	863
성별	남성	90.5%	7214	9.5%	759
	여성	86.7%	6949	13.3%	1067
연령	비노인	93.4%	12859	6.6%	909
	노인	58.7%	1304	41.3%	917
거주 지역	서울	89.2%	2773	10.8%	336
	광역시	89.6%	3473	10.4%	404
	시	89.5%	7041	10.5%	823
	군	76.9%	875	23.1%	263
총계		88.6%	14162	11.4%	1826

3) 이항 로지스틱 회귀분석의 결과

교차분석을 통해 주거환경에 따른 에너지 빈곤의 발생 비율에 상당한 차이가 있음을 확인할 수 있었다. 이 장의 연구는 각 변수의 영향력을 통제한 후에도 주거환경이 에너지 빈곤 여부에 유의한 영향을 미치는지 살펴보기 위해 이항 로지스틱 회귀분석을 실시했다. 그 결과는 표 13-4와 같다. 이 연구에서 이항 로지스틱 회귀분석 모형의 카이제곱 값은 2152.350, 유의 확률은 .000으로 모형 적합도에는 문제가 없었다.

먼저 독립변수인 주거환경은 에너지 빈곤 여부에 모두 유의한 영향을 미치는 것으로 나타났다. 승산비(odds ratio)를 살펴보면, 주택 구조가 양호하지 않을 때 양호할 때보다 에너지 빈곤에 처할 가능성이 1.649배 더 높았다. 난방 시설은 재래식 및 기타, 기름 보일러, 가스 보일러, 전기 보일러일 때 중앙난방(지역난

표 13-4／이항 로지스틱 회귀분석 결과

변인		B	S.E.	Wald	Exp(B)
독립변수	주택 구조·성능 (기준: 양호함)				
	양호하지 않음	.500	.085	34.711	1.649***
	난방 시설 [기준: 중앙난방(지역난방)]			230.361	
	재래식 및 기타	.481	.201	5.752	1.618*
	기름 보일러	1.396	.119	136.645	4.038***
	가스 보일러	.220	.098	4.981	1.246*
	전기 보일러	.764	.153	25.001	2.147***
	주택 점유 형태 (기준: 자가 가구)				
	임차 가구	.683	.058	140.592	1.980***
통제변수	성별(기준: 남성)				
	여성	.221	.056	15.684	1.247***
	연령(기준: 비노인)				
	노인	2.209	.059	1418.705	9.104***
	거주 지역(기준: 군)			7.085	
	서울	.004	.117	.001	1.004
	광역시	-.109	.110	.979	.897
	시	-.169	.099	2.922	.845
상수항		-3.381	.141	572.641	.034
분류 정확률		88.6			
2log-Likelihood		9207.872			
Model Chi-square		2152.350***			
df		11			

* $p < .05$, ** $p < .01$, *** $p < .001$.

방)일 때에 비해 에너지 빈곤에 처할 가능성이 각각 1.618배, 4.038배, 1.246배, 2.147배 더 높았다. 주택 점유 형태는 임차 가구일 때 자가 가구에 비해 에너지 빈곤에 처할 가능성이 1.980배 더 높았다.

통제변수 중에서는 성별과 연령에 따른 차이가 유의했다. 여성은 남성에 비해 에너지 빈곤에 처할 가능성이 1.247배 더 높았다. 그리고 노인은 비노인에 비해 에너지 빈곤을 경험할 가능성이 9.104배 더 높았다. 한편, 거주 지역이 에너지 빈곤 여부에 미치는 영향은 유의하지 않았다. 서울, 광역시, 시와 군 지역 거주자 사이에 에너지 빈곤 발생 가능성의 차이는 유의하지 않았다. 이는 거주 지역보다 주택 구조·성능, 난방 시설과 주택 점유 형태가 에너지 빈곤 여부에 중요한 영향을 미친다는 것을 보여준다.

5. 결론

한국에서는 지난 2006년 에너지기본법이 제정되고, 동법이 2014년에 에너지법으로 개정되면서 에너지가 하나의 권리로 자리매김했다. 에너지법에는 에너지 복지 사업 조항이 포함되어 있어 다양한 에너지 복지 정책의 법적 근거가 되고 있다. 한국의 에너지 복지 예산은 2017년 기준으로 5000억 원을 넘어섰고, 그 대상도 점차 차상위 계층까지 확대되는 추세에 있다. 그러나 아직까지 한국의 에너지 복지 정책은 에너지 요금을 할인하거나, 바우처를 지급하는 방식의 '공급형'에 머물고 있어 근본적인 대책과는 거리가 있다는 지적이 제기되고 있다. 때문에 이 글에서는 주택 구조·성능, 난방 시설과 주택 점유 형태 등 주거환경이 에너지 빈곤 여부에 미치는 영향을 검증하고자 했다.

이 글의 분석 결과, 무엇보다 주거환경은 에너지 빈곤 여부에 유의한 영향을 미치는 것으로 나타났다. 거주 주택이 영구 건물로서 튼튼하고, 주요 구조부의 재질이 내열·내화·방열 및 방습에 양호한 재질을 갖추고 있는지 여부로 측정되는 주택 구조·성능이 양호할수록, 난방 시설이 중앙난방(지역난방)일수록, 주택 점유 형태가 자가 가구일수록 에너지 빈곤의 발생 비율이 낮게 나타났다. 이는 다른 변수들의 영향력을 통제한 후에도 유의했다. 에너지 빈곤층은 과도한 에너지 비용뿐 아니라 주택 구조·성능, 비효율적인 난방 시설과 거주의 불안정성 등 열악한 주거환경에 의해서도 고통을 받는 것으로 볼 수 있다.

이러한 연구결과는 한국의 에너지 복지 정책이 '공급형' 위주에서 '효율형' 및 '전환형'을 보다 중시하는 방향으로 변화할 필요가 있음을 보여준다. 미국의 경우 연방정부 차원에서 '주택 단열 지원 프로그램(Weatherization Assistance Program: WAP)'을 통해 저소득 가구 주거의 에너지 효율성을 제고하기 위한 노력을 기울이고 있다. 그 결과 지원을 받는 가구는 평균적으로 매년 237달러의 에너지 비용 절감 혜택을 받는 것으로 추산된다. 매년 약 15억 배럴의 석유를 절약하는 효과도 있는 것으로 나타난다(환경정의, 2009). '효율형' 에너지 복지 정책의 효과성을 입증하는 사례라 할 수 있다. 영국 정부 역시 온실가스 배출을 줄이면서 주거의 에너지 효율성을 제고하기 위한 PAYS(Pay As You Save) 프로그램을 운영하고 있다. PAYS 프로그램은 이중벽 단열, 천장 단열 및 고효율 조명 기기의 제공에 초점을 맞추어 노후 주택의 개·보수 서비스를 제공한다. 주택의 개·보수에 필요한 비용을 먼저 지원한 다음 이를 재산세, 전기요금과 공공서비스 요금에 반영하여 상환하도록 하는 방식을 취해 거주자의 부담을 최소화하고 있다. 캐나다 연방정부도 2005년부터 '저소득 가구를 위한 에너가이드(EnerGuide for Low Income Households)' 프로그램을 통해 저소득층 주거의 에너지 효율을 제고하기 위한 노력을 기울이고 있다(이준서·류권홍, 2013; 이준서·윤혜선, 2014). 이처럼 소규모의 열악한 주거의 에너지 효율성을 높이는 데 드는 비용은 크지 않은 데 비해 난방비 절감 효과는 뛰어난 것으로 보고된다. 또한 에너지 효율성 제고 사업은 신규 일자리 창출 효과도 기대할 수 있다(윤순진, 2006).

한국에서도 산업통상자원부의 에너지 복지 사업을 중심으로 주거의 에너지 효율성을 제고하고, 저렴하며 친환경적인 에너지원의 접근성을 강화하는 데 초점을 맞춘 프로그램이 운영되고 있다. 저소득층 에너지 효율 개선 프로그램은 노후 주택 창호·단열 공사와 노후 보일러 교체에 초점을 맞추고 있고, 서민층 가스시설 개선은 LPG 고무호스를 금속 배관으로 무상 교체하는 서비스를 제공하고 있다. 그러나 2016년 기준 관련 예산은 노후 주택 관련 489억 원, 가스시설 개선 178억 원에 불과하며 주로 기초생활 수급자를 대상으로 하고 있다는 한계가 있다. 그리고 산업통상자원부 외에 보건복지부, 국토교통부와 한국전력, 가스공사, 지역난방 등 에너지 공기업의 에너지 복지 프로그램은 주로 요금 감면과 현물·현금 지원에 중심을 두고 있다(참여연대사회복지위원회, 2017). '효율형' 및 '전환형' 에너지 복지 정책의 필요성이 제기되고 있지만 아직 현실에서는 쉽게 받아들여지고 있지 못하다.

'효율형' 및 '전환형' 에너지 복지 정책이 활성화되기 위해서는 다양한 인센티브가 마련되어야 한다(서재욱·이현정·홍의동, 2018). 공공임대주택은 물론이고 민간주택에서도 건물을 신축할 때 의무적으로 에너지 효율성을 제고하도록 하되, 비용 부담을 일부 보전해주는 등의 방식의 인센티브도 함께 제공되어야 한다. 최근 많은 지자체에서 시도하고 있는 '도시 재생 뉴딜 사업'과 에너지 복지 정책을 연계할 방안도 모색해야 한다. 현재 '우리 동네 살리기형', '주거지 지원형' 도시 재생 뉴딜 사업은 에너지 복지 정책과 접점이 많다. 따라서 도시 재생 사업에 선정된 지역은 의무적으로 에너지 효율을 일정 수준 제고하도록 하는 목표를 부여하는 것이 효과적일 수 있다. 이 과정에서 임차 가구의 에너지 빈곤의 발생 가능성이 높게 나타난 것을 감안해야 한다. 임차 가구는 에너지 효율성 제고를 비롯한 주택의 개·보수를 결정할 수 없다. 또한 에너지 효율성 제고를 통해 주택의 가치가 상승하면 덩달아 전·월세 비용이 상승하게 될 수 있다. 그러므로 '효율형' 에너지 복지 정책은 임차인의 권리를 보호하는 조치와 함께 추진되어야 한다.

마지막으로 에너지 복지 정책의 발전을 위해서는 독립 법안을 마련하여 제도 시행의 안정성을 확보하고, 독립 기구 형성을 통해 프로그램의 중복과 낭비를 피하는 한편, 에너지 복지 사업을 전개하는 각 부처의 협력 구도 구축과 민관 네트워크의 활성화가 필요하다(서재욱·이현정·홍의동, 2018). 한국의 에너지 복지 법령의 기본은 국민기초생활보장법과 에너지법이라 할 수 있다. 그중 에너지법에 에너지 복지 사업을 명시한 조항이 일부 있으나 에너지 빈곤의 개념 정의부터 부재한 실정이다. 즉, 에너지 공급자들이 진행하고 있는 사업의 근거 이상의 역할을 하고 있지 못하다. 따라서 다양한 에너지 복지 정책의 모범이 되면서 에너지 빈곤을 완화하기 위한 내용을 담은 독립 법안이 필요하다. 독립 기구 형성도 필요하다. 현재 한국에너지재단이 에너지 복지 사업의 주관 기관으로 에너지 효율 개선 사업을 운영하고 있으나 타 부처와의 협력이 잘 이루어지지 못하고 있다. 한국에너지재단의 에너지 효율 개선 사업과 국토교통부가 운영하는 노후 주택 개·보수 사업은 유기적인 협조 체계 없이 별도로 진행되고 있다. 부처 간 에너지 복지 사업을 조율하는 독립 기구가 형성되면 이러한 문제들을 해소하고 보다 원활한 소통을 통한 시너지 효과의 발생을 기대할 수 있을 것이다. 그리고 에너지 복지 사업에 참여하는 민간 부문의 참여를 활성화해야 한다. 아직까지 에너지 복지 사업에 민간 부문의 참여는 많은 제약을 받고 있다. 시민단체, 사회적 기업을 포함한 민간 부문이 에너지 복지 정책의 설계, 집행과 관리·감독에 참여할 수 있게 하고, 이들 간의 네트워크 형성을 지원하여 보다 창의적이고 주민과 밀착된 프로그램이 전개될 수 있도록 해야 한다.

참고문헌

제1장

갤브레이스, 존 케네스(John Kenneth Galbraith). 2006. 『풍요한 사회』. 한국경제신문.

김윤태. 2017. 『불평등이 문제다』. 휴머니스트.

김윤태. 2018. 「불평등과 이데올로기」. ≪한국학연구≫, 67, 33~72쪽.

드워킨, 로널드(Ronald Dworkin). 2005. 『자유주의적 평등』. 한길사.

로크, 존(John Locke). 1996. 『통치론』. 까치.

롤스, 존(John Rawls). 2003. 『정의론』. 이학사.

루소, 장 자크(Jean-Jacques Rousseau). 2003(1755). 『인간 불평등 기원론』. 주경복 옮김. 책세상.

마셜(T. H. Marshall)·보토모어(Tom Bottomore). 2014. 『시민권』. 나눔의집.

맬서스, 토머스(Thomas Malthus). 2011. 『인구론』. 동서문화사.

센, 아마르티아(Amartya Sen). 2013. 『자유로서의 발전』. 갈라파고스.

스미스, 애덤(Adam Smith). 2016. 『도덕감정론』. 한길사.

아리스토텔레스(Aristoteles). 2009. 『정치학』. 숲.

오웰, 조지(George Orwell). 1998(1945). 『동물농장』. 민음사.

오웰, 조지(George Orwell). 2001(1938). 『카탈로니아 찬가』. 민음사.

왈저, 마이클(Michael Walzer). 1999. 『정의와 다원적 평등』. 철학과 현실사.

윌킨슨(Richard Wilkinson)·피킷(Kate Pickett). 2012. 『평등이 답이다』. 전재웅 옮김. 이후.

테르보른, 예란(Goran Therborn). 2014. 『불평등의 킬링필드』. 이경남 옮김. 문예춘추사.

프리드먼, 밀턴(Milton Friedman). 2007. 『자본주의와 자유』. 청어람미디어.

플라톤(Plato). 2005. 『국가』. 서광사.

하비, 데이비드(David Harvey). 2007. 『신자유주의: 간략한 역사』. 한울.

하이에크, 프리드리히(Friedrich Hayek). 2007. 『노예의 길』. 나남.

하이에크, 프리드리히(Friedrich Hayek). 1997. 『자유헌정론』. 자유기업센터.

허균. 2009. 『홍길동전』. 민음사.

홉하우스, 레너드 T.(Leonard T. Hobhouse) 2006. 『자유주의의 본질』. 현대미학사.

Sen, Amartya. 1982. *Poverty and Famines*. Clarendon Press.

Tawney, R. H. 1952. *Equality* (4th Edition). London: Allen and Unwin.

Titmuss, Richard M. 2002(1968). *Commitment to Welfare*. Palgrave Macmillan.

Turner, Bryan. 1986. *Equality*. London: Routledge.

제2장

권태환·김두섭. 2002. 『인구의 이해』. 서울대학교출판문화원.

김근태. 2015. 「한국 노인의 삶의 변화: 1968-2015」. 장덕진 엮음. 『압축성장의 고고학: 사회조사
로 본 한국 사회의 변화, 1965~2015』. 한울아카데미.

김근태. 2017. 「저출산과 인구 이동으로 인한 지역 인구의 변화」. 이재열 엮음. 『한국의 사회동향 2017』. 대전: 통계개발원.

김이선·김재인·김반석·박경숙. 2018. 「연령구조에 기초한 지역의 유형화와 정책적 함의」. 지역사회의 혁신과 균형발전 학술대회 자료집. 한국사회학회.

마스다 히로야(增田寬也). 2015. 『지방소멸』. 김정환 옮김. 와이즈베리.

박창제. 2008. 「중·고령자의 경제적 노후 준비와 결정요인」. ≪한국사회복지학≫, 60(3):275~297.

배은경. 2012. 『현대 한국의 인간 재생산: 여성, 모성, 가족계획사업』. 시간여행.

우해봉. 2015. 「국민연금의 노후소득보장 효과 전망과 정책과제」. ≪보건복지포럼≫, 224:26~36.

우해봉. 2018. 「저출산 시대의 인구정책: 평가와 향후 전망」. ≪한국인구학≫, 41(2):31~59.

우해봉·신화연·박인화·김선희. 2014. 『인구구조 변화와 복지지출 전망』. 한국보건사회연구원.

이상호. 2018. 『한국의 지방소멸 2018: 2013~2018년까지의 추이와 비수도권 인구이동을 중심으로』. 한국고용정보원.

이희연. 2005. 『인구학』. 법문사.

통계청. 2014. 「2014 고령자 통계」.

통계청. 2016.12.8. 「장래인구추계: 2015~2065년」.

통계청. 2018.8.22. 「2017년 출생통계(확정), 국가승인통계 제10103호 출생통계」.

Coale, Ansley J. 1964. "Population and Economic Development." in P. M. Hauser (ed.). *The Population Dilemma*. New Jersey: Prentice Hall.

Coale, Ansley J. and Paul Demeny. 1966. *Regional Model Life Tables and Stable Population*. Princeton: Princeton University Press.

Cohen, Joel E. 1995. *How Many People Can the Earth Support?* New York: Norton.

Kim, K. 2015. "Determinants of Interregional Migration Flows in Korea by Age Groups, 1995-2014." *Development and Society*, 44(3):365~388.

Lee, J. and M. Paik. 2006. "Sex preferences and fertility in South Korea during the year of the horse." *Demography*, 43(2):269~292.

National Research Council. 2001. *Beyond Six Billion*. Washington D.C.: Nationa Research Council Press.

OECD. 2017. *Pensions at a Glance 2017: OECD and G20 Indicators*. Paris: OECD Publishing.

Preston, S. H., P. Heuveline and M. Guillot. 2001. *Demography: Measuring and Modeling Population Processes*. Oxford: Wiley-Blackwell.

제3장

≪고대신문≫, 2017.4.3. "복지 최전선에서 홀로 싸우는 사회복지전담 공무원". 고려대학교.

국가인권위원회. 2006. 「Jim Ife 초청 사회복지 분야 인권관점 도입확산을 위한 워크숍」 자료집.

국가인권위원회. 2013. 「사회복지사 인권상황 실태조사」. 2013년도 인권상황실태조사 연구용역보고서. (사)한국 노동사회 연구소.

권현진·이용갑. 2017, 「사회복지사의 인권침해 및 불이익 영향요인 연구: 인천광역시 사회복지사 사례 분석」. ≪사회연구≫, 통권 31호(2017년 1호), 57~81쪽.

김광병. 2016. 「사회복지시설 종사자의 처우 및 지위보장 논거」. ≪사회복지법제연구≫, 7(2):33~52.

김광병. 2018. 「사회복지사 등의 처우 및 지위 향상에 관한 조례의 역할에 관한 연구: 경기도를 중심으로」. ≪사회복지법제연구≫, 9(1):203~229.

김영미. 2014. 「사회복지사의 법적 지위에 관한 문제점과 개선방안: 노동관계법령을 중심으로」. ≪사회복지법제연구≫ 통권 제5호, 69~94쪽.

김인숙. 2010. 「바우처 도입에 따른 사회복지전문직 정체성의 변화와 그 의미」. ≪한국사회복지학≫, 62(4):33~58.

김종진. 2013. 「사회복지사 노동인권 무엇이 문제인가?」 ≪월간 복지동향≫, 182:51~54.

김종해. 2014. 「한국 사회복지사의 인권실태와 제언」. ≪월간 복지동향≫, 184:4~10.

김종해. 2018. 「사회복지사의 인권을 말하다」. 2018 한국사회복지실천연구학회 하계학술대회 워크숍 자료집.

라이커트, 엘리자베스 외(Elisabeth Reichert et al.). 2015. 『인권과 사회복지』. KC대학교 남북통합지원센터 옮김. 나눔의집.

맥코믹, 로버트 J.(Robert J. McCormick). 2015. 「법과 사회복지: 인권증진을 위해 함께 해야 할 두 영역」. 엘리자베스 라이커트 외. 『인권과 사회복지』. KC대학교 남북통합지원센터 옮김. 나눔의집.

배화옥·심창학·김미옥·양영자. 2015. 『인권과 사회복지』. 나남.

서동명·최혜지·이은정. 2015. 「사회복지사가 지각한 인권보장 수준에 영향을 미치는 요인: 서울시 사회복지사를 중심으로」. ≪비판사회정책≫, 46:311~347.

서용석·은민수·이동우. 2008. 『사회변동과 사회복지정책』. 고려대학교 출판부.

신동윤. 2015. 「사회복지사의 근로형태 분석과 권리보호 방안: 한국과 미국의 비교연구」. ≪사회복지법제연구≫, 통권 제6호, 3~24쪽.

심창학·강욱모·배화옥. 2013. 「사회복지분야 대학교 인권과목 개설을 위한 기초연구」. 2013년도 국가인권위원회 연구용역보고서. 국가인권위원회 사이트.

아이프, 짐(Jim Ife). 2001. 『인권과 사회복지 실천』. 김형식·여지영 옮김. 인간과 복지.

오승진. 2017. 『인권법 강의』. 진원사.

이명현. 2014. 「사회복지사의 정체성과 인권보호」 ≪사회복지법제연구≫, 통권 제5호, 3~27쪽.

이재용·이수천. 2018. 「사회복지사의 클라이언트 폭력 경험 연구」. ≪보건과 복지≫, 20(1):65~89.

임상혁. 2013. 「사회복지전담공무원의 노동 조건 실태 및 개선방향」. ≪월간 복지동향≫, 176:11~14.

정현태·염동문·오윤수·이성대. 2015. 「인권에 대한 현장 사회복지사들의 주관적 인식유형」. ≪비판사회정책≫, 48:398~429.

조효제. 2012. 『인권의 문법』. 후마니타스.

최승원·이승기·윤석진·김광병·김수정·김태동·배유진. 2018. 『사회복지법제론』. 학지사.

한국사회복지사협회 사회복지인적자원연구원. 2017.12. 『2017년 사회복지통계연감』.

한상미·양성욱. 2018. 「사회복지사의 감정노동이 소진에 미치는 영향: 슈퍼비전과 인권의 조절효과를 중심으로」. ≪한국자치행정학보≫, 132(1):157~178.

황미경. 2018. 「한국 사회복지전문직의 제도적 속성에 따른 의무와 재량행위」. ≪사회복지법제연구》, 9(1):119~142.

Beetham, David(ed.). 1999. *Politics and Human Rights*. Polity Press.

Donnelly, Jack. 2003. *Universal Human Rights in Theory and Practice*. Cornell University.

McPherson, Jane. 2015. *Human Rights Practice in Social Work: A Rights-Based Framework & Two New Measures*. A Dissertation in Florida State University.

Sen, Amartya. 1995. "Lives and Capability." *The Quality of Life*. in M. Nussbaum and A. Sen (ed.). Clarendon Pre.

United Nations. 1987. *Human Rights: Question and Answers*. New York: UN.

〈인터넷 검색 사이트〉

네이버 블로그 '통계로 보는 사회복지사 보수' (https://blog.naver.com/tmdgkr75/220808516856)

두산백과 (https://terms.naver.com/entry.nhn?docId=5662658&cid=40942&categoryId=31531)

법제처 (http://www.law.go.kr) 「헌법」, 「국가인권위원회법」, 「사회복지사업법」, 「사회복지사 등의 처우 및 지위 향상을 위한 법률」

통계분류포털 (https://kssc.kostat.go.kr)

ICCPR (https://treaties.un.org/doc/Treaties/1976/01/19760103%2009-57%20PM/Ch_IV_03.pdf)

ICESCR (https://treaties.un.org/doc/Treaties/1976/03/19760323%2006-17%20AM/Ch_IV_04.pdf)

UDHR (http://www.un.org/en/universal-declaration-human-rights/index.html)

제4장

김덕영. 2014. 『환원근대: 한국 근대화와 근대성의 사회학적 보편사를 위하여』. 서울: 도서출판 길.

김재우. 2017. 「한국인과 일본인의 주관적 행복: 생애주기별 결정요인 비교」. 《한국사회학》, 제51집 제4호, 1~46쪽.

김혜연. 2011. 「사회자본이 지역주민의 삶의 만족도에 미치는 영향에 관한 연구: 지역사회 민간자원 연계사업 참여 주민을 중심으로」. 《한국사회복지행정학》, 13권 3호, 1~29쪽.

남은영. 2011. 『한국 사회 변동과 중산층의 소비문화』. 파주: 나남.

로이스, 에드워드(Edward Royce). 2015. 『가난이 조종되고 있다』. 배충효 옮김. 서울: 명태.

류재린. 2017. 「관계재가 노인의 행복에 미치는 영향에 관한 연구」. 《사회보장연구》, 제33권 제3호, 29~57쪽.

박길성. 2002. 「사회자본과 삶의 질」. 《아세아연구》, 45권 2호, 109~139쪽.

박희봉·이희창. 2005. 「삶의 만족에 미치는 영향요인 비교 분석: 경제·사회적 요인인가? 사회자본 요인인가?」. 《한국행정논집》, 17권 3호, 709~728쪽.

백용훈. 2015. 「사회자본과 비공식 공동체 복지: 북부 홍강델타와 남부 메콩강델타 농촌 마을의 사례」. 《동남아시아연구》, 25권 3호, 169~218쪽.

백용훈. 2016a. 「제도의 성과와 사회적 배태성: 베트남 북부 남러이와 남부 미호아 마을보건소 비교연구」. 《동아연구》, 35권 1호, 229~282쪽.

백용훈. 2016b. 「베트남 공동체 복지의 양상과 메커니즘: 사적소득이전과 경조사 참석 및 계모임 활동을 중심으로」. 《동아연구》, 28권 1호, 97~141쪽.

석승혜·장안식. 2016. 「사회집단에의 소속이 도덕성에 미치는 영향: 문화성향의 매개효과를 중심으로」. ≪아세아연구≫, 59권 3호, 6~51쪽.

송정남. 2016. 『베트남 사회와 문화 들여다보기』. 서울: 한국외국어대학교 지식출판원(HUEBOOKS).

신경아. 2013. 「'시장화된 개인화'와 복지 욕구(welfare needs)」. ≪경제와사회≫, 98호(여름호), 266~303쪽.

신상식·최수일. 2010. 「노년기 여가활동과 사회자본 및 삶의 만족 간의 관계」. ≪호텔관광연구≫, 12권 3호, 173~189쪽.

신승배·박병준. 2016. 「동아시아 4개국의 행복감 비교: 한국, 중국, 일본, 대만을 중심으로」. ≪한중사회과학연구≫, 14권 2호, 229~257쪽.

신승배·이정환. 2015. 「동아시아의 가족가치관과 행복감 비교: 한국, 중국, 일본 비교」. ≪사회과학연구≫, 39집 3호, 279~310쪽.

왕혜숙. 2013. 「동아시아 가족의 다양성: 한국과 대만의 가족제도와 규범 비교연구」. ≪동양사회사상≫, 제27집, 351~398쪽.

왕혜숙·백용훈·류석춘. 2011. 「베트남 북부와 남부의 사회자본 비교: 퍼트넘의 이탈리아 해석에 대한 도전」. ≪동남아시아연구≫, 21권 3호, 43~103쪽.

우명숙·김성훈. 2017. 「한국과 베트남의 삶의 만족 비교연구: 사회자본의 효과 차이를 중심으로」. ≪아세아연구≫, 60권 2호, 380~421쪽.

우명숙·남은영. 2018. 「한국과 일본의 삶의 만족 비교연구: 사회통합 요인들의 영향을 중심으로」. ≪사회보장연구≫, 34권 1호, 135~166쪽.

유석춘·장미혜. 2007. 「사회자본과 한국 사회」. 유석춘·장미혜·정병은·배영 옮기고 엮음. 『사회자본: 이론과 쟁점』. 서울: 도서출판 그린.

유인선. 2016. 『베트남: 역사와 사회의 이해』. 서울: 세창출판사.

이미라. 2011. 「자활사업 참여자의 사회자본이 삶의 질에 미치는 영향에 관한 연구: 직무만족의 매개효과를 중심으로」. ≪사회복지연구≫, 42권 4호, 413~443쪽.

이재열. 1998. 「민주주의, 사회적 신뢰, 사회자본」. ≪사상≫, 10권 2호, 65~93쪽.

이재열. 2001. 「의리인가, 계약인가?: 인격주의와 개인주의의 갈등적 공존과 한국 사회의 제문제」. 석현호·유석춘 엮음. 『현대 한국 사회 성격논쟁: 식민지, 계급, 인격윤리』. 서울: 전통과 현대.

이재혁. 1998. 「신뢰의 사회구조화」. ≪한국사회학≫, 32집(여름호), 311~335쪽.

정수남. 2011. 「'부자되기' 열풍의 감정동학과 생애프로젝트의 재구축」. ≪사회와 역사≫, 89집, 271~303쪽.

정이환·김영미·권현지. 2012. 「동아시아 신흥 선진국의 여성고용: 한국과 대만 비교」. ≪한국여성학≫, 제28권 1호, 147~181쪽.

정하영. 2006. 「조직에서의 신뢰: 동아시아에서의 신뢰의 개념과 대인신뢰를 중심으로」. ≪행정논총≫, 44권 1호, 55~90쪽.

≪한겨레≫. 2018.10.19. "'불평등 고통' 겪는 계층이 되레 '불평등 심하지 않다'". http://www.hani.co.kr/arti/society/rights/866446.html (2018년 10월 19일 검색)

한세희·김연희·이희선. 2010. 「사회자본과 주관적 안녕감의 관계: 서울시민을 대상으로」. ≪한국행정학보≫, 44권 3호, 37~59쪽.

한승완. 2004. 「'연줄망'에서 '연결망'으로: 한·중·일 3국의 연고주의 유형 비교」. ≪사회와 철학≫, 제8집, 97~121쪽.

한승헌·임다혜·강민아. 2017. 「한국 청년의 삶의 불안정성(precariousness)과 행복: 불확실성과 통제권한 부재의 매개효과」. ≪한국사회정책≫, 제24권 제2호, 87~126쪽.

한준·김석호·하상응·신인철. 2014. 「사회적 관계의 양면성과 삶의 만족」. ≪한국사회학≫, 제48집 제5호, 1~24쪽.

홍경준. 2001. 「빈곤에 대한 또 다른 탐색: 사회자본을 중심으로」. ≪상황과 복지≫, 9, 165~192쪽.

후빈·조주은. 2017. 「SNS는 사회관계를 변화시키는가?: 연고와 꽌시를 중심으로」. ≪한국사회학≫, 제51집 제2호, 233~266쪽.

Bourdieu, Pierre. 1986. "The Forms of Capital." in John Richardson (ed.). *Handbook of Theory and Research for the Sociology of Education.* New York: Greenwood Press.

Diener, E., Eunkook M. Suh, Chu Kim-Prieto, Robert Biswas-Diener and Louis Sien Tay. 2010. "Unhappiness in South Korea: Why It Is High and What Might Be Done about It." Korean Psychological Association. Seoul. South Korea. August.

Halpern, David. 2005. *Social capital.* Malden, MA: Polity.

Han, Sehee, Heaseung Kim and Eung-Sun Lee. 2013a. "The Contextual and Compositional Associations of Social Capital and Subjective Happiness: A Multilevel Analysis from Seoul, South Korea." *Journal of Happiness Studies,* 14:1183~1200.

Han, Sehee, Heaseung Kim and Hee-Sun Lee. 2013b. "A Multilevel Analysis of the Compositional and Contextual Association of Social Capital and Subjective Well-Being in Seoul, South Korea." *Social Indicators Research,* 111:185~202.

Helliwell, John F. and Robert D. Putnam. 2004. "The Social Context of Well-Being." *Philosophical Transactions of the Royal Society B,* 359:1435~1446.

Helliwell, John, Richard Layard and Jeffrey Sachs. 2016. World Happiness Report 2016 Update (vol.1). (http://worldhappiness.report/ 검색일: 2016.5.30)

Horak, Sven. 2014. "Antecedents and Characteristics of Informal Relation-based Networks in Korea: Yongo, Yonjul and Inmaek." *Asia Pacific Business Review,* 20/1:78~108.

Lee, Jaehyuck. 2000. "Society in a Vortex?: Yonjul Network and Civil Society in Korea." *Korea Journal,* 40/1:366~393.

Leung, Ambrose, Cheryl Kier, Tak Fung, Linda Fung and Robert Sproule. 2011. "Searching for Happiness: The Importance of Social Capital." *Journal of Happiness Studies,* 12:443~462.

Light, Ivan. 2004. "Social Capital's Unique Accessibility." *Journal of American Planning Association,* 70/2:145~151.

Lin, Nan. 2001. "Guanxi: A Conceptual Analysis." in Alvin Y. So, Nan Lin and Dudley Poston (eds.). *The Chinese Triangle of Mainland China, Taiwan, and Hong Kong: Comparative Institutional Analyses.* Westport, Connecticut, London: Greenwood Press.

Marsh, Robert M. 2003. "Social Capital, Guanxi, and the Road to Democracy in Taiwan." *Comparative Sociology,* 2/4:575~604.

Portela, Marta, Isabel Neira and Maria del Mar Salina-Jimenéz. 2013. "Social Capital and Subjective Wellbeing in Europe: A New Approach on Social Capital." *Social Indicators Research*, 114:493~511.

Portes, Alejandro. 1998. "Social Capital: Its Origins and Applications in Modern Sociology." *Annual Review of Sociology*, 24:1~24.

Putnam, Robert D. 1993. *Making Democracy Work: Civic Traditions in Modern Italy*. Princeton: Princeton University Press.

Rothstein, Bo. 2005. *Social Traps and the Problem of Trust*. Cambridge: Cambridge University Press.

Rothstein, Bo. 2011. *The Quality of Government: Corruption, Social Trust, and Inequality in International Perspective*. Chicago: The University of Chicago Press.

Rubin, Herbert J., Irene S. Rubin. 2008. *Community Organization and Development*. Boston: Pearson/Allyn and Bacon.

Sarracino, Francesco. 2010. "Social Capital and Subjective Well-Being Trends: Comparing 11 Western European Countries." *The Journal of Socio-Economics*, 39:482~517.

Sarracino, Francesco. 2012. "Money, Sociability and Happiness: Are Developed Countries Doomed to Social Erosion and Unhappiness? Time-series Analysis of Social Capital and Subjective Well-being in Western Europe, Australia, Canada and Japan." *Social Indicators Research*, 109:135~188.

Tokuda, Yasuharu and Inoguchi Takashi. 2008. "Interpersonal Mistrust and Unhappiness Among Japanese People." *Social Indicators Research*, 89:349~360.

Uslaner, Eric M. and Paul Dekker. 2003. "The 'Social' in Social Capital." in Paul Dekker and Eric M. Uslaner (eds.). *Social Capital and Participation in Everyday Life*. London and New York: Routledge.

Warren, Danielle E., Thomas W. Dunfee and Naihe Li. 2004. "Social Exchange in China: The Double-Edged Sword of Guanxi." *Journal of Business Ethics*, 55:355~372.

Warren, Mark E. 1999. "Introduction." in Mark E. Warren (ed.). *Trust and Democracy*. New York: Cambridge University Press.

Woo, Myungsook and Sunghoon Kim. 2018. "Does social capital always raise life satisfaction? A comparison of South Korea and Taiwan." *International Journal of Social Welfare*, 27:121~131.

Woolcock, Michael and Deepa Narayan. 2000. "Social Capital: Implications for Development Theory, Research, and Policy." *The World Bank Research Observer*, 15/2:225~249.

Yamaoka, Kazue. 2008. "Social Capital and Health and Well-Being in East Asia: A Population-Based Study." *Social Science & Medicine*, 66:885~899.

Yee, Jaeyeol. 2000. "The Social Networks of Koreans." *Korea Journal*, 40/1:325~352.

Yip, Winnie, S. V. Subramanian, Andrew D. Mitchell, Dominic T. S. Lee, Jian Wang and Ichiro Kawachi. 2007. "Does Social Capital Enhance Health and Well-Being? Evidence from Rural China." *Social Science & Medicine*, 64:35~49.

제5장

고경훈·안영훈·김건위. 2012. 「지방자치단체의 사회자본측정 및 증진방안」. 한국지방행정연구원 연구보고서, 2012-05(462).

김상준. 2004. 「부르디외, 콜만, 퍼트넘의 사회자본 개념 비판」. ≪한국사회학≫, 38(6).

김연희·김선숙. 2008. 「사회자본이 아동 우울에 미치는 영향」. ≪사회복지연구≫. 36:103~127.

김은미·배상수. 2012. 「SC-IQ의 간이 측정 방법 개발」. ≪보건교육건강증진학회≫, 29(1):73~87.

김은정. 2006. 『초기 청소년 자녀의 자아존중감에 미치는 가정 내 사회자본의 역할과 특성에 관한 연구』. 한국사회학회 사회학대회 논문집.

김현숙. 2011. 「부모의 인적 자본, 사회자본, 문화자본이 자녀의 학업성취에 미치는 영향: 빈곤 학생과 비빈곤 학생 차이를 중심으로」. ≪학교사회복지≫, 20:123~150.

김희자. 2009. 「중학생의 인터넷 이용유형과 사회자본-이용시간의 조절효과」. ≪청소년시설환경≫, 7(1):27~37.

나은영·김은미·박소라. 2013. 「청소년의 사회자본과 공감능력」. ≪한국언론학보≫, 57(6):606~635.

린, 난(Nan Lin). 2008. 『사회자본』. 김동윤·오소현 옮김. 커뮤니케이션북스.

박세정·김형용·강혜규·박소현. 2008. 『지역복지활성화를 위한 사회자본 형성의 실태와 과제』. 한국보건사회연구원.

박희봉. 2009. 『사회자본: 불신에서 신뢰로, 갈등에서 협력으로』. 조명문화사.

박희봉·김명환. 2001. 「지역사회 사회자본과 거버넌스 능력」. ≪한국행정학보≫, 34(4):175~196.

서정아. 2013. 「가족 사회자본과 지역사회 사회자본이 청소년 학교적응에 미치는 영향」. ≪사회복지연구≫, 44(1):135~164.

손용진. 2010. 「사회자본이 도시와 농어촌 노인의 우울증에 미치는 영향에 관한 연구」. ≪GRI 연구논총≫, 12(3):311~339.

신상식·최수일. 2010. 「노년기 여가활동과 사회자본 및 삶의 만족 간의 관계」. 호서대학교 벤처전문대학원 박사논문.

신원영·강현아. 2008. 「빈곤 청소년의 사회자본이 학업성취에 미치는 영향」. ≪청소년학연구≫, 15(4):57~87.

유석춘·장미혜·정병은·배영. 2003. 『사회자본: 이론과 쟁점』. 서울: 도서출판 그린.

윤현선. 2006. 「사회경제적 배경이 청소년의 학업성취에 영향을 미치는 과정 사회자본 이론과 가족매개모델의 비교 검증」. ≪청소년학연구≫, 13(3):107~135.

이경은·주소희. 2008. 「가족내외의 사회자본이 아동의 행동문제에 미치는 영향」. ≪청소년복지연구≫, 10(2):113~131.

이숙종·김희경·최준규. 2008. 「사회자본이 거버넌스 형성에 미치는 영향에 관한 연구」. ≪한국행정학보≫, 42(1):149~170.

이원지. 2014. 「노인의 사회자본과 건강증진행위에 관한 연구」. ≪한국인간복지실천연구≫, 13:153~167.

이종원. 2002. 「사회자본과 행정: 정부형성과 거버넌스-이론적 연결고리의 탐색 및 지방 거버넌스에서의 적용」. ≪정부학연구≫, 8(1):69~92.

이현기. 2009. 「생산적 노화활동으로서 노인자원봉사활동」. ≪노인복지연구≫, 45:317~346.

이현주·정순둘·김고은. 2013. 「노인복지관을 이용하는 저소득층 노인의 사회자본 경험과 의미」. ≪노인복지연구≫, 60:143~168.

이홍직. 2009. 「노인의 정신건강에 영향을 미치는 요인에 관한 연구」. ≪경성대학교 사회과학연구≫, 25(3):25~42.

임경수. 2012. 「사회자본과 거버넌스 차원에서 본 새마을 운동」. ≪지방행정연구≫, 26(3):27~58.

임우석. 2009. 「사회자본과 노인 생활만족도의 관계에 관한 연구: 서울특별시를 중심으로」. 서울시립대학교 박사학위논문.

장유미. 2011. 「노인일자리사업 참여가 사회자본 변화에 미치는 영향 연구」. ≪한국사회복지학≫, 63(2):261~289.

정순관. 2017. 「사회자본의 정책적 의미와 대응」. ≪월간 공공정책≫, 139:54~56.

정원철·박선희. 2013. 「노인의 사회자본이 자존감과 심리적 복지감에 미치는 영향」. ≪한국콘텐츠학회≫, 13(12):235~245.

조권중. 2010. 『서울시 중장기 사회적자본 증대방안 연구』. 서울시정개발연구원.

진관훈. 2012. 「사회자본이 지역사회복지거버넌스에 미치는 영향에 관한 연구」. ≪사회복지정책≫, 39(4):205~230.

최미영. 2008. 「노인우울에 미치는 동네효과와 사회자본의 영향에 관한 연구」. ≪한국사회복지조사연구≫, 18:25~46.

한준. 2006. 「사회자본과 가버넌스」. ≪국정관리연구≫, 1(1): 83~102.

홍영란. 2007. 『사회자본 지표 개발 및 측정에 관한 연구』. 한국교육개발원.

홍영란. 2008. 『국가 인재육성정책의 개념과 발전방향: 창의적 인재정책의 방향과 과제』. 한국직업능력개발원.

Adler, P. S. and S. W. Kwon. 2002. "Social capital: Prospects for a new concept." *Academy of management review*, 27(1):17~40.

Bourdieu, P. 1983. "Economic capital, cultural capital, social capital." *Soziale-Welt* (Supplement 2).

Coleman, J. S. 1984. Introducing social structure into economic analysis. *The American Economic Review*, 74(2):84~88.

Coleman, J. S. 1990. *The Foundations of Social Theory*. Cambridge, Massachusetts: Harvard University Press.

Durkheim, E. 1897(1951). *Suicide: a study in sociology*. in G. Simpson, J. A. Spaulding (trans.), G. Simpson (ed.). Glencoe, Ill., Free Press.

Fram, M. S. 2003. Managing To Parent: Social Support, Social Capital, and Parenting Practices among Welfare-Participating Mothers with Young Children. Discussion Paper.

Fukuyama, F. 1995. "Social capital and the global economy: A redrawn map of the world." *Foreign affairs*, 74(5):89~103.

Fukuyama, F. 2001. "Social capital, civil society and development." *Third world quarterly*, 22 (1):7~20.

Grootaert, C. 2001. "The missing link?". *Social capital and participation in everyday life*, 8.

Grootaert, C. 2004. *Measuring social capital: An integrated questionnaire* (No.18). World Bank Publications.

Inglehart, R. 1997. *Modernization and postmodernization: Cultural, economic, and political change in 43 societies* (Vol.19). Princeton, NJ: Princeton University Press.

Knoke, D. 1999. "Organizational networks and corporate social capital." *In Corporate social capital and liability.* Springer US.

Leana, C. R. and H. J. Van Buren. 1999. "Organizational social capital and employment practices." *Academy of management review*, 24(3):538~555.

Lin, N. 1981. *Social resources and instrumental action.* State University of New York, Department of Sociology.

Lindstrom, M., M. Moghaddassi and J. Merlo. 2003. "Social capital and leisure time physical activity: a population based multilevel analysis in Malmö, Sweden." *Journal of Epidemiology and Community Health*, 57(1):23.

OECD. 2001. *The Well-being of Nations: The Role of Human and Social Capital.* OECD Publishing, Paris.

OECD. 2011. *How's Life?: Measuring Well-being.* OECD Publishing, Paris.

OECD. 2017. *How's Life?: Measuring Well-being.* OECD Publishing, Paris.

Portes, A. 2000. "Social capital: Its origins and applications in modern sociology." in Eric L. LESSER (ed.). *Knowledge and Social Capital.* Boston: Butterworth-Heinemann.

Putnam, R. D. 1995. "Bowling alone: America's declining social capital." *Journal of democracy*, 6(1):65~78.

Putnam, R. D. 2001. *Bowling alone: The collapse and revival of American community.* Simon and Schuster.

Sandefur, R. L. and E. O. Laumann. 1998. "A paradigm for social capital." *Rationality and society*, 10(4):481~501.

Scheffler, R. M. and Y. Bahgat. 2014. "Measures of Social Capital." in Sherman Folland and Lorenzo Rocco (ed.). *The Economics of Social Capital and Health: A Conceptual and Empirical Roadmap.* World Scientific.

Schiff, M. 1992. "Social Capital, Labor Mobility, and Welfare The Impact of Uniting States." *Rationality and Society*, 4(2):157~175.

Szreter, S. and M. Woolcock. 2004. "Health by association? Social capital, social theory, and the political economy of public health." *International Journal of Epidemiology*, 33(4):650~667.

Woolcock, M. 1998. "Social capital and economic development: Toward a theoretical synthesis and policy framework." *Theory and society*, 27(2):151~208.

Woolcock, M. 2001. "The place of social capital in understanding social and economic outcomes." *Canadian journal of policy research*, 2(1):11~17.

〈인터넷 검색 사이트〉
The Legatum Prosperity Index 2018 (www.prosperity.com)

제6장

김경례. 2016. 「공공산후조리원에 대한 정책적 논쟁과 문제점: 정책담론을 넘어 여성건강 운동으로」. ≪인문사회 21≫, 7(3):785~804.

김민아·최소영. 2013. 「산후조리원 이용 산모와 이용하지 않는 산모의 산후우울, 산후 스트레스, 산후 불편감 및 산후 활동에 대한 비교연구. ≪한국모자보건학회지≫, 17(2):184~195.

김태환. 2016. 「지방자치단체의 복지재정 집행에 관한 고찰: 서울시 청년수당 갈등을 중심으로」. 2016 사회정책연합 공동학술대회 자료집.

김향기. 1993. 「의회유보와 행정유보」. ≪고시연구≫, 12월호, 47~59쪽.

모자보건법 (개정 2015.12.22. 법률 제13597호).

모자보건법 보건복지부 고시 (제정 2016.6.23. 제2016-96호).

모자보건법 시행령 (개정 2016.6.21. 대통령령 제27239호).

보건복지부. 2015.3.4. 모자보건법 시행령·시행규칙 개정안 입법예고.

보건복지부. 2015.6.22. 복지부·성남시 공공산후조리원 설치 관련 대안 권고. 보도참고자료 1~3쪽.

사회보장기본법 (개정 2014.11.19. 법률 제12844호).

사회보장기본법 (개정 2015.6.9. 대통령령 제26308호).

성남시(이재명 성남시장). 2015.12.22. 「성남시 3대 복지차단, 대통령 뜻인가?」 보도자료.

성남시. 2015.12.24. 「공공산후조리원 최종 협의안 제출」. 보도자료.

성남시(이재명 성남시장). 2016.6.29. 「지방분권형 개헌운동에 나서겠다」. 보도자료.

유은광·안영미. 2010. 「산후조리원의 모자건강관리 현황과 제도화방안: 지역사회중심의 모자건강관리센터(TMIC) 개발을 위한 전략」. ≪대한간호과학회지≫, 31(5):932~947.

이신용. 2007. 「민주주의가 사회복지정책에 미치는 영향: 한국의 결함 있는 민주주의를 중심으로」. ≪한국사회복지학≫, 59(4):137~162.

이신용. 2008a. 「국민건강보험과 의회의 책임성」. ≪한국사회복지학≫, 60(3):201~230.

이신용. 2008b. 「국민기초생활보장제도와 의회의 책임성」. ≪한국사회복지학≫, 60(3):35~61.

이신용. 2017. 『사회보장기본법과 의회』. 한울아카데미.

지방교부세법 (개정 2014.11.19. 법률 제12844호).

지방교부세법 시행령 (개정 2014.12.30. 대통령령 제25909호).

헌법재판소. 2016.9.6. 「지방교부세법 시행령 개정 관련 권한쟁의 사건」. 보도자료 1~6쪽.

황나미. 2004. 『산후조리원의 적정운영 및 바람직한 방향』. 한국모자보건학회 학술대회 연제집.

Croissant, A. 2000. "Delegative Demokratie und Praesidentialismus in Suedkorea und auf den Philippinen." WeltTrends, 29:115~142.

Croissant, A. 2002. Von der Transition zur defekten Demokratie: Demokratische Entwicklung in den Philippinen, Suedkorea und Thailand. Wiesbaden: WEstdeutscher Verlag.

Merkel, W. 1999. "Defekte Demokratie." in W. Merkel und A. Busch (Hrsg.). Demokratie in Ost und West. Frankfurt a.M.: Suhrkamp.

Merkel, W., Hans J. Puhle, A. Croissant, C. Eicher and P. Thiery. 2003. *Defekte Demokratie Band 1: Theorie.* Opladen: Leske+Budrich.

O'Donnell, Guillermo A. 1994. "Delegative Democracy." *Journal of Democracy,* 5(1):55~69.

Schmidt, Manfred G. 1998: *Sozialpolitik im demokratischen und autokratischen Staat.* Arbeitspapiere des Zentrums für Sozialpolitik/14/1998. Bremen: Zentrum für Sozialpolitik.

제7장

고병철. 2011. 「한국 종교계 사회복지의 쟁점과 과제」. ≪종교문화비평≫, 19:244~284.

권경임. 2004. 『불교사회복지실천론』. 서울: 학지사.

권경임. 2007. 「불교사회복지의 현황과 전망: 역할 모델 사례를 중심으로」. ≪불교평론≫, 31(http://www.budreview.com/).

김기원. 1998. 「기독교 사회복지의 학문적 정체성에 관한 연구」. ≪서울장신논단≫, 14:197~228.

김은홍. 2008. 「선교의 통전적 이해를 통한 기독교 사회복지」. ≪성경과 신학≫, 46:173~208.

김학주·임정원. 2011. 「불교사회복지의 현황 및 과제: 조계종과 천태종을 중심으로」. ≪한국교수불자연합학회지≫, 17(2):7~29.

노길명. 2010. 「종교사회복지의 성격과 과제」. ≪종교와 사회≫, 1:191~215.

대한불교조계종사회복지재단 편. 2009. 『불교복지, 행복과 대화하다』. 서울: 학지사.

밀러(Donald E. Miller)·데쓰나오 야마모리(Tetsunao Yamamori). 2008. 『왜 섬기는 교회에 세계가 열광하는가?: 기독교적 사회참여의 새로운 모델, 성령운동』. 김성건·정종현 역. 서울: 교회성장연구소.

박성호. 2005. 『한국의 종교와 사회복지』. 서울: 제이앤씨.

박찬호·구자천. 2010. 『새벽기도하는 CEO』. 서울: 강같은평화.

박창우. 2012. 「기독교사회복지의 목적에 관한 소고」. ≪신학과 실천≫, 30:433~452.

브로, 버나드(Bernard Bro). 1968. 「하느님의 자비와 정의」. ≪신학전망≫, 5:82~87.

서윤. 1987. 「원불교사회복지학에 대한 접근방법」. ≪원불교사상≫, 10~11:513~530.

손용철. 2002. 『기독교사회복지 정체성에 대한 연구』. 교수논문집.

시민운동정보센터. 2012. 『2012 한국민간단체총람』. 서울: 시민운동정보센터.

신섭중. 1992. 「한국불교사회복지의 과제와 전망」. ≪일본연구≫, 10:33~48.

심대섭. 1993. 「원불교 사회사업의 위상과 전망」. 심대섭 편. 『종교와 사회복지』. 원광대학교출판국.

안신. 2013. 「종교복지실천에 대한 현상학적 연구」. ≪종교연구≫, 73:329~355.

원석조. 2006. 「원불교와 가톨릭 사회복지의 비교연구」. ≪원불교사상과 종교문화≫, 32:347~386.

유장춘. 2002. 「기독교사회복지운동의 방향과 전략」. ≪연세사회복지연구≫, 8:86~135.

이부덕. 2001. 「미국의 기독교 사회복지」. 한국사회복지연구소 편. 『기독교와 사회복지』. 서울: 홍익재.

이시형. 2004. 「원불교의 사회복지 이념과 실천방향」. 대전대학교 경영행정·사회복지대학원 석사학위논문.

이영관. 1986. 「원불교 사회복지에 대한 소고」. ≪원불교학연구≫, 16:123~145.

이영환·이정운. 1996. 「사회복지를 시민운동으로: 참여연대의 국민생활최저선 확보운동을 중심으로」. ≪비판사회정책≫, 1:153~160.

이원식·오주호. 2009. 「종교사회복지의 현황과 원불교사회복지의 발전방안」. ≪원불교사상과 종교문화≫, 42:157~196.

이태수. 2001. 「한국 가톨릭 사회복지의 현황과 전망」. ≪가톨릭사회과학연구≫, 13:31~57.

이택면·박길성. 2007. 「시장에서 책임으로: 세계화 시대의 기업-시민사회 관계에 관한 조직이론적 독해」. ≪경제와사회≫, 74:227~254.

이혜숙. 2003. 『종교사회복지』. 서울: 동국대학교출판부.

이혜숙. 2008. 「불교아동복지 특성화 프로그램의 예비적 고찰: 명상치료를 중심으로」. ≪불교학보≫, 49:193~217.

전명수. 2004. 「한국의 경제발전과 개신교의 역할에 관한 고찰: (주)신원·이랜드의 기업문화를 중심으로」. ≪종교연구≫, 36:407~435.

전명수. 2011. 「종교사회복지에 대한 비판적 고찰: 종교종합사회복지관의 특성과 과제를 중심으로」. ≪종교연구≫, 64:221~246.

전명수. 2012. 「종교와 사회복지의 접점: 종교의 사회적 책임과 복지활동의 실제」. ≪종교연구≫, 68:253~280.

전명수. 2013. 「종교사회복지담론의 재고찰: 비판적 성찰과 전망」. ≪종교문화연구≫, 20:279~312.

전명수. 2014. 「종교기업의 경영 윤리와 사회적 평가에 대한 일 고찰: 이해관계자 이론을 중심으로」. ≪신학과 사회≫, 28(1):9~43.

전명수. 2015. 「종교사회복지의 이념과 실천 방식에 대한 재성찰: 종교사회복지의 이론화작업의 일환으로」. ≪담론201≫, 18(2):65~92.

전명수. 2016. 「종교기반 시민사회단체의 복지활동과 시민사회의 발전: 종교 사회적 자본을 중심으로」. ≪종교와 문화≫, 30:1~31.

정무성. 2003. 「종교와 사회복지」. 종교사회복지포럼 편. 『시민사회와 종교사회복지』. 서울: 학지사.

조성희. 1999. 「불교 사회복지사업의 현황과 과제」. ≪비판사회정책≫, 6:81~107.

종교사회복지포럼 편. 2003. 『시민사회와 종교사회복지』. 서울: 학지사.

현관. 2005. 「불교사회복지의 의미와 실제」. ≪문학 사학 철학≫, 창간준비 3호, 58~65쪽.

Bane, Mary Jo and Brent Coffin. 2000. "Introduction." in Mary Jo Bane, Brent Coffin and Ronald Thiemann (eds.). *Who Will Provide?: The Changing Role of Religion in American Social Welfare* (electronic resource). Boulder, Colorado: Westview Press.

Bellah, Robert N. et al. 1991. *The Good Society*. New York: Alfred A. Knopf.

Wuthnow, Robert. 1991. *Acts of Compassion: Caring for Others and Helping Ourselves*. New Jersey: Princeton University Press.

〈신문·뉴스 자료〉

CEO스코어데일리. 2015.12.21. "이랜드월드, 생활용품업체 중 4년째 기부금 '최다'".

　　　[온라인 자료] http://www.ceoscoredaily.com/news/article.html?no=18249 (2018.9.1 접속)

≪가톨릭신문≫. 2018.4.1. 제3088호, 14면.

≪기독교타임즈≫. 2000.12.28. "고난받는 노동자와 함께 하는 성탄예배".

[온라인 자료] http://www.kmctimes.com/news/articleView.html?idxno=6788 (2018.9.1 접속)
노컷뉴스. 2017.8.29. "'사기 파산' 박성철 신원그룹 회장 실형 확정".
　　　[온라인 자료] http://www.nocutnews.co.kr/news/4838031 (2018.9.1 접속)
뉴스투데이. 2018.7.26. "'벌기 위해서가 아닌 쓰기 위해서' 이랜드 나눔정신이 특별한 이유는?".
　　　[온라인 자료] http://www.news2day.co.kr/107849 (2018.9.1 접속)
≪법보신문≫. 2004.8.10. "불교 복지관 비리 없는가".
　　　[온라인 자료] http://www.beopbo.com/news/articleView.html?idxno=21435 (2018.9.1 접속)
연합뉴스. 2015.12.9. "기부금 상위 30개 기업 경기침체에도 기부액 늘렸다".
　　　[온라인 자료] http://www.yonhapnews.co.kr/bulletin/2015/12/08/... (2018.9.1 접속)
일요경제. 2018.8.3. "박정빈 신원그룹 부회장, '횡령' 가석방 중 경영 복귀…뒷말 모락모락".
　　　[온라인 자료] http://www.ilyoeconomy.com/news/... (2018.9.1 접속)
≪한겨레신문≫. 2007.7.11. "이랜드 불매운동 번진다".
　　　[온라인 자료] http://www.hani.co.kr/arti/society/labor/221814.html (2018.9.1 접속)

〈인터넷 검색 사이트〉
기독교비평 카페 (http://cafe.daum.net/chiwoo) '기독교 복지시설의 정체!' 검색
디지털안산문화대전 (http://ansan.grandculture.net/...) '나눔과연대' 검색.
로고스필름 홈페이지 (http://www.logosfilm.co.kr/)
신원 홈페이지 (http://www.sw.co.kr/)
이랜드 홈페이지 (http://www.eland.co.kr/)

제8장
국민연금공단. 2018. 「국민연금 공표통계」.
국민연금연구원. 2006. 「노후보장체계의 국제적 동향과 한국의 과제」.
김미숙 외. 2012. 「사회통합 중장기 전략개발 연구」. 사회통합위원회·한국보건사회연구원 정책보
　　　고서.
김수봉. 2007. 「현 노령층을 위한 최저연금제도 도입방안」. ≪사회보장연구≫, 23(1):153~175.
김원섭·강성호. 2008. 「노후소득보장을 위한 개인연금 활성화 정책에 관한 연구」. ≪사회복지정책≫,
　　　32:261~292. 한국 사회복지정책학회.
김진수. 2006a. 「퇴직급여제도의 노후보장 역할정립에 관한 연구: 제도적 관점을 중심으로」. ≪사
　　　회보장연구≫, 22(1):287~311. 한국사회보장학회.
김진수. 2006b. 『국민연금제도 주요 개혁방안 비교분석 및 개혁방안 모색』. 연세대학교사회복지연
　　　구소.
김진수·전희정. 2011. 「국민연금의 급여적정성 확보방안 연구: 장애 및 유족연금을 중심으로」. ≪사
　　　회보장연구≫, 27(1):341~364. 한국사회보장학회.
누스바움, 워너(Werner Nussbaum). 2006. "Coordination and integration of pension systems to a
　　　multi-pillar conception(「연금제도의 다기둥보장 방식으로의 조정과 통합」). 이승영 옮김
　　　(2007.2). 한국법제연구원.

보건복지부. 2018. 「제4차 국민연금종합운영계획안」.

보험연구원. 2013. 「연금제도의 국제비교」.

원종현. 2010. 『국민연금기금 제도 지속성을 위한 기금운용 방향』. 비판과 대안을 위한 사회복지학회 학술대회 발표논문집.

윤석명. 2012. 「OECD의 한국에 대한 연금개혁 권고안의 어제와 오늘」. ≪보건복지포럼≫, 2012(5): 78~86. 한국보건사회연구원.

정창률. 2010. 「연금체제측면에서 본 한국노후소득보장체계: 갈림길에 선 한국연금체계」. ≪한국사회복지학≫, 62(2):329~348. 한국사회복지학회.

주은선·이은주. 2016. 「국민연금 재정안정화의 두 가지 패러다임: 수지균형 중심 재정안정론과 사회적 지속성 중심 재정안정론 비교」. ≪비판사회정책≫, 제50호.

천득출. 2011. 「국민연금제도의 사각지대 축소방안 연구」. 서울시립대학교 석사학위논문.

통계청. 2018. 「2017년 하반기 및 연간 퇴직연금통계」.

홍백의. 2008. 「최저보장제도의 유형 및 재정적 효과에 관한 연구」. ≪사회보장연구≫, 622(2): 53~77. 한국사회보장학회.

Bonoli. G. 2000. *The Politics of Pension Reform: Institution and Policy Change in Western Europe.* Cambridge University Press.

Gillion, C. et al. 2000. *Social Security Pensions: Developing and Reform.* International labor office, Geneva.

Holzmann, R. and R. Hinz. 2005. *Old age Income Support in the Twenty-first Century.* Washington, D.C.: World Bank.

Myles, J. and J. Quadagno. 1997. *Reform of Retirement income Policy.* School of Policy Stidies, Queen's University.

World Bank. 1994. *Averting the Old Age Crisis.* Oxford: Oxford University Press.

제9장

보건복지부. 2014. 「국민기초생활보장 수급자 현황」.

중앙노인보호전문기관. 2015. 「2014 노인학대 현황보고서」.

통계청. 2015.5. 「경제활동인구조사 청년층 및 고령층 부가조사」.

Booth, C. and C. Bennett. 2002. "Gender Mainstreaming in the European Union." *European Journal of Women's Studies,* 9(4):430~446.

Carmichael, F., J. Dobson, B. Ingham, A. Prashar and S. Sharifi. 2006. *Ageism & Age Discrimination: Some current workplace issues.* University of Salford.

McMullin, J. A. and V. W. Marshall. 2001. "Ageism, Age Relations, and Garment Industry Work in Montreal." *The Gerontologist,* 41(1).

Nelson, Todd D.(ed.) 2002. *Ageism: Stereotyping and Prejudice against Older Persons.* Cambridge, MA: MIT Press.

OECD. 2013. *Pensions at a Glance 2013: OECD AND G20 INDICATORS.* OECD Publishing.

Palmore, E. B. 1999. *Ageism: Negative and Positive* (2nd edition). New York: Springer Publishing Company.

Tymowski, Jan (ed.). 2012. European Year for Active Ageing and Solidarity between Generations. Ex-Post Impact Assessment Unit.

United Nations, Department of Economic and Social Affairs, Population Division. 2017a. *World Population Prospects The 2017 Revision: Key Findings and Advance Tables.* New York: United Nations.

United Nations, Department of Economic and Social Affairs, Population Division. 2017b. Population Facts No.2017/1 June 2017.
[online] https://www.un.org/en/development/desa/population/publications/pdf/popfacts/Pop Facts_2017-1.pdf

United Nations. 2010. General recommendation No. 27 on older women and protection of their human rights. CEDAW/C/GC/27. UN Committee on the Elimination of Discrimination Against Women (CEDAW).
[online] https://www.refworld.org/docid/4ed3528b2.html [accessed 3 April 2019]

World Health Organization Regional Office for Europe. 2011. *European Report on Preventing Elder Maltreatment.*

World Health Organization. 2002a. *Active Ageing: A Policy Framework.*

World Health Organization. 2002b. "The Toronto Declaration on the Global Prevention of Elder Abuse".

World Health Organization. 2014. *Preventing suicide: A global imperative.*

〈국제인권문헌〉

Council Directive 1997/80/EC of 15 December 1997 on the burden of proof in cases of discrimination based on sex.

Council Directive 2000/43/EC of 29 June 2000 implementing the principle of equal treatment between persons irrespective of racial or ethnic origin.

Council Directive 2000/78/EC of 27 November 2000 establishing a general framework for equal treatment in employment and occupation.

Report of the Second World Assembly on Ageing, Madrid, 8-12 April 2002.

The Age Discrimination in Employment Act of 1967.

The Convention on the Elimination of All Forms of Discrimination against Women.

The Convention on the Rights of Persons with Disabilities.

The European Convention for the Protection of Human Rights and Fundamental Freedoms (ECHR), The Council of European.

The International Convention on the Elimination of All Forms of Racial Discrimination.

The Universal Declaration of Human Rights (http://www.un.org/Overview/rights.html).

UN Economic and Social Council, Report of the United Nations High Commissioner for Human Rights, 2012, E/2012/51, para.33.

UN General Assembly, Report of the Secretary-General, Follow-up to the Second World Assembly on Ageing, 2011, A/66/173.

제10장

국회예산정책처. 2010. 「2010년도 대한민국 재정보고서」.

김경수·허가형·김윤수·김상미. 2018. 「우리나라 저출산의 원인과 경제적 영향」. ≪경제현안분석≫, 94호. 국회예산정책처.

김상돈·정윤태 2017. 「정치성향과 계층귀속감, 정부지출에 대한 태도가 경제생활위험인식에 미치는 영향」. ≪공공사회연구≫, 7: 128~156.

대한민국정부. 2008. 「제1차 저출산고령사회 기본계획(보완판)」.

대한민국정부. 2016. 「제3차 저출산고령사회 기본계획」.

박선권. 2017. 「제3차 저출산·고령사회기본계획의 문제점과 개선방향: 저출산 대응정책을 중심으로」. 현안보고서 제302호. 국회입법조사처.

이삼식·정경희. 2010. 『저출산 원인과 파급효과 및 정책방안』. 한국보건사회연구원.

이혁우·이현국·금현섭·김유선·정미라·조영태. 2016.12. 「저출산 문제 해결을 위한 정책연구」. 국회예산정책처.

인구정책 50년사 편찬위원회. 2016. 『출산억제에서 출산장려로: 한국 인구정책 50년』. 한국보건사회연구원.

정윤태. 2018. 「여성의 경제생활위험인식이 출산 격차에 미치는 영향」. ≪한국사회정책≫, 25(2):219~241.

정윤태·이훈희·김학만. 2012. 「계층분석방법(AHP)을 활용한 저출산 대응정책의 우선순위에 관한 연구」. ≪한국공공관리학보≫, 26(3): 55~79.

통계청. 2018.8.22. 「2017년 출생 통계(확정)」.

Esping-Andersen, G. (ed.) 2013. *The Fertility Gap in Europe: Singularities of the Spanish Case.* Social Studies Collection No.36. Fundación La Caixa.

OECD. 2016. Family Database.

Philipov, D. 2009. "Fertility intentions and outcomes: the role of policies to close the gap." *European Journal of Population/Revue europénne de Déographie*, 25(4):355361.

Philipov, D., A. C. Liefbroer and J. E. Klobas. 2015. *Reproductive Decision-Making in a Macro-Micro Perspective.* Berlin: Springer Science+Business Media Dordrecht.

United Nations, Department of Economic and Social Affairs, Population Division. 2017a. *World Population Prospects The 2017 Revision: Key Findings and Advance Tables.* New York: United Nations.

제11장

고제헌. 2017. 「북유럽 국가들은 왜 가계부채가 많을까」. ≪주택금융월보≫, 151(2017년 2월호), 4~43쪽.

신진욱. 2011. 「국제비교 관점에서 본 한국 주거자본주의 체제의 특성」. ≪동향과 전망≫, 81:112~

155.

은민수. 2017a. 「뉴질랜드의 주택정책 개혁과정에서 공공임대 주택정책의 한계와 정파성에 따른 정책 비교」. ≪사회보장연구≫, 33(4):241~268.

은민수. 2017b. 『주택보유와 연금은 상쇄(보충)관계인가?: 복지레짐별 주택소유와 연금의 관계』. 2017년 비판과 대안을 위한 사회복지학회 춘계학술대회 발표집.

진미윤·김수현. 2017. 『꿈의 주택정책을 찾아서』. 오월의 봄.

Allen, J., J. Barlow, J. Leal, T. Maloutas and L. Padovani. 2004. *Housing and welfare in southern europe.* Oxford: Blackwell.

Allen, Judith. 2006. "Welfare regimes, welfare systems and housing in southern europe." *International Journal of Housing Policy*, 6(3):251~277.

Ansell, Ben. 2012. "Assets in crisis: Housing, preferences and policy in the credit crisis." *Swiss Political Science Review*, 18(4):531~537.

Ansell, Ben. 2014. "The political economy of ownership: housing markets and the welfare state." *American Political Science Review*, 108(2):383~402.

Ariss, Rima Turk. 2015. Housing price and houseold debt interactions in Sweden. IMF working paper. WP15/276.

Castles, F. and M. Ferrera. 1996. "Home ownership and the welfare state: is southern europe different?". *European Society and Politics*, 1(2):163~185.

Castles, F. G. 1998. "The really big trade-off: home-ownership and the welfare state in the new world and the old." *Acta Politica*, 33(1):5~19.

Conley, D. and B. Gifford. 2006. "Home-ownership, social insurance, and the welfare state." *Sociological Forum*, 21(1):55~82.

Delfani, Neda, Johan De Deken and Caroline Dewilde. 2014. "Home-ownership and pensions: Negative correlation, but no trade-off." *Housing Studies*, 29(5):657~676.

Dewilde, Caroline and Peter Raeymaeckers. 2008. "The trade off between home ownership and pensions: Individual and institutional determinants of old-age poverty." *Ageing and Society*, 28(6):805~830.

Doling, John and Richard Ronald. 2009. "home ownership and asset-based welfare." *Journal of Housing and the Built Environment*, 25(2):165~173.

Doling, John and Richard Ronald. 2010. "Property-based welfare and european homeowners: How would housing perform as a pension?". *Journal of Housing and the Built Environment*, 25(2):227~241.

Elsinga, M., A. Jones, D. Quilgars and J. Toussaint. 2010. "Households' Perceptions on Old Age and Housing Equity: Combined Report WP2".
[online] https://www.birmingham.ac.uk/Documents/college-social-sciences/social-policy/DEMHOW/A4.pdf

Esping-Anderson, G. 1990. *The three worlds of welfare capitalism.* Cambridge, UK: Polity Press.

Fahey, T. 2003. "Is there a trade-off between pensions and home-ownership? an exploration of the Irish case." *Journal of European Social Policy*, 13(2):159~173.

Fahey, T., B. Nolan and B. Maitre. 2004. "Housing expenditures and income poverty in EU Countries." *Journal of Social Policy*, 33(3):437~454.

Groves, R., A. Murie and C. Watson. 2007. "From tenants to home-owners: change in the old welfare states." in R. Groves, A. Murie and C. Watson (eds). *Housing and the new welfare state. Perspectives from east asian and europe.* UK: Ashgate Publishing.

Harloe, M. 1995. *The People's home? social rented housing in europe and america.* Oxford: Blackwell.

Hobson, John M. and Leonard Seabrooke. 2007. *Everyday politics of the world economy.* Cambridge University Press.

Hoeckstra, Joris. 2003. "Housing and the welfare state in the netherlands: An Application of Esping-Andersen's typology." *Housing, Theory and Society*, 20(2):58~71.

Kemeny, J. 1980. "Home ownership and privatisation." *International Journal of Urban and Regional Research*, 4(3):372~388.

Kemeny, J. 1981. *The myth of home ownership.* Routledge, London.

Kemeny, J. 2005. "'The really big trade-off' between home ownership and welfare: Castles' evaluation of the 1980 thesis, and a reformulation 25 years on." *Housing, Theory, and Society*, 22(2):59~75.

Kemeny. J. 1995. *From public housing to the social market: Rental policy strategies in comparative perspective.* London: Routledge.

Lowe, S. G., B. A. Searle and S. J. Smith. 2011. "From housing wealth to mortgage debt: The emergence of Britain's asset-shaped welfare state." *Social Policy and Society*, 11(1):105~116.

Malpass, Peter. 2008. "Housing and the new welfare state: wobbly pillar or cornerstone?". *Housing Studies*, 23(1):1~19.

Pittini, A., Laurent Ghekière, Julien Dijol and Igor Kiss. 2015. "The state of housing in the EU 2015: A Housing Europe." The european federation for public, cooperative and social housing, Belgium: Brussels.

Poggio, T. 2006. "Different patterns of home ownership in Europe." In conference, Home ownership in Europe: Policy and research issues, 23/24 November 2006 - Delft, The Netherlands.

Poggio, T. 2012. "The housing pillar of the mediterranean welfare regime: Relations between home ownership and other dimensions of welfare in Italy." in R. Ronald and M. Elsinga (eds.). *Beyond Home Ownership, Housing, Welfare and Society.* London: Routledge.

Reiakvam, L. K. and H. Solheim. 2013. *Comparison of household debt relative to income across four Nordic countries.* Norges Bank.

[online] http://www. norges-bank.no/pages/93708/Staff_memo_2013_05_eng. pdf

Ritakallio, Veli-Matti. 2003. "The importance of housing costs in cross-national comparisons of welfare (state) outcomes." *International Social Security Review*, 56(2):81~101.

Schwartz, Herman and Leonard Seabrooke. 2008. "Varieties of residential capitalism in the international political economy: Old welfare states and the new politics of housing." *Comparative European Politics*, 6(3):237~261.

Sherradan, Michael. 1991. *Assets and the poor: A new american welfare policy*. Armonk, NY: Sharpe.

Stamsø, Mary Ann. 2010. "Housing and welfare policy-changing relations? A cross-national comparison." *Housing, Theory and Society*, 27(1):64~75.

Sunders, Perter. 1990. *A nations of home owners*. London: Unwin Hyman.

제12장

강진호. 2010. 「촘스키와 비트겐슈타인의 지칭 의미론 비판」. ≪철학≫, 102:109~137.

고용노동부. 2018.7.27. 「전 국민의 역량개발을 지원하겠습니다: 평생직업교육훈련 혁신 방안 발표」. 보도자료. 세종: 고용노동부.

고현범. 2011. 「직업과 자아실현」. ≪생명연구≫, 19:49~81.

교육부. 2018. 「미래를 대비하는 평생교육정책 청사진 제시」. [전자자료] 제4차 평생교육진흥 기본계획(2018~2022). 세종: 교육부.

김계현. 2000. 『적용영역별 접근 상담심리학』. 서울: 학지사.

김기덕. 2002. 『사회복지윤리학』. 서울: 나눔의집.

김민·밀너(Uma Millner). 2015. 「정신장애인의 직업의 의미」. ≪한국사회복지학≫, 67(4):227~249.

김충기. 1978. 「생애교육(生涯教育)의 이론적(理論的) 접근(接近)」. ≪교사와 교육≫, 3:43~59.

나병균. 2016. 「로베르 카스텔(Robert Castel)의 임금사회(societe salariale)와 사회권(droit social)의 위기에 대한 연구」. ≪사회보장연구≫, 32(3):39~58.

문미경·민현주·한성숙. 2018.8.20. 「고교유형과 부모의 교육수준이 직업가치관에 미치는 영향」. [전자자료] 제13회 한국교육고용패널 학술대회. 세종: 한국직업능력개발원.

박동열·이무근·마상진. 2016. 『광복 70년 직업교육 정책 변동과 전망』. 서울: 한국직업능력개발원.

안정근·윤찬영·장지현·황희중·주홍석. 2015. 「해외고등직업교육 사례분석을 통한 전문대학의 위상강화 방안」. 연구 제2015-11호. 서울: 한국전문대학교육협의회 부설 고등직업교육연구소.

유동철·박재홍. 2015. 「사회복지윤리와 철학 교과목에서 가치의 재설정: 규범윤리학에서 메타윤리학으로의 전환제고」. ≪한국사회복지교육≫, 32:1~22.

이용순. 2016. 『2030 새로운 미래가 온다: 제4차 산업혁명과 평생직업능력개발』. 세종: 한국직업능력개발원.

이용우. 1985. 「현대사회와 직업윤리」. ≪교육논총≫, 1(1):293~313.

이정표. 2003. 『전환기의 직업교육체제 정립』. 서울: 한국직업능력개발원.

임병호. 2007. 「국가별 청소년의 직업 및 진로 교육 실태 비교」. 한국교원대학교 대학원 석사논문.

정영순·송연경. 2001. 「청소년의 원활한 고용진입을 위한 학교세팅에서의 직업교육 강화 방안 연구」. ≪한국사회복지학≫, 45:341~373.

주효진·명성준·왕재선·이재록·장봉진. 2018. 「평생·직업교육 발전을 위한 교육부의 기관과 역할에 관한 연구」. ≪한국자치행정학보≫, 32(3):219~243.

한국고용정보원. 2015.『2015 우리들의 직업 만들기』. 서울: Jinhan MB.

한국직업능력개발원. 2018.「제13회 한국교육고용패널 학술대회」전자자료 (9월 20일 보도자료). 세종: 한국직업능력개발원.

허영준·김기홍·박동열·전승환. 2014.「능력중심사회 구현을 위한 직업교육훈련체제 개편 방안 연구」전자자료. 서울 : 한국직업능력개발원.

홍용기. 2014.『평생직업교육대학 추진전략』. 한국고등직업교육학회 학술대회 논문집.

황보은·주홍석·박동열·송현직·현창해·정지은. 2017.「중등단계 직업교육과 전문대학 연계 방안」전자자료. 서울: 한국전문대학교육협의회 부설 고등직업교육연구소.

Andrea, C. 2016. The as a field of job creation. From the 'recalibration' to a resurgent trade-off between employment growth and low wage (white) jobs. A comparison between Germany and Italy. *INTERNATIONAL REVIEW OF SOCIOLOGY*, 26(3):497~512.

Blustein, D. L. 2006. *The psychology of working: A new perspective for career development, counseling, and public policy*. Mahwah, NJ: Lawrence Erlbaum Associates.

Perrone, P. 1974. "Career education=vocational education?". *VOCATIONAL GUIDANCE QUARTERLY*, 22(3):165~166.

U.S. Office of Education. 1972. *Career education: A Handbook for implementation*. Washington, D.C.

제13장

김영희. 2016.「우리나라 가구의 주거에너지 소비행태 계량분석」. 서울대학교 박사학위논문.

김윤태·서재욱. 2013.『빈곤: 어떻게 싸울 것인가』. 한울아카데미.

김정국·이정훈·장철용·송두삼·류승환·김종훈. 2016.「저소득층 에너지효율개선사업에 따른 난방 에너지 절감 효과 및 경제성 분석: 저소득층 단독주택 단열개선을 중심으로」. ≪KIEAE Journal≫, 16(5):39~45.

김하나·임미영. 2015.「사회·경제적 요인의 에너지 빈곤 영향 분석: 노인포함가구를 중심으로」. ≪ECO≫, 19(2):133~164.

김현경. 2015.「에너지 빈곤의 실태와 정책적 함의, 보건·복지」. ≪Issue&Focus≫, 281:1~8.

서재욱·이현정·홍의동. 2018.「청주시 주거·에너지 빈곤연구」. 청주복지재단.

신정수. 2011.「한국의 에너지 빈곤 규모 추정에 관한 연구」. 에너지경제연구원.

에너지기후정책연구소. 2010.「저소득층 주택 에너지효율화사업의 복지·환경·일자리 효과 연구」. 서울: 진보신당상상연구소.

에너지시민연대. 2013. 겨울철 빈곤층 주거환경·난방·에너지복지 실태조사 결과. [온라인] 에너지시민연대 홈페이지(http://www.enet.or.kr/), 2018년 12월 21일 검색.

에너지시민연대. 2017. 2017년 겨울철 에너지빈곤층 실태 파악을 위한 5차년도 조사. [온라인] 에너지시민연대 홈페이지(http://www.enet.or.kr/), 2018년 12월 21일 검색.

윤순진. 2006.「사회적 일자리를 통한 환경·복지·고용의 연결: 에너지빈민을 위한 에너지효율향상사업을 중심으로」. ≪ECO≫, 10(2):167~206.

윤태연·박광수. 2016.「에너지빈곤층 추정 및 에너지 소비특성 분석」. 에너지경제연구원.

이정원·전형진·조용성·이철민·김기연·김윤신. 2011. 「서울지역 겨울철 기온과 노인의 사망률간의 관련성 연구: 1992년~2007년」. ≪환경영향평가≫, 제20권 제5호, 747~755쪽.

이준서·류권홍. 2013. 「영국과 호주의 에너지 빈곤층 지원 법제에 관한 연구」. 서울: 한국법제연구원.

이준서·윤혜선. 2014. 「미국과 캐나다의 에너지 빈곤층 지원 법제에 관한 연구」. 서울: 한국법제연구원.

이현정. 2016. 「주거빈곤 저소득 임차가구의 특성 및 주거문제: 2014년도 주거실태조사를 중심으로」. ≪Family and Environment Research≫, 54(2):155~164.

정이레. 2017. 「가구 및 주택 특성이 난방에너지 소비에 미치는 영향」. 서울대학교 석사학위논문.

하성규. 2007. 『한국인의 주거빈곤과 공공주택』. 서울: 집문당.

환경정의. 2009. 저소득층의 에너지 복지와 WAP(주택에너지 효율화 사업).

[온라인] 환경정의 홈페이지(http://www.eco.or.kr/), 2018년 12월 23일 검색.

European Union. 2010. *Combating Poverty and Social Exclusion* (2010 edition). Luxembourg: Publications Office of the European Union.

House of Commons Energy and Climate Change Committee. 2010. Fuel Poverty: Fifth Report of Session 2009-2010.

Li, Kang, Bob. Lloyd, Liang Xiao-Jie and Wei. Yi-Ming. 2014. "Energy poor or fuel poor: What are the differences?". *Energy Policy*, 68:476~481.

찾아보기

한울아카데미 2160

사회복지의 전환

ⓒ 김윤태, 2019

엮은이 김윤태
지은이 김윤태·김근태·김명숙·김준환·서재욱·우명숙·은민수·이동우·이미화·이원지·
　　　　장승희·전명수·정윤태
펴낸이 김종수
펴낸곳 한울엠플러스(주)
편집 배소영

초판 1쇄 발행 2019년 5월 30일
초판 2쇄 발행 2020년 10월 15일

주소 10881 경기도 파주시 광인사길 153 한울시소빌딩 3층
전화 031-955-0655
팩스 031-955-0656
홈페이지 www.hanulmplus.kr
등록번호 제406-2015-000143호

ISBN 978-89-460-7160-5 93330 (양장)
　　　　978-89-460-6650-2 93330 (무선)

Printed in Korea.
※ 책값은 겉표지에 표시되어 있습니다.
※ 이 도서는 강의를 위한 무선판을 따로 준비했습니다.
　강의 교재로 사용하실 때는 본사로 연락해주십시오.